So könnt ihr mit „wortstark" arbeiten

1 **Schwarze Aufgaben** behandeln alle wichtigen Inhalte eines Kapitels.
Ihr solltet sie auf jeden Fall bearbeiten.

1 **Gelbe Aufgaben** sind etwas schwieriger. Versucht auch sie zu lösen,
wenn ihr mit den schwarzen Aufgaben gut klargekommen seid.

Wähle **A** oder **B**   Aufgaben mit A, B, C ... sind **Wahlaufgaben**. Aus diesen Aufgaben könnt ihr
auswählen. Gelbe Wahlaufgaben sind etwas schwieriger.

 **Grüne Zettel** helfen euch mit passenden Wörtern oder Satzanfängen.
Seiten mit einer **grünen Überschrift** trainieren euren Wortschatz zusätzlich –
so werdet ihr **wortstark**!

 **Blaue Zettel** verweisen auf andere Seiten im Buch: Dort könnt ihr etwas nachlesen,
was euch bei der Bearbeitung eurer Aufgabe hilft.

 In den **Kästen mit dem roten Streifen** steht,
– was ihr euch merken sollt (Wissen und Können),
– wie ihr etwas machen könnt (Methode),
– worauf ihr beim Sprechen oder Schreiben achten müsst (Checkliste).
Am Ende des Buchs ist das Merkwissen noch einmal übersichtlich
zusammengefasst (S. 282 – 299).

Digital+   Digitale Ergänzungen zu deinem Buch erkennst du an dem Symbol **Digital+**.
Gehe auf www.westermann.de/124704-medienpool.
Dort kannst du Hörtexte und Videos abspielen, Lesetexte und Dateien
herunterladen und Links ins Internet folgen.

Du kannst auch den QR-Code scannen:

Inhaltsverzeichnis

SPRECHEN UND ZUHÖREN

Sami   Jasmin   Jana   Henry

SCHREIBEN

Mein Betriebspraktikum bei Baufirma Groß

Werner Groß Haus und Bau

Vom ... bis ... 20...

Francesco Russo
Klasse 9b
Tannenberg-Schule

TEXTE UND MEDIEN

Über eine Streitfrage debattieren

Eine Debatte ist ein Streitgespräch, das festen Regeln folgt und vor einem Publikum stattfindet. Das Ziel der Debattenrednerinnen und -redner ist es, den eigenen Standpunkt herauszustellen und das Publikum zu überzeugen.

SPRECHEN UND ZUHÖREN

1 Ihr habt im Unterricht schon verschiedene Arten von Gesprächen kennengelernt.
   a) Nennt verschiedene Gesprächsarten.
   b) Was ist der Unterschied zwischen einem Gespräch und einer Diskussion?
   Lest dazu die Erklärungen und erläutert sie mit Beispielen aus dem Unterricht:

In einem **Gespräch** kann man Informationen vermitteln, um Rat und Hilfe bitten oder auch Gedanken und Gefühle ausdrücken.
Bei vielen Gesprächen ist der Ablauf nicht genau festgelegt, es gelten aber bestimmte Gesprächsregeln.

In einer **Diskussion** spricht man über ein Thema und tauscht Argumente aus. Man diskutiert, um eine gemeinsame Entscheidung zu treffen und die beste Lösung zu finden. Eine Diskussion folgt bestimmten Regeln, auf die meist ein Moderator/eine Moderatorin achtet.

2 Hier seht ihr eine Abbildung von einer weiteren Diskussionsform, der **Debatte.**
   Sprecht darüber, was ihr über die Durchführung einer Debatte schließen könnt.

„Soll es einen Internet-Führerschein geben?"

> Was machen die Personen?
> Wo sitzen die Teilnehmer/-innen?
> Was könnt ihr an der Sitzordnung erkennen?
> Was zeigen Gestik und Mimik?

Sami   Jasmin   Jana   Henry

Aufbau und Ablauf einer Debatte kennenlernen

Der Ablauf einer Debatte ist streng geregelt und zeitlich begrenzt. Jeder Teilnehmer und jede Teilnehmerin kommt so zu Wort und hat die Möglichkeit, die eigene Position darzustellen und auf die Positionen der anderen gezielt zu reagieren.

1 Höre dir die Debatte, die eine 9. Klasse führt, einmal ganz an.
a) Formuliere nach dem Hören die Streitfrage, um die es in der Debatte geht.
b) Gib an, wie viele Personen sich am Streitgespräch beteiligen.
c) Auf welchen Teil der Debatte beziehen sich die Sätze? Nutze den Methodenkasten.
   – Wir beantworten die Streitfrage noch einmal.
   – Wir geben eine kurze Antwort auf die Streitfrage.
   – Wir diskutieren miteinander.
   – Wir versuchen, das Interesse der Zuhörenden zu wecken.
   – Wir gehen aufeinander ein.
   – Wir kommen zu einer abschließenden Bewertung.

Digital+
Audio
Debatte

> **METHODE** **Eine Debatte führen**
>
> Eine Debatte nach dem Vorbild des Wettbewerbs „Jugend debattiert" besteht aus drei Teilen:
>
> 1. In der **Eröffnungsrunde** beantwortet jeder Teilnehmer/jede Teilnehmerin die Streitfrage aus seiner/ihrer Sicht. Er/Sie darf höchstens zwei Minuten sprechen.
> 2. Die **Freie Aussprache** dauert zwölf Minuten. Die vorgebrachten Argumente werden im Wechsel von Pro und Kontra ergänzt, präzisiert, sortiert und abgewogen. Jeder kann auf jeden anderen Teilnehmer reagieren. Während der Aussprache können sich die Teilnehmer Notizen machen.
> 3. In der **Schlussrunde** hat jeder Teilnehmer die Möglichkeit, die Streitfrage ein zweites Mal eine Minute zu beantworten: Dabei kann er die vorgebrachten Argumente in der Aussprache verwerten. Neue Argumente sollen allerdings nicht mehr genannt werden.
>
> Debattiert wird bei „Jugend debattiert" jeweils zu viert:
> – Zwei Personen beantworten die Streitfrage (Entscheidungsfrage) mit Ja und sprechen sich für die gefragte Maßnahme aus („Pro").
> – Zwei antworten mit Nein und sprechen sich dagegen aus („Kontra").
> Einen Gesprächsleiter gibt es nicht. Eröffnungsrunde, Freie Aussprache und Schlussrunde werden jeweils durch einen Klingelton voneinander getrennt.

Digital+
Internetlink
In diesem Video könnt ihr euch ansehen, wie eine Debatte abläuft.

■ Digital+
Text
Tabelle zur Debatte

Teilnehmer/-in	Pro (+) oder Kontra (–)	Hauptargument dafür oder dagegen
Sami		
Henry		
Jasmin		
Jana		

■ Digital+
Audio
Debatte

2 Verfolge den Verlauf der Debatte.

a) Höre dir die **Eröffnungsrunde** der Debatte noch einmal an.

– Übernimm die Tabelle oben und bestimme, wer sich für (Pro) oder gegen die Streitfrage (Kontra) ausspricht.

b) Höre nun die **Freie Aussprache** noch einmal.

– Übernimm die folgende Tabelle und notiere die Argumente aus der Debatte, die für oder gegen die Streitfrage sprechen:

■ Digital+
Text
Argumente aus der Debatte

Streitfrage:

Pro	Kontra
– Lasertag ist ein Kriegsspiel	– Lasertag ist …
– …	– …

Sami   Henry

P1 ———1———▶ C1

2

4

P2 ——3——▶ C2

Jasmin   Jana

c) Wie sprechen die Debattenteilnehmerinnen und -teilnehmer miteinander?

– Erkläre die Verlaufsskizze in der Randspalte.

– Nenne Belege aus der Freien Aussprache der Debatte.

Die Skizze zeigt, …

Die Pfeile bedeuten …

Die Freie Aussprache läuft so ab: …

d) Höre noch einmal die **Schlussrunde**.

– Notiere in deiner Tabelle, welches Argument dafür oder dagegen für den Teilnehmer oder die Teilnehmerin am wichtigsten war.

3 Welcher Teilnehmer hat dir am besten gefallen? Begründe deine Meinung.

4 Formuliere für die Schülerzeitung einen Beitrag zur Streitfrage.
Orientiere dich dabei an der Debatte, die du gehört hast.

– Entscheide dich, ob du für oder gegen Lasertag bist.

– Begründe deine Meinung. Gehe dabei auch auf Gegenargumente ein.

– Formuliere ein Schluss-Statement.

Die Debatte vorbereiten

Debattieren macht Spaß! Ihr könnt in eurer Klasse Debatten im Stile von „Jugend debattiert" zu unterschiedlichen Themen durchführen. Hier erfahrt ihr, wie ihr zu interessanten Streitfragen kommt.

1 Überlegt gemeinsam, über welches Streitthema ihr debattieren wollt.
  – Nutzt den Methodenkasten und ergänzt die Themensammlung für Streitfragen.

METHODE ▶ **Eine Streitfrage finden und formulieren**

In Debatten geht es immer um eine Streitfrage, die als Ja-Nein-Frage (Entscheidungsfrage) formuliert ist. Bevor ihr debattiert, müsst ihr eine Streitfrage finden, die euch interessiert. So könnt ihr vorgehen:

1. Überlegt zunächst einzeln, was euch in der letzten Zeit besonders beschäftigt hat: eine Sache, die problematisch war, über die ihr euch geärgert habt, oder ein dringender Wunsch. Jeder formuliert drei Themen, z. B.: Ich werde mit Sprachnachrichten zugemüllt! (3 Minuten)
2. Arbeitet in Gruppen zu dritt oder zu viert. Jede Gruppe erhält drei Karteikarten und einigt sich auf drei Themen. Auf den Karteikarten notiert ihr drei Entscheidungsfragen, z. B.: Soll es einen Internet-Führerschein geben? (5 Minuten)
3. Alle Karteikarten werden präsentiert und dann wird abgestimmt, welche Streitfrage zuerst debattiert werden soll. Die übrigen Streitfragen kommen in die Themensammlung und können für spätere Debatten genutzt werden.

---

2 Bereitet die Debatte über die gewählte Streitfrage vor.
  – Recherchiert selbstständig zum Thema und legt eine Pro-Kontra-Tabelle mit Argumenten und Beispielen an. Arbeitet zu zweit.
  – Kläre anschließend deine Position zur Streitfrage und notiere deine Argumente auf einem Notizzettel. Markiere dein wichtigstes Argument.

3 Entwerft eine Eröffnungsrede, in der ihr später dem Publikum eure Streitfrage vorstellt. Überlegt dabei:
  – Warum ist das Streitthema interessant, brisant oder aktuell? Ihr könnt mit eigenen Erfahrungen beginnen.
  – Was könnte das zuhörende Publikum am Streitthema besonders interessieren? Warum?
  – Wie könnt ihr eure Eröffnungsrede so aufbauen und formulieren, dass euch das Publikum gern zuhört?

Medienthemen
a) Soll es einen Internet-Führerschein geben?
b) Soll für Smartphones ein Mindestalter vorgeschrieben werden?
c) Können soziale Medien Freundschaften fördern?
d) ...

Weitere Themen
a) Sollen Jungen und Mädchen in bestimmten Fächern getrennt voneinander unterrichtet werden?
b) Sollen Schulnoten abgeschafft werden?
c) Können Influencer/-innen Vorbilder für Jugendliche sein?
d) ...

Eröffnungsstatements formulieren

In der Eröffnungsrunde einer Debatte gibst du ein Pro-und-Kontra-Statement ab. Den Zuhörern soll klar werden, welche Position du einnimmst.

Digital+
Audio
*Eröffnungs-
statements (1)*

1 Untersucht, wie die Schüler/-innen ihre Eröffnungsstatements formuliert haben.
   – Wie haben sie ihr Statement begonnen? Nutzt die Hinweise im Methodenkasten.
   – Wird in ihrem Statement ihr Standpunkt deutlich? Warum? Warum nicht?
   – Welches Statement gefällt euch am besten? Begründet eure Meinung.

> Ich bin gegen einen Internet-Führerschein, denn dann müsste man auch einen Fernseh- oder Lese-Führerschein machen. Wo soll das hinführen?

> Ich bin dafür, denn viele stellen z. B. ohne Verstand eigene Bilder von sich ins Netz!

> Cybermobbing wird immer mehr zum Problem. Nach einer aktuellen Studie trifft es jeden fünften Jugendlichen. Mit einem Internet-Führerschein könnte man das Problem in den Griff bekommen.

Mia   Finn   Lilly

METHODE ▷ **Ein Eröffnungsstatement formulieren**

In der Eröffnungsrunde beantworten die Teilnehmer/-innen die Streitfrage aus ihrer Sicht. So kannst du dein **Eröffnungsstatement** aufbauen und formulieren:
1. Dein erster Satz soll die Zuhörer/-innen neugierig machen („Ohrenöffner"):
   – Beginne mit einer eigenen Erfahrung oder Beobachtung oder mit einer aktuellen Nachricht aus den Medien: *Jeder von uns hat schon einmal gesehen, dass … Zurzeit kann man in allen Zeitungen lesen, …*
   – Eröffne deinen Beitrag mit einem interessanten Zitat: *„Chatten ohne Risiko!" Dies fordern immer wieder die Medienexperten.*
   – Beziehe dich auf Experten, Umfragen oder Statistiken: *Medienexperten warnen davor: … Umfragen zeigen, dass …*
2. Formuliere die Streitfrage: *Wir stellen uns heute die Frage: Soll …*
3. Nenne und begründe deine eigene Position: *Ich bin dafür/dagegen, dass … Ich denke, …*

Aufbau des Eröffnungsstatements
– *Erster Satz: Ohrenöffner*
– *Streitfrage*
– *Eigene Position und Gründe*

2 Formuliere nun selbst mündlich jeweils drei Eröffnungsstatements für oder gegen die Streitfrage **„Soll es einen Internet-Führersein geben?"** Arbeitet zu zweit.
   – Orientiere dich beim Formulieren am Aufbau eines Eröffnungsstatements.
   – Formuliere frei und nimm deine Statements mit dem Smartphone auf.
   – Besprecht beim Anhören, was ihr gut gemacht habt und was ihr verbessern wollt.

Auf andere Gesprächsbeiträge eingehen

In der Freien Aussprache werden Argumente ausgetauscht: Du legst deine Argumente dar und gehst auf die Argumentation deines Gegenübers ein.

1 Lies die beiden Gesprächsbeiträge zur Freien Aussprache.
- Was haben die Schülerinnen und Schüler gut gemacht? Was könnten sie verbessern?
- Nutze die Hinweise im Methodenkasten.

Digital+
Audio
Freie Gesprächs-beiträge (1)

Wir brauchen keinen Inter-net-Führerschein, denn den Umgang mit dem Internet lernen wir ja in der Schule. In unserer Klasse haben wir schon mehrmals über die Ge-fahren im Netz gesprochen.

Du hast gesagt, dass du für den Internet-Führerschein bist, weil Jugendliche oft unüberlegt Bilder von sich ins Netz stellen. Ich glaube, dass dies nicht unbedingt notwen-dig ist, denn es gibt ja dazu Ratge-ber, wie man sich verhalten soll.

Moritz Mia

> **METHODE** **Auf die Redebeiträge anderer reagieren**
>
> In der **Freien Aussprache** legst du deine Gründe dar und hörst gut zu, was dein Gegenüber sagt. Du greifst den Gesprächsbeitrag auf („spiegelst" ihn) und nimmst Stellung dazu.
> So kannst du deinen Gesprächsbeitrag formulieren:
> **1.** Spiegele den Gesprächsbeitrag deines Gegenübers: Du hast gesagt, dass … Du meinst … Du bist der Meinung: „…" Du glaubst …
> **2.** Nimm Stellung zum Beitrag deines Gegenübers und formuliere deine eigene Meinung: Ich stimme dir teilweise zu, dass … Ich meine aber …
> **3.** Nenne Gründe/Beispiele/Folgen für deine Meinung: Ein Grund dafür ist … Dazu kann ich ein Beispiel nennen: … Wir müssen auch an die Folgen denken: …

> *Aufbau des eigenen Beitrags*
> – *Gegenmeinung „spiegeln"*
> – *Eigene Meinung*
> – *Gründe/Beispiele/ Folgen*

2 Gehe auf folgenden Gesprächsbeitrag ein und reagiere mündlich – dafür oder dage-gen. Wiederhole die Aufgabe so lange, bis du mit deinem Beitrag zufrieden bist.

Ich habe Probleme zu erkennen, welcher Internetseite ich vertrauen kann. Deshalb bin ich ganz klar für einen Internet-Führerschein.

…

3 Höre dir weitere Gesprächsbeiträge an und formuliere mündlich einen eigenen Beitrag dafür oder dagegen.
- Greife auf, was der Gesprächsteilnehmer oder die Gesprächsteilnehmerin sagt.
- Nimm Stellung zu dem Beitrag: Formuliere deine Meinung und begründe sie.
- Sprich deinen Beitrag und nimm dich auf. Was hast du gut gemacht? Was kannst du noch verbessern? Übe so lange, bis du zufrieden bist.

Digital+
Audio
Freie Gesprächs-beiträge (2)

Das Schlussstatement formulieren

Im Schlussstatement wird die Debatte zusammengefasst. Besonders wichtig ist der letzte Satz: Hier wird noch einmal die eigene Position herausgestellt.

1 Lies die Schlussstatements der Schülerinnen und Schüler.
- – Was haben die Debattierenden gut gemacht?
- – Was könnten sie noch verbessern?
- – Ergänze fehlende Informationen.

In der Debatte ging es um die Frage, …
Wir vertraten die Ansicht, dass ein Internet-Führerschein sehr nützlich ist.
Die Gegenseite war der Meinung, …, weil …
Einig waren wir uns in diesem Punkt: …
Wir waren aber nicht einer Meinung, …
Ich …

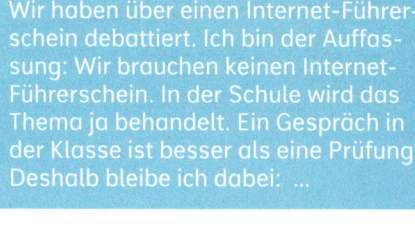

Wir haben über einen Internet-Führerschein debattiert. Ich bin der Auffassung: Wir brauchen keinen Internet-Führerschein. In der Schule wird das Thema ja behandelt. Ein Gespräch in der Klasse ist besser als eine Prüfung! Deshalb bleibe ich dabei: …

Jegor   Leni

METHODE   **Ein Schlussstatement formulieren**

In der **Schlussrunde** wird die Streitfrage erneut gestellt und im Lichte der bis dahin geführten Debatte ein zweites Mal beantwortet. Du kannst dein Schlussstatement so aufbauen:

1. Die Streitfrage nennen: In unserer Debatte ging es um …

2. Das Resultat der Debatte zusammenfassen: Wir vertraten die Ansicht, … Die Gegenseite hat die Meinung vertreten, … Wir sind uns darin einig, dass … Wir sind dagegen in diesen Punkten anderer Meinung: …

3. Letzter Satz: Bestätigung der eigenen Position oder eventuell Veränderung der eigenen Position: Ich fühle mich in meiner Position bestärkt, weil … Daher bin ich nach wie vor der Ansicht, … Ich sehe das jetzt etwas anders …

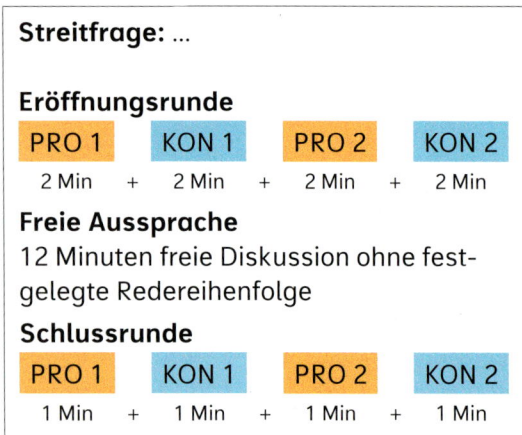

Streitfrage: …

Eröffnungsrunde

PRO 1	KON 1	PRO 2	KON 2
2 Min	+ 2 Min	+ 2 Min	+ 2 Min

Freie Aussprache
12 Minuten freie Diskussion ohne festgelegte Redereihenfolge

Schlussrunde

PRO 1	KON 1	PRO 2	KON 2
1 Min	+ 1 Min	+ 1 Min	+ 1 Min

▶ Ihr habt den Ablauf und die Bausteine einer Debatte über eine Streitfrage kennengelernt. Führt nun eine eigene Debatte über eine Streitfrage, die ihr selbst formuliert. Beachtet:
- – Es gibt keinen Moderator – auch eure Lehrerin oder euer Lehrer greift nicht ein.
- – Ihr sollt frei sprechen – nehmt keine Aufzeichnungen mit in die Debatte.
- – Ihr könnt die Debatte auch mit dem Smartphone aufzeichnen.

Eine Debatte beobachten und bewerten

Am Ende eurer Debatte steht die Rückmeldung, was gelungen war und was noch zu verbessern ist. Dieses Feedback hilft euch, Stärken herauszustellen und Schwächen zu entdecken.

1 Die Schülerinnen und Schüler einer 9. Klasse haben zu der Streitfrage „Soll es einen Internet-Führersein geben?" eine Debatte geführt. Ihr sollt die Eröffnungsstatements dieser Debatte beobachten und bewerten.

a) Bestimmt mehrere Beobachtergruppen, die ein Feedback geben sollen.

b) Hört euch die Eröffnungsstatements an und macht euch auf dem Beobachtungsbogen Notizen.

Digital+
Audio
Eröffnungs-statements (2)

Digital+
Text
Beobachtungsbogen für eine Debatte

Beobachtungsbogen für die Debatte

Beobachtungspunkte	Darauf habe ich geachtet …
Sachkenntnis	Ist der Redner/die Rednerin über die Sache gut informiert?
Ausdrucksvermögen	Hat er/sie sich verständlich und treffend ausgedrückt?
Gesprächsfähigkeit	Hat er/sie zugehört und die Beiträge der anderen berücksichtigt?
Überzeugungskraft	Hat er/sie seine/ihre Beiträge auch gut begründet?

c) Vergleicht die Notizen in den einzelnen Gruppen. Ergänzt und korrigiert sie.

d) Stellt eure Beobachtungen den anderen Gruppen vor. Geht dabei die einzelnen Punkte des Rückmeldebogens nacheinander durch.

METHODE ▶ **Rückmeldungen an die Debattenteilnehmer/-innen geben**

Bei „Jugend debattiert" ist die Rückmeldung (Feedback) ein wichtiges Instrument. Die Schülerinnen und Schüler wollen am Ende der Debatte wissen, was gelungen ist und woran sie noch arbeiten können.
Eine Rückmeldung sollte aus vier Schritten bestehen:

1. Beobachtung: Aufgefallen ist mir … Ich habe gemerkt, dass du … Mir ist aufgefallen …

2. Bewertung: Lob: Gefallen hat mir … Gut fand ich, wie … Mir hat gefallen, …

3. Bewertung: Verbesserungsvorschlag: Verbessern könntest du …

4. Konkreter Tipp: Mein Tipp wäre: … Ich hätte an deiner Stelle …

Hörtexte bearbeiten

Lehrerinnen und Lehrer haben es auch nicht immer leicht!
Doch wie weit dürfen sie gehen, wenn Schülerinnen und Schüler
z. B. den Unterricht stören? In diesem Kapitel hört ihr einen Podcast
zu diesem Thema und übt dabei das Hörverstehen.

SPRECHEN UND ZUHÖREN

1 Schaut euch die Abbildungen an und lest, was in den Sprechblasen steht.
  - Was ist wohl vorgefallen? Beschreibt die Situationen.
  - Wie findet ihr die Reaktion der Lehrkräfte in den verschiedenen Situationen?
    genau richtig   streng, aber okay   nicht angemessen   total übertrieben
  - Wenn ihr die Reaktion nicht passend findet: Wie sollte die Lehrkraft eurer
    Meinung nach reagieren? Was sollte er oder sie sagen?

2 a) Was interessiert dich am Thema „Was Lehrer und Schüler dürfen –
    und was nicht"? Notiere Fragen.
  b) Welche Erfahrungen hast du mit diesem Thema gemacht?
    - Um welche Probleme ging es? Schildere den Fall.
    - Wie bewertest du im Nachhinein das Verhalten der Beteiligten?
      Warum hältst du es für angemessen, warum nicht?
  c) Sprecht darüber, was euch am Thema interessiert, und über eure Erfahrungen.

> Es hat mich sehr geärgert, …

> Ich finde es (nicht) in Ordnung, …

METHODE ▶ **Sich mit Hörsituation und Thema vertraut machen**

Vor dem Hören solltest du dich mit Hörsituation und Thema vertraut machen:
- Was weißt du schon über das Thema?
- Was könnte im Text vorkommen? Welche Informationen und Meinungen?
- Was interessiert dich besonders an diesem Thema?
- Was erwartest du vom Hörtext?
- Hörtextsorte: Wer spricht in welcher Situation mit wem worüber?

> Komisch, dass du immer 10 Minuten vor der Pause auf Toilette musst. Das kannst du ja wohl noch aushalten!

> Jetzt reichts! Hör sofort auf damit! Den Rest der Stunde verbringst du vor der Tür!

> Wie bitte? Keine Hausaufgaben? Du bleibst zur Strafe heute Mittag eine Stunde länger!

> Dein Handy kannst du dir nächste Woche Montag wieder im Sekretariat abholen!

Einen Hörtext einordnen und das Wichtigste verstehen

Wenn du einen Text zum ersten Mal hörst, musst du dich zunächst einmal orientieren. Konzentriere dich auf die Hörsituation: Wer spricht zu wem? Wann und wo wird gesprochen? Um welches Thema geht es? Beim ersten Hören sollst du nicht auf jedes Wort achten, sondern dich auf das Wichtigste konzentrieren.

Höre den Podcast ein Mal. Nach dem Hören sollst du die Aufgaben 1 – 4 bearbeiten.

Digital+
Audio
Podcast „Wissen macht schlau!"

1 Hör dir einen Podcast aus der Reihe „Wissen macht schlau!" an. Beantworte anschließend die Fragen a – c.

a. Worüber will der Podcaster die Zuhörerinnen und Zuhörer informieren?
b. Warum ist ihm das Thema so wichtig?
c. Mit wem spricht der Podcaster? Warum spricht er mit diesen Personen?

2 Schau dir die abgebildeten „Verbotsschilder" an:

a) Schildere die Situationen aus dem Schulalltag, die dadurch angesprochen werden.
b) Formuliere zu den drei Abbildungen die Frage, die der Podcaster der Expertin gestellt hat:

– Der Podcaster fragt, ob ...
– Dürfen Lehrer ...?
– Der Podcaster will wissen, ...?

c) Formuliere zwei weitere Fragen, die der Podcaster gestellt hat.

3 Wie ist der Podcast aufgebaut? Ergänze die Sätze:

Am Anfang ...
Danach spricht Marius mit ...
Im nächsten Teil ...
Zum Schluss ...

4 Sprecht darüber, wie ihr den Podcast findet.

– Notiere zwei Informationen aus dem Podcast, die für dich neu waren.
– Was ist für dich am Podcast besonders interessant? Nenne zwei Fragen.
– Was hat dir besonders gefallen, was nicht? Warum?

Einzelinformationen heraushören

Meist hören wir einen Text mit einem bestimmten Ziel. Wir wollen nur bestimmte Informationen heraushören. Das kannst du hier einmal üben.

Höre den Podcast ein zweites Mal. Lies vorher die Aufgaben genau, damit du sicher weißt, worauf du achten sollst. Du kannst dir während des Hörens auch Notizen machen.

1 Anke, Christina und Marius erzählen im Podcast, was sie am Verhalten ihrer Lehrerinnen und Lehrer geärgert hat. Höre heraus, was die drei nicht richtig fanden.
- Ergänze die Sätze.
- Vergleicht anschließend eure Lösungen.

Das fanden sie nicht richtig:
- Anke: ...
- Marius: ...
- Christina: Strafarbeit, weil ...

Aufgabe, die du während des Hörens beantworten kannst.

2 Was antwortet die Expertin auf die Fragen des Podcasters?
- Du sollst heraushören, ob die Aussagen a. – g. richtig oder falsch sind.
- Schau dir daher vor dem Hören die Aussagen genau an.
- Notiere beim Hören, ob die Aussagen „richtig" (r) oder „falsch" (f) sind:
  a.: f, b.: ...

Lehrkräfte dürfen grundsätzlich ...
a. Schüler/-innen zur Strafe zigmal ein Wort oder einen Satz abschreiben lassen.
b. Schüler/-innen während des Unterrichts den Gang zur Toilette verbieten.
c. ihre Klasse nicht im Klassenraum einsperren.
d. Schüler/-innen ins Klassenbuch eintragen, wenn sie mehrmals ihre Hausaufgaben vergessen haben.
e. Schüler/-innen, die andere geschlagen haben, zur Strafe zehn Liegestütze machen lassen.
f. die Noten einer Klassenarbeit vorlesen.
g. bestimmte Kleidung verbieten, wenn dadurch der Schulfrieden gestört ist.

Ich darf im Unterricht nicht schwatzen.
Ich darf im Unterricht nicht schwatzen.
Ich darf im Unterricht nicht schwatzen.
Ich darf im Unterricht nicht schwatzen.
Ich darf im Unterricht nicht schwatzen.
Ich darf im Unterricht nicht schwatzen.
Ich darf im Unterricht nicht schwatzen.
Ich darf im Unterricht nicht schwatzen.

Schmitt: 4, Born: 4, Gödert: 5, Marx: ungenügend, ...

a) Versäumnisse b) Verspätungen c) Bemerkungen	Unter-schrift
c) Tim Meier liefert als Helfer bei den Bundesjugendspielen trotz mehrfacher Ermahnungen falsche Messwerte beim Weitsprung ab.	Nordh.

3 Oft ist nicht so einfach zu verstehen, was ein Lehrer/eine Lehrerin darf oder nicht darf. Daher musst du ganz genau hinhören und z. B. auf Gründe, Bedingungen und Schlussfolgerungen achten.

– Übernimm die folgenden Sätze auf ein Zusatzblatt und ergänze sie.
– Vergleicht eure Lösungen.

Die Lehrerin/Der Lehrer …

a. muss den Gang zur Toilette erlauben, weil …
b. kann den Gang zur Toilette verbieten, wenn …
c. darf die Klasse nicht einsperren, weil …
d. darf eine bestimmte Kleidung verbieten, wenn …
e. darf Schüler/-innen das Handy wegnehmen und verwahren, wenn diese …
d. darf Schüler/-innen das Handy nicht wegnehmen, wenn …
e. kann Schüler/-innen nachsitzen lassen, damit diese …
f. darf Schüler/-innen nur dann aus der Klasse werfen, wenn …
g. darf keine Zettelchen der Schüler/-innen lesen, weil …

Aufgaben, die du nach dem Hören beantworten sollst.

Ihr könnt euch die passenden Stellen aus dem Podcast nochmals anhören.

4 Arbeite mit deinen Ergebnissen weiter. Was musst du als Schüler oder Schülerin bedenken? Was darfst du, was darfst du nicht? Übernimm die Sätze und ergänze sie:

a. Achtung! Zur Toilette gehen darfst du, …
b. Bei der Kleidung musst du beachten, …
c. Für Smartphones gilt: …

METHODE ▸ Einzelinformationen aus einem Text heraushören

Wenn wir im Alltag Texte hören, hören wir oft nur gezielt bestimmte Informationen heraus, weil nur diese Informationen für uns interessant oder neu sind; den Rest des Textes beachten wir kaum.

Im Unterricht wird das Heraushören von Einzelinformationen mit Aufgaben geübt. Es wird genau angegeben, worauf du dich konzentrieren und achten sollst. Wenn du Einzelinformationen heraushören sollst, musst du daher die Aufgaben vor dem Hören genau durchlesen, damit du gezielt zuhören kannst.

Was haben wir denn da für ein Liebesbriefchen …

Sich beim Hören Notizen machen

Wenn du einen Podcast, ein Experteninterview oder einen Vortrag hörst, ist es nützlich, Notizen zu machen. Sie helfen dir, wichtige Informationen festzuhalten. Mit deinen Notizen sollst du dich nach dem Hören wieder an die Inhalte erinnern.

Digital+
Audio
Marius – Christina
„Handyverbot"

1 Jan will von Cathy wissen, ob er sein Handy auf dem Schulhof benutzen darf. Cathy hat sich zu dem passenden Podcast-Ausschnitt Notizen gemacht.
   a) Höre den Ausschnitt und lies dabei die Notizen. Was hat Cathy gut gemacht?
   b) Schreibe Cathys Nachricht an Jan, in der sie ihm erklärt, ob er ein Handy benutzen darf.
      Hallo Jan, du wolltest wissen, ...
      Die Sache ist etwas kompliziert: ...

– Mitbringen von H.: immer erlaubt
– H. gebrauchen: an S. unterschiedlich geregelt
– regelt Schul- und Hausordnung!
– meist nicht erlaubt, manchmal auf S.hof erlaubt

Digital+
Audio
Marius – Christina
„Klasse vermüllt"

2 Daniela möchte wissen, ob eine Lehrkraft ihre Schülerinnen und Schüler so lange im Klassenraum einschließen darf, bis sie dort wieder aufgeräumt haben.
   a) Höre dazu die Passage aus dem Podcast und mache dir Notizen zu Danielas Frage.
   b) Schreibe ihr eine Mail, in der du ihre Frage mit Hilfe deiner Notizen beantwortest.

3 Die Klasse 9a hat Fragen gesammelt, was im Unterricht erlaubt ist und was nicht:
   a. Dürfen Lehrer uns verbieten, während der Stunde auf die Toilette zu gehen?
   b. Dürfen wir während des Unterrichts unsere Caps aufbehalten?
   c. Dürfen Lehrer uns ins Klassenbuch eintragen? Wenn ja, wann?
   d. Wann ist Nachsitzen erlaubt? Wann nicht?
   e. Dürfen Lehrer uns aus der Klasse werfen? Wenn ja, was müssen sie beachten?
   d. Warum dürfen Lehrer keine Zettelchen einkassieren oder vorlesen?
   a) Suche dir zwei Fragen aus.
   b) Höre noch einmal den ganzen Podcast und mache dir zu den beiden Fragen Notizen.
   c) Erstellt eine Wandzeitung mit den Fragen und kleinen Antworttexten dazu.

METHODE   **Sich beim Hören Notizen machen**

Die vielen Informationen in Hörtexten kann man nicht alle behalten.
Hörtexte sollst du auch nie vollständig aus dem Gedächtnis wiedergeben.
Mache dir während des Hörens Notizen, um dich danach besser zu erinnern:
– Schreibe nicht zu viel mit. Konzentriere dich auf das, worauf du achten sollst.
– Achte besonders auf Fachwörter, Namen und Zahlen.
– Notiere wichtige Informationen in Stichworten, keine ganzen Sätze.
– Kürze häufig vorkommende Wörter mit Großbuchstaben ab (z. B. V für Verbot).

Meinungen erkennen und das Gehörte bewerten

Hörverstehen ist mehr als nur bloßes „Wörterverstehen": Du musst erkennen, was der Sprecher ausdrücken möchte, was er meint. Dann kannst du dir eine eigene Meinung zum Gehörten bilden.

1 Höre noch einmal einen Ausschnitt aus dem Podcast.
a) Um welches Thema geht es in diesem Ausschnitt?
b) Welche Meinung vertritt Marius: Was findet er gut, was kritisiert er?

Digital+
Audio
Anke – Marius
„Handyverbot"

2 Lies den Ausschnitt aus dem Podcast. Woran erkennst du, dass Marius seine Meinung ausgedrückt hat?
– Unterstreiche die Wörter und Formulierungen, an denen du das erkannt hast (Folie).
– Nutze die Hinweise im Methodenkasten.

> **Anke:** Wir gamen – mit dem Computer oder unseren Handys. Wir spielen einzeln oder zusammen. Allerdings sprechen wir über die Spiele und schreiben Spieleratgeber für unsere Schülerzeitung. Dafür müssen wir die Spiele ja gut kennen.
>
> **Marius:** Das finde ich ja megacool. Bei uns ist das ganz anders. Bei uns sind Smartphones total verboten! Eltern und Lehrer wollen nicht, dass wir das Handy benutzen – weder im Unterricht noch auf dem Schulhof. Einige wollen sogar verbieten, dass wir sie ausgeschaltet im Rucksack mitbringen. Ich finde das echt krass. Wer bei uns mit einem Handy erwischt wird, muss es sofort abgeben. Erst drei Tage später kann man es dann im Sekretariat wieder abholen. Das ist echt hart! Und ich weiß auch nicht, ob das erlaubt ist.

3 Höre weitere Ausschnitte aus dem Podcast.
a) Gib wieder, welche Meinungen vertreten werden.
b) Formuliere deine eigene Meinung dazu.

Digital+
Audio
– *Anke 1*
– *Anke 2*
– *Christina*
– *Marius*

METHODE **Bewertungen und Meinungen erkennen**

Bewertungen und Meinungen erkennst du häufig an:
– wertenden Adjektiven: cool.
– Verstärkern: Das finde ich ja megacool.
– Wörtern, mit denen man eine (positive oder negative) Wertung ausdrückt: rausschmeißen, durchdrehen, gestresst sein.
– direkt ausgedrückten Bewertungen: Ich finde das echt krass.
Du sollst deine Meinung immer begründen oder erläutern. Begründungen werden meistens mit Konjunktionen eingeleitet: weil, denn, da …

Mit den Informationen weiterarbeiten

Wir hören oft einen Text, weil wir die Informationen brauchen und weiter nutzen wollen.

1 Lies die Schüleräußerungen aus einem Web-Blog.
- Wähle eine Äußerung aus und gib dazu eine begründete Stellungnahme ab.
- Nutze die Informationen aus dem Podcast.

Lilo: Mein Lehrer hat mal ein „Briefchen" in der Klasse einkassiert und laut vorgelesen. Er meinte: „Da ist doch kein Umschlag drum!"

Franziskus: Mein Handy ist mein Handy und das nimmt mir keiner ab – außer er hat Lust auf Stress. Ein Lehrer hats versucht und es war eine schmerzhafte Erfahrung für ihn und für mich halt: Ich wurde vor die Tür gesetzt und meine Eltern mussten antanzen! Die hatten kein Problem damit, standen voll und ganz hinter mir und haben mir recht gegeben! Und wenn ich aufs Klo muss, geh ich einfach und frag nicht lange. Am Anfang hieß es noch: „Wohin des Weges?" Und ich antwortete: „Klo!" Aber jetzt, wenn ich das Klassenzimmer verlasse, weiß er, dass ich aufs Klo geh.

Mutter Böhmer: Wenn meine Kinder Blödsinn machen, dann sollen sie auch lernen, mit den Konsequenzen zu leben. Wenn du permanent störst, fliegst du halt raus! Wenn du den Unterricht versäumst, holst du den Stoff nach und musst nachsitzen! Das ist doch eine ganz einfache Sache!

---

2 a) Welches Problem hat Lehrer Müller mit seiner Klasse? Wie löst er sein Problem?
b) Formuliere die Streitfrage, die sich in der Klasse stellt.

Montag, acht Uhr morgens: Als Lehrer Müller in die Klasse kommt, sind fast alle mit ihren Handys beschäftigt. Er will mit dem Unterricht beginnen, aber niemand legt sein Handy weg.

Kurz entschlossen kassiert er die Handys ein. Eine Schülerin beschwert sich: „Das gehört mir, das dürfen Sie mir nicht wegnehmen – Privateigentum!" Lehrer Müller lässt sich nicht beeindrucken: „Jetzt ist Unterricht und jetzt gehört das Handy mir. Privat ist nach der Schule."

3 Die Schülerin Laura hat sich beim Vertrauenslehrer über Herrn Müller beschwert.

🔲 **Digital+**
Audio
Marius – Christina
„Handyverbot"

a) Höre noch einmal einen Ausschnitt aus dem Podcast, in dem es um das gleiche Thema geht, und mache dir Notizen.
b) Schreibe den Antwortbrief des Vertrauenslehrers an Laura.
- Schildere zunächst, was sich ereignet hat.
- Erläutere deine Entscheidung mit Informationen aus dem Podcast.

Einen Text hören und die Informationen verarbeiten

Hier kannst du noch einmal üben, einen Text zu hören und die Ergebnisse weiter zu nutzen.

1 Schaut euch den Screenshot eines Videos von Lehrer Schmidt an.
   a) Um welches Thema geht es?
   b) Welche Meinung vertritt Lehrer Schmidt wohl?

2 Schau dir das Video einmal an. Danach sollst du die Fragen a – d beantworten.
   a. An wen wendet sich Lehrer Schmidt?
   b. Was denkt er über Jogginghosen in der Schule?
   c. Was sagt er über das Tragen von Jogginghosen im Vorstellungsgespräch?
   d. Was will er mit seinem Video erreichen?

 **Digital+**
Video
Lehrer Schmidt

3 Schau dir das Video noch einmal an. Beantworte danach die Fragen e – g schriftlich.
   e. Ist es verboten, im Unterricht eine Jogginghose zu tragen?
   f. Warum soll man nach Meinung von Lehrer Schmidt keine Jogginghose im Unterricht tragen? Welche Argumente nennt er?
   g. Was empfiehlt Lehrer Schmidt den Jogginghosen-Liebhabern?

4 Denke über das Thema nach und schreibe deine Einstellung dazu auf:
   – Fasse zunächst noch einmal zusammen, was Lehrer Schmidt rät.
   – Nimm Stellung zur Meinung von Lehrer Schmidt. Begründe deine Einschätzung.
     Was Lehrer Schmidt im Podcast sagt, ist genau richtig/überlegenswert/ teilweise richtig/nicht mehr aktuell/falsch, weil …
   – Lege abschließend deine eigene Meinung dar: Wie stehst du zu Jogginghosen in der Schule? Begründe deine Meinung.

Eigene Themen erarbeiten und präsentieren

In einem Projekt könnt ihr an selbst gewählten Themen gemeinsam arbeiten und Gelerntes selbstständig anwenden. Für die Projektarbeit bekommt ihr in diesem Kapitel Hilfen und Anregungen. Ihr könnt das Beispielthema aufgreifen oder die Merkkästen, Checklisten und Formulare für ein eigenes Thema nutzen.

SPRECHEN UND ZUHÖREN

1 Die Klasse 9a veranstaltet eine Ideenbörse zur Vorbereitung auf die Projektarbeit. Schaut euch die Abbildung dazu genau an:
- Was ist zu erkennen? Beschreibt die Situation.
- Was könnt ihr aus der Abbildung über den Ablauf der Ideenbörse erschließen?
- Welches der vorgeschlagenen Projekte findet ihr interessant? Warum?
- Welche Themen könntet ihr euch für eigene Projekte vorstellen?

Wir bauen Insektenhotels
– Emma

Interview mit einer Zeitzeugin des Holocaust
– Noah

„Das Schicksal ist ein mieser Verräter" – Vergleich Buch und Film
– Filip

Astrid Lindgren – eine beeindruckende Frau
– Marcos

Unsere Lieblingsrezepte aus aller Welt
– Timo
– Mona

Stationen der Projektarbeit
- Vorgaben klären
- Gruppen bilden, Thema festlegen
- Projektbeschreibung erstellen
- Projekt genehmigen lassen
- Zeit- und Arbeitsplan erstellen
- Projektmappe anlegen und füllen
- Materialien beschaffen und vorbereiten
- Geplantes Produkt ausarbeiten
- Präsentation vorbereiten und durchführen
- Projektarbeit reflektieren

Fragen zur Vorbereitung der Projektarbeit klären

Bevor es mit euren Projekten losgehen kann, müsst ihr klären, worauf es ankommt. Das kann in jeder Schule etwas anders sein. Ihr könnt solche Projekte im Deutschunterricht, fachübergreifend oder im Rahmen einer Abschlussprüfung durchführen.

1 Besprecht mit eurem Projektbetreuer oder eurer Projektbetreuerin, wie die Vorgaben für die Projektarbeit für euch aussehen.
- Dafür könnt ihr die Fragen auf den Zetteln nutzen und eigene Fragen stellen.
- Eventuell könnt ihr dazu auch in einer Veröffentlichung der Schule recherchieren.

Themenwahl und Gruppenbildung
- Können wir unser Thema frei wählen oder gibt es verbindliche Vorgaben?
- Was können wir tun: über etwas informieren, etwas herstellen, etwas vorführen …?
- Können wir auch Themen wählen, für die wir schon Experten sind, z. B. eigene Hobbys?
- Wie groß können/müssen die Arbeitsgruppen sein?
- Worauf sollten wir bei der Zusammensetzung der Gruppen achten?
- …

Zeitrahmen und Arbeitsweise
- Welche Projektphasen gibt es? Wie viel Zeit steht uns jeweils zur Verfügung?
- Findet die Projektarbeit in der Unterrichtszeit statt oder auch danach?
- Wer betreut uns während des Projekts? Wie läuft das konkret ab?
- Was ist noch zu beachten? Arbeitsmittel, Räume, Kosten …
- …

Bewertung
- Wie wird unsere Projektarbeit am Ende bewertet?
- Was müssen wir deshalb schon während der Arbeit beachten und dokumentieren?
- Müssen wir z. B. eine Projektmappe führen? Was gehört dort hinein?
- …

2 Bildet nun eure Projektgruppen und verständigt euch auf Themen, die ihr bearbeiten wollt. Hier gibt es zwei Möglichkeiten:
- Ihr findet euch zunächst als Gruppe zusammen. Dabei achtet ihr auf die Vorgaben zur Gruppengröße. Erst dann findet ihr gemeinsam ein Thema.
- Jeder/Jede findet zunächst für sich ein Thema, z. B. bei einer Ideenbörse. Erst dann kommen die Gruppenmitglieder zusammen, die sich für dasselbe Thema interessieren.

Das Projekt planen und beschreiben

Nachdem ihr Gruppen gebildet und euch für ein Thema entschieden habt, plant ihr die gemeinsame Arbeit: Ihr erarbeitet in Absprache mit der betreuenden Lehrkraft eine Projektbeschreibung, erstellt Zeit- und Arbeitspläne und bereitet alles vor, was ihr für die Erstellung eures Produkts benötigt.

> a. Gerichte aus aller Welt kochen
> b. Tolle Rezepte aus Europa, Asien und Afrika
> c. Wir erstellen ein Kochbuch mit internationalen Lieblingsrezepten aus unserer Klasse
> d. Was wir gern essen

1 In Kiaras Klasse sind viele Schülerinnen und Schüler, deren Familien ursprünglich aus ganz verschiedenen Ländern stammen. Daraus ist die Idee entstanden, in einem Projekt etwas zu Gerichten aus diesen Ländern zu machen.
Kiaras Gruppe sucht nach einem geeigneten Thema für ihr Projekt. Sprecht über die **Themenformulierungen** auf dem Zettel:
– Wie schätzt ihr diese Themenformulierungen ein?
– Kiaras Gruppe hat sich für c entschieden. Was spricht für diese Themenformulierung?

2 Kiara und ihre Gruppe bereiten eine **Projektbeschreibung** zu ihrem Thema vor. Sie sammeln in einem Brainstorming, was sie am Ende erreichen wollen (ihre Ziele) und wie sie dort hinkommen.
a) Lest zunächst ihre Projektbeschreibung (S. 27).
  – Was erfahrt ihr im Einzelnen?
  – Ordnet den Abschnitten im Feld „Projektinhalt" die Überschriften zu:
    Was wir dafür brauchen – Unsere Idee – Unsere Ziele: Was wir erreichen wollen.
b) Markiert (Folie oder Kopie) die Ideen aus dem Brainstorming, die sich in der Projektbeschreibung wiederfinden:

Meine Mutter kocht mein Lieblingsessen nach einem Rezept von meiner Oma. Das muss auf jeden Fall rein!

Wir müssen auch an Vegetarier und Veganer denken. Wir brauchen also Alternativen zu tierischen Zutaten.

Was haltet ihr von Interviews? Ich frage z. B. meinen Opa, was das Rezept ihm bedeutet.

Ich denke, es ist am einfachsten, wenn die Rezepte nur aus unserer Klasse stammen.

Bei der Präsentation könnten wir doch was zum Probieren anbieten …

Ohne schöne Fotos geht es nicht, oder? Also müssen wir kochen und fotografieren.

Wir könnten doch über die Geschichten hinter jedem Rezept schreiben: Wo kommt es her? Wie lange wird es schon gekocht? Von wem stammt es?

Wie wäre es mit einer Liste mit Küchenutensilien, die man für die Rezepte braucht?

🟧 **Digital+**
Text
Formular
Projektbeschreibung

Projektbeschreibung

Projektthema:
Wir erstellen ein Kochbuch mit
internationalen Lieblingsrezepten
aus unserer Klasse

Projektgruppe:
Kiara Abel, Kayra Sali,
Timo Nimcek, Mona Oldeo

Projektinhalt:

Wir veranstalten in unserer Klasse zu besonderen Anlässen (Sommerfest, Ferienbeginn
etc.) gern Buffets. Dafür bereiten unsere Eltern immer leckeres Essen vor. Da unsere
Familien aus unterschiedlichen Ländern stammen, kommen viele internationale Speisen auf den Tisch. Diese Vielfalt möchten wir in einem Kochbuch mit den Rezepten
unserer Familien festhalten und anbieten.

1. Leckere und nicht zu komplizierte Rezepte aus verschiedenen Ländern vorstellen
2. Die Geschichten und Menschen „hinter den Rezepten" vorstellen
3. Kurz über die Küche der verschiedenen Länder informieren
4. Einige Rezepte selbst nachkochen und die Zubereitung mit Fotos dokumentieren
5. Alternativen ohne tierische Zutaten anbieten, damit jeder die Rezepte nachkochen kann
6. Das Kochbuch drucken und zu einem bezahlbaren Preis zum Kauf anbieten
7. Das Kochbuch mit einem nachgekochten Rezept unserer Klasse präsentieren

– Rezepte und die Menschen dahinter, die wir befragen können
– eine Küche mit Geräten, Zutaten und ggf. Unterstützung durch Experten
– Material/Technik für die Fotos und deren Bearbeitung
– eine preiswerte Möglichkeit, um das Kochbuch drucken zu lassen

Datum:

<u>Kiara Abel</u>　　　　<u>Kayra Sali</u>　　　　<u>Timo Nimcek</u>　　　　<u>Mona Oldeo</u>
(Unterschriften der Gruppenmitglieder)

Genehmigung des Projekts:

Datum:

_____　　　_____
(Unterschrift Projektbetreuer/-in)　　　(Unterschrift Schulleiter/-in)

Kiaras Gruppe hat ihrer Projektbetreuerin die Projektbeschreibung vorgelegt.
Sie ist damit einverstanden und gibt ihnen weitere Tipps, was jetzt zu tun ist:

Nehmt die Ziele aus eurer Projektbeschreibung und überlegt, was Schritt für Schritt zu
tun ist, um sie zu erreichen.

Arbeitet anschließend einen möglichst genauen Zeit- und Arbeitsplan aus. Darin legt ihr fest, wann
ihr die Arbeitsschritte erledigt und
wer sich darum kümmert.

 **Digital+**
Text
Tabelle: Ziele und
Arbeitsschritte

3 a) Übernehmt die Tabelle und ordnet die Ziele der Reihe nach ein.
b) Ordnet den Zielen die angegebenen Arbeitsschritte zu.
c) Zu drei Zielen sind die Arbeitsschritte noch nicht ausgearbeitet. Ergänzt sie.

Unsere Ziele: Was wir erreichen wollen	Arbeitsschritte: Was wir dafür im Einzelnen tun müssen
1. Leckere und nicht zu komplizierte Rezepte aus verschiedenen Ländern vorstellen	– unser Projekt in der Klasse vorstellen – darum bitten, leckere und nicht zu komplizierte Rezepte an Kiara und Timo zu senden/zu geben – aus den gesammelten Rezepten auswählen – festlegen, welche Rezepte selbst zubereitet werden – die Zubereitung planen – die Zutaten einkaufen …
2. Die Geschichten und Menschen „hinter den Rezepten" vorstellen	
3. Kurz über die Küche der verschiedenen Länder informieren	– Informationen über die Küche der verschiedenen Länder bei den Rezeptgebern einholen oder selbst recherchieren – Smartphones mit guter Kamera bereithalten – Fotos von den Gerichten besorgen, die nicht von uns nachgekocht werden
4. Einige Rezepte selbst nachkochen und die Zubereitung mit Fotos dokumentieren	
5. Alternativen ohne tierische Zutaten anbieten, damit jeder die Rezepte nachkochen kann	– Treffen für die Interviews vereinbaren – die Interviews durchführen – Fotos machen (nicht vergessen: Einverständniserklärung der abgebildeten Personen einholen!)
6. Das Kochbuch drucken und zu einem bezahlbaren Preis zum Kauf anbieten	
7. Das Kochbuch mit einem nachgekochten Rezept unserer Klasse präsentieren	– vegetarische/vegane Varianten bei den Rezeptgebern und Rezeptgeberinnen erfragen – Alternativen für tierische Produkte (für Fleisch, Eier, Milchprodukte …) recherchieren

CHECKLISTE   **Ein Projekt planen und vorbereiten**

✔ Ist das Thema so formuliert, dass man weiß, worum es gehen soll?

✔ Sind unsere Ziele in der zur Verfügung stehenden Zeit zu schaffen?

✔ Woher bekommen wir Informationen? Aus Büchern, Zeitschriften, dem Internet … Welche Experten können wir befragen, welche Betriebe/Einrichtungen besuchen?

✔ Welche Räume benötigen wir? Gruppenraum, Küche, Werkstatt …

✔ Haben wir in unserer Projektbeschreibung alles genannt, was wir machen wollen?

✔ Wie sieht der grobe Zeitplan aus? Wie teilen wir uns die Arbeit auf?

✔ Wie sprechen wir uns zwischendurch ab? Fester Termin?

✔ Wie dokumentieren wir die Projektarbeit? Protokolle, Fotos, Mappe …

✔ Was davon wollen wir am Ende in welcher Form und für wen präsentieren?

4 Hier seht ihr einen Ausschnitt aus dem **Zeit- und Arbeitsplan** von Kiaras Gruppe.

a) Besprecht gemeinsam, wozu man solch einen Plan braucht.

b) Prüft den Zeit- und Arbeitsplan:
- Sind die Aufgaben in der eingeplanten Zeit zu schaffen?
  Wo könnte es eng werden?
- Nehmt Umstellungen vor, wo euch die Zeitplanung unrealistisch vorkommt.

Digital+
Text
Tabelle:
Zeit- und Arbeitsplan

Woche/Datum	Was wir uns vornehmen	Verantwortlich	Material	Erledigt
1. Woche 04.03.–08.03.	– Rezepte in der Klasse erfragen und sammeln	– Kiara + Timo	– Tablets	✔
	– Schulküche buchen	– Mona		
	– Angebote für Druck suchen	– Kayra	– Tablets	
	– Fragebogen für kurze Interviews erstellen	– alle	– Tablets,	
	– Interviews durchführen	– alle	Smartphones	
2. Woche 11.03.–15.03.	– Rezepte auswählen	– alle		
	– Materialien zu den Rezepten zusammenstellen	– alle	– Tablets	
	– Portionsgrößen festlegen	– alle		
	– für 1. Rezept einkaufen	– Timo		
	– das Rezept in der Schulküche ausprobieren	– alle	– Zutaten	
	– Zubereitung mit Fotos dokumentieren	– Kayra	– Smartphone	
	– Materialien zum Rezept „Piroggen" bearbeiten	– alle	– Tablets	
	– Buchseiten zum Rezept „Piroggen" gestalten	– Kayra + Timo	– Tablets	
	– Vorwort erstellen	– Kiara + Mona	– Tablets	
	– Covergestaltung festlegen	– alle	– Tablets	
…	…	…	…	…

▶ **Hinweise für die Projektplanung und -beschreibung**
- Klärt zunächst die Fragen aus der Checkliste (S. 28).
- Für die einzelnen Planungsschritte könnt ihr die Beispiele aus Kiaras Gruppe
  nutzen und sie an euer Projekt anpassen. Vorlagen dafür findet ihr in Digital+.
- Erstellt die Projektbeschreibung und sprecht sie mit der betreuenden Lehrkraft ab.
  Überarbeitet die Projektbeschreibung, falls sich im Gespräch Änderungen ergeben.
- Leitet von euren Zielen aus der Projektbeschreibung die konkreten Arbeitsschritte ab.
- Erstellt daraus einen Zeit- und Arbeitsplan und erledigt die anstehenden Aufgaben.
- Sammelt alle Materialien, die ihr für euer Projekt nutzt und selbst erstellt
  (recherchierte Texte, ausgefüllte Formulare, Protokolle, eigene Texte, Fotos …).
  Ihr wählt daraus später für eure Projektmappe aus.

Am Ende der Planungsphase sollte alles, was ihr für die Erstellung eures Produkts
benötigt, beschafft und vorbereitet sein.

Das geplante Produkt erstellen

In dieser Phase des Projekts setzt ihr eigenständig um, was ihr geplant und vorbereitet habt. Dabei dokumentiert ihr auch den gemeinsamen Arbeitsprozess, um deutlich zu machen, wie das Produkt entstanden ist.

1 Lest das Protokoll, das Kiaras Projektgruppe während des letzten Arbeitstreffens geschrieben hat.

a) Erklärt, wie das Protokoll des Arbeitstreffens aufgebaut ist.

b) Tauscht euch darüber aus, warum es nützlich ist, solche Protokolle zu führen.

Digital+
Text
Protokollformular für Gruppentreffen

Protokoll:
Arbeitstreffen der Gruppe „Internationales Kochbuch", 15.03.2024, 13:30 Uhr

Anwesende: Kiara Abel, Kayra Sali, Timo Nimcek, Mona Oldeo

Tätigkeiten in dieser Woche (11.3.–15.3.):
- 8 Rezepte ausgewählt; Auswahlkriterien: aus verschiedenen Ländern und Kulturen, für Vegetarier/Veganer abwandelbar, süß und herzhaft (alle)
- Materialien zu den Rezepten zusammengestellt (alle)
- Portionsgrößen festgelegt: für vier Personen (alle)
- für das Rezept „Piroggen" eingekauft (Timo)
- mit Timos Mutter das Rezept in der Schulküche ausprobiert (alle)
- die Zubereitung mit Fotos dokumentiert (Kayra)

Was wir heute erledigt haben:
- Materialien zum Rezept „Piroggen" für unser Kochbuch bearbeitet (alle)
- Buchseiten zum Rezept „Piroggen" gestaltet (Kayra + Timo)
- das Vorwort für unser Kochbuch erstellt (Kiara + Mona)
- Vorschläge für die Covergestaltung besprochen und ausgewählt (alle)

Plan für die kommende Woche (18.3.–22.3):
- Dienstag: für zwei Gerichte einkaufen: Baklava (Kayra), Speckpfannkuchen (Kiara)
- Mittwoch: Treffen 13 Uhr/Schulküche (alle), zwei Rezepte ausprobieren: Baklava, Speckpfannkuchen; Fotos machen (Mona)
- Freitag: die Kochbuchseiten zu den beiden Rezepten ausarbeiten (Baklava: Kayra + Mona, Speckpfannkuchen: Timo + Kiara)

Kiara Abel   Kayra Sali   Timo Nimcek   Mona Oldeo

(Unterschriften der Gruppenmitglieder)

2 Das Rezept auf dem Zettel hat Mona von Timos Mutter erhalten.
a) Mona hat angefangen, das Rezept für das Kochbuch umzuformulieren.
   Prüft und beschreibt, was sie verändert hat. Was erreicht sie dadurch?
b) Setzt das angefangene Rezept fort.

Digital+
Text
*Rezept: Piroggen
(Rohfassung und
Bearbeitung)*

Piroggen

Zutaten (für 8 Personen): 800 g Mehl, 2 Eier, lauwarmes Wasser, 8 mittelgroße Kartoffeln, 2 Packungen Quark, gewürfelte Zwiebeln, Salz/Pfeffer, Paprikapulver. Für die Füllung müsst ihr

5 zuerst die Kartoffeln schälen und kochen. Anschließend zerstampft ihr sie, bis eine feine Masse entstanden ist. Danach bratet ihr die Zwiebeln mit etwas Öl glasig an. Zum Karamellisieren könnt ihr am Ende noch etwas Zucker dazugeben und umrühren, bis er sich aufgelöst hat. Aufpassen, dass nichts

10 anbrennt! Dann müsst ihr den Quark, die Zwiebeln und die gestampften Kartoffeln miteinander vermengen und mit Salz, Pfeffer und wenig Paprikapulver würzen und abschmecken. Jetzt kommt der Teig: Gebt das Mehl auf eine saubere Arbeitsfläche und formt in der Mitte eine Mulde. Gebt das Ei in die Mulde,

15 natürlich nur den Inhalt ohne die Schale ☺. Nun müsst ihr beides vorsichtig miteinander vermengen und immer wieder etwas lauwarmes Wasser dazugeben. Am Anfang ist der Teig noch sehr bröselig, ihr müsst einfach immer weiterkneten, er wird dann immer geschmeidiger. Wenn eine schöne feste Teigmasse ent-

20 standen ist, müsst ihr den Teig mit einem Nudelholz ausrollen, bis er ca. 3 mm dick ist. Dann mit einem Glas oder Becher einzelne Teigstücke herausstechen – wie beim Plätzchenbacken. So, wie kommt nun die Füllung in den Teig? Dabei sollen ja auch halbkreisförmige Teigtaschen entstehen. In die Mitte der

25 Teigstücke gebt ihr etwas von der Füllung, so ungefähr, was auf eine Gabel passt. Dann müsst ihr den Teig vorsichtig zuklappen und mit den Zinken der Gabel am Rand ein schönes Muster hineinmachen. Dadurch bleiben die Teigtaschen verschlossen. Jetzt bringt ihr Salzwasser in einem passenden Topf zum

30 Kochen und dann gebt ihr die Piroggen hinein. Wenn sie oben schwimmen, sind sie gar. Zum Schluss lasst ihr etwas Butter in einer Pfanne schmelzen. Richtet die Piroggen auf einem tiefen Teller an und gebt etwas von der geschmolzenen Butter darüber. Fertig! Ich wünsche euch guten Appetit – oder wie man in

35 Polen so schön sagt: Smacznego posiłku!

Piroggen – herzhafte Teigtaschen aus Polen

Zutaten (für 4 Personen):
– Für den Teig: 400g Mehl, 1 Ei, lauwarmes Wasser
– Für die Füllung: 4 mittelgroße Kartoffeln, 1 Packung Quark, gewürfelte Zwiebeln, 1 TL Rapsöl, Gewürze: Salz, Pfeffer, Paprikapulver (edelsüß)

Füllung:
– Kartoffeln schälen, kochen und zu einer feinen Masse zerstampfen
– Zwiebeln glasig braten, karamellisieren und mit dem Quark vermischen
– mit Salz, Pfeffer und wenig Paprikapulver würzen

Teig:
– Mehl, Eier und lauwarmes Wasser verkneten
– kneten, bis der Teig geschmeidig ist
– Teig ausrollen, mit einem Glas/Becher Kreise ausstechen

Die Teigtaschen fertigstellen:
– Füllung in die Mitte des Teigs geben und zuklappen
– ...

3 Timos Mutter hat zu dem Rezept noch ein paar mündliche Hinweise gegeben.

a) Formuliert aus den gelben Sprechblasen Tipps zur Zubereitung.

b) Nutzt die grüne Sprechblase für einen Vorschlag für eine vegane Variante des Rezepts.

> Macht erst mal die Füllung. Dann den Teig. Dann könnt ihr ihn direkt verarbeiten.

> Wie ihr das vegan kochen könnt? Ja, vielleicht: Ei weglassen. Und Sojaquark nehmen.

> Stellt vorher alles bereit. Dann wisst ihr gleich, ob alles da ist, was ihr braucht. Zum Beispiel ein Kartoffelstampfer.

Digital+
Fotos
Piroggen herstellen

4 Die Gruppe hat während des Kochens Fotos gemacht, die sie zum Rezept stellen will. Aus Platzgründen muss sie sich aber auf drei Fotos beschränken.

a) Für welche Fotos entscheidet ihr euch? Begründet eure Auswahl.

b) Schreibt zu den ausgewählten Fotos Bildunterschriften, die erklären, was man sieht oder bei diesem Arbeitsschritt beachten sollte.

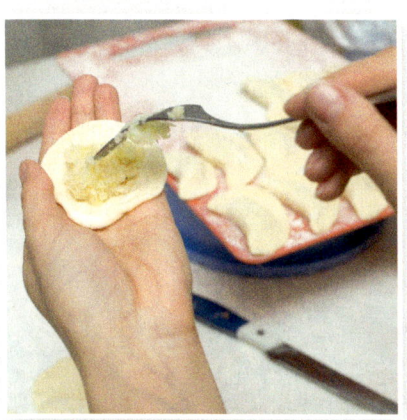

5 Die Gruppe möchte über einige typische Merkmale der Küche der jeweiligen Länder informieren. Kayra hat einen interessanten Text zur Küche Polens gefunden. Er soll als Informationsquelle für einen kurzen Küchensteckbrief dienen.

a) Markiere Informationen (Folie oder Kopie), die du für das Kochbuch interessant findest.

b) Verfasse auf Grundlage der markierten Informationen den Steckbrief für das Kochbuch. Du kannst den Gliederungsvorschlag verwenden oder nach deinen Vorstellungen abändern.

Die polnische Küche

Bekannte Gerichte:

– ...

Typische Zutaten:

– ...

Was wir gern mögen:

...

🔲 **Digital+**
Text
Was in Polen auf den Tisch kommt

Was in Polen auf den Tisch kommt

Die polnische Küche ist abwechslungsreich und durch die Nachbarländer und die Geschichte des Landes vielfach beeinflusst worden. Auch die früheren gesellschaftlichen Strukturen haben

5 ihr Erbe in der Küche hinterlassen: So treffen einfache bäuerliche Küche und Besonderes für den einstigen Adel aufeinander.

Vielleicht hat man schon Piroggen probiert; diese Teigtaschen gelten als polnisches Natio-

10 nalgericht und sind in vielen Variationen zu genießen. Zutaten für Piroggen und andere polnische Gerichte liefert vor allem der Wald: Beeren, die in der Küche Polens häufig zum Einsatz kommen, aber auch Pilze aller Art.

15 Ein selbst gepflückter Riesenschirmpilz, paniert wie ein Schnitzel, ist im Herbst ein Muss. Bleiben wir beim Gemüse: Kartoffeln, Zwiebeln, Bohnen und Weißkohl sind hier unverzichtbar. Sie werden u. a. zu leckeren Rohkostsalaten ver-

20 arbeitet. Diese Beilage aus frischem Sauerkraut, Äpfeln und Möhren mit ein wenig Zitronensaft isst man im Norden Polens wie auch im Gebirge. Aber auch das allseits beliebte Sauerkraut findet sich in zahlreichen Gerichten.

25 Berühmt ist die polnische Küche auch für ihre Klöße bzw. Knödel (kluski). Sie schmecken gefüllt oder ohne Füllung sehr gut, vor allem, wenn eine gute

Soße dazu serviert wird. Für Erfrischung sorgt im Sommer oft eine kalte Gurkensuppe.

Aber auch für diejenigen, die gern einmal Fleisch 30 essen, finden sich in Polens Küche köstliche Gerichte. Zum Beispiel wird Rind- oder Wildfleisch als Braten gegessen, zubereitet mit gutem Honig und polnischen Äpfeln. Ein beliebter Schmoreintopf, genannt Bigos, zeichnet sich, neben 35 Weißkohl und Sauerkraut, auch durch verschiedene Fleisch- und Wurstsorten aus. Apropos: Wurst ist natürlich auch ganz typisch für die polnische Küche – die weltberühmte Krakauer Wurst, die gebraten, gekocht oder auch roh 40 schmeckt, stammt schließlich aus Polen.

Auch Fisch ist fester Bestandteil in heimischen Küchen und auf Restaurantkarten, insbesondere Hering und Dorsch, die beide in der nahe gelegenen Ostsee vorkommen, sind sehr beliebt. 45 Als Abschluss gehört zu einem guten Essen, wie in vielen anderen Küchen dieser Welt, etwas Süßes. Die schon erwähnten Piroggen gibt es natürlich auch in süßen Varianten mit Blau- oder Erdbeeren mit Vanillesoße und Sahne. Zu 50 empfehlen sind außerdem die traditionellen Lebkuchen aus Thorn, die auf eine lange Geschichte zurückblicken, und nicht zu vergessen die Vielfalt an Torten mit mächtiger Butterfüllung.

 **Digital+**
Text
*Interview
mit Timos Mutter*

6 Die Projektgruppe hat Interviews mit den Rezeptgeberinnen und -gebern geführt. Daraus sollen kurze Informationstexte über die Rezepte und die „Geschichten dahinter" entstehen, die mit Fotos der Personen zu den Rezepten gestellt werden sollen.

Rezept: Piroggen Interview mit: Timos Mutter	Datum: 07.03. Durchgeführt von: Mona
Woher kommt dieses Gericht?	– typisch polnisches Gericht – dieses spezielle Rezept von Mutter übernommen
Wann haben Sie dieses Gericht das erste Mal selbst gemacht?	– schon zusammen mit Mutter gekocht, als ich noch ganz klein war – ohne Hilfe selbst gekocht, als ich nach Deutschland kam: hatte Sehnsucht nach einem traditionellen Essen aus meiner Heimat
Wie oft machen Sie dieses Gericht?	– mindestens einmal im Monat – wenn meine Kinder sich das wünschen
Gibt es unterschiedliche Varianten? Wenn ja, welche mögen Sie am liebsten?	– zahllose Varianten – ich mag auch gern die mit Sauerkraut und Pilzen – ganz besonders lecker auch: sommerliche Variation mit Erdbeer- oder Waldbeerfüllung

Mona hat mit ihrem Text schon begonnen. Schreibe ihren Text zu Ende.
Aus Platzgründen soll er nicht mehr als 100 Wörter lang sein.

Dieses leckere Rezept haben wir von Timos Mutter erhalten. Sie stammt aus Krakau, einer schönen Stadt im Süden von Polen. Piroggen sind ein typisch polnisches Rezept, von dem es zahllose …

7 Die erstellten Text- und Bildelemente sollen für eine Doppelseite zum Rezept genutzt werden:
– Rezept mit Zutatenliste und Fotos,
– Informationstext zur Küche des jeweiligen Landes,
– Informationstext zur Rezeptgeberin/zum Rezeptgeber (mit Foto),
– vegetarische/vegane Alternative,
– Tipps zur Zubereitung.

Wie würdet ihr die Bausteine auf einer Doppelseite anordnen und formatieren?
Probiert es selbst am PC aus. Nutzt eure Arbeitsergebnisse aus den Aufgaben 1 – 6 und für die Gestaltung die Möglichkeiten eines Schreibprogramms.

8 In Kiaras Gruppe sind drei Vorschläge für die Covergestaltung des internationalen Kochbuchs entstanden.
– Welches Cover würdet ihr für das Kochbuch auswählen? Begründet eure Auswahl.
– Ihr könnt auch eine eigene Covergestaltung vorschlagen.

9 Kiara und ihre Gruppe wollen den Rezeptseiten ein Vorwort voranstellen.
Darin möchten sie kurz erklären und beschreiben,
– warum sie ein internationales Kochbuch der Klasse wichtig finden,
– wie sie an die Rezepte gekommen sind und
– nach welchen Kriterien sie die Rezepte ausgewählt haben.
Außerdem wollen sie sich bei den Rezeptgeberinnen und Rezeptgebern bedanken.

a) Schreibe einen Entwurf für das Vorwort. Du kannst dafür die Projektbeschreibung (S. 27) und die folgenden Formulierungshilfen nutzen:
Mit diesem Buch wollen wir .../Unser Wunsch ist es ...
Ihr findet darin ...
Entstanden ist es ... Wir konnten viele ... nutzen.
Für die Unterstützung möchten wir allen ...

b) Bildet Partnergruppen. Stellt euch eure Vorworte gegenseitig vor, gebt einander Überarbeitungstipps und überarbeitet eure Texte gegebenenfalls.

▶ **Hinweise für die Erstellung des geplanten Produkts**
– Erstellt auf Grundlage eurer Vorarbeiten das geplante Produkt.
– Dokumentiert während der Arbeit eure Fortschritte und Arbeitsabläufe mit Hilfe von Fotos, Protokollen, Zwischenergebnissen etc.
– Tipp: Sichert eure Ergebnisse stets mehrfach, damit nichts verloren gehen kann.

Die Projektarbeit dokumentieren

**Die Projektarbeit erstreckt sich über einen längeren Zeitraum, in dem ihr gemeinsam oder arbeitsteilig euer Produkt vorbereitet, erstellt und präsentiert.
All das dokumentiert ihr in einer Projektmappe – damit ihr den Überblick behaltet und als wichtige Grundlage für die Reflexion und Bewertung eurer Arbeit.**

1 Besprecht mit eurer Projektbetreuerin oder eurem Projektbetreuer, welche Bestandteile eure Projektmappe enthalten soll und was im Einzelnen von euch erwartet wird, z. B. bei der schriftlichen Ausarbeitung. Nutzt dazu die Checkliste.

> **CHECKLISTE** ▸   **Eine Projektmappe führen**
>
> ✔ Deckblatt: Thema, Projektgruppe, Klasse, Schule, Projektbetreuer/-in, Abgabedatum?
> ✔ Inhaltsverzeichnis?
>
> **Darstellung des Projektinhalts**
> ✔ Einleitung: Begründung von Themenwahl und Gruppenzusammensetzung?
> ✔ Hauptteil: schriftliche Ausarbeitung des Themas?
> ✔ Fazit: was wir gelernt/erfahren haben, wie wir mit dem Ergebnis zufrieden sind?
>
> **Dokumentation des Projektablaufs**
> ✔ Projektbeschreibung?
> ✔ Protokolle der Gruppentreffen?
> ✔ Gesprächsprotokolle mit Projektbetreuer/-in?
> ✔ Erklärung zu eigenständiger Erarbeitung der Projektmappe?
>
> **Anhang**
> ✔ verwendete Materialien: selbst erstellt bzw. recherchiert?
> ✔ Bild- und Quellennachweis?

> Wir erstellen ein Kochbuch mit internationalen Lieblingsrezepten aus unserer Klasse
>
> Projektgruppe:
> Kiara Abel, Kayra Sali, Timo Nimcek, Mona Oldeo
>
> Klasse: 9a
> Erich-Kästner-Schule
>
> Projektbetreuerin:
> Frau Müller
>
> Abgabe der Projektmappe:
> 29.03.2024

→ *Ihr könnt in „Wissen und Können" (S. 283) nachschlagen, wie man Text- und Bildquellen angibt.*

▶ **Hinweise für die Dokumentation der Projektarbeit**
- Füllt nach und nach eure eigene Projektmappe mit den abgesprochenen Inhalten. Wählt dazu aus gesammelten Materialien aus und erstellt noch fehlende Bestandteile.
- Klärt gemeinsam, wie ihr Beiträge kennzeichnen wollt, die von Einzelnen verfasst/gestaltet worden sind, um dies für die anschließende Bewertung deutlich zu machen.
- Prüft zwischendurch, welche Teile der Projektmappe bereits fertig sind, um nichts zu vergessen bzw. die Arbeit zeitlich sinnvoll einzuteilen.

Die Ergebnisse präsentieren

Wenn euer Produkt steht, bereitet ihr die Präsentation vor. Sie hat den Zweck, den Entstehungsprozess und das Ergebnis vorzustellen. Wie wollt ihr euer Publikum ansprechen und zugleich eure Leistung ins rechte Licht setzen?

Die Präsentation für andere Projektgruppen/die Klasse vorbereiten

1 Kiaras Gruppe hat für ihre Präsentation 10 – 15 Minuten Zeit.
Sprecht über die Ideen, die die Gruppe für einen Ablaufplan notiert hat.
a) Wie ist der Ablaufplan aufgebaut?
b) Habt ihr Änderungs- und Ergänzungsvorschläge?

Ablauf	Unsere Ideen	Verantwortlich
Begrüßung und Einleitung	– Vorstellung der Projektidee (Kochbuch)	nacheinander: Kiara …
Einzelheiten zeigen, darlegen und erläutern	– 1. Rezept foliengestützt vorstellen – einzelne Arbeitsschritte vormachen, dabei erklären und erläutern – weitere Rezepte foliengestützt darstellen (Inhaltsverzeichnis)	allein: … abwechselnd zu zweit: … + … abwechselnd zu zweit: … + …
Fragen des Publikums beantworten	– Publikum bekommt Möglichkeit zum Nachfragen	alle

Digital+
Text
Ablaufplan
für die Präsentation

2 Probiert den Ablauf aus und ändert ihn so, wie ihr ihn für die Präsentation nutzen könnt. Orientiert euch dabei an den Schritten und Hinweisen im Methodenkasten.

METHODE ▶ **Die Präsentation ausprobieren**

1. Den Ablauf festlegen und in einem Probedurchlauf ausprobieren
 – Wer übernimmt die einzelnen Teile: Begrüßung, Einleitung …?
 – Wer bedient die Technik?
 – Wollt ihr mit Redekarten arbeiten?

2. Den Probedurchlauf auswerten und Änderungen festlegen
 – Funktionieren der geplante Ablauf und der Einsatz der Technik? Müssen z. B. einzelne Punkte im Ablauf besonders angekündigt werden?
 – Sollten Folien, Plakate und sonstige Medien noch einmal angepasst werden?
 – Wozu soll es Redekarten geben? Was soll auf den Karten stehen?
 – Wie ist es als Gruppe gelaufen: Einleitung, Überleitungen, Schluss …?
 – Wie lange sollen einzelne Schritte der Präsentation dauern?
 – Welche Materialien müssen bereitgehalten werden?

Rückmeldungen (Feedback) an die Präsentationsgruppe geben

**Leitfragen für Rückmeldungen (Feedback)
an die Gruppe**

Zum Inhalt der Präsentation:
– Fühlt man sich als Zuhörer/-in gut informiert?
– Wie kennen sich die Vortragenden mit dem Thema aus?
– Wird alles verständlich und anschaulich dargestellt?

Zur Art der Präsentation:
– Ist die Darstellungsweise motivierend?
  Wird das Interesse des Publikums geweckt?
– Wie klappt die Arbeitsteilung innerhalb der Gruppe?
– Wie werden die Medien eingesetzt?
– Wie ist die Ausdrucksweise der Vortragenden?

Zur Interaktion während der Präsentation:
– Wie funktioniert die Verständigung der Gruppen-
  mitglieder untereinander?
– Wie wird das Publikum in die Präsentation einbezogen?

3 Lest die Liste mit Beobachtungsschwer-
punkten zu Gruppenpräsentationen.
a) Erläutert die einzelnen Punkte:
   Was versteht ihr darunter?
b) Überlegt und legt fest, wie ihr
   die Beobachtungsfragen nutzen wollt.
   Ihr könnt z. B.:
   – bestimmte Fragen aus der Liste aus-
     wählen,
   – die Fragen einzeln auf Zettel schreiben
     und unter dem Publikum aufteilen,
   – Notizen zur Präsentation machen und
     für ein Feedback an die Gruppe nutzen.

> Aufgefallen ist mir ...
> Ich habe gemerkt,
> dass du ...

> Mir hat gefallen ...
> Gut fand ich, wie ...

> Verbessern könntest du ...
> Mein Tipp wäre ...

Digital+

Text

*Leitfragen für
Rückmeldungen
(Feedback) an
die Gruppe*

Die Präsentation für eine Leistungsüberprüfung/Projektprüfung vorbereiten

4 Was müsst ihr jetzt ändern? Was wird von eurer Präsentation im Rahmen einer
Leistungsüberprüfung (z. B. einer Projektprüfung) erwartet?
Besprecht mit der betreuenden Lehrkraft die Kriterien für die Präsentation, z. B.:
   – möglichst frei sprechen (Redekarten können genutzt werden)
   – die Sprechanteile gleichmäßig auf alle Gruppenmitglieder verteilen
   – ...

▶ **Hinweise für die Präsentation**
   – Erstellt eure Präsentation, in der ihr die Projektidee, den Verlauf der Projektarbeit
     sowie eure Ergebnisse vorstellt und erläutert. Berücksichtigt bei der Planung,
     wem ihr präsentiert (z. B. anderen Projektgruppen, der ganzen Klasse oder
     einer Prüfungskommission) und welche Vorgaben ihr beachten müsst
     (z. B. wie viel Zeit ihr für die Präsentation habt).
   – Probiert eure Präsentation aus und nehmt (wenn nötig) Änderungen vor.
     Nutzt dazu die Hinweise im Methodenkasten (S. 37).
   – Führt die Präsentation durch und lasst euch anschließend ein Feedback geben.

Die Projektarbeit reflektieren

Als Abschluss des Projekts denkt ihr über den Arbeits- und Gruppenprozess und die Ergebnisse nach. Ihr könnt (a) eure eigene Leistung in einer Selbstreflexion einschätzen, (b) euch innerhalb der Projektgruppe austauschen, (c) die Projektarbeit mit der betreuenden Lehrkraft und/oder der Klasse reflektieren.

1 Klärt mit der betreuenden Lehrkraft, wie die Reflexion der Projektarbeit ablaufen soll.

2 Bereitet euch anhand der folgenden Leitfragen auf das Reflexionsgespräch vor. Begründet eure Einschätzung bzw. erläutert sie anhand von Beispielen.

Digital+
Text
Leitfragen
für die Reflexion
der Projektarbeit

Leitfragen für die Reflexion der Projektarbeit

Wie war die Arbeit in der Vorbereitung und Durchführung?
– Sind wir mit unserer Arbeit zufrieden?
– Was ist uns gut/weniger gut gelungen?
– Wie sind wir mit Konflikten umgegangen?
– Was haben wir gelernt?
– Hat uns die Arbeit Spaß gemacht?
– Wie sind wir mit der selbstständigen Arbeitsweise zurechtgekommen?
– Was würden wir das nächste Mal anders machen?
Wie war die Präsentation?
– Ist die Präsentation planmäßig/nicht planmäßig abgelaufen?
– Wie haben wir uns bei der Präsentation gefühlt?
– Was ist uns gut/weniger gut gelungen?
Wie beurteilen wir das Ergebnis?
– Sind wir mit unserem Arbeitsergebnis zufrieden?
– Haben wir dieses Ergebnis erwartet?
– Gibt es Erkenntnisse, an denen man in Zukunft weiterarbeiten kann?

Einen informativen Text verfassen

Um einen informativen Text zu schreiben, werten wir Materialien (Texte, Abbildungen, Grafiken, Tabellen) zu einem Thema aus und entnehmen ihnen im Hinblick auf das Schreibziel und die Adressaten wichtige und interessante Informationen, oft mithilfe von Fragen und Teilaufgaben – in diesem Kapitel zum Thema „Berufsvorbereitung".

SCHREIBEN

1 Lest die Mitteilung der Schule und die beiden Reaktionen darauf:
- Zu welchem Thema soll es einen Beitrag geben?
- Wer sind die Adressaten? Um welches Schreibziel geht es?
- Was ist aus eurer Sicht schwierig und muss besonders geübt werden?

In eurer Praktikumsmappe soll es einen Beitrag geben, in dem ihr eure Mitschülerinnen und Mitschüler sachlich und anschaulich informiert, wie Unternehmen mit besonderen Aktionen auf Ausbildungsplätze aufmerksam machen. Darin soll auch vorkommen, wie ihr diese Angebote nutzen könnt, um möglicherweise einen Ausbildungsplatz in eurem Traumberuf zu finden. Die Informationen für euren Text findet ihr in den Materialien in *wortstark* 9, S. 44.

So entsteht damit ein informativer und für eure Mitschülerinnen und Mitschüler interessanter Text:
a) Wählt eine **Überschrift**, die das Thema trifft und ihr Interesse weckt.
b) Macht in der **Einleitung** darauf aufmerksam, worauf es euch ankommt.
c) Stellt im **Hauptteil** dar, was Unternehmen tun, um mit euch in Kontakt zu kommen. Erläutert ihre Angebote mit Beispielen.
d) Stellt auch dar, wie und wann ihr das Angebot nutzen könnt. Erläutert auch das mit Beispielen.
e) Gebt im **Schluss** eures Beitrags ein Fazit und beurteilt alles aus eurer eigenen Sicht.

Firmenadressen mit freien und interessanten Ausbildungsplätzen suche ich gerade für meine Bewerbung.

Dazu kann ich etwas aus meinem Praktikum beisteuern.

Schreibergebnisse in einer Praktikumsmappe dokumentieren

An vielen Schulen ist es üblich, dass Schülerinnen und Schüler zu einem Betriebspraktikum eine Praktikumsmappe anlegen. Darin informieren sie sich gegenseitig, ihre Lehrerinnen und Lehrer und ihre Eltern darüber, was sie während des Betriebspraktikums gemacht, erfahren und erkundet haben.

1 Was in eine Praktikumsmappe gehört, welche Vorgaben es zum Inhalt und zu ihrer Gestaltung gibt, ist an jeder Schule ein wenig anders.
– Recherchiert, wie es an eurer Schule ist.
– Prüft mit euren Ergebnissen die folgende Checkliste. Passt sie ggf. so an, dass ihr sie zur Materialsammlung und Überprüfung eurer Praktikumsmappe einsetzen könnt.

CHECKLISTE ▸ **Inhalt und Form der Praktikumsmappe überprüfen**

Die **Praktikumsmappe** enthält
✔ ein **Deckblatt** (Name, Klasse, Name der Schule und der Praktikumsstelle);
✔ ein **Inhaltsverzeichnis** (informiert über alle Beiträge und ihre Anordnung in der Mappe);
✔ Informationen zum **Praktikumsbetrieb** (Seit wann gibt es ihn? Was stellt er her/bietet er an? ...);
✔ Informationen zu einem **Beruf**, der dein Interesse geweckt hat;
✔ **Tagesberichte** über betriebliche Arbeitsvorgänge in vorgegebenen Formblättern;
✔ ein **Interview** mit einem Betriebsangehörigen zur Berufsausbildung;
✔ im Anhang **Materialien**, die nützliche Informationen für eine Bewerbung enthalten.

Inhaltsverzeichnis

	Seite
• Informationen zum Praktikumsbetrieb	1 – 2
• Informationen zu einem Beruf	3
• Tagesberichte	4 – 10
• ...	

Mein Betriebspraktikum bei Baufirma Groß

Vom ... bis ... 20...

Francesco Russo
Klasse 9b
Tannenberg-Schule

2 Die Informationen für eure Beiträge in der Praktikumsmappe bekommt ihr z. B. in Interviews, Prospekten, Abbildungen. Sprecht darüber:
– Wozu habt ihr beim Schreiben Informationen aus Materialien nutzen können?
– Wie seid ihr bei der Informationsentnahme vorgegangen?

↳ Ihr könnt auch im Kapitel blättern, nach Beispielen suchen und darüber sprechen.

Materialien für einen Schreibauftrag auswerten

Wenn man Informationen aus Materialien für einen Text nutzen will, wählt man sie gezielt und passend zur Aufgabenstellung aus und gibt sie in eigenen Worten wieder.

1 Schau noch einmal in der Mitteilung der Schule nach (S. 40), was dein Schreibauftrag ist. Achte dabei vor allem darauf, was in den Teilaufgaben a) – d) steht.

a) Formuliere, wozu du in den Materialien nach wichtigen Informationen und Ausdrücken suchen musst.

zu a): Was Aufmerksamkeit erzeugen kann

zu b): Worauf es mir ankommt

zu c): Was Unternehmen tun, um mit uns in Kontakt zu kommen

zu d): Wie und wann …

→ Wie du schwierige Textstellen klärst, kannst du in Wissen und Können nachlesen (S. 286).

b) Tauscht euch aus, was ihr schon über das Thema des Schreibauftrags wisst.

c) Lies das Interview auf S. 44 (**M1**). Kläre schwierige Stellen im Text, wie du es gelernt hast.

2 Linn hat in dem Interview Informationen markiert, die ihr weiterhelfen könnten. Sie hat für jede Teilaufgabe eine andere Farbe für die Markierung gewählt.

a) Findet heraus, zu welchen Teilaufgaben a) – d) von S. 40 die Farben passen.

b) Schaut euch alle Markierungen noch einmal genau an: Stimmt ihr Linns Markierungen zu oder habt ihr andere Lösungen?

3 a) Für Teilaufgabe d) hat Linn eine markierte Stelle mit eigenen Worten wiedergegeben. Lest den Textauszug und ihre Formulierung: Worin unterscheiden sie sich?

Textauszug	Linns Wiedergabe
Da haben beide was davon: Die Schülerinnen und Schüler können ein Profil mit gewünschtem Ausbildungsberuf eingeben und Unternehmen können sich das Profil …	Wir geben im Portal ein eigenes Profil mit dem gewünschten Ausbildungsberuf ein.
Es lohnt sich also, öfter einmal auf der Internetseite nachzuschauen, wenn man interessante Berufe sucht. Und wenn ihr schon …	…

b) Macht es nun selbst wie Linn: Gebt den zweiten Textauszug und weitere Textauszüge eurer Wahl mit eigenen Worten wieder. Vergleicht jeweils, ob eure Lösung zur markierten Stelle passt.

4 Lege zu den Teilaufgaben Info-Zettel an. Nutze die Hinweise im Methodenkasten:

> **METHODE** ▸ **Info-Zettel zu den Teilaufgaben anlegen**
>
> Auf Info-Zetteln notiert man zu einer Überschrift wichtige Informationen aus den Materialien in eigenen Worten.
> – Schreibe leserlich und übersichtlich mit der Hand auf DIN-A4-Blätter.
> – Notiere oben jeweils als Überschrift, worauf es ankommt.
> – Notiere passend zur Überschrift wichtige Einzelheiten aus den Materialien. ◂
> – Formuliere in Stichworten oder in kurzen Sätzen mit eigenen Worten.
> – Überlege, welche Fachwörter oder Ausdrücke du übernehmen kannst.
> – Gib als Fundstelle das entsprechende Material an: M1, M2 …

Die Info-Zettel könnt ihr zum Schreiben eigener informativer Texte nutzen.

5 Formuliere zu den markierten Stellen im Interview (M1) Einzelheiten, wie es Linn gemacht hat. Halte dies auf Info-Zetteln fest. Orientiere dich dabei am Methodenkasten.

a) <u>Was Aufmerksamkeit erzeugen kann</u>
– vielfältige Möglichkeiten im Netz (M1)
– Unternehmen bieten Überblick über viele Berufe (M2)
– …

b) <u>Worauf es mir ankommt</u>
– … (M1)
– …

c) <u>Was Unternehmen tun, um mit uns in Kontakt zu kommen</u>
– … (M1)
– …

d) <u>Wie und wann wir das Angebot nutzen können</u>
– … (M1)
– …

6 Erweitere die Info-Zettel mit weiteren Einzelheiten aus **M2**.
– Lies M2 auf S. 44. Kläre schwierige Stellen im Text, wie du es gelernt hast.
– Markiere Informationen im Text in verschiedenen Farben – passend zur Teilaufgabe.
– Formuliere zu den markierten Stellen weitere Einzelheiten zu den Teilaufgaben und ergänze damit die Info-Zettel.
– Kontrolliert eure Info-Zettel zu zweit. Nutzt die Checkliste:

> **CHECKLISTE** ▸ **Info-Zettel überprüfen**
>
> ✔ Als Überschrift formuliert, worauf es ankommt?
> ✔ Einzelheiten aus den Materialien passend zur Überschrift ausgewählt?
> ✔ In Stichworten oder kurzen Sätzen wiedergegeben?
> ✔ Mit eigenen Worten formuliert?
> ✔ Fundstelle der Informationen als M1, M2 … vermerkt?
> ✔ Gut leserlich geschrieben?

▨ Digital+
Text
– *Mit einem Klick zum Ausbildungsberuf*
– *Kfz-Berufe halten die Welt in Bewegung*

M1

Mit einem Klick zum Ausbildungsberuf

Beratungslehrer rät: Vielfalt der Möglichkeiten im Netz erkunden

Es gibt inzwischen sehr viele Internetportale für die Ausbildungsplatzsuche. Wie stehen Sie dazu?

5 Das solltet ihr unbedingt nutzen! Diese Portale können bei vielen Fragen weiterhelfen. Da sind Suchende mit und ohne Handicap erfolgreich. Fast alle Bereiche sind vertreten, z.B. die Industrie- und Handelskammer, der

10 Handel oder die Gastronomie. Besonders gelungen finde ich eine Plattform unserer Lokalzeitung, auf der Schulen und Unternehmen in Kontakt kommen können. Da haben beide was davon: Die Schülerinnen und

15 Schüler können ein Profil mit gewünschtem Ausbildungsberuf eingeben und Unternehmen können sich das Profil ansehen und bei Interesse Kontakt aufnehmen.
Und was ist mit denen, die erst noch nach einem

20 *interessanten Ausbildungsberuf suchen?* Auch für die ist was dabei. Zahlreiche Unternehmen, die Auszubildende suchen, stellen sich hier vor. Es lohnt sich also, öfter einmal auf der Internetseite nachzuschauen, wenn

25 man interessante Berufe sucht. Und wenn ihr schon ein bestimmtes Unternehmen im Auge habt, könnt ihr leicht einen Kontakt herstellen, z.B. ein festes Date über die Firmen-Webseite buchen. So bekommt das Un-

30 ternehmen ein erstes Bild von euch und ihr könnt beurteilen, ob die Firma zu euch passt und eine Bewerbung erfolgreich sein könnte.
Ist das so etwas wie ein Bewerbungsgespräch? Nein, das sind erst mal digitale Info-Treffen.

35 Die Zeitung wirbt mit dem Slogan „Du findest deinen Job oder der Job findet dich". Das bedeutet, nicht nur die Schüler suchen etwas Passendes, auch die Unternehmen können jemanden finden, der zu ihnen passt.

Kfz-Berufe halten die Welt in Bewegung

M2

Gute Jobperspektiven in der Mobilitätsbranche

Mobilität ist ein Grundpfeiler unserer Gesellschaft. Ohne Kraftfahrzeuge geht nichts.

5 Wer sich daher für eine Karriere im Kfz-Gewerbe entscheidet, leistet einen wichtigen Beitrag, um unsere Welt am Laufen zu halten. Vielleicht deshalb stehen Berufe rund um Fahrzeuge und Mobilität so hoch im Kurs.

10 Wer etwas mit Autos, motorisierten Zweirädern oder Lkws machen möchte, kann klassisch über den dualen Bildungsweg aus betrieblicher Ausbildung und Berufsschule in technische und kaufmännische Laufbahnen

15 einsteigen, auch wenn er Förderbedarf hat und Unterstützung benötigt. Unter *www.was mitautos.com* finden Interessierte Infos und Tipps rund um Ausbildungen und berufliche Entwicklungsmöglichkeiten. Die Website er-

20 klärt, worauf es in den typischen Berufsbildern Kfz-Mechatroniker, Karosserie- und Fahrzeugbaumechaniker ankommt, welche Fähigkeiten und Interessen man mitbringen sollte und was die Auszubildenden erwartet.

25 Dazu werden die Perspektiven aufgezeigt, die sich für die Berufseinsteiger nach dem erfolgreichen Ausbildungsabschluss eröffnen. So bringt bereits eine zweijährige Weiterbildung Spezialisierungen innerhalb des

30 gewählten Ausbildungsberufs hervor, etwa den geprüften Kfz-Servicetechniker oder den geprüften Automobil-Verkäufer. Der klassische Meister kann zum Werkstattmanager oder Betriebsleiter aufsteigen, einen Betrieb

35 übernehmen oder selbst einen gründen. Auch akademische Abschlüsse bis zum Bachelor oder Master of Business Administration in technischen und kaufmännischen Studiengängen liegen in Reichweite. *(verändert)*

Treffende Fachwörter erkennen und verwenden

Fachwörter sind Wörter, die in einem bestimmten Fachgebiet verwendet werden,
z. B. Wörter für Dinge rund um die Arbeitswelt: Arbeitsagentur, Arbeitsmarkt,
Einkommen ... Wenn du wichtige Fachwörter eines Themengebiets gebrauchst,
kannst du dich besser mit anderen verständigen.

1 Lies, was Sarah über Video-Bewerbungsgespräche schreibt.
- Vervollständige den Text und setze in die Lücken passende Fachwörter vom Zettel ein.

In meinem Text geht es um _____ über Videoschaltung. Solche Video-Gespräche
haben viele Vorteile. _____ können Zeit sparen, weil die An- und Abreise entfällt.
_____, die normalerweise Fahrkosten übernehmen, sparen Geld. Wichtig ist auch,
dass die _____ zu Hause viel entspannter sind. Denn ein normales _____ kann
ziemlich stressig ein. Oft gibt es davor eine Führung durch den _____, damit die
Job-Kandidaten ihren künftigen _____ kennenlernen. Dabei schauen die anderen
_____ zu. Bei einem Video-Gespräch könnt ihr von zu Hause ganz entspannt
telefonieren. Ihr müsst euch aber unbedingt gut präsentieren. Achtet auf euer Outfit,
denn der künftige _____ soll ja einen positiven Eindruck von euch bekommen.

| Arbeitgeber |
| Arbeitsplatz |
| Arbeitsplatzsuchende |
| Betrieb |
| Bewerberinnen und Bewerber |
| Bewerbungsgespräche |
| Mitarbeiterinnen und Mitarbeiter |
| Unternehmen |
| Vorstellungsgespräch |

> **WISSEN UND KÖNNEN** ▶ **Fachwörter gebrauchen**

Fachwörter helfen dir, dich mit anderen (z. B. bei der Bewerbung) schnell und
genau zu verständigen. Merkmale von Fachwörtern sind:

1. Nominalisierungen: Bewerbung, Arbeitsprobe, Ausbildung ...

2. Zusammengesetzte Wörter: Ausbildungsberuf, Ausbildungsabschluss ...

3. Alltagssprachliche Wörter, die eine fachsprachliche Bedeutung haben:
Unternehmen, Arbeitsmarkt, Kaufmann/Kauffrau ...

4. Fremdwörter: Bachelor, Jobfinder, Image ...

---

2 Sarah stellt Tipps zur Bewerbung zusammen. Überarbeite ihre Tipps:
- Wo klingt der Text zu alltagssprachlich? Unterstreiche die alltagssprachlichen Nomen.
- Ersetze die alltagssprachlichen Wörter durch Fachwörter vom Zettel.
- a. Erfrage vorab telefonisch im Laden, an wen die Sachen geschickt werden sollen.
- b. Kläre, ob auf Papier oder über Mail.
- c. Beziehe dich beim Schreiben auch auf den Text.
- d. Schicke auch deine Noten mit.
- e. Schreibe, warum du dich gerade für diesen Job interessierst.
- f. Frage, wo der Ort liegt.
- g. Stelle die Papiere zusammen.

| Abschlusszeugnis |
| Anschreiben |
| Ausbildungsberuf |
| Ausbildungsstelle |
| Betrieb oder Unternehmen |
| Bewerbungsschreiben |
| Bewerbungsunterlagen |
| schriftliche Bewerbung oder Online-Bewerbung |
| Stellenanzeige |

wortstark!

Einen informativen Text verfassen

Du hast zum Thema „Ausbildungsplatzsuche" wichtige Informationen gesammelt. Damit arbeitest du jetzt weiter und nutzt sie für einen informativen Text.

❶ Schreibe zum Thema „Ausbildungsplatzsuche" für die Praktikumsmappe einen eigenen informativen Text.

Hole dir während des Schreibens Anregungen in Zwischendurch-Gesprächen.

a) Lies in der Mitteilung der Schule (S. 40) nach, was euer Schreibauftrag ist.
   – Markiere Formulierungen (Folie oder Kopie), die anzeigen, was du jeweils tun sollst.
   – Vergleiche deine Ergebnisse im Gespräch mit anderen.

b) Schreibe nun deinen Text. Nutze den Methodenkasten und den Schreibplan (S. 47).

▶ Ihr könnt zu zweit in einem **Gedanken-Schreibspiel** üben, was ihr nacheinander tut, damit Textbeiträge zu Teilaufgaben entstehen:

a) Wählt aus Spalte 1 des Schreibplans Teilaufgabe c oder d aus.

b) Einer führt nacheinander folgende Schritte durch:
   – eine passende Information zur Teilaufgabe auswählen,
   – Formulierungen aus Spalte 2 des Schreibplans (oder eigene) ausprobieren,
   – sich für eine Formulierung entscheiden,
   – den kompletten Textbeitrag notieren.
   Er kommentiert bei allen Schritten, was er gerade tut und was ihm dabei durch den Kopf geht. Der andere sieht und hört zu. Wenn er etwas genauer erfahren möchte, fragt er nach.

c) Macht das mehrfach zu unterschiedlichen Teilaufgaben. Wechselt jeweils die Rollen.

d) Sprecht abschließend über euer Ergebnis.

METHODE   **Textbeiträge zu Teilaufgaben schreiben**

Überprüfe, ob die Informationen (Aussagen, Fakten, Zahlen) richtig übernommen sind.

– **Adressatengerecht**: Wende dich in angemessener und verständlicher Sprache an deine Mitschülerinnen und Mitschüler, sodass sie deinen Text gern lesen und die Informationen nachvollziehbar sind.
– **Gegliedert**: Einleitung, Hauptteil und Schluss. Mache Absätze.
– **Informativ**: Wähle passende Einzelheiten von deinen Info-Zetteln aus. Du kannst auch mit deinen Markierungen in den Materialien arbeiten. Beachte die Schreibhinweise zu den Gliederungspunkten in Spalte 1.
– **Zusammenhängend**: Nutze Formulierungen aus Spalte 2, mit denen du den Beitrag einleitest und die Informationen miteinander verknüpfst.

Du kannst auch eigene Formulierungen wählen.

– **In eigenen Worten**: Schreibe nicht einfach aus den Materialien ab. Formuliere in eigenen Worten so, dass die Mitschülerinnen und Mitschüler alles gut verstehen. Nutze auch Fachausdrücke. Formuliere im Präsens.

Schreibplan für einen informativen Text

Gliederung	Formulierungshilfen
Überschrift a) Eine Formulierung wählen, die Interesse erzeugt	Warum nicht … nutzen? Interessante Angebote …! … zeigen/stellen vor/präsentieren …
Einleitung b) Punkte anführen, worauf es mir ankommt	Ich stelle euch vor … In meinem Text geht es um … Außerdem …
Hauptteil c) Darstellen, was Unternehmen tun, um mit uns in Kontakt zu treten Einzelheiten näher erläutern	Viele Unternehmen bieten … an Die Unternehmen möchten … Sie wollen damit … Sie erreichen das durch … Zum Beispiel …
d) Darstellen, wie und wann wir das Angebot wahrnehmen können Einzelheiten näher erläutern	Als Ausbildungsplatzsuchender kann ich … Ich erfahre so … Dazu finde ich … Zum Beispiel …
Schluss e) Das Fazit ziehen Alles aus meiner Sicht beurteilen	Daraus ergibt sich … Also … Nach meiner Meinung ist dies … Ich bin überzeugt, dass …

▣ Digital+
Schreibplan
Einen informativen Text schreiben

2 Kontrolliert eure Entwürfe gegenseitig.
   a) Nutzt eure Schreibpläne, die Info-Zettel und die Fragen der Checkliste.
   b) Notiert, wenn es etwas zu überarbeiten gibt.

> Passt mein Text zur Teilaufgabe c)?

> Schreib doch noch mehr von deinen Info-Zetteln dazu. Passend finde ich die Erläuterungen, sie sind gut verbunden.

CHECKLISTE ▶ **Einen informativen Text überprüfen**

   ✓ Mit der Überschrift Interesse erzeugt?
   ✓ In der Einleitung ins Thema eingeführt?
   ✓ Informativ geschrieben, im Hauptteil wichtige Einzelheiten zu Teilaufgaben
      dargestellt und erläutert?
   ✓ Abschließend ein Fazit formuliert, das sich aus dem Dargestellten ergibt,
      und eine eigene Bewertung vorgenommen?
   ✓ Adressatengerecht und verständlich mit eigenen Worten formuliert?
   ✓ Zusammenhängend formuliert?
   ✓ Gegliedert geschrieben, Abschnitte eingefügt?
   ✓ Rechtschreibung und Zeichensetzung korrekt?

---

3 Schreibe deinen Text als Reinschrift, wie er in der Praktikumsmappe erscheinen soll.

Über ein besonderes Thema informieren

Manchmal verlangt die Aufgabenstellung, dass du ein besonderes Thema berücksichtigen sollst. Dann musst du deinen Text danach planen und schreiben.

1 Lies den folgenden Schreibauftrag.
– Markiere Formulierungen, die anzeigen, was du jeweils tun sollst (Folie oder Kopie).
– Beachte, was anders ist als im Schreibauftrag der Schule auf S. 40.

 **Digital+**
Text
Schreibauftrag

> **Aufgabenstellung:**
> In einem Beitrag für die Praktikumsmappe sollst du darüber informieren, wie Schülerinnen und Schüler mit einem Handicap bei der Ausbildungsplatzsuche Unterstützung finden. Informationen dazu findest du in den Materialien **M3 – M5** (S. 49 – 50) sowie zur Ergänzung in **M1** und **M2** (S. 44).
> Gehe so vor:
> a) Formuliere für den Text eine passende Überschrift.
> b) Erkläre einleitend, worin die besondere Herausforderung bei der Ausbildungsplatzsuche für Schülerinnen und Schüler mit Handicap besteht.
> c) Stelle dar, aus welchen Ausbildungsmöglichkeiten sie auswählen können.
> d) Erläutere an Beispielen, was das für die betroffenen Auszubildenden bedeutet.
> e) Beurteile die Möglichkeiten und Beispiele aus deiner Sicht.

→ *Wie du schwierige Textstellen klärst, kannst du in Wissen und Können nachlesen (S. 286).*

2 Schau dir nacheinander die Materialien (S. 49 – 50) genau an:
– den Text „Die UN-Konvention über Behinderung" (**M3**),
– das Schaubild „Wege nach der Schule für junge Menschen mit Förderbedarf" (**M4**),
– den Text „Viele Wege führen zur Ausbildung" (**M5**).
Kläre schwierige Stellen, wie du es gelernt hast.

3 Erstelle passend zur Aufgabenstellung einen Schreibplan. Du kannst dazu den Schreibplan von S. 47 nutzen und ihn passend zu deiner Aufgabenstellung ändern.

4 Suche in den Materialien **M3 – M5** nach wichtigen Einzelheiten. Ergänze sie mit Einzelheiten aus **M1** und **M2**. Gehe so vor, wie auf S. 42 – 44 beschrieben:
– Markiere Einzelheiten zu den Teilaufgaben verschiedenfarbig (Folie oder Kopie).
– Halte sie auf Info-Zetteln fest. Nutze dazu die Angaben im Methodenkasten (S. 43).
– Überprüfe deine Info-Zettel mit der Checkliste auf S. 43.

5 Schreibe mit den Vorbereitungen einen informativen Text. Nutze beim Formulieren einzelner Beiträge deinen Schreibplan und die Hinweise im Methodenkasten auf S. 46.

6 Kontrolliert eure Texte gemeinsam. Nutzt die Checkliste auf S. 47.

Die UN-Konvention über Behinderung

M3

🔲 Digital+
Text
*Die UN-Konvention
über Behinderung*

Behinderung hängt nicht von einem Menschen ab, sondern Hindernisse
behindern die Menschen mit einer Beeinträchtigung. Das sind Menschen,
die z. B. schlecht sehen, schlecht gehen oder schlecht hören können.
Oder sie können schlecht lernen.

5 Ein Beispiel: Ein blinder Mensch braucht eine Blinden-Ampel. Dann kann
er allein über die Straße gehen. Oft gibt es keine Blinden-Ampeln. Das behindert den blinden Menschen.
Früher haben die Menschen gedacht: Eine Behinderung ist eine Krankheit.
Die Krankheit war dann das Problem des kranken Menschen. Heute sagen

10 wir: Wenn eine Rampe fehlt, behindert das den Menschen im Rollstuhl.
Wenn es keine Informationen in leichter Sprache gibt, behindert das
Menschen mit Lernschwierigkeiten.

(verändert)

M4

🔲 Digital+
Grafik
*Wege nach der Schule
für junge Menschen
mit Förderbedarf*

Wege nach der Schule für junge Menschen mit Förderbedarf

Berufsvorbereitung
Du kannst verschiedene
Berufe kennenlernen
und findest heraus,
was zu dir passt.

Geförderte Ausbildung
Du lernst in einem Betrieb einen
Beruf, der zu dir passt, erhältst zusätzliche Unterstützung und kannst
einen Berufsabschluss machen.

**Flexible Ausbildung
in Teilzeit**
Du machst eine voll-
wertige Ausbildung,
vereinbarst aber mit dem
Betrieb eine geringere
tägliche oder wöchentli-
che Arbeitszeit. Die Aus-
bildungsdauer kann sich
dadurch verlängern.

**Fachpraktiker-
ausbildung**
Du hast einen
Ausbildungsplatz in
einem anerkannten
Ausbildungsberuf.
Die Ausbildung ent-
hält aber weniger
Theorie und mehr
Praxis.

Freiwilliges Soziales/Ökologisches Jahr
Du machst eine Pause nach der Schule
und arbeitest und engagierst dich im
sozialen, kulturellen oder Umwelt-Bereich.

M5

Digital+
Text
Viele Wege führen zur Ausbildung

Viele Wege führen zur Ausbildung

Ines ist sich jetzt sicher: Sie will Orthopädie-Schuhmacherin werden. Schon im Laufe des letzten Schuljahres hat sie die Berufsbörse, die Nacht

5 der Ausbildung und auch ihr Betriebspraktikum genutzt, um eine passende Ausbildung zu finden. Ausschlaggebend war letztlich eine vorberufliche Maßnahme am regio-

10 nalen Berufsbildungswerk (BBW). Mit Unterstützung der Schule konnte sie dort an einer 20-tägigen Arbeitserprobung in der Werkstatt der Orthopädie-Schuhmacher teilneh-

15 men. Nicht zuletzt, weil sie selbst auf orthopädische Schuhe angewiesen ist, fand sie diesen Arbeitsbereich sofort interessant. Sie will auch ihre Ausbildung am BBW machen.

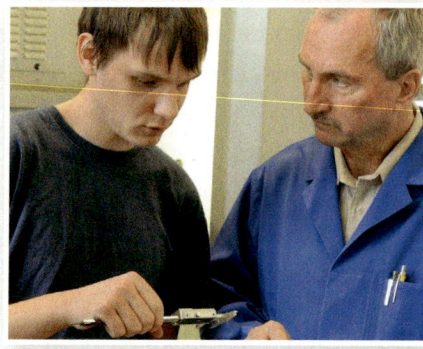
Ausbildung im Fachbereich Metalltechnik

Ausbildung zur Orthopädie-Schuhmacherin

20 Das BBW bildet in über 40 Berufen aus und begleitet Menschen mit Unterstützungsbedarf auf ihrem Weg in einen Betrieb. „Menschen mit Beeinträchtigungen stehen grund-

25 sätzlich alle Ausbildungsberufe offen", erklärt die Pressesprecherin des BBW. Sie weist auch auf die Inklusionsberatung der Handwerkskammern auf einer eigenen Inter-

30 netplattform hin. Hier werden auch ausbildende Betriebe unterstützt.

Auch die Aktion „100 zusätzliche Ausbildungsplätze" fördert die Integration in den Arbeitsmarkt mit Unterstützungsangeboten. Ein Beispiel 35 dafür ist Fatima S., die von Kindheit an stark schwerhörig ist. Beim ersten der beteiligten Kooperationsbetriebe führten Verständigungsschwierigkeiten zu Problemen bei 40 der Ausführung der Arbeit. Durch ein Gespräch mit dem Betrieb und ihrem Ausbildungsbegleiter fand man ein Zahntechnik-Labor als neuen Kooperationsbetrieb. Hier findet 45 nun der praktische Teil der Ausbildung statt. In der theoretischen Ausbildung unterstützt sie ihre Ausbilderin im BBW und ein auf ihre Einschränkung spezialisiertes Berufskolleg. 50

Ausbildung zur Zahntechnikerin

Verbalisieren: Mit eigenen Worten formulieren

Viele Sachverhalte lassen sich mit gleicher Bedeutung sowohl durch eine Nominalisierung als auch durch einen Satz mit einem Verb (verbal) ausdrücken.

1 Lies auf dem Zettel, was in Ausbildungsplatzangeboten von den Bewerberinnen und Bewerbern erwartet wird.
a) Unterstreiche die Nominalisierungen (Folie oder Kopie).
b) Wandle die Nominalisierungen in Verben um:
   Interesse → sich interessieren für ...
c) Formuliere einen Satz, in dem das Verb im Zentrum steht:
   Du musst dich für ... Nutze die Hinweise im Merkkasten.

> **Wir erwarten ...**
> – Altenpfleger/-in: Betreuung alter Menschen
> – Verkäufer/-in: Beratung der Kunden
> – Maler/-in: Gestaltung von Wohnungen
> – Arzthelfer/-in: Mitarbeit in der Praxis
> – Gärtner/-in: Interesse an Blumen und Pflanzen

WISSEN UND KÖNNEN ▸ Nominalisierungen verbalisieren

Wenn man eine Nominalisierung in ein Verb umwandelt, spricht man von einer **Verbalisierung**. So kannst du verbalisieren:
– Wandle die Nominalisierung in ein Verb um: Mitarbeit → mitarbeiten.
– Bilde einen Satz, in dem das Verb im Zentrum steht: Erwartet wird die Mitarbeit auf der Baustelle → Erwartet wird, dass du auf der Baustelle mitarbeitest.
In vielen Texten (z. B. Stellenanzeigen) werden Nominalisierungen verwendet. Beim Sprechen oder wenn wir mit eigenen Worten formulieren, verwenden wir eher Verben.

→ Hinweise auf die Nominalisierung findest du auf Seite 64.

2 Lies, was ein Gartenbaubetrieb in der Ausbildung von dir verlangt.
– Erkläre mit eigenen Worten, was du in der Ausbildung alles machen musst.
– Verbalisiere dazu die Nominalisierungen.

> ## Ausbildung als Landschaftsgärtner/-in
> **Wir erwarten von dir ...**
> ✓ Anlage und Unterhaltung von Garten- und Parkanlagen
> ✓ Anpflanzung von Bäumen
> ✓ Einrichten und Vorbereiten einer Baustelle
> ✓ Herstellen von befestigten Wegen
> ✓ Gestalten von Außenanlagen, z.B. Pflasterarbeiten in der Stadt
> ✓ Anlegen und Pflegen von Pflanz- und Rasenflächen
> ✓ Bedienung von Maschinen und Geräten

Das sind deine Aufgaben, wenn du dich für die Ausbildung als Landschaftsgärtner interessierst: Du hilfst, Gärten und Parkanlagen anzulegen und ... Du musst auch ... Weiterhin wird von dir im Team erwartet, eine Baustelle ... Außerdem musst du ...

Einen informativen Text überarbeiten

Mit Schreibplänen und Checklisten findest du in eigenen Textentwürfen Gelungenes und auch mögliche Textschwächen für eine Überarbeitung.

1 Erik hat für seine Praktikumsmappe zum Thema „Ausbildungsplatzsuche" den folgenden Text entworfen. Die Informationen hat er aus den Materialien M1 und M2 (S. 44) und aus einem Interview, das er während seines Praktikums in einer Gärtnerei mit dem Ausbildungsleiter geführt hat. Lest Eriks Textentwurf und sprecht darüber:
- Was ist gelungen? Was würdet ihr ändern?
- Woran erkennt ihr die Textteile Einleitung, Hauptteil und Schluss?
  Fügt an den entsprechenden Stellen senkrechte Striche ein.
- Welche wichtigen Einzelheiten erfahrt ihr in den einzelnen Textteilen?

Nutzt für euer Gespräch die Checkliste auf Seite 47.

Digital+
Text
Der Weg zu einem Ausbildungsplatz

<u>Der Weg zu einem Ausbildungsplatz</u> In meinem Text möchte ich allen, die noch dabei sind, sich zu orientieren, und noch einen Ausbildungsplatz suchen, ein paar Informationen geben. Solche Tipps und Ideen helfen euch sicherlich weiter. Ein Beispiel ist ein Beruf, der auch mein Interesse geweckt hat. Wenn
5 du Gärtnerin oder Gärtner werden willst, kannst du zwischen mehreren Fachrichtungen auswählen. Aber auch wenn es beispielsweise um Autos oder Elektrotechnik geht, kann man sich überraschen lassen, was es da alles gibt. Im Gartenbereich hast du z. B. viele Möglichkeiten, an der frischen Luft zu arbeiten, z. B. in der Friedhofsgärtnerei. Aber wenn dir das zu ungemütlich ist,
10 findest auch andere Arbeitsplätze, z. B. im Gewächshaus. Oder du arbeitest im Handel, z. B. in einem Gartencenter. Du findest leicht einen Berufszweig mit Tätigkeiten, die dir besonders liegen. Und <u>man leistet bei seiner Arbeit einen Beitrag zum Umweltschutz.</u> Außerdem kann man Gärten kreativ gestalten. Außerdem kann man im Gemüse- oder Obstbau für Abwechslung auf dem
15 Teller sorgen. Es gibt außerdem die Möglichkeit, <u>Städte grüner zu gestalten.</u> Heute erleichtert eine Menge moderne Technik die Arbeit. Du solltest auch Lust haben, mit anzupacken und dich zu bewegen. Du willst diese Ausbildung wählen. Du solltest einige Voraussetzungen mitbringen. Vor allem sollst du <u>als Grundvoraussetzung Interesse an Pflanzen und Natur haben.</u> Für die Suche
20 nach einem Ausbildungsplatz kannst du zum Beispiel entsprechende Internetportale nutzen. Du kannst dich bei einem Betrieb, den du kennst, persönlich vorstellen. Vielleicht wird daraus eine schriftliche Bewerbung. Dafür muss man sich Zeit nehmen. [Im Anschreiben muss z. B. deutlich werden, warum man denkt, dass man für den Beruf geeignet ist, und warum man ihn gerade
25 in diesem Betrieb erlernen möchte, den man kennt, weil man ihn vorher besucht hat.] Es lohnt sich auf jeden Fall, sich über dieses Berufsbild zu informieren. Ich meine, hier können viele einen passenden Ausbildungsplatz finden.

2 Überarbeitet Eriks Textentwurf in Partnerarbeit – am Bildschirm oder mit Stift (Folie oder Kopie). Nutzt bei der Überarbeitung auch die Methode „Formulierungen überarbeiten" (S. 81).

a) Unterstrichene Textstellen wurden von Erik wörtlich übernommen.
   Sie müssen in eigenen Worten wiedergegeben werden.

b) Manche Formulierungen wiederholen sich in den Sätzen.
   Solche gehäuften Wiederholungen sollten vermieden werden.
   Ersetzt sie durch Formulierungen vom wortstark!-Zettel.

c) Manche Sätze stehen gedanklich unverbunden nebeneinander. Sucht solche Textstellen und setzt passende Formulierung vom wortstark!-Zettel ein.

d) Das Satzungetüm am Textende in eckigen Klammern ist schwer verständlich.
   Löst es auf und macht mehrere Sätze daraus.

e) Ergänzt den Text mit weiteren Einzelheiten.
   – Übernehmt sie von den folgenden Info-Zetteln.
   – Sucht im Text nach einer passenden Stelle.
   – Fügt sie dort mit passenden Formulierungen vom wortstark!-Zettel ein.
     Achtet darauf, dass die Ergänzung zum vorhergehenden Satz passt.

wortstark!

zudem   zusätzlich
darüber hinaus   dann
auch   ferner   dazu
kommt   ebenfalls   oder

wenn … dann …
nämlich   wie etwa
etwa   unter anderem
das zeigt sich …
vielleicht …
daraus ergibt sich …
also …

Welche Fachrichtungen es gibt
– viele Fachrichtungen auch bei Kfz und Elektrotechnik
– Man kann später auch kaufmännische Laufbahnen einschlagen.

Was Voraussetzungen für den Beruf sind
– Grundvoraussetzung: Interesse an Pflanzen und Natur
– mindestens Hauptschulabschluss

Wie man sich informieren kann
– Internetportale für die Suche nutzen
– Plattform der Lokalzeitung ermöglicht Kontakt zu Firmen

Was für die schriftliche Bewerbung wichtig ist
– Man muss sich Zeit nehmen
– sich informieren: wichtige Formalitäten beachten

3 Fertigt eine Reinschrift an: Schreibt den Text mit euren Berichtigungen und Ergänzungen so auf, wie ihr ihn in der Praktikumsmappe veröffentlichen würdet. Macht Absätze.

PRÜFUNGSTRAINING

Einen informativen Text verfassen

In diesem Teil des Kapitels trainierst du zum Thema „Welche Rolle das Image eines Berufs bei der Berufswahl spielen kann" Aufgaben, wie du sie im Kapitel bearbeitet hast und wie sie auch in Klassenarbeiten und Abschlussarbeiten vorkommen können.

1 Notiere erste Gedanken zum Thema:
- Was bedeutet „Image" in diesem Zusammenhang?
- Welche Rolle spielt das Image eines Berufs bei der Berufswahl für dich?

Ergänze mit deinen Gedanken die Äußerungen in den Sprechblasen.

Welche Rolle das Image eines Berufes bei der Berufswahl spielen kann

> Ich war überrascht, wie kreativ und abwechslungsreich es in der Gärtnerei zuging. Auch modernste Technik kam zum Einsatz.

> Der Beruf meiner Mutter hat ein schlechtes Image. Aber sie macht da tolle Sachen und ich will das auch mal machen.

> Ich würde mich erst mal genauer informieren, ob das Image auch stimmt.

> Häufig ist man abgeschreckt, wenn andere schlecht über den Beruf reden.

2 Schau dir nun die Materialien **M1 – M4** (S. 56/57) zu diesem Thema an.

Für die Bearbeitung der Teilaufgaben stehen dir zusätzliche **Lösungshilfen** zur Auswahl. Du kannst die Aufgaben auch eigenständig ohne diese Lösungshilfen bearbeiten. Lass dich von deiner Lehrerin oder deinem Lehrer beraten.

3 Wähle Aufgabe **A** oder **B**:

A Verfasse für deine Praktikumsmappe einen informativen Text zum Thema „Welche Rolle das Image eines Berufes bei der Berufswahl spielen kann". Nutze die Materialien M1 und M4. Schreibe daraus nicht einfach ab, sondern formuliere mit eigenen Worten und zusammenhängend.

Gehe so vor:
a) Formuliere eine passende Überschrift, die zum Lesen anregt.
b) Schreibe in der Einleitung, worüber du informieren willst.
c) Stelle dar, was häufig bei der Berufswahl passiert, und erläutere es.
d) Stelle auch dar, worauf es bei der Berufswahl ankommen sollte, und erläutere es.
e) Gib abschließend ein Fazit, wie du das Image von Berufen bei Berufsentscheidung beurteilst.

Lösungshilfen zu A:

Lösungshilfen zum Lesen der Aufgaben und des Textes:
– Notiere beim Lesen der Aufgabe A mit den Teilaufgaben a) – e) Formulierungen, die anzeigen, was du jeweils tun sollst. Du kannst sie auch markieren (Folie oder Kopie).
– Kläre beim Lesen des Textes die Bedeutung schwieriger Wörter im Satzzusammenhang oder mit einer Nachschlagehilfe.

Lösungshilfen zur Vorbereitung auf das Schreiben des Textes:
– Weise den Teilaufgaben a) – e) verschiedene Farben zu.
– Markiere in diesen Farben passende Textstellen in den Materialien (Folie oder Kopie).
– Du kannst diese Einzelheiten auf Info-Zetteln notieren. Nutze dazu die Hinweise im Methodenkasten „Info-Zettel zu den Teilaufgaben anlegen" (S. 43).
– Lege einen Schreibplan an. Nutze den Schreibplan auf Seite 47 als Muster. Verändere in Spalte 1 die Angaben zum Hauptteil entsprechend den Teilaufgaben a) – e).

Lösungshilfen zur Formulierung des Textes
– Nutze beim Schreiben deines Texts die Angaben im Methodenkasten „Textbeiträge zu Teilaufgaben schreiben" (S. 46).
– Kontrolliere deinen Text mit der Checkliste „Einen informativen Text überprüfen" (S. 47).
– Nutze für die Überprüfung der Rechtschreibung und Zeichensetzung die Hinweise zur Sprachrichtigkeit auf Seite 278/279.

B Du hast die Aufgabe übernommen, für die Schul-Homepage einen informativen Text zum Thema „Welche Rolle das Image eines Berufes für die Berufswahl spielen kann" zu verfassen.
Nutze die Materialien M1 – M4 (S. 56/57). Schreibe daraus nicht einfach ab, sondern formuliere mit eigenen Worten und zusammenhängend.

Gehe so vor:
a) Formuliere eine passende Überschrift, die zum Lesen anregt.
b) Erkläre einleitend, was hier mit „Image" gemeint ist.
c) Stelle dar, was ausschlaggebend bei der Berufswahl sein sollte.
d) Erläutere, wie man Schwierigkeiten erfolgreich überwindet.
e) Beurteile anhand der Materialien und Überlegungen, was für die Berufswahl bedeutsam sein sollte.

Digital+
Text
Lösungshilfen zu B

PRÜFUNGSTRAINING

🔲 **Digital+**
Text
Image gut, alles gut

Susanne Klaiber   **M1**

Image gut, alles gut

Je mehr Anerkennung ein Beruf in der Öffentlichkeit findet, desto besser ist sein Image. Klar, dass Jugendliche vor allem populäre Berufe lernen wollen. Doch damit vergeben sie viele Chancen.

Medienkaufmann Digital und Print – klingt irgendwie schick. Verlagskauf-
5   mann – klingt irgendwie nicht so schick. Und so haben sich für die Ausbildung zum angesagten „Medienkaufmann" bei einem Konzern doppelt so
viele Bewerber gemeldet wie für den biederen „Verlagskaufmann". Obwohl
es nur zwei Bezeichnungen für denselben Beruf sind.
Menschen suchen sich nicht nur eine Arbeit, die sie interessiert, sondern
10   auch einen Job, bei dem das Image stimmt. Denn Menschen werden danach
beurteilt, wie angesehen ihr Beruf ist, und in die entsprechenden Schub-
laden gesteckt. Schulabgänger versuchen deshalb, einen Job zu ergattern,
von dem sie annehmen, dass andere Schulabgänger ihn gut finden. Dass
dieser Mechanismus tatsächlich so funktioniert, belegen Studien, die das
15   Bundesinstitut für Berufsbildung (BIBB) zusammengetragen hat.
Aber was genau macht eigentlich die Inhaber bestimmter Berufe zu angese-
henen Personen? Um das herauszufinden, hat das Institut 2400 Jugendliche
gefragt, welche Eigenschaften sie Berufstätigen zuschreiben und wie angesehen diese sind. Dabei kam heraus, dass besonders gut ankommt, wer als
20   intelligent, gebildet, reich und ehrgeizig gilt. Also wollen Jugendliche auch
die Berufe ergreifen, die sie mit diesen Eigenschaften in Verbindung bringen. Weniger gut fürs Prestige sind dagegen Eigenschaften wie Geschicklich-
keit, Fitness, Fleiß, Kontaktfreude und Selbstlosigkeit. Berufe, die Jugendlichen dazu einfallen, stehen auf der Wunschliste weiter unten.   *(verändert)*

M2

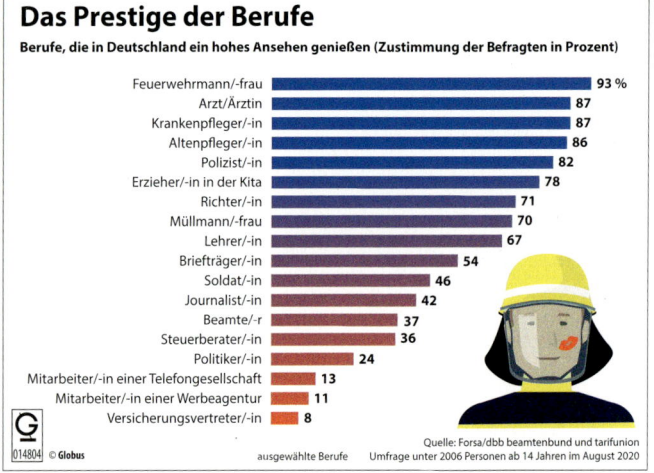

Das Prestige der Berufe
Berufe, die in Deutschland ein hohes Ansehen genießen (Zustimmung der Befragten in Prozent)

Beruf	Prozent
Feuerwehrmann/-frau	93 %
Arzt/Ärztin	87
Krankenpfleger/-in	87
Altenpfleger/-in	86
Polizist/-in	82
Erzieher/-in in der Kita	78
Richter/-in	71
Müllmann/-frau	70
Lehrer/-in	67
Briefträger/-in	54
Soldat/-in	46
Journalist/-in	42
Beamte/-r	37
Steuerberater/-in	36
Politiker/-in	24
Mitarbeiter/-in einer Telefongesellschaft	13
Mitarbeiter/-in einer Werbeagentur	11
Versicherungsvertreter/-in	8

Quelle: Forsa/dbb beamtenbund und tarifunion
ausgewählte Berufe   Umfrage unter 2006 Personen ab 14 Jahren im August 2020
© Globus   014804

M3

Top Ten der Ausbildungsberufe
Neu abgeschlossene Ausbildungsverträge in Deutschland im Jahr 2021*

	FRAUEN		MÄNNER	
1	Medizinische Fachangestellte	17 154	Kraftfahrzeugmechatroniker	19 713
2	Kauffrau f. Büromanagement	16 725	Fachinformatiker	14 463
3	Zahnmedizinische Fachangestellte	13 203	Anlagenmechaniker f. Sanitär-, Heizungs- u. Klimatechnik	14 067
4	Verkäuferin	10 389	Elektroniker	13 953
5	Kauffrau im Einzelhandel	8985	Verkäufer	10 374
6	Industriekauffrau	8088	Kaufmann im Einzelhandel	10 281
7	Verwaltungsfachangestellte	4797	Industriemechaniker	9183
8	Friseurin	4734	Fachkraft f. Lagerlogistik	8784
9	Steuerfachangestellte	4284	Tischler	7098
10	Kauffrau für Groß- und Außenhandelsmanagement	4149	Mechatroniker	7032

*am 30. September   Quelle: Bundesinstitut für Berufsbildung
015386 Globus

Weibliche Werkstatt-Azubi: **M4**
Johanna schraubt sich glücklich

Digital+
Text
Johanna schraubt sich glücklich

Johanna Burger liebt Motoren. Trotzdem wollte zunächst keine Werkstatt sie als Lehrling einstellen. Sie blieb hartnäckig und lernt jetzt doch noch Kfz-Mechatronikerin – als einzige Frau unter 20 Männern. Geht das gut?

Allein unter Männern, Johanna Burger kennt das gut: Sie arbeitet als Kfz-
5 Mechatronikerin. In der Werkstatt im bayerischen Amberg, etwa 50 Kilometer von ihrer Heimatstadt entfernt, ist sie die einzige Frau unter 20 Männern.
„Speziell die Handwerksberufe sind und bleiben eine Männerdomäne", sagt
Susanne Walter vom Bundesinstitut für Berufsbildung. Zuletzt hatte auch
eine Studie von Walters Institut belegt, dass sich die Dinge nur sehr langsam
10 verschieben.
Johanna Burger hatte zunächst Schwierigkeiten, überhaupt einen Ausbildungsplatz als Kfz-Mechatronikerin zu finden. „Mich hat niemand
genommen", sagt sie. Burger gab deshalb zunächst klein bei und lernte
Medizinische Fachangestellte.
15 Nicht nur die Suche nach einem Ausbildungsplatz ist für Frauen, die in einem
von Männern dominierten Job arbeiten wollen, schwierig. Viele kassieren im
Berufsalltag von den Kollegen gelegentlich einen Machospruch, sagt etwa
Manuel Tusch, Psychologe und Coach aus Köln. Oder es kommt ein ahnungs-
loser Kunde, der sich nicht von einer Frau bedienen lassen will.
20 Wichtig sei es dann, freundlich und gelassen zu bleiben und nicht
hilflos oder gar verbittert zu wirken, rät Tusch. Sie empfiehlt,
sich schon vor Ausbildungsbeginn mit der Situation auseinander-
zusetzen und sich ein paar passende Sprüche für unangenehme
Situationen einfallen zu lassen. Von Vorteil sei es auch, nicht
25 dauernd zum Thema zu machen, dass man in dem Beruf in der
Minderheit ist.
Johanna Burger hatte in ihrer Werkstatt mit den männlichen
Kollegen keine Probleme. „Alle waren sehr aufgeschlossen und haben mich
von Anfang an akzeptiert", sagt sie. Das bestätigt auch ihr Ausbildungsleiter
30 Markus Beer und sagt: „Wenn jemand seine Arbeit kann, macht es keinen
Unterschied, ob da ein junger Mann oder eine junge Frau vor mir steht."
Burger versucht allerdings auch, ihren männlichen Kollegen keine Steil-
vorlagen zu liefern. Das gilt zum Beispiel beim Reifenschleppen im Frühjahr
und Herbst, das körperlich anstrengend ist. Da fragt sie niemanden, ob er
35 ihr hilft. „Lieber beiße ich die Zähne zusammen."   *(verändert)*

Sich um einen Ausbildungsplatz bewerben

Zu jedem Bewerbungsverfahren gehört die schriftliche Bewerbung (auf Papier oder digital). Darin könnt ihr euch präsentieren und für euch werben, um zu einem Vorstellungsgespräch eingeladen zu werden – oft ein wichtiger Schritt auf dem Weg zum Ausbildungsplatz. Wie ihr euch erfolgreich bewerbt, das lernt ihr in diesem Kapitel.

SCHREIBEN

1 Betrachtet die Abbildung auf dieser Seite:
- Was erkennt ihr? Erläutert die Situation.
- Álvaro möchte einen Ausbildungsplatz in der Firma. Was hat er dort für die schriftliche Bewerbung vorgelegt?
- Wird er sein Ziel erreichen? Was hat er anscheinend richtig gemacht?

Wir bringen **FARBE** ins Leben!

MALERGESCHÄFT WITTIG

Inhaberin: Karina Wittig

Diese Bewerbung spricht mich an: Álvaro geht auf unsere Anforderungen ein und hat sich gut präsentiert ... die Zeugnisse sind in Ordnung ... und ein Praktikum im Malerbetrieb hat er auch schon gemacht ... Álvaro scheint zu uns zu passen, den lade ich mal zum Gespräch ein ...

Malermeister Felix Nordhoff

Praktikumsbescheinigung

Sehr geehrte Frau Wittig,

über das Ausbildungsportal Azubi – Jetzt bin ich auf Ihren Betrieb aufmerksam geworden. Auf Ihrer Homepage habe ich dann erfahren, welche vielfältigen und abwechslungsreichen Aufgaben mit dem Beruf des Malers und Lackierers verbunden sind und was man in einem guten Team alles erreichen kann. All dies möchte ich gern in Ihrem Betrieb erlernen.

Anne-Frank-Schule Bogenstadt

Abschlusszeugnis

LEBENSLAUF

ZUR PERSON

2 Lies noch einmal die Einleitung zu Álvaros Bewerbungsschreiben. Andere Schülerinnen und Schüler haben die Einleitung zu ihrem Bewerbungsschreiben so formuliert:

Sehr geehrte Frau Fischer, (A)
schon lange träume ich davon, mit Tieren zu
arbeiten und ihnen zu helfen. Ich habe auch bereits zwei Praktika in diesem Bereich gemacht,
die mich in meinem Berufswunsch bestärkt
haben. Daher interessiere ich mich sehr für die
Ausbildungsstelle als Tierarzthelfer in Ihrer
Praxis.

Sehr geehrte Damen und Herren, (B)
ich interessiere mich sehr für Autos und habe
in den Ferien bereits mehrfach im Kfz-Bereich
gearbeitet und erste Erfahrungen sammeln
können. Da ich von anderen Auszubildenden
viel Positives über Ihren Betrieb gehört habe,
bewerbe ich mich hiermit auf die angebotene
Ausbildungsstelle als Kfz-Mechatronikerin.

Liebe Frau Martino, (C)
gutes Aussehen und vor allem schöne Haare
finde ich für jeden Menschen wichtig.
Deshalb habe ich auch mein Berufspraktikum
im Frisörsalon eines Alten- und Pflegeheims
absolviert. Seitdem interessiere ich mich
sehr für den Frisörberuf und möchte bei
der Ausbildung in Ihrem Betrieb das nötige
Wissen und Können erwerben.

Sehr geehrter Herr Singer, (D)
in einem Stellenportal bin ich auf Ihre Ausschreibung gestoßen. Da ich in der Schule und
in einer Hobbygruppe schon sehr gute Erfahrungen mit Holzarbeiten gemacht habe, bin ich
davon überzeugt, dass der Beruf des Schreiners
genau das Richtige für mich ist. Deshalb bewerbe ich mich um den angebotenen Ausbildungsplatz.

---

a) Welche Unterschiede und Gemeinsamkeiten fallen euch auf?
b) Untersucht arbeitsteilig, an welcher Stelle der Bewerber oder die Bewerberin
   – sich auf den angebotenen Ausbildungsplatz bezieht,
   – eigene Interessen und Ziele äußert und für sich selbst „Werbung" macht.
   Markiert entsprechende Textstellen mit unterschiedlichen Farben (Folie oder Kopie).

3 Wähle eine Einleitung aus und formuliere sie so um, dass sie zu deiner eigenen
Situation und zu deinem Berufswunsch passt.

4 Überlegt, was in die Fortsetzung eines Bewerbungsschreibens gehört.

5 a) Macht euch bewusst, wo ihr auf dem Weg zu Ausbildung und Beruf steht:
   – Was habt ihr in diesem und in den vorigen Jahren bereits besprochen
     und erarbeitet – im Deutschunterricht und in den anderen Fächern?
   – Was sind die nächsten Schritte?
   – Welche Bewerbungsunterlagen habt ihr schon zusammengestellt?
   b) Blättert das Kapitel durch, lest die Überschriften und Einleitungstexte und
      macht euch klar, welche Seiten für eure Bewerbung hilfreich sind.

Ihr könnt diese Aufgabe gut nach der Methode „Nachdenken – aus-tauschen – vorstellen" bearbeiten.
→ Wissen und Können, S. 299

Ein Bewerbungsanschreiben untersuchen

Álvaro war mit seiner schriftlichen Bewerbung erfolgreich und hat eine Einladung zum Vorstellungsgespräch erhalten. An seinem Bewerbungsanschreiben könnt ihr herausarbeiten, wie man auf die Ausschreibung einer Ausbildungsstelle antwortet und dabei für sich selbst „Werbung" macht.

1 Untersucht Álvaros Bewerbungsanschreiben.
  a) Ordnet die folgenden Bausteine seinem Text zu:
   - Anrede des Adressaten/der Adressatin → (2)
   - Darstellung der persönlichen Eignung für den Beruf und der Vorkenntnisse (Hauptteil)
   - Bekräftigung des Interesses, Bitte um ein Vorstellungsgespräch (Schluss)
   - Briefkopf mit Absender, Adressat, Ort/Datum und Betreffzeile
   - Grund der Bewerbung bei diesem Arbeitgeber und persönliche Motivation (Einleitung)
   - Grußformel und Unterschrift
   - Hinweis auf Anlagen.

Digital+
Text
*Álvaros
Bewerbungs-
anschreiben*

  b) Álvaro möchte auf sich aufmerksam machen und zu einem Vorstellungsgespräch eingeladen werden. Wie schafft er es, für sich „Werbung" zu machen, ohne dabei aufdringlich und anbiedernd zu wirken? Markiert in seinem Text entsprechende Formulierungen (Folie oder Kopie).

2 Álvaro hat sich auf die Ausschreibung einer Ausbildungsstelle beworben.
  a) Schaut euch die Ausschreibung an und sprecht darüber:
   - Welche Aufgaben kommen auf Auszubildende in diesem Beruf zu?
   - Welche Erwartungen hat der Betrieb an die Bewerberinnen und Bewerber?

„Grundverständnis in Mathematik, Chemie und Technik/Werken" – dazu schreibt er: „..."

  b) Untersucht, wie Álvaro diese Aufgaben und Erwartungen in seinem Schreiben aufgegriffen hat. Das könnt ihr mündlich tun oder in einer Tabelle notieren:

Aufgaben und Erwartungen:	Wie Álvaro darauf eingegangen ist:
Interesse an Gestaltung, Kreativität	Auch in meiner Freizeit beschäftige ich mich mit handwerklichen Arbeiten ...
...	...

„Kundenberatung" – dazu passt z. B.: „Ich bin ein offener Mensch und gehe gern auf andere zu."

  c) Auf welche Aufgaben und Erwartungen hätte Álvaro noch eingehen können? Denkt euch dazu passende Formulierungen aus.

3 Stell dir vor: Álvaro hat bereits ein Praktikum in dem Malerbetrieb von Frau Wittig gemacht. Es hat ihm gut gefallen und er möchte dort die Ausbildung aus Maler und Lackierer beginnen. Ändere sein Bewerbungsanschreiben so um, dass es auf diese Situation passt. Du musst dich dann auch auf andere Informationsquellen beziehen (z.B.: Erfahrungen im Praktikum, Internetrecherche zum Ausbildungsberuf ...).

Wir bringen FARBE ins Leben!
Malergeschäft Wittig

Ausbildung zum Maler & Lackierer (m/w/d) zum 1. August 2024

In der dreijährigen Ausbildung erwarten dich vielfältige Arbeitsfelder: Du informierst und berätst Kunden, du erhältst, gestaltest und veränderst Räume, Gebäude oder auch Fassaden. Am Ende kannst du stolz auf die geleistete Arbeit sein, hast eine zufriedene Kundschaft und im besten Fall etwas von Dauer geschaffen.

Deine Aufgaben im Überblick:
– Kundenberatung
– Planung und Vorbereitung
– Maler- und Lackierarbeiten

Das bringst du mit:
– Handwerkliches Geschick
– Interesse an Gestaltung, Kreativität
– Teamfähigkeit
– Grundverständnis in Mathematik, Chemie, Technik/Werken

Wir freuen uns auf deine Bewerbung. Ein angenehmes Arbeitsumfeld erwartet dich.

(1)

Álvaro Símon
Rembrandtstraße 10
45678 Bogenstadt

Malergeschäft Wittig
Frau Karina Wittig
Industriestraße 12
45678 Bogenstadt

Bogenstadt, 15. Januar 2024

Bewerbung um einen Ausbildungsplatz als Maler & Lackierer zum 1. August 2024

(2)

Sehr geehrte Frau Wittig,

(3)

über das Ausbildungsportal Azubi – Jetzt bin ich auf Ihren Betrieb aufmerksam geworden. Auf Ihrer Homepage habe ich dann erfahren, welche vielfältigen und abwechslungsreichen Aufgaben mit dem Beruf eines Malers und Lackierers verbunden sind und was man in einem guten Team alles erreichen kann. All dies möchte ich gern in Ihrem Betrieb erlernen.

(4)

Wenn ich im nächsten Jahr erfolgreich die Schule abschließe, habe ich u. a. drei Jahre Technikunterricht im Hauptfach absolviert. Hier habe ich auch mein Interesse und mein Geschick für handwerkliches Arbeiten entdeckt. Ich habe bereits im vergangenen Jahr ein dreiwöchiges Praktikum in einem Malerbetrieb gemacht und dabei festgestellt, wie viel Freude ich an dieser Arbeit habe. Auch in meiner Freizeit beschäftige ich mich mit handwerklichen Aufgaben, z. B. stelle ich Holzarbeiten her, die ich als abschließende Gestaltung nach eigenen Ideen lackiere.

(5)

Schon lange ist es mein Wunsch, meinen Spaß am handwerklichen Arbeiten erfolgreich in eine Ausbildung mit guten Berufsaussichten einzubringen. Daher freue ich mich sehr über eine Einladung, um mich Ihnen im persönlichen Gespräch vorzustellen.

(6)

Mit freundlichen Grüßen

Álvaro Símon

(7)

Anlagen:
Lebenslauf
Zeugnisse
Praktikumsbescheinigung

Ein eigenes Bewerbungsanschreiben verfassen und überprüfen

Das Bewerbungsanschreiben ist ein offizieller Brief, für den du bestimmte formale Vorgaben beachten musst. Inhaltlich willst du den Arbeitgeber davon überzeugen, dass genau du der richtige Bewerber oder die richtige Bewerberin für den Ausbildungsplatz bist.

Hier siehst du die Ausschreibung für einen Ausbildungsplatz und das persönliche Profil der Bewerberin Ariana. Du sollst das Bewerbungsanschreiben für Ariana verfassen.

FrischKauf
Alles. Immer. Frisch.

Ausbildung zum Kaufmann/zur Kauffrau im Einzelhandel (m/w/d) zum 1. August 2024

Dein Arbeitstag soll Abwechslung bieten? Du willst Verantwortung übernehmen und mit Menschen arbeiten? Dann bist du bei uns genau richtig.

Deine Aufgaben:
– In der dreijährigen Ausbildung erfährst du, was im Einzelhandel wichtig ist und wie man mit guter Qualität, umfangreichem Angebot und Frische die Kundschaft glücklich macht.
– Du wirst u. a. lernen, Ware sorgfältig einzuräumen und zu präsentieren. Hierbei packst du mit an und hast einen Blick für Ordnung und Sauberkeit.
– Du prüfst den Wareneingang und -verkauf, stehst der Kundschaft mit Rat und Tat zur Seite und bist dabei stets freundlich.

Dein Profil:
– Kaufmännisches Interesse
– Freude am Umgang mit Menschen
– Teamfähigkeit
– Einsatzbereitschaft und Flexibilität
– Verantwortungsbewusstsein

Interesse? Dann sende uns deine schriftliche Bewerbung bis zum 01.02.2024 zu:
FrischKauf. Marktplatz 3 – 5. 45678 Bogenstadt.
Ansprechpartnerin: Sophia Lazaridou

Ariana Tucci
– wohnhaft: Paul-Klee-Straße 27, 45678 Bogenstadt
– Ausschreibung auf Azubi-Jetzt gefunden
– Mitglied im Tanzverein – zuständig für den Trainingsplan
– Schulabschluss im Juni 2024
– Praktikum im Einzelhandel (Nachweis im Anhang)
– Nebentätigkeit im Supermarkt (Arbeitszeugnis im Anhang)
– Wünsche an zukünftigen Beruf: keine „langweilige" Bürotätigkeit, Abwechslung und Bewegung, Aufstiegsmöglichkeit
– Stärken: Pünktlichkeit, Zuverlässigkeit; keine Angst, auf Fremde zuzugehen; mehrsprachig aufgewachsen (Italienisch und Deutsch)
– weitere Interessen: Kochen und Buffets gestalten

 Arbeite wichtige Informationen aus der Stellenausschreibung und aus Arianas Profil heraus, die zusammenpassen. Erstelle hierzu eine Tabelle:

Informationen aus der Ausschreibung, die ich aufgreifen will:	Was ich dazu über die Bewerberin schreiben will:
abwechslungsreiche Arbeitstage	keine Bürotätigkeit Abwechslung und Bewegung
...	...

2 Erstelle einen Schreibplan für Arianas Bewerbungsanschreiben.
- Gliedere deinen Text in Einleitung, Hauptteil und Schluss.
- Nutze die Notizen aus Aufgabe 1.
- Orientiere dich auch an Álvaros Text (S. 61) und an der Checkliste.

3 a) Verfasse nun Arianas Bewerbungsanschreiben.
  b) Prüfe abschließend deinen Text mit Hilfe der Checkliste.

CHECKLISTE ▸ **Das Anschreiben einer Bewerbung verfassen und überprüfen**

✔ Informationen zu Werdegang und Kenntnissen?
✔ Vermittlung von Motivation und Begeisterung für den Beruf?
✔ Eignung für den Beruf?
✔ Glaubhafte Aussagen ohne Übertreibungen?
✔ Hinweis auf gewünschtes Vorstellungsgespräch?
✔ Briefform beachtet (Absender/-in, Adressat/-in, Datum, Betreffzeile …)?
✔ Nicht länger als eine Seite?
✔ Nach Möglichkeit direkte Anrede einer zuständigen Person?
✔ Bezugnahme auf die Stellenausschreibung (ggf. in der Betreffzeile)?
✔ Angemessene Ausdrucksweise?
✔ Korrekte Rechtschreibung, Zeichensetzung und Grammatik?

---

4 a) Stellt euch in Partnerarbeit eure Anschreiben gegenseitig vor und schätzt ein,
  ob das Schreibziel damit erreicht werden kann.
  b) Sprecht in einer abschließenden Reflexion darüber, worin sich eure Anschreiben
  ähneln und voneinander unterscheiden. Achtet dabei besonders darauf,
  was aus der Anzeige aufgegriffen wurde, auf die Angemessenheit der werbenden
  Formulierungen und auf die Reihenfolge der einzelnen Ausführungen.

5 a) Recherchiere im Internet Stellenausschreibungen für einen Ausbildungsberuf,
  der dich interessiert.
  b) Wähle eine Stellenausschreibung aus und verfasse dein Bewerbungsanschreiben.
  Gehe vor wie in den Aufgaben 1 – 4.

6 Es gibt verschiedene Möglichkeiten für schriftliche Bewerbungen:
- in Form einer **Bewerbungsmappe**, die man per Post verschickt oder persönlich abgibt,
- als **E-Mail** mit angehängten Bewerbungsunterlagen,
- als **Online-Bewerbung**.

Erkundet, was dabei jeweils gleich bzw. anders ist. Recherchiert dazu im Internet
oder befragt einen Experten oder eine Expertin.

SPRACHE UNTERSUCHEN

Nominalisierungen verstehen und gebrauchen

– Begrüßung durch
  Betreuer
– Verabschiedung
  des Schülers/
  der Schülerin
– Erkundigung nach
  Stärken und
  Schwächen
– Aufforderung, sich
  selbst vorzustellen
– Fragen nach Wahl
  des Betriebs
– Angebot eines
  Getränks

Du kannst ein Verb in ein Nomen umformulieren: Das Verb „begrüßen" wird dann z. B. zu dem Nomen „Begrüßung". Diesen Vorgang nennt man Nominalisierung.

1 a) Malik will erklären, wie ein Vorstellungsgespräch abläuft. Er hat sich dazu auf einem Zettel Stichpunkte notiert. Schreibe Maliks Stichpunkte in der richtigen Reihenfolge auf: 1. Begrüßung durch ...

b) Erkläre, wie ein Vorstellungsgespräch oft abläuft:

Zunächst begrüßt dich der ... Manchmal wird danach ... Dann musst du ...
Du wirst bestimmt gebeten ... Der Betreuer will sicher auch wissen ... Zum Schluss ...

c) Übertrage die Tabelle und fülle sie aus:

Nominalisierungen	Verben
Begrüßung	begrüßen
...	...

> **WISSEN UND KÖNNEN** **Nominalisierungen bilden und verwenden**

Wenn man ein Verb zu einem Nomen umwandelt, spricht man von einer **Nominalisierung**. Umgekehrt spricht man von einer **Verbalisierung**, wenn das Nomen zu einem Verb umgewandelt wird. So kannst du aus Verben Nomen bilden:
1. Der Infinitiv des Verbs wird zum Nomen: arbeiten → das Arbeiten.
2. Anfügung von Endungen (-ung, -nis, -(a)tion) an den Verbstamm: planen →
die Planung; erlauben → die Erlaubnis; konzentrieren → die Konzentration.
In Texten kommen oft Nominalisierungen vor, wenn etwas kurz und knapp formuliert wird. Wenn du Notizen machst, verwendest du oft Nominalisierungen.

**Wir suchen
einen Sekretär/eine Sekretärin**

Ihre Aufgaben:
– Erledigung der
  Korrespondenz
– ...

2 Welche Aufgaben hat eine Sekretärin/ein Sekretär?
Bilde Nominalsierungen für eine Stellenanzeige:
Ein Sekretär/Eine Sekretärin muss ...
a. die Korrespondenz erledigen   d. Konferenzen organisieren
b. die Homepage betreuen   e. Büromaterial verwalten
c. Termine planen   f. Präsentationen erstellen.

3 Notiere dir Stichpunkte und formuliere wie im Beispiel:
Du musst am Schalter auch Kunden beraten. → Kundenberatung
a. Du musst in der Firma Anlagen planen.
b. In der Firma werden aber auch Anlagen installiert.
c. Du gestaltest umweltfreundliche Gartenräume.
d. Du bereitest Malerarbeiten vor.
e. Zu deinen Aufgaben zählt auch, Waren zu präsentieren.

Einen tabellarischen Lebenslauf verfassen

Der tabellarische Lebenslauf umfasst allgemeine Informationen über dich in übersichtlicher Form. Wichtig ist, dass deine Angaben im Lebenslauf und im Anschreiben übereinstimmen. Wie ein gelungener Lebenslauf aussehen kann, siehst du hier.

Álvaro Símon
Rembrandtstraße 10,
45678 Bogenstadt

✉ álvaro.símon@net.de
📱 +49 (0) 185 77 88 990
⚲ Geb. am 29.02.2008 in Berlin

(Zeitraum)	**Bildungsweg**
8/2018 – aktuell	Besuch der Schiller-Schule, Bogenstadt
	Wahlfächer: Technik, Naturwissenschaften
	Angestrebter Abschluss: Mittlerer Bildungsabschluss (2024)
	Aktuell: 9. Klasse
8/2014 – 7/2018	Besuch der Astrid-Lindgren-Grundschule, Bogenstadt

Praktische Erfahrungen
1/2023	Dreiwöchiges Praktikum im Malerbetrieb Lessing, Bogenstadt

Kenntnisse
Sprachen: Deutsch (Muttersprache), Englisch (gute Kenntnisse)
Software: gängige Textverarbeitungsprogramme – gut

Interessen
Arbeit mit Holz und Lack (Herstellung von Figuren etc.)

1 Vergleicht das Bewerbungsanschreiben auf S. 61 mit Álvaros Lebenslauf.
 – Welche Aspekte findet ihr im Lebenslauf wieder?
 – Welche Angaben macht er im Lebenslauf, die im Anschreiben nicht auftauchen?

2 Erstelle deinen eigenen Lebenslauf. Nutze Álvaros Lebenslauf, überschreibe ihn mit deinen persönlichen Daten und drucke ihn aus.

Digital+
Text
Álvaros Lebenslauf

Sich auf ein Bewerbungsgespräch vorbereiten

Stell dir vor: Du bist mit deiner schriftlichen Bewerbung erfolgreich und wirst zu einem Vorstellungsgespräch eingeladen. Mit Hilfe deiner Bewerbungsunterlagen kannst du dich auf dieses wichtige Gespräch vorbereiten.

Die Ansprechpartnerin oder der Ansprechpartner für deinen Ausbildungsplatz bereitet sich auf Grundlage deiner schriftlichen Bewerbungsunterlagen auf das Vorstellungsgespräch vor. Besonders deine individuellen Angaben laden deinen Gesprächspartner oder deine Gesprächspartnerin zu Nachfragen ein.

1 Schaut euch die Zitate aus einem Bewerbungsanschreiben an. Überlegt anschließend gemeinsam, welche Nachfragen dazu gestellt werden könnten.

> Als Co-Trainerin bin ich es gewohnt, Konflikte zu schlichten und den Teamgeist zu stärken.

> Du schreibst in deiner Bewerbung, dass du es gewohnt bist, Konflikte zu schlichten. Wie gehst du denn dabei vor?

> In meinem Praktikum konnte ich viele tolle Erfahrungen sammeln.

> ...?

> ...?

> Meine Sprachkenntnisse kann ich sicherlich gewinnbringend einsetzen.

2 a) Entscheide, für welchen Beruf du dich bewerben möchtest, und stelle deine Bewerbungsunterlagen zusammen.

b) Überlege in einem ersten Schritt, welche Nachfragen zu deinem Lebenslauf und Bewerbungsanschreiben gestellt werden könnten. Schreibe die Fragen auf Kärtchen und ergänze in Stichworten deine Antworten darauf.

Mögliche Fragen kannst du im Internet recherchieren oder du fragst einen Experten/eine Expertin.

c) Schreibe in einem zweiten Schritt weitere Fragen auf, die dir gestellt werden könnten, und notiere in Stichworten deine Antworten darauf.

3 Führt Rollenspiele durch, in denen ihr den Ablauf von Bewerbungsgesprächen durchspielt.

– Ihr könnt die Gespräche zu zweit oder vor der Klasse führen.

– Außerdem könnt ihr die Gespräche für die Auswertung per Video festhalten, wenn alle Beteiligten das so wollen.

Geht so vor:

a) Sucht euch zunächst einen Mitschüler/eine Mitschülerin als Gesprächspartner. Vielleicht könnt ihr auch eine erwachsene Person als Gesprächspartner gewinnen, die sich mit solchen Bewerbungssituationen gut auskennt: Berufsberater/-in, Lehrer/-in, Sozialarbeiter/-in …

b) Sprecht ab, wofür ihr euch bewerben möchtet, und gebt eure Bewerbungsunterlagen dem Gesprächspartner oder der Gesprächspartnerin.

c) Legt gemeinsam die Phasen des Gesprächs fest, z. B.:

- Begrüßung
- Fragen zum Weg/Wohlbefinden
- Angebot eines Getränks
- Fragen zur Motivation und zur Wahl des Betriebs
- Aufforderung, sich kurz vorzustellen
- Informationen des Bewerbers/der Bewerberin zu praktischen Erfahrungen und schulischen Leistungen
- Fragen nach Stärken und Schwächen
- Angebot, Fragen zum Betrieb zu stellen
- Verabschiedung

d) Spielt das Gespräch mindestens zweimal durch. Während des ersten Gesprächs kannst du noch auf deine Karten zurückgreifen, im zweiten solltest du deine Notizen im Kopf haben.

4 Überlege nach der Durchführung der Gesprächsrunden, was gut gelaufen ist und was du noch verbessern kannst. Lass dir auch von anderen ein Feedback geben.
- An welchen Stellen hast du dich besonders sicher oder unsicher gefühlt?
- Welche Tipps kannst du nun für ein gelungenes Gespräch formulieren?

Sachlich und werbend schreiben

wortstark!

Wenn du ein Anschreiben verfasst, musst du sachlich schreiben und wichtige Informationen vermitteln. Du musst aber auch für dich selbst werben.

> Der Text von … ist ziemlich unpersönlich …

> Bei … spürt man die Begeisterung …

❶ Lies die Anschreiben von Samuel und Lena. Sprecht darüber:
- Wie wirken die Texte auf euch? Welcher Text gefällt euch besser? Warum?
- Begründet eure Meinung mit Beispielen aus den Texten.

Samuel: Ich würde gern eine Ausbildung zum Konditor machen. Dieser Beruf interessiert mich sehr, weil ich unheimlich gern backe. Es wäre toll, wenn ich mein liebstes Hobby zum Beruf machen könnte. Bestimmte Rezepte hab ich schon tausend Mal ausprobiert. Wenn es irgendeine Feier gibt, dann backe ich immer die tollsten Kuchen und auch total leckeres Gebäck, zum Beispiel Muffins. Dann höre ich immer: „Du backst ja mega geil!".

Lena: Auf Ihrer Website bieten sie eine Stelle für eine Ausbildung zur Konditorin an. Auf diese Stelle will ich mich bewerben. Ich habe in den Ferien bei einem Konditor gearbeitet und habe beim Backen und Dekorieren der Torten geholfen. Dabei konnte ich zeigen, dass ich sehr kreativ bin. Ich habe Torten gestylt, die gut ankamen. Auch Pralinen habe ich hinbekommen. Der Konditor hat meine Sorgfalt und Gewissenhaftigkeit gelobt.

❷ Welche Aussage passt zu welchem Text? Der Schreiber/Die Schreiberin …
a. erzählt, was er/sie für Erfahrungen mit dem Beruf gemacht hat.
b. berichtet, was andere über ihre/seine Fähigkeiten sagen.
c. übertreibt gelegentlich, weil er/sie von dem Beruf ganz begeistert ist.
d. verwendet Umgangssprache. e. geht auf die Stellenausschreibung ein.

❸ Typisch für Anschreiben sind Wörter, die positive Fähigkeiten herausstellen.
a) Unterstreiche solche Wörter in den Anschreiben von Samuel und Lena (Folie).
b) Sprecht darüber, warum ihr solche Wörter im Anschreiben verwenden solltet.
c) Gib Samuel und Lena Tipps, was sie verbessern können. Nutze „Wissen und Können".

> Samuel, du solltest einmal versuchen, …

> Lena, zeige auch deine Begeisterung: …

WISSEN UND KÖNNEN   ▸   **Formulierungen in Bewerbungsschreiben**

- Nimm Bezug auf die Stellenanzeige: Auf Ihrer Homepage bieten Sie … an.
- Gehe auf die in der Anzeige genannten Anforderungen ein: Achte auf Begriffe wie Teambereitschaft, Gewissenhaftigkeit, handwerkliches Geschick …
- Beschreibe deine Fähigkeiten: Ich habe Interesse/Freude/Spaß an … Ich bin handwerklich geschickt. Ich arbeite gern mit anderen zusammen.
- Schreibe persönlich: Erzähle, in welchen Situationen sich deine Talente gezeigt haben. Übertreibe nicht, denn du musst ernsthaft erscheinen. Es macht mir Spaß, wenn … Ich konnte schon Erfahrungen sammeln, als …
- Verwende keine Umgangssprache, Jugendsprache oder wörtliche Rede.

Ein Anschreiben adressatengerecht formulieren

In diesem Teil des Kapitels kannst du noch einmal üben, ein Bewerbungs-anschreiben adressatengerecht und erfolgversprechend zu formulieren.

1 Wähle Aufgabe **A** oder **B**:

A Bausteine eines Anschreibens ordnen und überarbeiten

Am besten nutzt du für die Bearbeitung des Bewerbungsanschreibens die Textdatei in Digital+ oder eine Kopie.

⊞ Digital+
Text
Karls Bewerbungs-anschreiben

Gehe so vor:
a) Ordne die Bausteine des Anschreibens in der richtigen Reihenfolge: ⑤, …
b) Prüfe das Anschreiben inhaltlich:
   – Streiche zwei Sätze in Baustein ⑨, die Karl besser weglassen sollte.
   – Füge dann die folgenden Sätze an passender Stelle in seinen Text ein:
     a. Mir ist es wichtig, einen Beruf zu erlernen, in dem ich jeden Tag etwas Sinnvolles mache und bei dem ich am Ende des Tages zufrieden mit meiner Arbeit sein kann.
     b. Ich finde es vor allem spannend, dass man in der Ausbildung so viele verschiedene Stationen durchläuft.
c) Prüfe das Anschreiben sprachlich und ändere unpassende Formulierungen.
d) Schreibe das vollständige und überarbeitete Anschreiben auf.

① Braunschweig, 2. Februar 2024

②
Landeskrankenhaus Hannover
Frau Martina Burkhardt
Leibnizstraße 26
30159 Hannover

③ Liebe Frau Burkhardt,

④ Bewerbung um einen Ausbildungsplatz als Pflegefachmann zum 1. August 2024

⑤
Karl Köhler
Lessingstraße 103
38100 Braunschweig

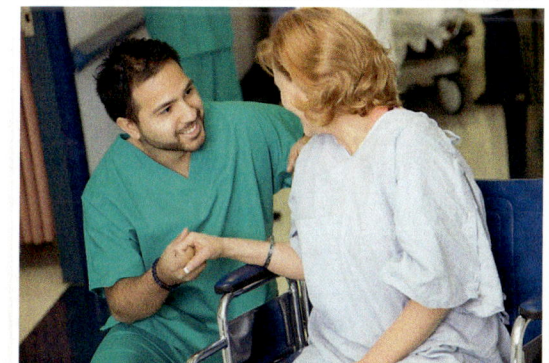

⑥ über das Ausbildungsportal Azubi – Jetzt bin ich auf ihr echt supergeiles Krankenhaus aufmerksam geworden. In Ihrer Stellenbeschreibung habe ich meine Interessen und Stärken wiedergefunden, vor allem aber reizt mich das vielfältige Aufgabengebiet und die Arbeit mit Menschen.

⑦ Mit freundlichen Grüßen

Karl Köhler

⑧ Die Pflege und Betreuung von Menschen, die total hilflos und völlig von der Rolle sind, liegen mir sehr am Herzen, daher freue ich mich sehr über eine Einladung.

⑨ Ich schließe diesen Juni meinen schulischen Werdegang mit dem mittleren Schulabschluss ab und freue mich sehr darauf, in die Berufswelt einzutauchen. Da mir mein Schulpraktikum, das ich in einem Alten- und Pflegeheim absolviert habe, sehr viel Spaß gemacht hat, habe ich im selben Jahr zusätzlich ein fünfwöchiges Praktikum in einer Klinik in Braunschweig absolviert. Hier habe ich mein Interesse an der Pflege und Betreuung von Menschen vertieft und entschieden, beruflich diesen Weg weiterzugehen. Für meine kleinen Geschwister bin ich auch immer da, wenn sie krank sind – könnte ich auch noch erwähnen. In meiner Freizeit schwimme ich im Verein, dadurch bin ich megafit und werde den knochenharten Job der Pflege locker schultern. Ach ja, und fit im Kopf bin ich auch, denn ich spiele gut und gern Schach.

Lösungshilfen zu A:

Zu a):
- Orientiere dich an Álvaros Anschreiben (S. 61) und nutze die Checkliste „Das Anschreiben einer Bewerbung verfassen und überprüfen" (S. 63).

Zu b):
- Am Ende von Abschnitt ⑨ kannst du zwei Sätze streichen.
- Versuche die beiden zusätzlichen Sätze in den Bausteinen ⑥ und ⑨ an passender Stelle einzufügen.

Zu c) Überlege dir passendere Formulierungen für diese Ausdrücke:
- *echt supergeiles Krankenhaus* (Baustein ⑥)
- *die total hilflos und völlig von der Rolle sind* (Baustein ⑧)
- *dadurch bin ich megafit und werde den knochenharten Job der Pflege locker schultern* (Baustein ⑨).

B Ein adressatengerechtes Anschreiben selbstständig formulieren

Öner Fahrzeugbau GmbH
Inh. Kemal Öner

Ausbildung zum Kfz-Mechatroniker Lkw (m/w/d)
zum 1. September 2024

Du liebst große Brummis und begeisterst dich für alles, was einen Motor und vier Räder hat? Dann bist du bei uns genau richtig!
Wir sind ein inhabergeführter Familienbetrieb mit rund 100 Mitarbeitern und Mitarbeiterinnen. Uns vereint die Leidenschaft für Kfz und Lkw. Auch du kannst dazugehören und etwas bewegen.

Das lernst du bei uns:
– Reparatur und Instandhaltung von Nutzfahrzeugen, Transportern und Aufliegern
– Fehlerdiagnose und Instandsetzung
– Service- und Wartungsdienste

Das bringst du mit:
– Interesse und Freude an der Arbeit mit Kfz und Lkw
– handwerkliches Geschick
– Teamfähigkeit und Zuverlässigkeit

Das bieten wir:
– Option auf Übernahme nach erfolgreichem Abschluss
– Ein freundliches Team und angenehmes Arbeitsklima
– Eigenverantwortliches Arbeiten und Weiterbildungen während der Ausbildung
– Gute Betreuung und Unterstützung bei deinen Aufgaben

Sende uns bei Interesse ein kurzes Anschreiben, deinen Lebenslauf und dein letztes Zeugnis zu. Dein Ansprechpartner ist Herr Öner.

Sabrina Franzen
– wohnhaft: Goethestraße 5, 40237 Mühlhausen
– Schulabschluss im Juni 2024
– Wahlfächer: Naturwissenschaften, Arbeitslehre
– Dreiwöchiges Praktikum: Kfz-Werkstatt Ludwig, Mühlhausen
– Hobbys: Reiten, Tanzen, Oldtimer-Pflege mit dem Großvater
– Stärken: gutes räumliches Denken, gute Noten in Mathe und Deutsch
– Wünsche: abwechslungsreicher Beruf, Spaß und lockere Arbeitsatmosphäre

---

Formuliere auf Grundlage der Ausschreibung für den Ausbildungsplatz und der Informationen zur Bewerberin ein Bewerbungsschreiben für Sabrina:
– Arbeite wichtige Informationen aus der Stellenausschreibung und aus Sabrinas Profil heraus, die zusammenpassen. Erstelle hierzu eine Tabelle:

Informationen aus der Stellenausschreibung, die ich aufgreifen will	Was ich dazu über die Bewerberin schreiben will
Interesse und Freude an der Arbeit mit Kfz und Lkw	dreiwöchiges Praktikum in Kfz-Werkstatt
...	...

– Nutze diese Notizen und verfasse das Bewerbungsanschreiben.

Textbezogen Stellung nehmen

Wenn wir zu einem Text Stellung nehmen, stellen wir dar, welche Ansichten in dem Text mit unseren übereinstimmen oder auch nicht. Was man dazu tun muss, das übst du in diesem Kapitel an Texten und Aufgaben zum Thema „Chancen und Risiken im Umgang mit Handys".

SCHREIBEN

🔲 **Digital+**
Audio
Podcast „Umgang mit dem Smartphone"

1 a) Betrachte die Bilderfolge auf dieser Seite und höre dir den kurzen Podcast aus einer Projektwoche an, der unter Schülerinnen und Schülern für Diskussionen sorgt:

- Was erfährst du?
- Was ist für dich interessant? Warum?
- Was könnte für Diskussionen sorgen?
- Wie ist das bei dir?

b) Tauscht euch über eure Antworten auf die Fragen aus.

Eine Woche ohne Smartphone? Sollte ich das etwa auch mal ausprobieren?

2 Arbeitet mit euren Seh- und Höreindrücken weiter.
Wählt aus den Aufgaben A – D aus:

...

A Welche Gedanken gingen dir beim Hören des Podcasts durch den Kopf? Formuliere sie – vielleicht als Denkblasen.

?

B Lass dich von der Bilderfolge anregen und erweitere sie mit eigenen Ideen.
Sprich mit einer Partnerin oder einem Partner darüber.

C Hört euch den Podcast noch einmal an und macht zu zweit ein Schreibspiel:
- Jeder formuliert seine Meinung zu einer Aussage aus dem Podcast und
begründet sie. Ich bin dafür/dagegen, ... weil/da/denn ...
- Tauscht anschließend die Zettel und antwortet der Partnerin oder dem Partner.
Ich sehe das auch so/anders, weil/da/denn ...
- Lasst das Schreibspiel mit einem Auswertungsgespräch enden:
Welche Begründungen überzeugen? Welche eher nicht? Woran mag das liegen?

▶ Ihr könnt das Schreibspiel auch als Schreibgespräch in kleiner Runde durchführen.
Bei einem Schreibgespräch tauscht ihr euch schriftlich auf einem Blatt aus. Es wird
dabei nicht gesprochen.

Warum?

Sollten wir auch mal ausprobieren!

Warum eigentlich nicht?

Spricht vieles für das Experiment.
Auch bei mir bleibt einiges liegen ...

D Nimm schriftlich Stellung zu dem Experiment, von dem im Podcast die Rede ist.
Du kannst die folgenden Satzanfänge nutzen:
Liebe Mitschülerinnen und Mitschüler, zurzeit wird diskutiert, ob ...
Ich bin der Meinung, dass ..., denn ...
Manche meinen zwar, dass ... Das mag sein, aber ... Außerdem ...
Am wichtigsten finde ich, dass ... Denn das hat zur Folge, dass ...
Alle diese Gründe zeigen deutlich ...
Das meint eure/euer ... Klasse ...

Den Text für die Stellungnahme erschließen

Wie du den Text für die Stellungnahme erschließt und die Ergebnisse festhältst, um damit weiterzuarbeiten, das kannst du hier ausprobieren.

① Bereite das Schreiben einer eigenen Stellungnahme zu einem Text vor. Erschließe dazu den Text „Interessantes Experiment" in vier Schritten. Arbeitet zu zweit.

- **Schritt 1: Sich beim ersten Lesen mit dem Text vertraut machen**
  Beim ersten Lesen kannst du
  – dir zunächst klarmachen, was du schon über das Thema weißt,
  – Begriffe, die dir wichtig sind, einkreisen und dazu Stichworte am Rand notieren (Folie oder Kopie),
  – auf wichtige Textstellen mit Ausrufezeichen hinweisen (Folie oder Kopie),
  – Textstellen mit Klärungsbedarf mit Fragezeichen kennzeichnen (Folie oder Kopie),
  – spontane Eindrücke und Gedanken notieren.

Digital+
Text
*Interessantes
Experiment*

Interessantes Experiment

Die technischen Möglichkeiten der Handys haben sich in letzter Zeit rasant entwickelt. Und zunehmend wird auch darüber nachgedacht, wie man als Nutzer damit umgehen kann, ohne in eine ungesunde Abhängigkeit zu geraten. Das ist eine gute Tendenz, denn immerhin hat eine wissenschaftliche
5 Studie ergeben, dass man sich besser fühlt, wenn man zumindest zeitweise aufs Handy verzichtet. Untersucht wurde z. B., dass man für mehr Entspannung und bessere Schlafqualität sorgen kann, wenn man das Handy aus dem Schlafzimmer verbannt. Ab 22:00 Uhr ist man dann nicht erreichbar, das Handy ist im Flugmodus in einem anderen Raum.
10 Außerdem wurde festgestellt, dass man Stress reduzieren kann, indem man Push-Mitteilungen wegschaltet und nur hineinsieht, wenn man es selbst möchte. Das hat zur Folge, dass man nicht ständig das Gefühl hat, sofort noch etwas antworten oder erledigen zu müssen.
Oft hört man, dass man Mitteilungen und Absprachen in Chats verpasst,
15 wenn man sein Handy zeitweise ausschaltet oder weglegt. Aber es gibt eine Lösung: Man sollte Zeiträume absprechen, zu denen man offline ist. Dann fühlt sich niemand ausgeschlossen oder ignoriert.
Am wichtigsten ist aber, durch handyfreie Zeiten Suchtverhalten vorzubeugen. Es ist erwiesen, dass durch übermäßige Handynutzung Suchtsymptome
20 wie Angst, Unruhe oder Konzentrationsprobleme entstehen können.
Diese und weitere Untersuchungsergebnisse zeigen deutlich, wie wichtig es ist, sich nicht vom Handy abhängig zu machen, sondern kontrollierte Nutzungspausen einzulegen. Das meint Dr. Luise Harms.

- **Schritt 2: Beim zweiten Lesen den Text erschließen**

  a) Das folgende Beispiel zeigt den Anfang des Textes „Interessantes Experiment"
     mit einem Ergebnis des zweiten Lesens.
     Untersucht die Markierungen zum Textanfang:
     - Worauf geben die Markierungen und Randnotizen eine Antwort?
     - Was wird durch die verschiedenen Farben erreicht?

Die technischen Möglichkeiten der Handys haben sich in letzter Zeit rasant
entwickelt. Und zunehmend wird auch darüber nachgedacht, wie man als
Nutzer damit umgehen kann, ohne in eine ungesunde Abhängigkeit zu geraten. Das ist eine gute Tendenz, denn immerhin hat eine wissenschaftliche
Studie ergeben, dass man sich besser fühlt, wenn man zumindest zeitweise
aufs Handy verzichtet. Untersucht wurde z. B., dass man für mehr Entspannung und bessere Schlafqualität sorgen kann, wenn man das Handy aus dem
Schlafzimmer verbannt. Ab 22:00 Uhr ist man dann nicht erreichbar, das
Handy ist im Flugmodus in einem anderen Raum.

Standpunkt

1. Argument

Beleg/Beispiel

  b) Bearbeitet den Text weiter: mit verschiedenfarbigen Stiften in Folientechnik
     oder am Bildschirm mit den Möglichkeiten eines Schreibprogramms.

- **Schritt 3: Ergebnisse der Texterschließung notieren**

  Halte deine Untersuchungsergebnisse fest, um die Ergebnisse der Texterschließung für das eigene Schreiben nutzen zu können und das Schreiben
  zu erleichtern. Übernimm dazu die folgende Tabelle und ergänze sie.
  Wenn du Formulierungen aus dem Text wörtlich übernimmst, notiere sie
  in Anführungszeichen mit Zeilenangaben in Klammern dahinter.

Das meint Frau Dr. Harms	Meine Meinung dazu
Nachdenken über Handynutzung ist eine gute Tendenz ...	→ ...

- **Schritt 4: Sich eine eigene Meinung zum Text bilden**

  Bilde dir eine Meinung zum Text/zu Textstellen: Womit stimmst du vollständig
  oder teilweise überein? Wo bist du ganz anderer Meinung?
  Überlege dir unterstützende oder kritische Bemerkungen und notiere sie
  als Pfeileintrag in Spalte zwei der Tabelle.

Zum Text Stellung nehmen – einen Schreibplan nutzen

Du hast den Text „„Interessantes Experiment" (S. 74) erschlossen und die Ergebnisse festgehalten. Arbeite nun mit den Ergebnissen weiter.

Aufgabenstellung:
Schreibe eine Stellungnahme zum Text „Interessantes Experiment" von Dr. Luise Harms. In deiner Stellungnahme willst du ihrer Auffassung und ihren Argumenten ausdrücklich zustimmen.

Digital+
Text
Textteile für die Stellungnahme

1 Arbeitet zu zweit. Für die Stellungnahme gibt es fertige Textteile für die Einleitung (M1) und für den Hauptteil (M2). Tauscht euch aus:
a) Wie wird deutlich, was aus dem Text von Dr. Harms stammt und was Erläuterungen dazu sind. Markiert unterschiedlich (Folie oder Kopie).
b) Wo kann man in M2 ein mögliches Gegenargument einfügen und zurückweisen?
c) Wie wird aus einem Gedanken ein Textteil? Erläutert es an den Textbeispielen und mithilfe der Gedanken, die sich der Schüler beim Schreiben macht.

Eintrag im Schreibplan?

Mein Argument?

Formulierung vom wortstark!-Zettel?

M1 Textteil A
Frau Dr. Harms macht auf eine interessante Untersuchung aufmerksam, die dazu beitragen kann, Streit über den Handygebrauch zu schlichten. In ihrem Beitrag „Interessantes Experiment" betont sie, dass es wichtig ist, über eine vernünftige Handynutzung nachzudenken.

M2 Textteil B
Zunächst einmal weist sie auf Untersuchungen hin, nach denen es schon etwas bringt, das Handy nachts nicht mit ins Schlafzimmer zu nehmen. Das kann ich aus eigener Erfahrung bestätigen. Ich habe es mal eine Zeitlang versucht. Und nach einiger Zeit konnte ich besser einschlafen und auch durchschlafen.

2 Schreibe einen weiteren Textteil zum zweiten Argument der Autorin.
Nutze dazu den Eintrag im Schreibplan (S. 77).

Schreibplan

Einleitung

Autorin des Textes: Frau Dr. Harms

Titel des Textes: „Interessantes Experiment"

Thema/Aktueller Anlass: aktuelle Untersuchung zu einem strittigen Thema

Standpunkt der Autorin: zeitweise aufs Handy verzichten

Hauptteil

1. Argument der Autorin: mehr Entspannung ohne Handy im Schlafzimmer
   → Bestätigung: durch eigenen Versuch
2. Argument der Autorin: Weniger Stress durch Ausschalten von Push-
   Mitteilungen → guter Vorschlag, Übernahme der Aufgabe durch App

weitere Argumente der Autorin: … → …

Schluss

Eigener Standpunkt: Folgerung: Zustimmung zum zeitweisen Handyverzicht

Appell an die Lesenden: …

 **Digital+**

Text

Schreibplan für eine Stellungnahme

3 Schreibe die noch fehlenden Textteile und den Schluss der Stellungnahme.
   a) Übernimm den Schreibplan und ergänze die weiteren Argumente der Autorin und deine Einschätzungen und Erfahrungen dazu.
   b) Nutze für deinen Text die Eintragungen im Schreibplan mit den passenden Formulierungen vom wortstark!-Zettel.

4 a) Füge die einzelnen Teile zu einer Stellungnahme zusammen.
       Mache zur Verdeutlichung Absätze zwischen den Argumenten.
   b) Kontrolliert und überarbeitet die Entwürfe eurer Textteile. Nutzt die Checkliste.

wortstark!

Sie betont/weist darauf hin …
Zunächst einmal …/An erster Stelle nennt sie …
Ich kann bestätigen …/
Meine Erfahrung zeigt …/
Aus eigener Erfahrung …
Vor allem sollte man …
Darüber hinaus …/Ebenfalls …/Ebenso …/Außerdem …/
Hinzu kommt …

CHECKLISTE ▸ **Eine textbezogene Argumentation überprüfen**

   ✔ Einleitender Satz mit Angaben zu Titel, Thema, Autor/-in und Standpunkt?
   ✔ Argumente und Beispiele aus dem Text verwendet?
   ✔ Eigene Erfahrungen als Erläuterungen zu den Argumenten des Textes?
   ✔ Eigener Standpunkt am Schluss mit oder ohne Appell?
   ✔ Formulierungen sachlich, freundlich und in Standardsprache?
   ✔ Rechtschreibung und Zeichensetzung korrekt?

5 Ändere den Schreibplan und schreibe danach die Stellungnahme so:
   a) Gib in einem eigenen Abschnitt den Standpunkt der Autorin mit allen Argumenten und Beispielen wieder. Verzichte dabei auf jede Bewertung.
   b) Erläutere in einem folgenden Abschnitt deine Zustimmung und begründe sie.

Unterschiedliche Standpunkte einnehmen

In deiner Stellungnahme zu einem Text kannst du zustimmen, nur teilweise zustimmen oder die Gegenseite unterstützen.

1 Arbeitet zu zweit: Nora und Ben wollen dem Text von Dr. Harms (S. 74) nicht ohne Einschränkung zustimmen: Nora lehnt ihn ab, Ben stimmt nur teilweise zu.
Sie haben sich notiert, womit sie ihre Meinung zum Text erläutern wollen.

a) Schreibt ihre Notizen ab und ergänzt die Zeilenangaben der Argumente im Text, auf die sie sich beziehen.

<u>Nora:</u>
- Ich nutze mein Handy viel, bin aber nicht abhängig. (Z. ...)
- Ich habe auch nachts das Handy dabei, ich will auch nachts für wichtige Personen erreichbar sein. (Z. ...)
- Ich reagiere bei Push-Nachrichten sowieso nur, wenn ich es will. (Z. ...)

<u>Ben:</u>
- Grundsätzlich stimme ich Dr. Harms zu, habe aber was anzumerken.
- Man sollte z. B. bedenken, dass man sein Handy nicht einfach wegsperren kann, wenn man noch eine wichtige Nachricht erwartet. (Z. ...)
- Es ist wichtig, sich mit anderen abzusprechen, wenn man Handypausen einlegen will. (Z. ...)

Digital+
Text
Schreibplan für eine Stellungnahme

b) Passt den Schreibplan (S. 77) für die Stellungnahme von Nora und Ben jeweils an:
 – Wie ändert sich die Einleitung?
 – Was kommt in den Hauptteil?
 – Wie soll die Stellungnahme enden?
 – Wie wollt ihr jeweils formulieren?
Haltet eure Überlegungen in dem Schreibplan fest.

c) Nehmt aus der Sicht von Nora oder Ben Stellung und entwerft zu einem der beiden Schreibpläne einen zusammenhängenden Text. Nutzt den wortstark!-Zettel.

2 Tauscht eure Texte mit anderen Partnergruppen und diskutiert, welche Argumentationen überzeugen – und warum das so ist.

wortstark!

Dafür/Dagegen spricht, dass ...
Ein weiteres Argument dagegen ...
Entscheidend ist dabei .../Besonders betont werden muss .../
Außerdem spielt noch eine wichtige Rolle ...
Ich bin der Meinung, dass .../Man sollte ...

WISSEN UND KÖNNEN   **Zu einem Text Stellung nehmen**

In der **Einleitung** nennst du Autorin oder Autor, Titel, Thema, aktuellen Anlass und Standpunkt im Text, auf den du dich beziehst. In den **Hauptteil** gehören die Argumente des Textes. Diese erläuterst du mit deinen Erfahrungen und Argumenten, mit denen du die Argumente des Textes widerlegen oder bestätigen kannst. Im **Schlussteil** stellst du deinen eigenen Standpunkt dar und richtest vielleicht einen Appell an Lesende.

Bedingungen formulieren

Wenn wir zu einer Meinung Stellung nehmen, stimmen wir oft nur teilweise zu. Unsere Meinung hängt manchmal von einer bestimmten Bedingung ab. Hier lernst du, Bedingungssätze (Konditionalsätze) zu bilden und zu gebrauchen.

1 „Sollen Kinder und Jugendliche selbst entscheiden, wie lange sie im Internet unterwegs sind?" Lies, was ein Pädagoge dazu meint.

a) Welche Aussage stimmt? Der Pädagoge ...

   a. findet es ohne jede Einschränkung gut, wenn Kinder und Jugendliche das Internet nutzen.

   b. ist grundsätzlich dagegen, dass Kinder und Jugendliche das Internet nutzen.

   c. befürwortet die Internetnutzung unter bestimmten Bedingungen.

b) Was meint der Pädagoge: Wann ist die Internetnutzung gefährlich, wann ist sie nützlich? Ergänze die Sätze:

   – Das Internet ist nützlich, wenn ...

   – Wenn ..., dann ist das Internet gefährlich.

   – Das Internet ist auch gefährlich, wenn ...

Wenn Kinder und Jugendliche das Internet zur Informationsbeschaffung nutzen, ist dagegen nichts einzuwenden. Das Internet ist nützlich, um Aufgaben für die Schule zu erledigen. Werden aber gefährliche Inhalte angeschaut, dann müssen die Eltern mit ihren Kindern darüber reden. Eltern müssen auch aktiv werden, wenn ihre Kinder stundenlang nur mit ihrem Smartphone beschäftigt sind. Sie vernachlässigen dann ja soziale Kontakte. Bei Spielsucht sollten Eltern unbedingt ärztlichen Rat einholen.

> **WISSEN UND KÖNNEN** ▶ **Bedingungssätze formulieren**

Bedingungen kannst du unterschiedlich formulieren:

1. Nebensätze mit Konjunktion (wenn, falls):
   Wenn eine Spielsucht entsteht, müssen die Eltern eingreifen.
   Der Nebensatz kann auch hinter dem Hauptsatz stehen:
   Die Eltern müssen eingreifen, **wenn** eine Spielsucht entsteht.
   Zwischen Hauptsatz und Bedingungssatz steht immer ein Komma.

2. Nebensätze ohne Konjunktion:
   Entsteht eine Spielsucht, müssen die Eltern eingreifen.

3. Ausdrücke mit Präpositionen (bei, ohne, im Falle von):
   Ohne Zeitbegrenzung ist das Computerspielen gefährlich.

---

2 Wann müssen Eltern aktiv werden? Formuliere unterschiedliche Bedingungen. Nutze die Informationen aus dem Wissen-und-Können-Kasten.

Eltern müssen aktiv werden ...

a. Kind trifft sich nicht mehr mit Freunden

b. Kein Interesse mehr an anderen Hobbys

c. Leistungen in der Schule werden schlechter

d. Kind reagiert aggressiv ohne Smartphone oder Computer

Einen Argumentationstext überarbeiten

Manches schreibt man beim Entwerfen eines Argumentationstextes so auf, wie es einem in den Sinn kommt; es erinnert an mündliche Sprache. Wenn daraus ein schriftlicher Text werden soll, mit dem man Leserinnen und Leser von seiner Ansicht überzeugen will, sollten solche Textstellen überarbeitet werden.

⬛ Digital+
Text
Teile aus einem
Textentwurf

❶ Lest die folgenden Teile aus einem Textentwurf.
– Notiert spontan, an welchen Stellen ihr sie überarbeiten würdet.
– Tauscht euch aus, sprecht auch über die Gründe.

Ich fange meine Argumentation zum Text von Luise Harms über Handygebrauch mal damit an, was bei uns in der Schule so rumgemeckert wird. Da höre ich einen sagen: „Die Experten haben manchmal beknackte Ideen." Ein anderer sagt: „Das juckt
5   mich doch gar nicht. Ich mache mit meinem Handy, was ich will." Wenn ich das schon höre! Ich finde diese Argumente nicht besonders cool.

Darüber, wie manche mit ihrem Handy umgehen, kann man streiten. Dass man nachts sein Handy weglegen soll, da ist ja was
10   dran. Aber was am nächsten Morgen los ist, wenn ich die letzten Chats nicht mitbekommen habe und wenn ich nicht geantwortet habe und wenn die dann meinen, ich hätte keinen Bock, mit ihnen zu chatten, das möchte ich mal sehen.

Ich finde es also insgesamt schon cool, mal drüber nachzudenken,
15   ob man nicht zu viel mit seinem Handy macht. Die Computer-zocker, die von ihren Spielen nicht wegkommen, finde ich aber viel schrecklicher. Das kann ich ja bei einigen in meiner Klasse sehen. Essen und schlafen vergessen und morgens mit Augenringen in die Schule schluffen, meine Güte, das ist mal wirklich schlimm!

20   Aber ich möchte mich nicht mit den Äußerungen aufhalten, die manche Leute so machen, sondern mich lieber damit befassen, was Fachleute, die unabhängig sind, darüber schreiben, was mich mehr überzeugt, weil in den wichtigen Dingen sind sie heute alle einig.

2 Überarbeitet die Textteile zu zweit. Geht so vor:

a) Lest die auf dem Zettel aufgelisteten Textschwächen und sucht danach im Text mithilfe der Hinweise im Methodenkasten. Schreibt die Stichpunkte vom Zettel auf und ergänzt die fehlenden Zeilenangaben.

- umgangssprachliche Ausdrücke: Z. ...
- unwichtige Bemerkungen: ...
- kleine Wörter, die Emotionen ausdrücken: ...
- komplizierte Satzgefüge, die schwer verständlich sind: ...
- ein umgangssprachlicher „weil-Satz": ...
- ...

b) Ergänzt, falls nötig, weitere Textschwächen, die ihr beim Lesen entdeckt und die man auch berichtigen sollte.

c) Überlegt,
   - welche Wörter man einfach **weglassen** sollte (streichen bzw. löschen),
   - welche Wörter man durch passendere **ersetzen** sollte,
   - welche Sätze man zu mehreren einfachen Sätzen **umformen** sollte.

d) Behebt mit euren Überlegungen und passenden Strategien die Textschwächen. Nutzt auch die Hinweise im Methodenkasten.

METHODE ▶ **Formulierungen überarbeiten**

1. Suche in dem Text, den du überarbeiten willst, mit der **Klangprobe** nach Formulierungsschwächen, nach Wörtern und Textstellen, die unschön klingen oder schwer verständlich sind:
   - Gehe den Text Satz für Satz durch. Lies halblaut mit Murmelstimme.
   - Markiere jede Stelle im Satz, die unschön klingt oder schwer verständlich ist und die man deshalb überarbeiten sollte.
2. Berichtige jede unschöne Stelle. Nutze dazu passende Strategien wie **Weglassen**, **Ersetzen** und **Umformen**.
3. Kontrolliere die Wirkung abschließend mit der **Klangprobe**:
   - Lies den Satz mit der korrigierten Stelle im Zusammenhang: mit dem Satz, der vorausgeht, und mit dem Satz, der folgt.
   - Was weiter unschön klingt, ändere sofort.

Oder lass dir den Text vorlesen. Nutze dazu auch Apps und Möglichkeiten der Textverarbeitung.

Eine Leserantwort schreiben

Artikel in Zeitungen oder im Internet können zu unterschiedlichen Reaktionen der Leserinnen und Leser führen, z.B. als Leserbrief oder online in einem Leserforum. In einer eigenen Antwort kannst du ganz persönlich darauf reagieren.

1 Lest den folgenden Zeitungsartikel und die Leserantwort, die wenig später dazu in der Zeitung stand. Unterhaltet euch darüber:

a) Was erfahrt ihr im Zeitungsartikel, was in der Leserantwort?

b) Was möchte der Briefschreiber Harms Ohlsen erreichen?

c) Warum hat die Zeitungsredaktion die Leserantwort wohl abgedruckt?

Nachts zu lange am Handy gespielt:
Polizisten holen Schüler aus dem Bett

In Oberstreu rückte die Polizei zu einem skurrilen Einsatz aus: Sie holte einen Schüler aus dem Bett. Der 13-Jährige war völlig übermüdet – wegen Videospielen.

Einen übermüdeten 13-Jährigen hat die Polizei in Unter-
5 franken aus dem Bett geholt und vom Vater in die Schule bringen lassen. Die Mittelschule habe die Beamten
verständigt, weil der Junge zum wiederholten Mal un-
entschuldigt gefehlt habe, sagte ein Polizeisprecher am
Dienstag. Daher habe eine Streife am Montag bei dessen
10 Familie in Oberstreu im Landkreis Rhön-Grabfeld vor-
beigeschaut. [...]
Der Vater des 13-Jährigen erzählte den Angaben zufolge,
dass sein Sohn nicht aus dem Bett zu bekommen sei.
Offenbar habe der Mittelschüler bis tief in die Nacht an
15 seinem Handy Videospiele gespielt und sei dementsprechend unausgeschlafen gewesen, sagte der Polizeisprecher. Nach einem Gespräch mit den Beamten habe sich
der Junge aber
ohne Probleme
20 von seinem Vater
in die Schule brin-
gen lassen. [...]

Schule reagiert richtig

In Ihrem Artikel „Nachts zu lange
am Handy gespielt" vom letzten
Mittwoch schreiben Sie über einen
Polizeieinsatz bei einem Schul-
5 schwänzer. Ich finde es zunächst
einmal gut, dass die Schule auf das
unentschuldigte Fehlen reagiert
hat. Außerdem konnte die Polizei
ja hier gut helfen, weil der Vater
10 offenbar mit seinen Möglichkeiten
am Ende war. Ich kann mir das
vorstellen und habe dazu selbst
ein Beispiel: Meine Tochter war am
Morgen nach einer Klassenfahrt so
15 müde, dass ich sie zunächst nicht
wach bekommen konnte. Sie kam
verspätet zur Schule und musste
das Versäumte nacharbeiten.
Meine Schlussfolgerung: Warum
20 nicht mal die Polizei um Hilfe bitten,
wenn man nicht mehr weiterweiß.

Harm Ohlsen, Frankfurt, Vater

2 Arbeitet zu zweit. Untersucht die Leserantwort genauer mithilfe des Wissen-und-Können-Kastens. Tauscht euch aus:
– Wie wird deutlich, wozu Herr Ohlsen Stellung nehmen will?
– Wie macht er deutlich, was aus dem Zeitungstext stammt und was seine Meinung dazu ist? Markiert unterschiedlich (Folie oder Kopie).

⊞ **Digital+**
Texte
– Zeitungsartikel „Nachts zu lange am Handy gespielt"
– Leserbrief an eine Zeitungsredaktion

3 Du bist ganz anderer Meinung als Harm Ohlsen. Antworte ihm in einer Leserantwort.
a) Lege einen Schreibplan mit deinen Ideen an. Du kannst dazu das Muster nutzen oder einen eigenen Plan entwerfen.

Schreibplan
Einleitung
An wen wende ich mich? ...
Was habe ich ihm mitzuteilen? ...
Hauptteil
Was ich anders sehe: ...
Womit begründe ich das? ...
Schluss
Mein Vorschlag: ...

b) Schreibe mit deinem Schreibplan deine Leserantwort. Nutze Formulierungen vom wortstark!-Zettel oder eigene.

So kannst du beginnen:
Das haben Sie sich als hilfloser Vater gut ausgedacht, Herr Ohlsen ...

wortstark!
Im Text lese ich .../Er schreibt .../wünscht sich .../möchte ...
Es liegt doch auf der Hand, dass .../Man darf doch nicht vergessen, dass .../Es darf nicht übersehen werden, dass .../Auf keinen Fall ...
Ich bin der Meinung, dass .../Meiner Einschätzung nach .../Auf jeden Fall .../Zu guter Letzt ...
Dafür/Dagegen spricht, dass ...

c) Nutze den Wissen-und-Können-Kasten für eine Checkliste und überprüfe damit im Gespräch mit einer Partnerin oder einem Partner deinen Text.

WISSEN UND KÖNNEN ❯ **Eine Leserantwort schreiben**

In einer Leserantwort (als Leserbrief oder online) äußerst du deine persönliche Meinung. Dein Text sollte nicht zu lang sein und gute Argumente enthalten.
– In der **Einleitung** machst du schon klar, ob du der Autorin oder dem Autor des Beitrags zustimmen oder widersprechen willst.
– Im **Hauptteil** bestärkst oder widersprichst du, stellst etwas richtig und stellst die eigene Sicht der Dinge dar.
– Im **Schlussteil** kannst du Wünsche oder Lösungen für das Problem nennen. Du kannst auch Vorschläge machen und Anregungen geben.
Wichtig: Auch wenn du der Autorin oder dem Autor widersprichst, solltest du immer sachlich und freundlich formulieren.

4 Welche Standpunkte zum Zeitungstext hätte Harm Ohlsen auch einnehmen können?
– Tausche dich mit jemandem aus.
– Probiert eure Schreibidee aus. Schreibt die Leserantwort entsprechend um.

Passende Wortverbindungen verwenden

Passende Wortverbindungen sind Wörter, die in der Regel mit anderen Wörtern kombiniert werden. Das Wort Frage verwendet man z. B. oft mit den Verben stellen und beantworten.

1 Lies, was ein Medienwissenschaftler in einem Zeitungsartikel schreibt:

> Was den Smartphone-Gebrauch betrifft, habe ich eine klare Meinung: Für
> Teenager ist das eigene Smartphone das wichtigste Kommunikations- und Un-
> terhaltungsmittel. Sie schalten es schon morgens vor der Schule ein. Hier ist es
> wichtig, Grenzen zu setzen. Jugendliche nutzen ihr Smartphone vor allem, um
> 5   mit Freunden in Kontakt zu bleiben oder zur Unterhaltung. Eine interessante
> Frage ist, ob Eltern ihr Smartphone denn ab und zu ausschalten. Deshalb ist es
> wichtig, von Anfang an klare Vereinbarungen für die Handynutzung in der Fa-
> milie zu treffen. Diese Regeln sollten von allen akzeptiert werden. Jugendliche
> sollten verstehen, warum sie das Smartphone auch mal beiseitelegen sollten.
> 10   Wichtig ist, in der Familie darüber zu reden, warum bzw. wofür ein Kind sein
> Handy nutzt und wann es das geliebte Gerät auch mal ruhen lassen kann.

a) Fasse den Text mit eigenen Worten zusammen.

b) Schreibe die folgenden Nomen mit passenden Verben aus dem Text auf:

     Das Smartphone einschalten, …   Eine Meinung …   In Kontakt …

     Grenzen …   Vereinbarungen …   Regeln …

c) Schreibe dem Medienwissenschaftler eine Rückmeldung.
     Nutze die Satzanfänge und verwende passende Wortverbindungen.

     In Ihrem interessanten Artikel geht es ja darum, …

     Ich finde, dass das Smartphone …   Aus eigener Erfahrung kann ich sagen …

     In unserer Familie …   Wir haben deshalb …

2 Vervollständige die Tipps zum Umgang mit dem Smartphone. Setze dazu die Verben vom wortstark!-Zettel in die richtigen Lücken ein.

– Handyfreie Zeiten

– Am Esstisch, bei Familienaktivitäten und vor dem Schlafengehen das Handy

– Bei Schulaufgaben das Handy   – außer es wird zur Recherche gebraucht

– Handy morgens nicht als Wecker

– Im Internet und im Gespräch mit anderen einen freundlichen Umgangston

– Im Internet und auf sozialen Netzwerken auf die Privatsphäre-Einstellungen

– Private Daten oder Bilder nicht an Fremde

– Den Jugendschutzfilter auf dem Handy nicht

– Das Handy öfter   und nach Beschäftigungen ohne Medien

Zu einem Text Stellung nehmen

In diesem Teil des Kapitels übst du zum Thema „Umgang mit Handys" Aufgaben, wie du sie im Kapitel bearbeitet hast und wie sie auch in Klassenarbeiten und Abschlussarbeiten vorkommen können.

Für die Bearbeitung der Teilaufgaben stehen dir zusätzliche **Lösungshilfen** zur Auswahl. Du kannst die Aufgaben auch eigenständig ohne diese Lösungshilfen bearbeiten. Lass dich von deiner Lehrerin oder deinem Lehrer beraten.

1 Wähle Aufgabe **A** oder **B**.

A In der aktuellen Schülerzeitung findet sich unter der Rubrik „Diskussionsforum" ein kurzer Diskussionsbeitrag einer Mutter zum Fotografieren mit dem Handy. Nimm Stellung zu diesem Beitrag von Ilse Kamps.

a) Beginne mit einer Einleitung. Erwähne darin Anlass, Thema und Titel des Beitrags sowie die Autorin und ihren Standpunkt.

b) Gib im Hauptteil die beiden Argumente und Beispiele von Frau Kamps wieder. Erläutere jeweils, ob du zustimmst oder ablehnst.
Du kannst auch weitere Argumente und Beispiele anführen.

c) Formuliere zum Schluss deinen Standpunkt.
Du kannst auch einen Appell an die Leserinnen und Leser hinzufügen.

Fotos nicht gedankenlos teilen!

Im digitalen Zeitalter knipsen Menschen mit ihrem Handy alles Mögliche. Ich bin der Meinung, dass man dies nicht alles teilen soll.
Fotos, die vielleicht nur für Bekannte gedacht sind, können im Netz ganz eigene Wege gehen. Darüber machen sich wohl vor allem Jugendli-
5 che keine Gedanken, wenn sie beispielsweise auf dem Schulhof ihre neusten Schnappschüsse und Filmchen zeigen und teilen. Sie machen sich nicht bewusst, dass sie in Hände fallen können, für die sie nicht gedacht sind.
Mir ist auch wichtig, darauf hinzuweisen, dass in vielen Fällen die
10 Privatsphäre anderer verletzt wird. Z. B. ist das immer dann der Fall, wenn Personen in peinlichen Situationen gezeigt werden. Ganz problematisch wird es, wenn es sich dabei um Cybermobbing handelt.
Ich glaube, den jungen Leuten ist oft nicht bewusst, dass sie sich damit auch strafbar machen können. Darüber sollten Schule und Eltern mit
15 den Jugendlichen unbedingt im Gespräch bleiben.
Ilse Kamps, Meppen

Digital+
Texte
Leserbrief
von Ilse Kamps

Lösungshilfen zu A:

Lösungshilfen zum Lesen der Teilaufgaben und des Textes
- Unterstreiche beim Lesen der Teilaufgaben, was du jeweils tun sollst (Folie).
- Lies den Text. Markiere dabei im Text und notiere am Rand, was dir wichtig ist.
- Notiere nach dem Lesen in Stichworten, welche Erfahrungen du zum Thema „Fotografieren mit dem Handy" gemacht hast und was dir durch den Kopf geht.

Schreibplan

Einleitung: …

Hauptteil:

Fotos im Netz sehen auch andere (Z. …)

→ sehe ich auch so / schlechtes Argument, ist bekannt

→ verhindern durch technische Möglichkeiten (App)

Schluss: …

Lösungshilfe zu Teilaufgabe a):
- Lege einen Schreibplan an.
  Darin hältst du fest, was in deinem Text vorkommen soll und in welcher Reihenfolge. Das erleichtert dir das Schreiben.

Lösungshilfe zu Teilaufgabe b):
- Markiere im Text mit verschiedenen Farben jeweils Argument und Beispiel:

1. Argument

Beispiel

  Fotos, die vielleicht nur für Bekannte gedacht sind, können im Netz ganz eigene Wege gehen. Darüber machen sich wohl vor allem Jugendliche keine Gedanken, wenn sie beispielsweise auf dem Schulhof ihre neuesten Schnappschüsse und …
- Formuliere dazu im Schreibplan jeweils ein Stichwort mit Zeilenangabe im Text. Zum 1. Argument findest du schon ein Beispiel im Schreibplan. Ergänze die noch fehlende Zeilenangabe.
- Notiere jeweils darunter, wie du über das Argument denkst. Das können auch weitere Argumente und Beispiele sein, ähnlich wie im Schreibplan.

wortstark!

Im Beitrag … von … /Stellung nehmen möchte ich zu …
An erster Stelle nennt … / Zunächst … /Am Anfang …
Das kann man so sehen … / Es ist wenig überzeugend, dass … /Man sollte auch bedenken, dass …, denn …
Außerdem … /… weist besonders darauf hin, dass … /… hebt hervor, dass …
Dazu sollte man bedenken/ anmerken …
Als Beispiel …

Lösungshilfe zu Teilaufgabe c):
- So kannst du deinen Standpunkt einleiten:
  Deshalb vertrete ich den Standpunkt … Es ist also sehr wichtig, dass … Deshalb … Darum … Folglich … Somit …
- Deinen Appell kannst du mit einer Forderung mit Ausrufezeichen abschließen oder so einleiten: Man sollte … Es ist zu wünschen, dass …

Lösungshilfen zur Formulierung des Textes:
- Schreibe mit den Stichworten im Schreibplan die einzelnen Abschnitte zu den Teilaufgaben. Die Formulierungen auf dem wortstark!-Zettel helfen dir dabei. Mache nach jedem Abschnitt einen Absatz. Dadurch wird dein Text lesbarer.
- Überprüfe, ob du alle Teilaufgaben vollständig gelöst hast. Nutze dazu auch die Fragen in der Checkliste auf Seite 77.

B Ein Vater äußert sich zum Handygebrauch seiner Tochter. Dazu sollen in einem Diskussionsforum Standpunkte ausgetauscht werden. Verfasse eine Stellungnahme zu den Überlegungen des Vaters. Schreibe einen zusammenhängenden Text.

a) Schreibe eine Einleitung mit Angaben zu Anlass, Thema und Titel des Beitrags sowie zum Autor und seinem Standpunkt.

b) Stelle im Hauptteil die Gedanken des Vaters dar und erläutere, wie er zu seiner Auffassung am Schluss kommt.

c) Erläutere im Schlussteil, wie du dazu stehst.

Digital+
Text
*Lösungshilfen
zu B*

MEINE 14-JÄHRIGE

„Ich hab einfach nur mein Handy an …"

Digital+
Text
*„Ich hab doch einfach
nur mein Handy an …"*

[…] Oft beeinflussen Gegenstände unser Verhalten in einer Art und Weise, die gar nichts mit ihrer ursprünglichen Funktion zu tun hat. Menschen verhalten sich beispielsweise ganz anders, wenn ein Handy in Reichweite ist, auch wenn das nicht angeschaltet ist. Sie sind dann in einer Unterhaltung
5 etwa weniger aufmerksam. Bei Greta konnte ich das noch nicht überprüfen, weil ihr Handy eigentlich nie ausgeschaltet ist.
Mit „nie" meine ich: nie. Wenn Greta isst, dann isst das Handy mit. Wenn Greta ein Buch liest, dudelt neben ihr das Handy mit. Wenn Greta ihre Hausaufgaben macht, spielt das Handy einen Podcast ab. Das Handy ist auch an-
10 wesend, wenn sie für eine Klausur lernt. Neulich sah ich, dass Greta Klavier übte. Und neben dem Notenblatt stand ihr Handy und übertrug den Livecast irgendeiner Influencerin.
Mich macht das völlig fertig. „Wieso, ich hab doch einfach nur mein Handy an", sagt sie. Ich erkläre ihr dann, dass sie sich besser auf all das konzentrie-
15 ren könnte, was sie macht, wenn das Handy ausgeschaltet wäre. Sie würde dann mit Sicherheit schneller und effektiver lernen. Sie würde auch das Klavierstück besser verinnerlichen. Wenn es das Handy nicht gäbe. Andererseits frage ich mich: Würde sie womöglich überhaupt nicht üben, wenn es das Handy nicht gäbe? Ist es vielleicht sogar so, dass sie sich nur dann dazu
20 durchringen kann, sich ans Klavier zu setzen, wenn das Handy ihr etwas Tröstendes zuflüstert? Muss ich das Handy eher wie eine beste Freundin sehen, die Greta immer zur Seite steht, auch in schlechten Zeiten?
Vielleicht ist das Handy auch gar nicht das Problem, sondern der Vater. Denn Greta macht ja alles. Sie macht ihre Hausaufgaben, sie treibt Sport,
25 sie lernt für Klausuren und übt sogar für die Klavierstunde. Nur ist eben immer das Handy dabei. Ich bin eifersüchtig.
Eifersüchtig auf einen Haufen Halbleiter und Plastik. Es schon interessant, was das Gerät mit mir macht.   *Tillmann Prüfer*

(verändert)

Eine Themafrage erörtern

Wenn wir eine Themafrage erörtern, betrachten wir sie von zwei Seiten. Es wird für (pro) und gegen (kontra) eine Seite argumentiert und abschließend wird die Themafrage beantwortet. Wie du überzeugende Pro- und Kontra-Argumente findest, anordnest und formulierst, übst du in diesem Kapitel zum Thema „Mediennutzung".

SCHREIBEN

1 Schaut euch die Fotos unten auf der Seite an und lest die Einleitungen 1 – 3 (ihr könnt sie später für einen eigenen Text nutzen).
- Um welches Thema geht es?
- Wie lautet jeweils die Themafrage?
- Wie führen die Einleitungen in das Thema ein?

Einleitung 1

Ich bin gern und häufig in sozialen Medien unterwegs. Aus meiner Erfahrung weiß ich aber auch, dass es da einiges zu beachten gibt. Die Frage ist also: Gibt es neben den Vorteilen auch Nachteile?

Einleitung 2

In der Schule helfe ich gerade bei der Vorbereitung der Berufsbörse. Dabei las ich auf einer Webseite der Berufsberatung, dass soziale Medien bei Berufswahl und Bewerbung sehr nützlich sein können. Es gibt aber auch Fallen und Gefahren.

Einleitung 3

Untersuchungen zeigen, dass Jugendliche intensiv unterschiedliche soziale Medien nutzen. Sie sehen vor allem die Vorteile. Ich möchte hier sowohl die Vorteile als auch die Risiken für die Nutzerinnen und Nutzer unter die Lupe nehmen.

Influencer – ein neuer Beruf?

Das möchte ich über mich nicht im Netz lesen ...

2 Welche Argumente fallen euch zu den beiden Seiten der Themafrage ein?

Ihr könnt dazu auch Tablet und Smart-board nutzen.

a) Sammelt Argumente in einem Schreibgespräch in Gruppen. Während eines Schreibgesprächs wird nicht gesprochen.

– Beschreibt zwei größere Blätter. Auf das eine Blatt wird oben „Für soziale Medien" und auf das andere „Gegen soziale Medien" geschrieben. Die Blätter werden auf einzelne Tische gelegt.

– Notiert auf den Blättern eure Argumente in Stichpunkten. Greift dafür auf eigenes Wissen und eigene Erfahrungen zurück. Ihr könnt aber auch z. B. im Internet recherchieren.

b) Bewertet und macht deutlich, wie aussagekräftig eure Argumente sind:

– Zwei Schülerinnen oder Schüler stellen sich in gegenüberliegende Ecken des Klassenzimmers und lesen abwechselnd ein Pro-Argument oder ein Kontra-Argument aus dem Schreibgespräch vor. Die anderen hören zu.

– Je überzeugender die Zuhörerinnen und Zuhörer ein Argument finden, desto näher stellen sie sich zu den Vorlesenden. Je weniger das Argument überzeugt, desto weiter entfernt stehen sie.

– In einer abschließenden Gesprächsrunde erläutert ihr, warum ihr einzelne Argumente überzeugender fandet als andere.

3 Bei welchen Gelegenheiten kann etwas schriftlich erörtert werden? Überlegt gemeinsam und nennt Beispiele und Vorteile für das schriftliche Erörtern.

Textbausteine erkennen und nutzen

Hier findet ihr heraus, was in Einleitung, Hauptteil und Schluss einer Erörterung (Pro-und-Kontra-Argumentation) vorkommen soll, und bekommt Hinweise für das eigene Schreiben.

Digital+
Text
Pro und Kontra:
Internet

1 Benjamin hat zur Projektwoche die Aufgabe übernommen, in einer Pro-und-Kontra-Argumentation aufzuschreiben, wie er über die Bedeutung des Internets denkt. Lest seinen Text und tauscht euch untereinander aus:

– Welchen Argumenten könnt ihr zustimmen?
– Was seht ihr ähnlich, was ganz anders?

Einleitung

Die Vorteile des Internets nutzen wir wie selbstverständlich. Nachteile spielen dabei oft keine Rolle. Daraus ergibt sich für mich die Frage: Was spricht für das Internet, was spricht dagegen?

Hauptteil

Von besonders großer Bedeutung ist hierbei, dass Jugendliche oft zu gutmütig und naiv mit dem umgehen, was sie im Netz sehen oder hören. Das zeigen Untersuchungen. 5
Hinter vielen Seiten lauern gefährliche Inhalte, die ihre Denkweise beeinflussen oder sie in wirkliche Gefahr bringen. Sie können beispielsweise leicht mit Pädophilen, Rechtsradikalen, Terroristen und anderen fragwürdigen Menschen in Kontakt kommen. Außerdem spielt noch eine Rolle, dass ständige und lange Internetnutzung ungesund ist. Ärzte warnen vor Bewegungsmangel durch stundenlanges Sitzen beim Surfen im Netz, 10
bei Computerspielen oder beim Austausch in sozialen Medien. Es liegt ja auf der Hand, dass die virtuelle Welt des Internets oft interessanter empfunden wird als die Realität.

Aus eigener Erfahrung weiß ich, dass ich oft auch bei schönstem Wetter nicht zum Training im Sportverein oder zum Treffen mit Freunden gehe, sondern mich nicht von meinen stundenlangen Kontakten auf Plattformen in sozialen Medien losreißen kann. 15
Dem gegenüber stehen allerdings die Vorteile, die das Internet den Nutzern bietet.
Dafür spricht zunächst einmal, dass das Internet viele tolle Unterhaltungsmöglichkeiten bietet. In dem riesigen Spielebereich habe ich mit Freunden interessante Rollenspiele gefunden, die wir gemeinsam mit Begeisterung spielen. Bedeutsamer ist aber, dass durch das Internet das Lernen interessanter wird. Experten sind aktuell dabei, auch 20
für das schulische Lernen Medien, Selbstlernprogramme und animierte Erklärungsmöglichkeiten weiterzuentwickeln. Am wichtigsten ist für mich, dass wir uns ein Leben ohne Internet gar nicht mehr vorstellen können. Es ermöglicht unbegrenzte Kontakte zwischen unterschiedlichsten Menschen in aller Welt. Wir erfahren zum Beispiel, wie andere leben, und bekommen mehr Verständnis dafür. 25

Schluss

Es ist also klar, dass das Internet viele Vorteile mit sich bringt und nicht mehr wegzudenken ist. Den Nutzerinnen und Nutzern muss allerdings bewusst sein, dass es auf ihr Verhalten ankommt, wenn sie damit verbundene Risiken vermeiden wollen.

2 Benjamin hat seine Gedanken in einer Pro-und-Kontra-Argumentation aufgeschrieben.

    a) Untersucht mit den Fragen auf dem Zettel genauer, wie er das macht.
So bekommt ihr Hinweise für das Schreiben einer eigenen Pro-und-Kontra-Argu-mentation. Belegt eure Antworten und Vorschläge am Text.

Ihr könnt zur Text-untersuchung die Methode „Nachden-ken – austauschen – vorstellen" nutzen (S. 299).

> Wie ist die Pro-und-Kontra-Argumentation aufgebaut?
> a) Was erfährst du in der Einleitung und was im Schluss?
> b) Die Argumente im Hauptteil sind in zwei Blöcken angeordnet.
>   – Zu welcher Seite gibt es in Block 1 Argumente, zu welcher in Block 2?
>   – Wie sind die Argumente angeordnet? An welchen Formulierungen
>   merkt man das?
> c) Die Stelle zwischen den Blöcken nennt man Wendepunkt. Warum wohl?

    b) Probiert aus, wo es in den Blöcken weitere Absätze geben kann und welche
Formulierungen auch möglich sind.

3 Haltet wichtige Ergebnisse eurer Untersuchung als Schreibhilfen fest.
In der Einleitung steht ...
Im Hauptteil gibt es ... Blöcke. Man beginnt mit ...
Im Block 1 wird zunächst das ..., zuletzt das ... genannt, im Block 2 ...
Formulierungen, mit denen man die Bedeutung der Argumente gewichten kann ...

4 Erläutert mit den Schreibhilfen das „Sanduhr-Modell" zum Aufbau einer
Pro-und-Kontra-Argumentation.

Sanduhr-Modell

5 Julia sieht den Umgang mit dem Internet kritischer und kommt zu einer
anderen Antwort auf die Themafrage als Benjamin.

    a) Lies ihren Schluss:

> ... Für mich ist deshalb ganz klar geworden, dass man die Nachteile
> der Internet-Nutzung stärker bedenken muss. Allerdings sehe ich nach
> wie vor die Vorteile des Internets.

    b) Entwirf passend zum Schluss die beiden Blöcke des Hauptteils:
       – Welche Argumente stehen nun in Block 1, welche in Block 2?
         Begründe.
       – Welche Argumente und Formulierungen aus Benjamins Text willst du
         übernehmen? Was willst du ändern?
    c) Stellt euch die Ergebnisse in Gesprächsrunden vor. Sprecht darüber:
       – Sind die Argumente blockweise richtig gegenübergestellt?
       – Wo gibt es den Wendepunkt? Wie lautet er?
       – Überzeugen die Argumente und die Anordnung in den Blöcken?
       – Was war schwierig, was eher nicht?

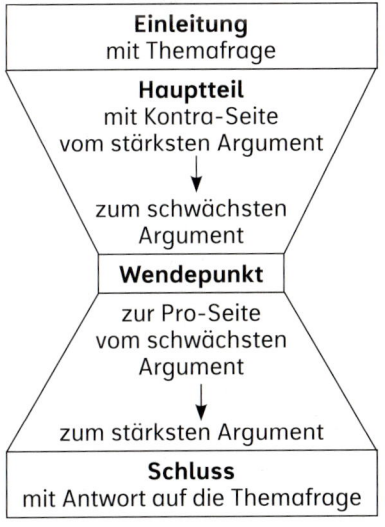

Einleitung
mit Themafrage

Hauptteil
mit Kontra-Seite
vom stärksten Argument

zum schwächsten
Argument

Wendepunkt

zur Pro-Seite
vom schwächsten
Argument

zum stärksten Argument

Schluss
mit Antwort auf die Themafrage

Eine Stoffsammlung anlegen

**Eine Stoffsammlung enthält Aussagen und Gesichtspunkte zu einem Thema.
Du notierst sie stichwortartig am besten in den Schritten, wie du sie hier übst.**

1 Erschließe das Thema „Soziale Medien (Social Media)", das du erörtern sollst:
- Denke über die Pro- und Kontra-Seite von sozialen Medien nach.
  Nutze auch Aussagen aus dem Schreibgespräch von S. 89.
- Notiere wie im Beispiel stichpunktartig wichtige Gesichtspunkte beider Seiten.
  Beachte zur Erstellung dieser Stoffsammlung auch die Angaben im Methoden-
  kasten.

> Gesichtspunkte zum Thema „Soziale Medien"
> - Cybermobbing
> - gesundheitsschädlich durch langes Sitzen
> - Forschungsergebnisse austauschen
> - Einsamkeit bekämpfen
> - Anregungen für eigene kreative Ideen
> - Suchtgefahr

**Digital+
Text**
*Experte berät in der
Schule*

2 Ergänze deine Stoffsammlung mit Gesichtspunkten aus dem Bericht auf einer Schul-
homepage (S. 93). Gehe dabei so vor:
- Lies den Text und kläre unbekannte Begriffe.
- Sieh dir die Unterstreichungen zu Beginn des Textes an. Formuliere damit
  Gesichtspunkte und übernimm sie in deine Stoffsammlung. Kontakte knüpfen und
  pflegen, Geburtstagsgruß, Katzenvideo, kreativ präsentieren …
- Bearbeite in ähnlicher Weise den Bericht weiter (Folientechnik) und gewinne so
  weitere wichtige Gesichtspunkte für die Stoffsammlung.

METHODE Vor dem Schreiben eine Stoffsammlung erstellen

1. Mache dir klar, was von dir erwartet wird: Lies die Aufgabenstellung gründlich und denke über mögliche Pro- und Kontra-Argumente nach.

2. Lege mit den Ergebnissen eine Stoffsammlung an:
- Notiere auf einem Blatt eine Überschrift.
- Notiere darunter die Ergebnisse in Stichworten mit Spiegelstrichen
  (hinter jedem Spiegelstrich nur einen Gesichtspunkt).
- Nimm die Gesichtspunkte aus deinem Wissen, deinen bisherigen Erfahrun-
  gen und aus Sachtexten. Wenn möglich, recherchiere auch im Internet.

Tipp: Du kannst deine Stoffsammlung auch als Tabelle anlegen und deine
Eintragungen gleich nach Pro- und Kontra-Gesichtspunkten ordnen.

*Die Stoffsammlung
kannst du später auch
zur Formulierung von
Argumenten nutzen.*

3 Überprüfe deine Stoffsammlung:
a) Streiche Gesichtspunkte, die doppelt vorkommen.
b) Fasse ähnliche Gesichtspunkte in einem Stichpunkt zusammen.

Experte berät in der Schule

Für unsere Klassenstufe gab es in der letzten Woche einen
Beratungsabend mit Herrn Frank, einem Experten vom Ju-
gendamt. Es ging besonders um die Nutzung sozialer Medien.
Wir hatten erwartet, dass wir eine Menge über Nachteile und Gefahren
5 hören würden, aber es ging auch darum, dass man beispielsweise auf
sozialen Plattformen schnell Kontakte knüpfen und pflegen kann, einen
Geburtstagsgruß verschicken, Katzenvideos zeigen oder sich selbst kreativ
präsentieren kann. Dazu gab es sogar praktische Tipps.
Herr Frank wies aber auch darauf hin, dass wir dafür einen Preis zahlen,
10 nämlich mit unseren persönlichen Daten, die für Werbung genutzt werden
können. Man sollte also nie zu viel öffentlich von sich preisgeben, also zum
Beispiel Fotos oder die persönliche Meinung zu Menschen und Themen. Und
das auch deshalb, weil einmal veröffentlichte Fotos und Beiträge für immer
im Netz bleiben. Zum Beispiel können Partyfotos, die man einmal witzig
15 fand, häufig nicht vollständig gelöscht und später ein Problem werden.
Andererseits meinte er auch, dass soziale Medien wichtig sind für Jugendliche, die schüchtern sind oder nicht viele Freunde haben. Sie können im Netz
ein positives Bild von sich vermitteln und durch viele „Likes" Anerkennung
und Bewunderung erhalten.
20 Allerdings berichtete Herr Frank aus seiner Arbeit auch, dass es zu depressi-
ven Gefühlen bei Nutzern kommen kann, wenn sich alle von ihrer besten
Seite zeigen. Er sprach davon, dass Druck erzeugt wird von einer „gephoto-
shopten Scheinwelt", die zum Beispiel nur ideale Körper zeigt. In der Realität
sind die meisten eben mit irgendetwas an ihrem Körper unzufrieden.
25 Natürlich ging es auch darum, dass man mit speziellen Portalen seine Schulnoten verbessern kann, weil man schnell an interessante Informationen
kommt. Und man kann dank sozialer Medien mit bestimmten Programmen
von verschieden Orten gemeinsam arbeiten. Interessant war aber auch eine
Untersuchung, nach der Schülerinnen und Schüler, die stark soziale Medien
30 nutzen, oft schlechtere Noten haben.
Am wichtigsten fand Herr Frank, dass man durch soziale Medien mit vielen
freundschaftlich verbunden sein kann. Er wünschte uns allen, dass wir uns
das immer klarmachen und nichts Negatives über andere ins Netz stellen.

Eine Pro-und-Kontra-Argumentation schreiben

Nachdem du eine Stoffsammlung erstellt hast, sollst du mit den Ergebnissen weiterarbeiten und einen zusammenhängenden Text schreiben.

Aufgabenstellung:
Schreibe einen Text für die Webseite der Schule und erörtere darin, ob soziale Medien mehr Vorteile als Nachteile mit sich bringen. Gehe so vor:

a) Erkläre in der Einleitung kurz, warum das Thema aktuell und von Bedeutung ist, und formuliere die Themafrage.

b) Stelle im Hauptteil drei überzeugenden Argumenten der Kontra-Seite drei überzeugende Pro-Argumente gegenüber. Nutze das Sanduhr-Modell.

c) Formuliere im Schluss auf Grundlage der Argumente deine Antwort auf die Themafrage.

1 Vor dem Schreiben hat Lia die Gesichtspunkte ihrer Stoffsammlung nach Pro und Kontra geordnet und gewichtet und sich anschließend für die Pro-Seite entschieden. Die Gesichtspunkte auf dem grünen Zettel gaben den Ausschlag:

– neue Kontakte knüpfen und alte pflegen
– gut für Schüchterne
– wichtige Informationen weitergeben
– online einkaufen

– auch Persönliches für immer im Netz
– Persönliches wird öffentlich
– Mobbing

a) Wähle Gesichtspunkte für Pro-Argumente aus und ordne sie an der richtigen Stelle in den Schreibplan ein. Übernimm dazu den Schreibplan auf ein Blatt.

b) Übernimm den blauen Zettel und ergänze weitere Kontra-Gesichtspunkte aus deiner Stoffsammlung.

c) Wähle Gesichtspunkte für Argumente der Gegenseite aus und ordne sie ebenfalls in den Schreibplan ein.

Digital+
Text
Schreibplan für eine Pro-und-Kontra-Argumentation

Schreibplan

Einleitung
– Bedeutung des Themas: …
– Themafrage: Bringen soziale Medien mehr Vorteile als Nachteile mit sich?

Hauptteil
– Argumente der Gegenseite mit wichtigstem Argument zuerst: …
– Argumente der Pro-Seite mit wichtigstem Argument zuletzt: …

Schluss
– Antwort auf die Themafrage: …

2 Formuliere aus den Gesichtspunkten aussagekräftige Argumente.

Das stärkste Argument gegen soziale Medien ist für mich, dass persönliche Daten für immer im Netz bleiben. So erlebte ein Bekannter während eines Bewerbungsgesprächs, dass man ihn mit einem Foto konfrontierte, das ihn stark alkoholisiert zeigte und das vor längerer Zeit im Netz geteilt wurde.

3 Schreibe mit den Vorbereitungen Lias Text für die Schulwebseite. Du kannst eine Einleitung von S. 88 und diese Formulierungen für Hauptteil und Schluss nutzen:

Das stärkste Argument gegen ...

Dies führt zu einem weiteren Argument ...

In diesem Zusammenhang kann man auch noch erwähnen, dass ...

Gegen diese Argumente der Gegenseite spricht aber, dass ...

Ebenso zu bedenken ist ...

Das wohl stärkste Argument ist jedoch, dass ...

Für mich ergibt sich daraus als Antwort auf die Themafrage ...

Es sollte dabei auch darauf geachtet werden, dass ...

4 Kontrolliert eure Entwürfe gegenseitig.
- Nutzt eure Schreibpläne und die Fragen der Checkliste.
- Notiert, wenn es etwas zu überarbeiten gibt.

CHECKLISTE ▶ **Eine Pro-und-Kontra-Argumentation überprüfen**

- ✔ Text in Einleitung, Hauptteil und Schluss gegliedert und durch Absätze sichtbar gemacht?
- ✔ In der Einleitung Interesse geweckt und zur Themafrage hingeführt?
- ✔ Im Hauptteil die Argumente zur Kontra- und Pro-Seite nach dem Sanduhr-Modell blockweise gegenübergestellt?
- ✔ Im Schluss die Themafrage beantwortet?
- ✔ Formulierungen verwendet, die anzeigen,
  - wann ein neues Argument / ein neuer Textteil beginnt?
  - welches Argument das schwächste ist, welches das aussagestärkste?
- ✔ Rechtschreibung und Zeichensetzung korrekt?

---

5 Fritz ist eher kritisch eingestellt und kommt deshalb zu einer anderen Antwort auf die Themafrage als Lia.
a) Ändere Lias Schreibplan (S. 94) passend zu Fritz' gegenteiliger Einstellung.
b) Formuliere einzelne Teile seiner Argumentation: Blöcke des Hauptteils, Schluss.

Sprachliche Mittel beim Argumentieren nutzen

Wenn du eine Streitfrage erörterst, musst du dir überlegen, wie du deine Argumente anordnest und verknüpfst. Damit deine Argumentation überzeugender wird, solltest du sie durch Fakten, Belege und Beispiele ausbauen und untermauern. Nutze beim Argumentieren die entsprechenden sprachlichen Mittel.

Argumente anführen und verknüpfen

1 In der Klasse geht es um die Streitfrage, ob digitale Medien das Lernen in der Schule verbessern können.

a) Lies, wie Ben und Lena argumentieren. Was fällt dir auf?

b) Wie wirkt die Argumentationskette von Ben auf dich?

c) Unterstreiche die Wörter und Formulierungen, mit denen Lena ihre Argumente miteinander verknüpft.

> Bens Text finde ich ...

Ben: Mein erstes Argument ist, dass wir mit digitalen Medien lieber lernen. Mein zweites Argument ist, dass wir damit bessere Berufschancen haben. Ein Gegenargument ist, dass wir uns viel schneller ablenken lassen.

Lena: Aus Schülersicht ist für mich klar: Wir arbeiten gern mit digitalen Medien, weil das einfach Spaß macht. Dies führt zu einem weiteren Argument, das Experten als enorm wichtig herausstellen: Wir erwerben digitale Kompetenz. Demgegenüber ist aber zu bedenken, dass sich viele bestimmt ablenken lassen.

Lernen am PC ist problematisch, weil es
– einsam macht
– krank macht
– immer Ärger mit der Technik gibt
Demgegenüber ....

2 Jamal hat zur Streitfrage seine Kontra-Argumente stichwortartig notiert. Er nennt zuerst das Argument, das für ihn am wichtigsten ist.

a) Schreibe seine Argumentationskette auf. Überlege dir auch ein Gegenargument. Nutze den Wissen-und-Können-Kasten.

b) Vergleicht eure Lösungen.

WISSEN UND KÖNNEN   **Argumente anführen und verknüpfen**

- Argumente aneinanderreihen: Zunächst einmal ... Ein weiteres Argument ... Zudem ... Schließlich ...
- Begründungen formulieren: aus diesem Grunde; deshalb, daher, denn, weil ...
- Argumente steigern: Dieses Argument finde ich besonders überzeugend ... Ein besonders starkes Argument ist ... Besonders wichtig finde ich ...
- Argumente gegenüberstellen: Gegen dieses Argument spricht, dass ... Ein Einwand ist ... Man könnte zwar einwenden ..., aber ... Allerdings gibt es ein Gegenargument: ... Demgegenüber ist zu bedenken, ...

3 Beteilige dich an der Argumentation über das Lernen mit digitalen Medien.

a) Wähle drei Pro-Argumente aus, die du überzeugend findest.

b) Nummeriere sie aufsteigend nach ihrer Wichtigkeit für dich.

c) Formuliere eine Argumentationskette. Verknüpfe die Argumente miteinander. Nutze „Wissen und-Können".

> Darum ist digitales Lernen wichtig:
> – wir erwerben digitale Kompetenzen
> – wir verstehen den Stoff besser
> – der Unterricht wird abwechslungsreicher
> – wir haben mehr Lust zum Lernen
> – wir verbessern unsere Berufschancen

Argumente ausbauen und untermauern

4 „Können digitale Medien den Unterricht verbessern?"

a) Lies, was Jakob und Amira zu dieser Streitfrage notiert haben. Was fällt dir auf?

b) Welche Argumentation überzeugt dich mehr? Warum?

c) Unterstreiche die Wörter und Formulierungen, mit denen Amira ihre Argumentation unterstützt (Folie oder Kopie). Nutze die Hinweise in „Wissen und Können".

> Jakob nennt eine Begründung, aber …

Jakob: Lernen mit digitalen Medien ist nicht immer einfach, weil es oft Ärger mit der Technik gibt.

Amira: Lernen mit digitalen Medien funktioniert oft nicht, weil es Probleme mit der Technik gibt. Zum Beispiel brauchen wir ein schnelles Internet, wenn wir im Unterricht im Internet recherchieren sollen. Ich weiß aus eigener Erfahrung, dass das Internet manchmal zu langsam ist. Das führt dazu, dass viel Zeit verloren geht.

> Amira macht das anders: Sie …

5 Baue die Argumentationen a – c aus.

a. Digitales Lernen macht einsam, weil man sich wenig mit anderen austauscht.

→ Nenne Beispiele: Dazu kann ich ein Beispiel nennen …

b. Arbeit mit digitalen Medien verbessert die Medienkompetenz.

→ Zitiere Experten: Eine Studie zeigt …

c. Wenn wir mit digitalen Medien arbeiten, üben wir den Umgang damit.

→ Verweise auf eigene Erfahrungen: Aus eigener Erfahrung kann ich dazu sagen …

6 „Können digitale Medien den Unterricht verbessern?" Schreibe deine Meinung zu dieser Frage auf und begründe sie in einer zusammenhängenden Stellungnahme.

> **Aus der KIM-Studie wissen wir:**
> 76 % der Erziehenden meinen, es sei Aufgabe der Schule, die Kinder zu einem verantwortungsbewussten und sinnvollen Umgang mit Medien anzuleiten.

WISSEN UND KÖNNEN ▶ **Argumente ausbauen und untermauern**

- **nachprüfbare Fakten als Belege nennen**: Neue Zahlen belegen; laut Statistik …
- **Experten zitieren**: Studien zeigen/Experten haben herausgefunden, dass …
- **auf eigene Erfahrungen hinweisen**: Aus eigener Erfahrung weiß ich …
- **Beispiele nennen**: zum Beispiel (z. B.) … beispielsweise …dazu kann ich ein Beispiel nennen/anführen

Nach dem Reißverschluss-Modell argumentieren

Mit dem Reißverschluss-Modell (oft auch Pingpong-Modell genannt) steht dir eine Möglichkeit zur Verfügung, im Hauptteil die Argumente anders anzuordnen als im Sanduhr-Modell.

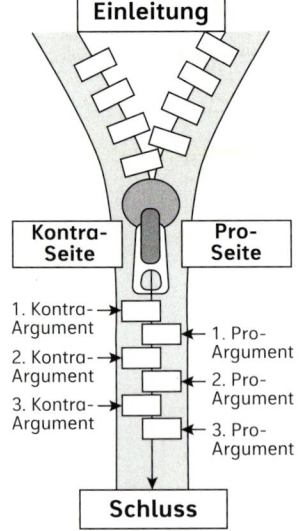

METHODE ▸ Argumente nach dem Reißverschluss-Modell anordnen

Beim Reißverschluss-Modell wechseln sich die Argumente für den eigenen Standpunkt mit den Argumenten der Gegenseite ab. Man springt also zwischen Pro und Kontra hin und her. So gehst du dabei vor:

1. Lege eine Tabelle mit zwei Spalten an.
2. Notiere in Spalte 1 drei wichtige Argumente der Gegenseite – stichwortartig und in beliebiger Reihenfolge.
3. Suche zu den Argumenten der Gegenseite nach drei eigenen Argumenten, die du der Gegenseite entgegenhalten kannst. Notiere sie in Spalte 2.
4. Bringe die Argumentationsreihen (Argumente der Gegenseite und deine Argumente zur Entgegnung) in eine Reihenfolge, in der dein stärkstes Argument zuletzt erscheint und damit den stärksten Eindruck hinterlassen kann.

Digital+

Text

Tabelle mit Kontra- und Pro-Argumenten

❶ Benjamin hat eine Themafrage zur Internetnutzung erörtert (S. 90).
Die Argumente im Hauptteil hat er dort nach dem Sanduhr-Modell angeordnet.
Schreibe den Hauptteil um und nutze jetzt das Reißverschluss-Modell.

a) Bereite das Schreiben mithilfe des Methodenkastens und der Abbildung vor.

Kontra	Pro
– Jugendliche zu gutmütig und naiv im Netz	– tolle Unterhaltungsmöglichkeiten
– ständige und lange Nutzung ungesund	– ...
– ...	– ...

b) Schreibe mit diesen Vorbereitungen den Hauptteil in Benjamins Text um.
　　– Stelle die Argumente gegenüber. Ende mit deinem wichtigsten Argument.
　　– Nutze die folgenden Satzanfänge oder eigene Formulierungen:

Gegen das Internet spricht, dass ...　　　　　Dafür spricht allerdings ...
Ein weiteres Argument gegen ...　　　　　　Weitaus wichtiger ist aber ...
Man darf auch nicht übersehen ...　　　　　Entscheidend ist jedoch ...

❷ Erläutert im Gespräch die Abbildung des Reißverschluss-Modells mit eurem umgeschriebenen Hauptteil und den Hinweisen in „Wissen und Können" (S. 99).

3 a) Traktorfahrer haben eine Straße als Medium für eine Botschaft genutzt. Schaut euch die Abbildung genau an und sprecht darüber, was Straßenbenutzerinnen und Straßenbenutzer erfahren und was sie tun sollen.

b) Nicht alle sind damit einverstanden, dass die Straße als Medium für eine Botschaft genutzt wird. Denkt über mögliche Pro- und Kontra-Argumente nach und haltet diese auf einem Notizzettel als Stoffsammlung fest.

c) Beantwortet die folgenden Fragen schriftlich:
– Wie lautet eine mögliche Themafrage?
– Was sind mögliche Standpunkte für die Pro- und Kontra-Seite?

4 Erörtere eure Themafrage. Für die Anordnung der Argumente im Hauptteil kannst du zwischen dem Sanduhr-Modell und dem Reißverschluss-Modell wählen.

5 Tauscht eure Texte untereinander und diskutiert,
– welche Argumentationen überzeugen – und warum das so ist,
– was ihr leicht lösen konntet und wozu ihr noch Hilfen braucht.

Rücksicht macht Wege breit Danke! Ihre Traktorfahrer

WISSEN UND KÖNNEN ▸ **Eine Pro-und-Kontra-Argumentation verfassen**

Eine Pro-und-Kontra-Argumentation wird so gegliedert:

● In der **Einleitung** stellt man die Themafrage und weist auf ihre Bedeutung und Aktualität hin.

● Im **Hauptteil** setzt man sich mit der Themafrage auseinander, indem man die Argumente dafür und dagegen ausführt. Man kann dazu zwischen zwei Modellen wählen:

– Im **Sanduhr-Modell** werden zuerst die Argumente genannt, die nicht dem eigenen Standpunkt entsprechen. Geordnet sind sie vom wichtigen zum weniger wichtigen Argument. Danach werden die Argumente angeführt, die den eigenen Standpunkt unterstützen, und zwar vom weniger wichtigen zum wichtigsten Argument.

– Beim **Reißverschluss-Modell** wechseln sich die Argumente der Gegenseite und die Argumente für den eigenen Standpunkt ab. Man springt also zwischen Kontra und Pro hin und her. Das stärkste Pro-Argument steht am Ende.

● Im **Schlussteil** gibt man eine Antwort auf die Themafrage.

Eine Pro-und-Kontra-Argumentation schreiben

In diesem Teil des Kapitels trainierst du am Thema „Buch und Verfilmung" Aufgaben, wie du sie im Kapitel bearbeitet hast und wie sie auch in Klassenarbeiten und Abschlussprüfungen vorkommen können.

1 Überlege und notiere in Stichworten, welche Erfahrungen du zum Thema **„Buch und Verfilmung"** gemacht hast.

> Wenn ich weiß, dass es zu meinem Buch einen Film gibt, interessiert mich, wie die das im Film gemacht haben.

> Bei mir ist es unterschiedlich: Manchmal finde ich den Film besser, manchmal das Buch.

> ...

2 Lies nun die Reportage zu diesem Thema auf S. 101.

3 Stell dir folgende Situation vor: Im Deutschunterricht soll ein Jugendroman gelesen werden, zu dem es auch eine Romanverfilmung gibt. Sollte man sich vor dem Lesen des Romans zunächst den Film dazu anschauen? Du hast die Aufgabe übernommen, deine Sicht zu dieser Themafrage in einer Pro-und-Kontra-Argumentation zu erörtern.

Für die Bearbeitung der Teilaufgaben stehen dir zusätzliche **Lösungshilfen** zur Auswahl. Du kannst die Aufgaben auch eigenständig ohne diese Lösungshilfen bearbeiten. Lass dich von deiner Lehrerin oder deinem Lehrer beraten.

Wähle Aufgabe **A** oder **B**:

→ *Lösungshilfen zu den Teilaufgaben findest du auf S. 102.*

A a) Lege eine Stoffsammlung zum Erörtern der Themafrage an.
   – Suche im Text „Reporter in der letzten Reihe" Gesichtspunkte für die Formulierung von Pro- und Kontra-Argumenten und notiere sie stichwortartig.
   – Ergänze auch eigene Gesichtspunkte.
b) Erörtere die Themafrage. Gehe so vor:
   – Schreibe einleitend, warum du das Thema erörterst, und nenne die Themafrage.
   – Gib im Hauptteil drei Gründe an, die für die Pro-Seite sprechen, und drei Gründe, die dagegensprechen. Wähle für die Anordnung der Argumente das Sanduhr-Modell.
   – Beantworte abschließend die Themafrage.

Digital+
Text
Reporter in der letzten Reihe

Reporter in der letzten Reihe

Das kommt nicht alle Tage vor: Schulkinotag im Metropol-Kino! Gezeigt wird die Verfilmung eines Jugendbuchklassikers, der oft im Deutschunterricht gelesen wird. Aber der Titel ist noch geheim. Schülermassen drängen sich vor dem Popcorn-Stand, ständig laufen welche in den Kinosaal und wieder
5 raus.

Mandy aus Klasse 9 ist total begeistert: „Ich finde Lesen blöd, das dauert bei mir immer so lange. Jetzt kann ich mir schon mal das meiste ansehen. Hinterher muss ich gar nicht mehr alles lesen."

Mandy ist sicherlich nicht die Einzige,
10 für die die Verfilmung eine große Erleichterung für das Lesen darstellt. Wenn das Lesen langer Texte mühsam ist und man sich auch den Inhalt nur schwer erschließen kann, kann man
15 sich besser vorher den Film ansehen. Deutschlehrer Petersen kommt es darauf an, dass beim Lesen in der Fantasie ganz eigene Bilder entstehen, z. B. von Landschaften oder Personen.
20 Er hat sich früher sogar schon mal beim Lesen selbst als der Emil von

Erich Kästner gefühlt und war schwer enttäuscht, dass der Schauspieler im Film ganz anders aussah. Mit einem hoffnungsvollen Pädagogenlächeln erzählt er mir aber auch, dass vielleicht einige, wenn sie den Film gesehen ha-
25 ben, auch neugierig auf das Buch werden und motivierter im Unterricht mitmachen. Die Erinnerung an meine Schulzeit sagt mir eher, dass ich nach dem Film gar keine Motivation mehr hätte: Warum sollte ich noch das Buch lesen, wenn ich den Inhalt schon kenne? Also besser zuerst das Buch lesen und sich dann freuen, wenn man im Film spoilern kann und schon weiß, was
30 gleich kommt. Gute Erinnerungen habe ich an eine Deutschlehrerin, die sich eine besondere Belohnung ausgedacht hat: Als wir mit der Klassenlektüre fertig waren, hatte sie für die ganze Klasse einen Kinovormittag organisiert, an dem die Verfilmung gezeigt wurde.

Kinobetreiberin Marita B. ist lese- und filmbegeistert. Sie freut sich, wenn sie
35 später im Film Figuren und Situationen wiederfindet, die sie im Buch schon begeistert haben. „Der Film hat seinen eigenen Charme", sagt sie. „Deshalb mache ich immer wieder gern die Schulkinotage."

Später im Film saß ich in der letzten Reihe – und vor mir ein Schüler, der die ganze Zeit in seinem Lektüreheftchen blätterte und mitlas.

Lösungshilfen zu A:

Lösungshilfen zum Lesen der Aufgaben und des Textes:
– Notiere beim Lesen der Aufgaben a) und b) Formulierungen, die anzeigen, was du jeweils tun sollst. Du kannst sie auch mit Folie oder auf einer Kopie markieren.
– Kläre beim Lesen des Textes die Bedeutung schwieriger Wörter im Satzzusammenhang oder mit einer Nachschlagehilfe.

Lösungshilfe zu Aufgabe a):
– Orientiere dich für die Erstellung der Stoffsammlung am Methodenkasten auf S. 98.

Lösungshilfen zu Aufgabe b):
– Schau dir die Gesichtspunkte deiner Stoffsammlung genau an und entscheide dich, welche Antwort du auf die Themafrage geben wirst.
– Lege mithilfe deiner Stoffsammlung einen Schreibplan an. Übernimm dazu den folgenden Plan und ergänze ihn:

Digital+
Text
Schreibplan

Schreibplan

Einleitung
– Bedeutung des Themas: ...
– Themafrage: Sollte man sich vor dem Lesen des Romans zunächst den Film dazu anschauen?

Hauptteil
– Argumente der Kontra-Seite
  wichtigstes Argument: ...
  weiteres Argument: ...
  schwächstes Argument: ...

– Argumente der Pro-Seite
  schwächstes Argument: ...
  weiteres Argument: ...
  wichtigstes Argument zuletzt: ...

Schluss
– Antwort auf die Themafrage: ...

– Formuliere für deinen Text mit den Stichpunkten des Schreibplans
aussagekräftige Pro- und Kontra-Argumente:

*In diesem Zusammenhang kann man auch noch erwähnen, dass man
nach dem Anschauen des Films vielleicht gar keine Motivation mehr hat,
das Buch zu lesen ...*

Lösungshilfen zur Formulierung des Textes
– Schreibe zusammenhängend: Nutze die folgenden Formulierungen,
deinen Schreibplan und deine Argumente.

Gerade lesen wir ...
Für mich stellt sich die Frage ...
Das stärkste Argument gegen ...
Dies führt zu einem weiteren Argument ...
In diesem Zusammenhang kann man auch noch erwähnen, dass ...
Gegen diese Argumente der Gegenseite spricht aber, dass ...
Ebenso ist zu bedenken ...
Das wohl stärkste Argument ist jedoch, dass ...
Für mich ergibt sich daraus als Antwort auf die Themafrage ...
Es sollte dabei auch darauf geachtet werden, dass ...

– Überprüfe deinen Text mit der Checkliste „Eine Pro-und-Kontra-Argumentation
überprüfen" auf der S. 95.

B a) Lege eine Stoffsammlung zum Erörtern der Themafrage an.
  – Suche im Text „Reporter in der letzten Reihe" (S. 101) Gesichtspunkte
    für die Formulierung von Pro- und Kontra-Argumenten und notiere sie
    stichwortartig.
  – Ergänze auch eigene Gesichtspunkte.
  b) Erörtere die Themafrage. Gehe so vor:
  – Schreibe einleitend, warum du das Thema erörterst, und nenne
    die Themafrage.
  – Nutze im Hauptteil aussagekräftige Argumente. Wähle für ihre Anordnung
    das Reißverschluss-Modell.
  – Beantworte abschließend die Themafrage.

Digital+
Text
*Lösungshilfen
zu B*

Sachtexte lesen, bewerten und dazu schreiben

Menschen reisen in ferne Länder und wollen fremde Menschen, Städte und Landschaften kennenlernen. Wer anderswo ankommt, sieht die andere Welt zunächst mit fremden Augen und lernt viel Neues kennen. Um unbekannte Welten zu verstehen, braucht man nicht nur Informationen, sondern muss sich auch in sie hineinversetzen.

TEXTE UND MEDIEN

1 Schau dir die Fotos an: Wo sind die Menschen unterwegs? Warum?

2 Sammelt Gründe, warum Menschen in andere Länder reisen. Nennt Beispiele.

3 Sicher seid ihr selbst schon einmal „anderswo angekommen". Erzählt:
- Wo seid ihr angekommen?
- Wie seid ihr dorthin gekommen?
- Warum seid ihr dorthin gekommen?
- Was war fremd für euch?
- Was hat euch am meisten gefallen?

▶ Werdet Experten für fremde Länder und Menschen.
Präsentiert eure Ergebnisse in Kurzvorträgen.

Kern- und Einzelinformationen herausarbeiten

Texte enthalten Kerninformationen und viele Einzelheiten. Wenn wir einen Text zusammenfassen, lassen wir die Einzelheiten weg. Die Details sind aber oft sehr interessant und veranschaulichen die Gesamtaussage. Hier übst du, die Kernaussage herauszuarbeiten und zu erkennen, warum auch Einzelheiten wichtig sind.

1 Lies von dem Text auf S. 106/107 zunächst nur die Überschrift, das Fettgedruckte und die Zwischenüberschriften und schau dir die Bilder an. Sprecht anschließend darüber: Was ist das Thema des Textes? Um welche Teilthemen geht es?

2 Lies den Text einmal ganz durch. Was bezwecken die Autorinnen?
   a. Die Autorinnen stellen dar, wie sich das Reisen entwickelt hat.
   b. Sie erörtern die Vor- und Nachteile des Reisens.
   c. Sie fordern ihre Leserinnen und Leser auf, mehr zu reisen.
   Begründe, welche Antwort stimmt.

3 Lies den Text noch einmal gründlich Abschnitt für Abschnitt. Welche Kerninformationen enthält der Text?
   a) Markiere in jedem Abschnitt die Informationen zu diesen Fragen: Wann reiste wer? Wie? Womit? Warum?
   b) Übernimm die Tabelle und fülle sie aus.

	Wer?	Wie?	Womit?	Warum?
Mittelalter				
18. Jahrhundert				
19. Jahrhundert				
20. Jahrhundert				
heute				

4 a) Im Text werden viele Einzelinformationen genannt, sodass wir uns das Reisen gut vorstellen können. Mache dir Stichpunkte zu folgenden Fragen:
   a. Warum war das Reisen im Mittelalter schwierig und gefährlich?
   b. Was hatten die Reisenden im 18. Jahrhundert dabei?
   c. Was war in den Koffern der Reisenden im 19. Jahrhundert?
   d. Welche Extrem-Sportarten kann man heute im Urlaub machen?
   b) Sprecht darüber: Welche Einzelinformationen findet ihr besonders interessant? Worüber wundert ihr euch?

Ich wundere mich darüber, dass …

Besonders …

5 Arbeite mit deinen Ergebnissen weiter. Wähle Aufgabe **A**, **B** oder **C** aus.
   A Stelle in einem **Vortrag** dar, wie Reisen sich vom Mittelalter bis heute entwickelt hat.
   – Nutze die Tabelle aus Aufgabe 3.
   – Wähle für jede Zeit Einzelheiten aus, die dein Publikum interessieren könnten.
   B Schreibe einen **Nachdenktext** zum Thema „Reisen". Gehe auf diese Fragen ein:
   – Was hältst du für einen besonders wichtigen Grund zum Reisen?
   – Wohin, womit und wie würdest du gern einmal reisen? Warum?
   C Von Mark Twain stammt die Äußerung: „Man muss reisen, um zu lernen!"
   Schreibe dazu eine begründete **Stellungnahme**.

Geschichte des Reisens

Von Sabine Kaufmann und Kerstin Hilt

Reisen kann man mit dem Flugzeug, Auto, Schiff, per Bahn, mit der Kutsche oder einfach zu Fuß. Im Mittelalter reiste man meist aus religiösen oder wirtschaftlichen Gründen. Heute gilt die Urlaubsreise vielen als schönste Zeit des Jahres.

Reisen im Mittelalter: beschwerlich

Im Laufe der Jahrhunderte haben sich die Geschwindigkeit und der Komfort beim Reisen stark verändert. Das Reisen im Mittelalter war sehr beschwerlich und mühsam. Überwiegend waren Kaufleute, Soldaten und Pilger unterwegs.

Unterwegs im Mittelalter: zu Fuß, zu Pferd, im Pferde- oder Ochsenkarren

5 Frauen verreisten, abgesehen von adligen Damen, nur sehr selten. Das Haupthindernis bei einer Reise war die Natur selbst. Das oberste Gebot lautete, dass man unterwegs nie die Orientierung verlieren durfte. Sonst wäre man in einer unbekannten Gegend, in der es keine Wegweiser und nur schlechte Straßen gab, verloren gewesen. Die Wege waren meist holprige Feldwege, auf denen die Rei-
10 senden bei Regen und Schnee im Matsch versanken. Und überall lauerten Gefahren. Es gab Wegelagerer und Raubritter, die Kaufleute überfielen. Auch wilde Tiere wie Wildschweine und Bären, die für den Reisenden zu einer tödlichen Gefahr werden konnten, lebten in den Wäldern. Daher war es durchaus üblich, dass man vor dem Beginn einer Reise sein Testament machte. Allein Herbergen boten dem Reisenden ein bisschen Si-
15 cherheit auf seinem Weg. Eine Reise im Mittelalter dauerte sehr viel länger als heute. Zu Fuß legte ein Reisender pro Tag 30 bis 40 Kilometer zurück. Als Reiter war man kaum schneller. Um das Pferd nicht zu überlasten, konnten Reisende hoch zu Ross höchstens sieben Stunden pro Tag schaffen. Wichtigstes Transportmittel – gerade für Kaufleute, die viele Waren transportierten – war der Ochsenkarren. Die zuverlässigen
20 Lasttiere schafften in ihrem Trott gerade einmal 15 bis 16 Kilometer am Tag.

18. Jahrhundert: Bildungsreise

Im Verlauf des 18. Jahrhunderts wurde es Mode, Bildungsreisen zu unternehmen. Viele Adelige und vornehme Reiche entdeckten die Lust am Reisen. Es waren vor allem Engländer, die sich aufmachten, die Kultur und Kunst des
25 europäischen Festlandes zu entdecken. Zu den Orten, die man dabei gesehen haben musste, gehörten Florenz, Rom, Venedig, Wien, Nizza und Paris. Einer der bekanntesten Bildungsreisenden war Johann Wolfgang von Goethe, der sich im September 1786 auf den Weg nach Italien machte. Goethe liebte es auf Reisen sehr bequem. Er hatte sein eigenes Bett dabei und einen Koffer mit einem
30 speziellen Fach für seinen Zylinder. Das alles transportierte er mit einer eigenen Kutsche, der sogenannten Extra-Post, die gegenüber der normalen Post Vorfahrt hatte. Weniger Reiche reisten im 18. Jahrhundert sehr viel spartanischer als Goethe. Übliches Reisegepäck war ein einfacher Wolfsfelltornister, in dem sich meist ein Hemd, Wäsche zum Wechseln sowie eine Reiseapotheke befanden.

Einer der bekanntesten Bildungsreisenden: der berühmte deutsche Dichter Johann Wolfgang von Goethe (1749 – 1832)

35 19. Jahrhundert: Luxusreisen

Richtige Vergnügungs- und Erholungsreisen wurden im
19. Jahrhundert üblich. Man wollte Spaß haben und etwas
Ungewöhnliches erleben. Es ging mit dem Orient-Express nach
Istanbul oder mit dem Dampfschiff nach Ägypten. Der Herr
40 und die Dame von Welt reisten damals meist mit zwei oder drei
großen Schrankkoffern, um die zahlreichen Hutschachteln
und Utensilien verstauen zu können: etwa Bürsten, Pülver-
chen, Schminke, Kämme oder das Rasierzeug der Herren.

Mit dem Orient-Express nach Istanbul

20. Jahrhundert: Reisen für jedermann

45 In den Fünfzigerjahren des 20. Jahrhunderts machten
viele Urlaub in einem der deutschen Mittelgebirge.
Ende der 1950er-Jahre gab es für die Urlauber kein Halten
mehr. 1958 reisten schon 3,5 Millionen Bundesbürger
nach Italien. Im Laufe der Zeit wurden die Ziele zunehmend
50 ausgefallener. Manche wollten zeigen, dass sie sich eine Fern-
reise nach Thailand oder auf die Malediven leisten konnten.

Die Deutschen reisen 1960 an die Adria nach Italien

Reisen heute

Heute ist in Sachen Reisen praktisch alles möglich – ob mit
dem Schiff zu den Inuit in die Arktis, zu Fuß durch die Wüste
55 Gobi oder Wanderungen im deutschen Mittelgebirge.
Auch Wellnessangebote sind gefragt. Kein Ferienort oder Hotel
kann sich dem Thema Gesundheit auf Reisen entziehen.
Extremurlaube wie Höhlenwandern, Freiklettern oder Wild-
wasserschwimmen stehen bei jenen hoch im Kurs, die den
60 Nervenkitzel auf ihrer Reise suchen und ihre eigenen Grenzen
testen wollen. Aber fest steht: Erholung rangiert bei den meisten Reisenden ganz oben. Hauptsache, die Sonne scheint und
das Meer liegt vor der Haustür. Seit den 1990er-Jahren haben
zwei Trends den Reisemarkt gehörig durcheinandergewirbelt:
65 Die Preise für Flugreisen sind rapide gefallen – dank Billiganbietern ist Fliegen
kein Luxus mehr, den sich nur Reiche leisten können. Gleichzeitig buchen viele
Menschen ihren Urlaub im Internet. Und wer es richtig abenteuerlich haben will,
kann in Internetbörsen für die Urlaubszeit seine Wohnung tauschen oder Gastgeber
finden, bei denen man kostenlos auf der Couch übernachten darf.

Heute: Anreise mit dem Flugzeug, z. B. nach Mallorca

Ursachen und Folgen herausarbeiten

Sachtexte enthalten nicht nur Informationen, sondern auch Erklärungen und Erläuterungen. Sie zeigen Ursachen auf und stellen Folgen dar. Manchmal enthalten Sachtexte auch direkte Bewertungen des Autors bzw. der Autorin. Beim Lesen und Bearbeiten ziehen wir daraus unsere Schlussfolgerungen und können eine Stellungnahme abgeben.

1 Orientiere dich über den Text auf S. 109.
a) Finde heraus, woher der Text stammt und was die Autorin bezweckt.
Planet Wissen ist …, also …
b) Schau dir die Bilder an und lies Überschriften und Fettgedrucktes.
Um welches Thema geht es?

2 Finde heraus, wie der Text gegliedert ist und was in den Abschnitten steht.
a) Formuliere für jeden Abschnitt eine Überschrift.
b) Notiere die Probleme sowie die Ursachen und Folgen, die im Text genannt werden.

Problem	**Problem**
a. Müll am Himalaja	b. Holzvorräte gehen zurück

Ursache	**Ursache**
a. Bergsteiger …	b. Das Holz …

Folgen	**Folgen**
– Clean-up-Trecks	– Bäume …
– …	– fruchtbare Böden …
– …	– …

3 Klärt gemeinsam unbekannte Fachwörter aus dem Text.
Nutzt die Formulierungshilfen:

Trekker:	Ein anderes Wort für „Trekker" ist …
Clean-up-Trecks:	Darunter versteht man …
Abholzung:	Die Erklärung steht im Text in Z. … Abholzung ist …
Massentourismus:	Im Wörterbuch steht dazu …
Waldbestand:	Mit Waldbestand sind … gemeint.
unberührte Wildnis:	Unter „unberührter Wildnis" versteht man …
natürliche Vielfalt:	Ein Beispiel für natürliche Vielfalt ist …
wüstenartige Landstriche:	Das sind Gegenden, die …
Kahlschlag der Wälder:	Wenn …, dann …

Bericht von der Webseite der
Fernsehsendung „Planet Wissen"

Umweltprobleme im Himalaja
Von Eva Mommsen

Viele Menschen verbinden den Himalaja mit
unberührter Wildnis und natürlicher Vielfalt.
Doch wie überall in der Welt hinterlässt auch
hier die Moderne ihre Spuren: Der Mount Eve-
5 **rest gilt als höchste Müllkippe der Welt.**

Das Bergvolk der Sherpas sammelt Müll am Himalaja.

Allein im Gebiet am Mount Everest tummeln sich
jährlich bis zu 40 000 Bergsteiger und Trekker.
Finanziell bedeutet das zwar einen Segen für das
10 arme Land Nepal. Für die Umwelt aber ist es ein
Problem: Die vielen Menschen produzieren eine
Menge Müll, der meist in der Landschaft landet.
Denn der Aufstieg zum höchsten Berg der Welt
bedeutet auch, dass jedes Gramm Müll eine zusätz-
15 liche Belastung für die Bergsteiger ist. Wenn auf
über 6000 Metern jeder Schritt mühsam wird,
entledigt man sich gern der Sauerstoff-Flaschen,
der Konservendosen und der kaputten Ausrüstung.
Umweltschützer schätzen, dass sich in den vergan-
20 genen Jahren mehr als 600 Tonnen Müll am Mount
Everest angesammelt haben. Rund acht Kilo Müll
produziert jeder Bergsteiger im Schnitt beim
Aufstieg. Der Müll verschandelt die Landschaft,
der Reiz der unberührten Natur geht verloren.
25 Die nepalesische Regierung versucht inzwischen,
etwas gegen die Müllberge zu tun. Seit 1996 muss
jede Expedition eine Pfandgebühr bezahlen – inzwischen etwa 4400 Euro –, die erst zurückgezahlt
wird, wenn der gesamte Müll wieder im Tal ange-
30 kommen ist. Auch private Initiativen aus dem
Ausland helfen dabei, die Müllberge zu beseitigen.
Eine Initiative von Nepali und Deutschen bietet
z. B. sogenannte Clean-up-Trecks an. Dabei räumen
Urlauber auf ihren Wanderungen durch den
35 Himalaja gleich den Müll der anderen weg und
müssen deswegen weniger für ihre Reise bezahlen.

Die meisten Bewohner des Himalaja sind Bauern.
Sie leben von der Landwirtschaft und mehr als
70 Prozent der Menschen heizen hier mit Holz, 40
da es keine allgemeine Stromversorgung außerhalb der großen Städte gibt. Das war bis vor einigen Jahrzehnten noch kein Problem, doch der
massive Anstieg der Bevölkerungszahlen hat zum
Kahlschlag der Wälder geführt. Das heißt, immer 45
mehr Bäume werden gefällt. Dazu kommt der
Massentourismus. Um die zahlreichen Besucher
angenehm bewirten zu können, werden Unter-
künfte meist aus Holz gebaut und natürlich auch
beheizt – mit Holz. 50
In Nepal und Tibet ist laut Greenpeace bereits die
Hälfte des Waldbestandes vernichtet. Durch die
Abholzung des Waldes geht die natürliche Schutz-
schicht des Bodens verloren. Das Regenwasser
kann nicht mehr aufgenommen werden, Berg- 55
stürze und Überschwemmungen sind die Folge.
Fruchtbare Böden gehen verloren und wüstenarti-
ge Landstriche bilden sich. All das hat schlimme
Folgen für die Bevölkerung. So leiden einerseits
viele Regionen unter Überflutungen, in anderen 60
wiederum wachsen keine Pflanzen mehr.

Bewohnerinnen eines
Bergdorfes in Kaschmir
haben Feuerholz
gesammelt.

4 Wie bewertet die Autorin die Situation am Himalaja?
- Markiere Belege für Bewertungen im Text. Nutze die Hinweise im Merkkasten.
- Ergänze die Sätze. Lies dazu noch einmal Z. 6 – 12 und Z. 51 – 61.
  Die Autorin meint, dass der Tourismus zwei Seiten hat: zum einen ..., zum anderen ...
  Die Abholzung der Wälder hat für die Bevölkerung ...

WISSEN UND KÖNNEN ▸ Ursachen und Folgen erkennen

In Sachtexten werden oft Ursachen und Folgen von Problemen und Ereignissen beschrieben. Wenn du ein Problem/eine Situation erklärst, nennst du die Ursache (Warum ist dies passiert?) und die Folge(n) (Was ergibt sich hieraus?).
- Die Ursache kann in einem weil-Satz angegeben werden:
  Holz ist knapp, weil viel Holz zum Heizen gebraucht wird.
- Eine Folge kann mit Wendungen wie Die Folge davon ist / daraus folgt eingeleitet werden: Bäume werden abgeholzt. Die Folge davon ist, dass fruchtbare Böden verschwinden.

---

5 Untersuche den Text „Umweltprobleme am Himalaja" und schreibe deine Ergebnisse auf.
  a) Formuliere in der Einleitung, wer den Text verfasst hat, wo er erschienen ist und worum es geht.
  Im Text schreibt ... über ...
  Der Text stammt aus ...
  Es geht um ...
  b) Stelle im Hauptteil zunächst die Probleme sowie die Ursachen und Folgen dar.
  Die Autorin sieht vor allem zwei Probleme ...
  Das erste Problem ist ...
  Die Ursache dieses Problem ist ...
  Die Regierung hat auf die Situation reagiert ...
  Das zweite Problem ist ...
  Auch hierzu beschreibt die Autorin Ursachen und Folgen: ...
  c) Stelle dar, wie die Autorin die Situation bewertet.
  An zwei Stellen gibt die Autorin auch eine direkte Bewertung ab ...
  Sie findet ...
  d) Gib zum Schluss eine Stellungnahme ab. Ein Vertreter von Greenpeace meint:
  „Man sollte den Tourismus am Himalaja verbieten."
  Ein Vertreter von Greenpeace meint ...
  Ich stimme dieser Meinung zu/nicht zu ...
  Ich bin der Meinung, ...
  Im Text werden Gründe dafür genannt: ...
  e) Illustriere deinen Text mit zwei Fotos aus dem Internet. Beschrifte die Fotos.

SPRACHE UNTERSUCHEN

Sprache in Werbetexten entschlüsseln

In Reisekatalogen oder auch im Internet wird für Reisen geworben. Hier könnt ihr untersuchen, welche sprachlichen Mittel dabei verwendet werden.

1 Lies die Anzeige aus einem Reisekatalog. Sprecht anschließend darüber:
- Für welche Reise wird geworben?
- Was verspricht die Anzeige?
- An wen richtet sie sich?
- Warum könnten die Reisenden enttäuscht sein, wenn sie die Tour machen? Beachtet die Informationen aus dem Text „Umweltprobleme im Himalaja".

> In der Anzeige wird herausgestellt, dass …

> Die Wirklichkeit sieht an manchen Orten im Himalaja anders aus: …

NEPAL-TREKKING
IN EINZIGARTIGER NATUR

Sofort buchbar!

Dieses Trekking ist ein echtes Erlebnis – ebenso unvergesslich wie spektakulär! Auf der viertägigen Tour voller Highlights geht es hoch hinauf: Durch malerische Bergdörfer und ausgedehnte Rhododendronwälder erklimmst du den Poon Hill auf 3195 m Höhe. Auf dem
5 beliebten Hike bietet sich dir ein spektakulärer Blick auf die schneebedeckten Gipfel einiger der höchsten Berge der Welt. Der Sonnenaufgang auf dem Poon Hill ist die Krönung deiner Trekking-Tour! Faszinierend und einmalig schön! Für alle, die in der Abgeschiedenheit und Ruhe in den Weiten des Himalaja ihre Grenzen austesten wollen, ist das Nepal-Trekking genau die richtige Erlebnis-Tour.

2 Untersuche, wie für die Reise geworben wird. Nutze „Wissen und Können".
a) Markiere (Folie) Adjektive, die das Reiseziel als besonders attraktiv beschreiben.
b) Markiere (Folie) Nomen, die eine positive Wertung enthalten.
c) Lege eine Tabelle an und trage deine Ergebnisse ein.

WISSEN UND KÖNNEN   **Sprachliche Mittel der Werbung**

Um Reisen anzupreisen, werden häufig diese sprachlichen Mittel eingesetzt:
1. **Adjektive** beschreiben die Reiseziele anschaulich und enthalten positive Wertungen: malerische Bergdörfer, schneebedeckte Gipfel …
   Steigerungen und Verstärkungen dienen dazu, die positive Wirkung der Reise hervorzuheben: unvergesslich, spektakulär …
2. **Nomen**, die eine positive Wertung enthalten, lassen die Reise als besonders attraktiv erscheinen. Achte besonders auf Wortzusammensetzungen und Wörter aus dem Englischen: Erlebnis-Tour, Krönung, Highlight …

Reportagen lesen und einschätzen

Eine Reportage gehört wie ein Bericht zu den Sachtexten, mit denen die Leser informiert werden sollen. Eine Reportage soll aber auch unterhalten: Es wird geschildert, was ein Reporter oder eine Reporterin sieht, hört oder miterlebt.

1 Lies die Überschrift und das Fettgedruckte. Sprecht anschließend darüber:
- Um welches Thema geht es in dieser Reportage?
- Hat euch der Anfang der Reportage neugierig gemacht? Warum?
- Welche Informationen erwartet ihr im weiteren Text?

2 Schau dir die beiden Fotos an. Sprecht darüber:
- Beschreibe, was du erkennen kannst.
- Wodurch wecken die Fotos dein Interesse?
- Was kommt dir außergewöhnlich, abenteuerlich oder spannend vor?

3 Lies die ganze Reportage einmal durch.
a) Ordne die Überschriften den Abschnitten zu:

Woher die Felsenbiene ihren Namen hat …   **Die größte Honigbiene der Welt**

Himalaja-Honig – flüssiges Gold mit Tradition

Lebensgefahr in schwindelerregender Höhe   **Honigjagd ohne Sicherung**

Als Leser ist man gespannt …

Man will wissen, …

Es ist nicht normal, …

b) Warum reizen die Überschriften dazu an, den dazugehörigen Abschnitt zu lesen? Begründe deine Meinung.

Auf gefährlicher Mission:
Honigjäger in Nepal

An steilen Felsklippen des Himalaja jagt die Bevölkerung in uralter Tradition den Honig der wilden Felsenbiene. Dieser Honig gilt als einer der wertvollsten der Welt,
5 **doch seine Ernte ist lebensgefährlich.**

Die in Nepal heimische Kliffhonigbiene, auch Felsenbiene genannt, hängt ihre Waben direkt an steile Felswände. Ihr Honig gilt als besonders
10 kostbar: Die Bienen leben in nahezu unberührter Natur und sammeln den Honig von dortigen Wild- und Heilkräutern. Er soll nicht nur beson- ders aromatisch schmecken, sondern auch hei- lende Kräfte besitzen. Von den Einheimischen wird er als Medizin benutzt, die Immunsystem 15 und Knochen stärken und bei Wunden und Verletzungen helfen soll.

Doch der Preis für den begehrten Honig ist hoch.
20 Eine Imkerei mit Honigkästen kennen die
Bewohner der Region Pokhara nahe Kathmandu
nicht – wird Honig benötigt, so wird er „gejagt".
Für die Felsenbiene hat dies schwerwiegende
Folgen: Auf der Jagd zerstören die Honigsamm-
25 ler die Waben des Nestes. Die stark gefährdeten
Bienen sind deshalb bereits vom Aussterben be-
droht.

Allerdings birgt die wilde Honigjagd nicht nur
für die Bienen Gefahren. Die Ernte des „gelben
30 Goldes" ist auch für die Honigjäger selbst lebensgefährlich. Das Volk der Gurung betreibt die Honigjagd in uralter Tradition. Dementsprechend
haben sich sowohl Technik als auch Ausrüstung
seit Jahrhunderten kaum verändert. Zweimal
35 im Jahr schleppen die Männer, meist in einer
Gruppe von zehn bis zwanzig Personen, ihre
Ausrüstung in schweren Paketen auf dem
Rücken bis an den Fuß des Himalaja. Dort
warten sie bis zum nächsten Morgengrauen,
40 um mit der Honigjagd zu beginnen. Teil des
Vorhabens ist stets ein Opfertier. Dieses heilige
Ritual soll die Götter milde stimmen – denn
den Bewohnern des Volkes ist die Gefahr der
Honigernte durchaus bewusst.

45 Bei Tagesanbruch erklettern die Honigjäger
dann die steilen Felswände, an denen die bis zu
zwei Meter langen Waben hängen. Dazu seilen
sie sich an selbst geknüpften Strickleitern aus
50 Bambus und Gräsern in über 100 Metern Höhe
zu den Waben ab. Mit Bambusstöcken werden
die Waben durchstochen, mit einer Art Widerhaken versehen und dann mit einem scharfen
Messer abgetrennt. An den Seilen befestigte
55 Widerhaken verhindern, dass die Waben abstür-
zen. So lassen sich die Waben abseilen und ohne
Verluste ernten.

Mit über zwei Meter
langen Bambusstan-
gen löst der Honig-
jäger die Waben vom
Felsen und leitet sie in
einen herabhängen-
den Bambuskorb.

So weit die Theorie. Wären da nicht die Kliffho-
nigbienen, die in dunklen Trauben zu Hunderten 60
an den Waben hängen und von der ungebetenen
Störung ganz und gar nicht begeistert sind. Dazu
kommt, dass die Kliffhonigbiene mit bis zu drei
Zentimetern die größte der weltweit neun Honig-
bienenarten ist. Ihr Gift gilt als neun Mal so stark 65
wie das der Westlichen Honigbiene. Bereits einige
Stiche können tödlich sein und die nepalesischen
Honigjäger sind meist nur durch den Stoff ihrer
normalen Kleidung geschützt. Das Feuer, das aus
Stroh und Kräutern entzündet wird, um die Bie- 70
nen kurzfristig zu benebeln, hilft da nur wenig.

Sind die Waben dann einmal gesammelt, steigt
die Spannung: Ist überhaupt Honig darin zu finden? Denn nicht immer gibt es genug blühende 75
Pflanzen in der Umgebung, an denen die Bienen
sammeln können. Bei erfolgreicher Ernte finden
die Honigjäger aber oft bis zu 20 kg Honig in
einer Wabe. Den verkaufen sie an Händler, die
ihn ins Ausland liefern. Besonders der im Früh- 80
jahr gewonnene rote Honig gilt als besonders
wertvoll. Für die Bewohner der Region eine
wichtige – und oft die einzige – Einnahmequelle.
So ist das flüssige Gold der Felsenbienen Fluch
und Segen zugleich für die nepalesischen Honig- 85
jäger – und ein ganz besonderes Erbe aus der
Vergangenheit, das eine uralte Tradition des
Volkes aufrechterhält.

4 Was will der Autor mit seinem Text erreichen?

Der Autor will seine Leserinnen und Leser
a. kurz und sachlich in einer Meldung über die Felsenbiene in Nepal informieren.
b. anschaulich und lebendig über die Honigjagd in Nepal informieren.

5 Untersuche die Sprache der Reportage.
a) Markiere Adjektive, die anschaulich machen, was passiert.
b) Unterstreiche Wörter und Formulierungen, die zeigen,
   wie der Autor die Honigjagd bewertet.
   Nutze die Hinweise im Wissen-und-Können-Kasten.

6 Schreibe einen kurzen zusammenhängenden Text.
Beachte diese Schreibhinweise:
   – Stelle dar, dass die Honigjagd ein lohnendes, aber auch ein gefährliches Geschäft ist.
   – Zeige auf, wie durch sprachliche Mittel das Geschehen lebendig und anschaulich
     beschrieben wird.
   – Erläutere die Aussage, dass der Nepalhonig für die Honigjäger „Fluch und Segen
     zugleich" ist.

> **WISSEN UND KÖNNEN** ▶   **Eine Reportage lesen und erschließen**
>
> Eine **Reportage** ist ein informativer Text, der beim Lesen das Gefühl
> vermittelt, dass man das Berichtete tatsächlich miterlebt.
>
> Diese Merkmale sind typisch für eine Reportage:
> **1.** Überschriften, Zwischenüberschriften und Bilder reizen zum Lesen.
> **2.** In der Reportage wird oft Spannung aufgebaut. So kann am Anfang
>   eine spannende Szene geschildert werden, um die Aufmerksamkeit
>   der Leserinnen und Leser zu wecken:
>   Doch seine Ernte ist lebensgefährlich …
> **3.** Die Sprache der Reportage ist bildreich:
>   – Adjektive wirken anschaulich und machen den Text lebendig und
>   spannend: gefährliche Mission, steile Felsenklippen …
>   – Wörter und Wendungen erzeugen Bilder und Stimmungen:
>   Felsenklippen, Felswände; abseilen, im Morgengrauen …

Einen Sachtext untersuchen und dazu schreiben

Isfahan ist eine Stadt im Iran. In diesem Kapitel untersuchst du einen Sachtext, der diese Stadt zum Thema hat. Dann übst du, deine Ergebnisse in einem zusammenhängenden Text aufzuschreiben.

1 Informiere dich im Internet über die Stadt Isfahan.
Wo liegt die Stadt? Was erfährst du über ihre Geschichte?

2 Der Textauszug auf S. 116 stammt aus dem Buch, dessen Cover
du hier siehst. Schau dir das Cover an und lies daneben
die Informationen zum Autor. Ergänze die Sätze.
a) Wer hat das Buch verfasst? Wie lautet der Titel des Buches?
Das Buch hat den Titel ... und wurde von ... verfasst.
b) Worum geht es in dem Buch? Erkläre den Titel.
Der Autor ist Lehrer. In dem Buch schreibt er über ...
Der Titel bedeutet ...

Jan Kammann (geb. 1979 in Bremen) ist ein deutscher
Lehrer, Buchautor und Weltreisender. Er arbeitet als
Lehrer für Englisch und Geografie in Hamburg und
unterrichtete Schülerinnen und Schüler, die aus 22
Ländern stammten. 2016 nahm er sich ein Sabbatjahr,
um 14 dieser Länder zu bereisen.

„Dieses Reisejahr hat mich verändert. Ich sehe
die Welt mit anderen Augen und bin dankbar,
dass meine Schüler den Spieß umdrehen konnten
und mir so viel beigebracht haben."

3 Lies den Auszug aus dem Buch einmal ganz durch.
a) Gib jedem Abschnitt eine Überschrift.
b) Fasse die wichtigsten Informationen in jedem Abschnitt mit eigenen Worten
zusammen.
Im ersten Abschnitt betont der Autor ...
Anschließend erläutert er, warum die Stadt ihm so gut gefällt ...
Im dritten Abschnitt geht er darauf ein, wie er das Leben in der Stadt findet,
und vergleicht es mit dem Leben in Deutschland: ...
Im letzten Abschnitt wendet sich der Autor an die Leser und macht einen
Vorschlag ...

Jan Kammann

Koda Hafez – Tschüss, Iran

Isfahan, nesf-e jahan, Isfahan ist die Hälfte der Welt. Dieses alte Sprichwort kennt
jeder im Iran. Was damit gemeint ist, wird sofort klar, wenn man die Stadt betritt.
Sie ist überwältigend mit ihren reich verzierten Moscheen, den fantastischen Parks,
den weitläufigen Plätzen und großartigen Brücken. Im Zeitalter der Safawiden
5   zwischen 1501 und 1722 wurde sie als Hauptstadt immer weiter ausgebaut und
verschönert. Schah Abbas holte Mitte des 16.Jahrhunderts 30 000 der talentiertesten
und besten Handwerker und Künstler seines Reiches in die Stadt. Zum Erlesensten
gehörte damals die sagenhafte Handwerkskunst der Armenier. Sie sollten seine
Stadt weiter verschönern. Was man mit Bestimmtheit sagen kann, ist, dass dies
10   durchaus gelungen ist.

Was das alles so wunderschön macht, ist natürlich die spektakuläre Architektur,
aber eine noch viel größere Rolle spielt, wie die Einheimischen dieses Setting mit
Leben füllen. Nicht nur in Isfahan, sondern im ganzen Land drängen zu Sonnen-
untergang Menschen aller Altersgruppen in die Parks und Plätze, um das Leben
15   miteinander zu genießen. Die Picknicks sind üppig, alles ist dabei, von Köfte und
Salaten über süßes Gebäck bis hin zu Tee, heiß und kalt.

Ich wiederhole mich, wenn ich sage, dass man im Iran ständig und überall eingeladen und in Gespräche verwickelt wird, doch so ist es auch in Isfahan. Ehe ich mich
versehe, sitze ich auf einer Decke zusammen mit Omid und seiner Familie. Ich pro-
20   biere dies und jenes, spiele Fußball mit seinen kleinen Geschwistern und genieße
den Abend. Dabei verstehe ich, was meine Schüler aus dem Iran, aber auch aus arabischen Ländern meinen, wenn sie sagen, sie würden die Draußenkultur vermissen.
Die gibt es zwar auch im Sommer am Timmendorfer Strand, in St. Peter-Ording oder
in den Parks der Stadt, aber eben nicht so und schon gar nicht so sichtbar, so offen
25   und einladend. Und schon gar nicht mit dieser generationenübergreifenden Leidenschaft und solcher Liebe zum Detail. <u>Das ist etwas, was das Leben in Deutschland
grundsätzlich vom Leben hier unterscheidet. Einerseits mag es seine Vorteile haben,
dass wir kein ganz so intensives Verhältnis zu unseren Eltern haben – das macht
freier –, aber andererseits merke ich gerade in diesem Moment, während ich zusam-
30   men mit acht Menschen aus drei Generationen auf einer Decke sitze, wie viel uns
durch die Distanz zu unseren Familien wiederum fehlt.</u>

Macht mehr Picknick, Leute, und ladet fremde Menschen einfach so auf eure Decken
ein! Der Iran stimmt mich ganz romantisch! Meine eigenen Eltern werden beim Lesen dieser Zeilen wahrscheinlich ob ihres individualreisenden Sohns mit den Augen
35   rollen. Sei's drum – lasst uns ein Picknick machen, wenn ich wieder zu Hause bin!

4 Untersuche, wie der Autor die Stadt beschreibt.

a) Was nennt er als Erstes? Der Autor nennt zuerst ...

b) Erkläre das Sprichwort „Isfahan ist die Hälfte der Welt".

Das Sprichwort bedeutet ...

c) Was findet der Autor besonders wichtig?

Besonders wichtig findet der Autor ...

d) Markiere Adjektive, die verdeutlichen, wie der Autor

die Stadt beschreibt und bewertet. Folgende Adjektive

zeigen, dass der Autor die Stadt ... findet: ...

Nutze die Hinweise in „Wissen und Können" auf S. 114.

5 Denke über den Text nach.

a) Erkläre, was mit „Draußenkultur" gemeint ist. Damit ist gemeint ...

b) Welche Unterschiede zum Leben in Deutschland sieht der Autor?

Der Autor betont zwei Dinge: Erstens ... Zweitens ...

c) Wie bewertet er das Leben im Iran?

Der Autor findet das Leben im Iran ... Das steht in Zeile ...

d) Welchen Rat gibt er den Lesern am Ende des Textes? Warum? Am Ende gibt der

Autor den Lesern einen Rat ... Wörtlich steht im Text: „..." (Z. ...) Der Grund dafür ist ...

e) Erläutere das folgende Zitat des Autors:

„Ich sehe die Welt mit anderen Augen und bin dankbar, dass meine Schüler den

Spieß umdrehen konnten und mir so viel beigebracht haben."

Der Autor drückt mit diesem Zitat aus ...

6 Nimm Stellung zur Aussage des Autors, die im Text unterstrichen ist:

– Formuliere mit eigenen Worten, was der Autor meint.

– Stimmst du ihm zu? Oder bist du anderer Meinung?

Begründe deine Meinung.

Der Autor denkt ... Er findet ...

Ich stimme ihm zu/nicht zu, weil ...

Ich möchte meine Meinung mit Beispielen/eigenen Erfahrungen begründen: ...

7 Schreibe einen informierenden Text über das Buch von Jan Kammann.

a) Stelle in der Einleitung Autor, Titel, Thema vor.

Nutze deine Ergebnisse aus den Aufgaben 1 und 2.

b) Gehe im Hauptteil auf das Beispiel Isfahan ein und fasse zusammen,

was den Autor an der Stadt beeindruckt und wie er die Stadt beschreibt.

Nutze deine Ergebnisse aus den Aufgaben 3 und 4.

c) Erkläre im Schlussteil, was der Autor unter „Draußenkultur" versteht und

wie er diese bewertet. Gehe dabei auch auf den Vergleich zu Deutschland ein.

Nutze die Ergebnisse aus Aufgabe 5.

PRÜFUNGSTRAINING

Einen Sachtext untersuchen und dazu schreiben

Hier kannst du noch einmal üben, einen Sachtext zu untersuchen und deine Ergebnisse aufzuschreiben. Lies die Aufgaben genau, dann weißt du, was von dir verlangt wird. In Aufgabe A kannst du Formulierungshilfen nutzen. In Aufgabe B formulierst du mit Hilfe von Schreibanweisungen deinen Text selbstständig.

1 a) Lies den Text auf S. 119 und unterstreiche (Folie oder Kopie) alle Hinweise, was man unter dem Projekt „Switch – Deine Reise um die Welt" versteht.
    b) Beschreibe mit eigenen Worten, was man unter „Switch" versteht.
    c) Erkläre, wie Switch abläuft: Wer nimmt teil und wo findet es statt?
       Warum ist das Reisetagebuch wichtig?

2 Informiere in einem zusammenhängenden Text über das Projekt „Switch".
    Wähle Aufgabe **A** oder **B** aus.

A Einen Text mit Formulierungshilfen schreiben
    a) Stelle Text und Thema kurz vor.
       Der Text stammt von … Er behandelt das Thema …
    b) Veranschauliche an einem Beispiel, wie „Switch" funktioniert.
       Switch läuft folgendermaßen ab …
       Ich möchte das an einem Beispiel veranschaulichen …

> „Das Projekt möchte jungen Menschen er-möglichen, die Vielfalt anderer Kulturen und Lebensweisen kennen und schätzen zu lernen."

    c) Auf dem Zettel steht ein Zitat von der Switch-Homepage. Erläutere es.
       Das Zitat beschreibt das Ziel von „Switch". Es geht darum, …
       Glaubst du, dass das Projekt diese Ziele umsetzen kann? Warum? Warum
       nicht? *Ich denke, es ist schwierig/nicht so schwierig, weil …*
    d) Nimm Stellung zu dem Zitat.
       Ich finde die Idee gut/nicht so gut, weil …

B Einen Text mit Hilfe von Schreibanweisungen formulieren
    a) Stelle Text und Thema kurz vor.
    b) Veranschauliche an zwei Beispielen, wie „Switch" funktioniert.
    c) Erkläre, welche Ziele Switch verfolgt. Gehe dabei auf das Zitat von der
       Switch-Homepage ein, das auf dem Zettel steht.

> „Das Projekt möchte jungen Menschen er-möglichen, die Vielfalt anderer Kulturen und Lebensweisen kennen und schätzen zu lernen. Es wird versucht, auf diesem Wege Vorurteile abzubauen."

    d) Gib eine begründete Stellungnahme ab.
     – Glaubst du, dass das Projekt diese Ziele umsetzen kann? Warum? Warum
       nicht?
     – Ein Experte schlägt vor, „Switch" auch mit älteren Jugendlichen durchzuführen.
       Was spricht dafür? Was dagegen?
       Was müsste am Projekt deiner Meinung nach verändert werden?
    Begründe deine Vorschläge und gib Beispiele.

Die Weltenbummler

Türkei, Polen oder Indien — es gibt so viele Länder zu entdecken! Dafür muss man nicht einmal die eigene Stadt verlassen. „Switch – In 4 Tagen um die Welt" ist ein von der Kulturbrücke Ham-
5 burg getragenes soziales Projekt. Es besteht aus einer Kinderweltreise in der eigenen Stadt mit dem Ziel, die Teilhabe am gesellschaftlichen Leben von Menschen mit Migrationshintergrund zu fördern. Kinder und Jugendliche im Alter
10 zwischen 8 und 14 Jahren treffen sich an vier aufeinanderfolgenden Tagen von 10 bis 18 Uhr und lernen die Lebensgewohnheiten, den Alltag und die oftmals noch fremden Bräuche anderer Herkunftsländer kennen. Jedes Kind ist für
15 einen Tag Gastgeber und lädt die anderen drei Teilnehmer zu sich nach Hause ein. Dort wird der Tag von der dazugehörigen Familie frei gestaltet. Die Kinder kochen und essen beispiels-weise landestypische Speisen, basteln, musizie-
20 ren und verkleiden sich. Auch ist es erwünscht, wenn die Eltern über ihre Kultur berichten, zum Beispiel in Form von spannenden Erzählungen über die Geschichte des Landes oder über die Gründe und Ursprünge der landestypischen
25 Traditionen. Die gegenseitige Vermittlung der eigenen Kultur mit Unterstützung von Freunden und Familie soll hier im Mittelpunkt stehen. Am Ende der Reise schreiben die Kinder ein Reise-Tagebuch, in dem sie über das Erlebte be-
30 richten. Auf diesem Wege soll die Nachhaltigkeit des Projektes und die Selbstreflexion der Kinder gefördert werden. Die Reisen finden in Hamburg jeweils in den Sommer- und Winterferien statt, in Lübeck im Frühling und im Herbst und sind
35 immer kostenlos.

„Wie oft ich schon auf Weltreise war?" Alina, 13 Jahre, denkt nach. „Drei- oder viermal." Sie führt ein buntes Reisetagebuch, in das sie Fotos von ihren Erlebnissen klebt. Auf ihren Reisen hat Alina Kinder aus Europa und Amerika, aus 40 Asien und Afrika kennengelernt. Kinder wie Mariama zum Beispiel. Die ist auch 13 Jahre alt, stammt aus Ghana und ist ebenfalls schon um die Welt gereist. Und sie hat Kinder aus anderen Ländern bei sich zu Hause empfangen. Hat mit 45 ihnen Yamswurzeln und Kochbananen zuberei-tet und ihnen das ghanaische „Bohnenspiel" beigebracht. Bei all ihren Reisen haben die beiden Mädchen ihre Heimatstadt Hamburg aber gar nicht verlassen. Alina, Mariama und 50 viele andere Kinder haben bei dem Projekt „Switch" (auf Deutsch: Tausch) mitgemacht. Die Idee: In Städten leben Menschen aus vielen Ländern. Sie sprechen andere Sprachen, lesen andere Bücher, richten ihre Wohnungen anders 55 ein als deutsche Familien. Dieses fremde Leben können Kinder im Alter von 9 – 14 Jahren mit dem Projekt „Switch" kennenlernen. Immer vier Kinder aus verschiedenen Ländern bilden eine Gruppe, und jeder stellt sein Land einen Tag lang 60 vor. Dabei erlebt man ganz unterschiedliche Din-ge, z. B. ein Mittagessen ohne Besteck. Das hat Yunus, 12 Jahre, bei einer pakistanischen Familie ausprobiert. Er selbst stammt aus der Türkei. Als er der Gastgeber war, ist er mit den anderen 65 Kindern auf einem türkischen Basar einkaufen gegangen und hat mit ihnen eine Moschee be-sucht.
Aber man braucht die Organisation nicht unbe-dingt, um fremde Kulturen kennenzulernen. 70 „Man kann ja auch einfach so Freunde aus ei-nem anderen Land einladen und was Typisches kochen", schlägt Yunus vor.

Kurzgeschichten untersuchen und die Ergebnisse aufschreiben

Kurzgeschichten sind auf eine besondere Art und Weise erzählt. In diesem Kapitel findet ihr heraus, was die typischen Merkmale von Kurzgeschichten sind. Ihr untersucht und deutet berühmte ältere und neue Kurzgeschichten und schreibt eure Ergebnisse auf.

TEXTE UND MEDIEN

1 Schau dir die Fotos unten auf der Seite an und suche dir eine Person aus.
  a) Überlege, was die Person gerade in ihrem Alltag Besonderes erlebt haben könnte. Schreibe es in wenigen Sätzen auf.
  b) Schreibe auch auf, was der Person in diesem Moment durch den Kopf geht, was sie denkt und fühlt.

2 Lies den Anfang von Annas „Momentaufnahme".
  a) Zu welchem Foto hat sie wohl geschrieben?
  b) Wie könnte die Geschichte weitergehen? Schreibe ein paar Sätze hinzu.

> Sie blickt nach unten. Sie presst die Lippen zusammen.
> Heute wird sie nicht zu sprechen anfangen. Heute nicht.
> Immer ist sie es, die sagen muss: Lass uns wieder Freundinnen sein.
> Heute nicht. Es war zu gemein, was Johanna heute gemacht hat …

3 Sucht oder macht selbst Fotos mit Alltagsszenen und schreibt kurze Geschichten dazu. Stellt eure Geschichten in Kleingruppen wechselseitig vor und besprecht sie in einer Schreibkonferenz.

Die Geschichte kennenlernen

Wenn wir eine Geschichte lesen, müssen wir zunächst einmal verstehen, wer die Geschichte erzählt, wer in der Geschichte vorkommt und was passiert.

1 Lies die Kurzgeschichte „Die Taube".
  a) Halte deine Ideen in einer Text-Bild-Collage fest. Nutze den Methodenkasten.
  b) Erläutere, was du gemalt hast.

Franz Hohler

Die Taube

Eine Taube flog über das Kriegsgebiet und wurde vom Rotorblatt eines Kampf-helikopters zerfetzt. Eine ihrer schönen weißen Federn schwebte in den Hof eines Hauses, wo sie von einem Kind aufgelesen wurde.
Kurz darauf mussten die Großeltern und die Mutter mit dem Kind flüchten.
5 „Wir nehmen nur das Nötigste mit", sagte die Mutter, raffte ein paar Kleider zusam-men und stopfte sie mit ihren Dokumenten und etwas Geld und Schmuck in einen Koffer, der Großvater füllte zwei Flaschen mit Wasser, die Großmutter packte das letzte Brot, einige Äpfel und eine Schokolade ein. Das Kind nahm die Feder mit.

2 Untersuche Inhalt und Sprache der Kurzgeschichte.
  a) Welche Figuren kommen vor?
  b) Was passiert Besonderes?
  c) Was fällt dir an der Sprache auf? Achte besonders auf die letzten beiden Sätze.

3 Denke über die Geschichte nach.
  a) Was geht in dem Kind vor? Warum nimmt es wohl die Feder mit?
    Schreibe seine Gedanken und Gefühle auf.
  d) Wie verstehst du die Geschichte? Findest du sie traurig oder hoffnungsvoll?
    Begründe.

METHODE   **Leseeindrücke zu einer Geschichte festhalten**

Mit einer **Text-Bild-Collage** kannst du deine ersten Leseeindrücke festhalten.
Eine Collage ist ein Bild aus Texten, Fotos oder selbst gemalten Bildern.
– Schreibe Wörter und Sätze auf, die dich besonders beeindruckt haben.
– Notiere deine Gedanken zum Text. Verwende Sprechblasen und Farben.
– In welche Figur(en) willst du dich hineinversetzen? Notiere ihre Gedanken und Gefühle.
– Illustriere den Text mit Fotos, Bildern oder eigenen Zeichnungen.

Digital+
Audio
Die Taube

Franz Hohler *(geb. 1943 in Biel) ist ein Schweizer Schriftstel-ler, Kabarettist und Liedermacher. Er ist mit zahlreichen Literaturpreisen aus-gezeichnet worden.*

Digital+
Text
Herta Müller: „Arbeitstag" An dieser Kurzge-schichte kannst du noch einmal üben, Leseeindrücke festzuhalten.

Eine Kurzgeschichte erschließen

„Nachts schlafen die Ratten doch" von Wolfgang Borchert zählt zu den meist-gelesenen deutschen Kurzgeschichten. Hier übst du, die Geschichte Schritt für Schritt zu lesen, um herauszufinden, was sich hinter der Geschichte verbirgt.

Wolfgang Borchert

Nachts schlafen die Ratten doch (1947)

Das hohle Fenster in der vereinsamten Mauer gähnte blaurot voll früher Abendsonne. Staubgewölke flimmerten zwischen den steilgereckten Schornsteinres-ten. Die Schuttwüste döste.

5　Er hatte die Augen zu. Mit einmal wurde es noch dunkler. Er merkte, dass jemand gekommen war und nun vor ihm stand, dunkel, leise. „Jetzt haben sie mich!", dachte er. Aber als er ein bisschen blinzelte, sah er nur zwei etwas ärmlich behoste Beine. Die standen ziemlich krumm vor ihm, dass er zwischen 10 ihnen hindurchsehen konnte. Er riskierte ein kleines Geblinzel an den Hosenbeinen hoch und erkannte einen älteren Mann. Der hatte ein Messer und einen Korb in der Hand. Und etwas Erde an den Fingerspit-zen. 15

1 **Schritt 1:** Lerne die Geschichte kennen und formuliere deine ersten Eindrücke.
　a) Lies den Titel der Geschichte und die ersten fünfzehn Zeilen.
　b) Stelle Vermutungen an und schreibe die Antworten auf einen Zettel:
　　– Wer könnte „er" sein?
　　– Wo befindet sich die Figur? Wie stellst du dir den Ort vor?
　　– Wie fühlt sich die Figur wohl? Was könnte der Satz „Jetzt haben sie mich!"
　　　bedeuten?
　　– Was erfährst du über den älteren Mann? Warum hat er wohl ein Messer
　　　und einen Korb dabei?

Digital+
Audio
*Nachts schlafen
die Ratten doch*

2 Lies die Geschichte zu Ende. Notiere, was dir auffällt und worüber du anschließend sprechen möchtest.

„Du schläfst hier wohl, was?", fragte der Mann und sah von oben auf das Haargestrüpp herunter. Jürgen blinzelte zwischen den Beinen des Mannes hindurch in die Sonne und sagte: „Nein, ich schlafe nicht. Ich 20 muss hier aufpassen." Der Mann nickte: „So, dafür hast du wohl den großen Stock da?"
„Ja", antwortete Jürgen mutig und hielt den Stock fest. „Worauf passt du denn auf?"
„Das kann ich nicht sagen." Er hielt die Hände fest 25 um den Stock.
„Wohl auf Geld, was?" Der Mann setzte den Korb ab und wischte das Messer an seinen Hosenbeinen hin und her.

„Nein, auf Geld überhaupt nicht", sagte Jürgen ver-ächtlich. „Auf ganz etwas anderes." 30
„Na, was denn?"
„Ich kann es nicht sagen. Was anderes eben."
„Na, denn nicht. Dann sage ich dir natürlich auch nicht, was ich hier im Korb habe." Der Mann stieß mit dem Fuß an den Korb und klappte das Messer zu. 35
„Pah, kann mir denken, was in dem Korb ist", meinte Jürgen geringschätzig, „Kaninchenfutter."
„Donnerwetter, ja!", sagte der Mann verwundert, „bist ja ein fixer Kerl. Wie alt bist du denn?"
„Neun." 40
„Oha, denk mal an, neun also. Dann weißt du ja auch,

wie viel drei mal neun sind, wie?"

„Klar", sagte Jürgen, und um Zeit zu gewinnen, sagte er noch: „Das ist ja ganz leicht." Und er sah durch die
45 Beine des Mannes hindurch. „Dreimal neun, nicht?", fragte er noch einmal, „siebenundzwanzig. Das wusste ich gleich."

„Stimmt", sagte der Mann, „und genau so viel Kaninchen habe ich."

50 Jürgen machte einen runden Mund: „Siebenundzwanzig?"

„Du kannst sie sehen. Viele sind noch ganz jung. Willst du?"

„Ich kann doch nicht. Ich muss doch aufpassen",
55 sagte Jürgen unsicher.

„Immerzu?", fragte der Mann, „nachts auch?"

„Nachts auch. Immerzu. Immer." Jürgen sah an den krummen Beinen hoch. „Seit Sonnabend schon", flüsterte er.

60 „Aber gehst du denn gar nicht nach Hause? Du musst doch essen."

Jürgen hob einen Stein hoch. Da lag ein halbes Brot. Und eine Blechschachtel.

„Du rauchst?", fragte der Mann, „hast du denn eine
65 Pfeife?"

Jürgen fasste seinen Stock fest an und sagte zaghaft: „Ich drehe. Pfeife mag ich nicht."

„Schade", der Mann bückte sich zu seinem Korb, „die Kaninchen hättest du ruhig mal ansehen kön-
70 nen. Vor allem die Jungen. Vielleicht hättest du dir eines ausgesucht. Aber du kannst hier ja nicht weg."

„Nein", sagte Jürgen traurig, „nein, nein."

Der Mann nahm den Korb hoch und richtete sich auf. „Na ja, wenn du hierbleiben musst – schade." Und er drehte sich um. „Wenn du mich nicht verrätst", 75 sagte Jürgen da schnell, „es ist wegen den Ratten."

Die krummen Beine kamen einen Schritt zurück: „Wegen den Ratten?"

„Ja, die essen doch von Toten. Von Menschen. Da leben sie doch von." 80

„Wer sagt das?"

„Unser Lehrer."

„Und du passt nun auf die Ratten auf?", fragte der Mann.

„Auf die doch nicht!" Und dann sagte er ganz leise: 85 „Mein Bruder, der liegt nämlich da unten. Da." Jürgen zeigte mit dem Stock auf die zusammengesackten Mauern. „Unser Haus kriegte eine Bombe. Mit einmal war das Licht weg im Keller. Und er auch. Wir haben noch gerufen. Er war viel kleiner als ich. Erst vier. Er 90 muss hier ja noch sein. Er ist doch viel kleiner als ich."

Der Mann sah von oben auf das Haargestrüpp. Aber dann sagte er plötzlich: „Ja, hat euer Lehrer euch denn nicht gesagt, dass die Ratten nachts schlafen?"

„Nein", flüsterte Jürgen und sah mit einmal ganz 95 müde aus, „das hat er nicht gesagt."

„Na", sagte der Mann, „das ist aber ein Lehrer, wenn er das nicht mal weiß. Nachts schlafen die Ratten doch. Nachts kannst du ruhig nach Hause gehen. Nachts schlafen sie immer. Wenn es dunkel wird, schon." 100

Jürgen machte mit seinem Stock kleine Kuhlen in den Schutt.

„Lauter kleine Betten sind das", dachte er, „alles klei-

ne Betten." Da sagte der Mann (und seine krummen
105 Beine waren ganz unruhig dabei): „Weißt du was?
Jetzt füttere ich schnell meine Kaninchen und wenn
es dunkel wird, hole ich dich ab. Vielleicht kann ich
eins mitbringen. Ein kleines, oder, was meinst du?"
Jürgen machte kleine Kuhlen in den Schutt. Lauter
110 kleine Kaninchen. Weiße, graue, weißgraue. „Ich
weiß nicht", sagte er leise und sah auf die krummen
Beine, „wenn sie wirklich nachts schlafen."
Der Mann stieg über die Mauerreste weg auf die
Straße. „Natürlich", sagte er von da, „euer Lehrer
115 soll einpacken, wenn er das nicht mal weiß."
Da stand Jürgen auf und fragte: „Wenn ich eins
kriegen kann? Ein weißes vielleicht?"
„Ich will mal versuchen", rief der Mann schon im

Weggehen, „aber du musst hier so lange warten. Ich
gehe dann mit dir nach Hause, weißt du? Ich muss   120
deinem Vater doch sagen, wie so ein Kaninchenstall
gebaut wird. Denn das müsst ihr ja wissen."
„Ja", rief Jürgen, „ich warte. Ich muss ja noch aufpassen, bis es dunkel wird. Ich warte bestimmt." Und er
rief: „Wir haben auch noch Bretter zu Hause. Kisten-   125
bretter", rief er.
Aber das hörte der Mann schon nicht mehr. Er lief mit
seinen krummen Beinen auf die Sonne zu. Die war
schon rot vom Abend, und Jürgen konnte sehen, wie
sie durch die Beine hindurch schien, so krumm wa-   130
ren sie. Und der Korb schwenkte aufgeregt hin und
her. Kaninchenfutter war da drin. Grünes Kaninchenfutter, das war etwas grau vom Schutt.

3 **Schritt 2:** Fasse den Inhalt der Kurzgeschichte zusammen. Beantworte dazu die Fragen:
– Welche Figuren kommen vor?
– Wo befinden sie sich?
– Was passiert im Laufe der Geschichte?
– Wie geht die Geschichte zu Ende?

→ *In der Geschichte
ist nicht alles direkt
ausgedrückt: Du
musst auch zwi-
schen den Zeilen
lesen. Hinweise
dazu findest du
in „Wissen und
Können" (S. 285).*

4 **Schritt 3:** Beschreibe die Figuren und ihre Beziehung.
a) Was erfährst du über den Jungen und den älteren Mann?
– Warum denkt Jürgen, dass er wach bleiben muss?
– Warum redet der alte Mann so lange mit Jürgen?
b) Was passiert im Gespräch? Welcher Deutung stimmst du zu?
Der ältere Mann will …
a. Jürgen zum Reden bringen,   b. Jürgen neugierig machen,
c. Jürgen auf andere Gedanken bringen,   d. Jürgens Vertrauen gewinnen,
e. herausfinden, was mit Jürgen los ist.
Suche Stellen im Gespräch, mit denen du das belegen kannst.
c) Wie verhält sich Jürgen im Gespräch? Welcher Deutung stimmst du zu?
Jürgen …
a. ist ängstlich,   b. ist verschlossen,
c. fühlt sich verantwortlich,   d. ist traurig,
e. verhält sich wie ein Erwachsener,   f. ist zugänglich geworden.
Suche Stellen im Gespräch, mit denen du das belegen kannst.
d) Ratten sind normalerweise nachtaktive Tiere. Warum erzählt der ältere Mann
wohl das Gegenteil?

5 **Schritt 4:** Untersuche die sprachlichen Besonderheiten der Geschichte.
Ihr könnt dazu Arbeitsgruppen bilden. Sucht z. B. nach Personifizierungen,
Sprachbildern, Wiederholungen, Gegensätzen, Farben, Tieren oder Gegenständen,
die eine besondere Bedeutung haben.

> Ich finde den älteren Mann am Anfang der Geschichte unheimlich, weil er …

6 **Schritt 5:** Worüber kommst du ins Nachdenken?
   a. Wie findest du das Verhalten des älteren Mannes?
   b. Was denkst du über Jürgen?
   c. Findest du die Geschichte eher traurig oder eher hoffnungsvoll? Begründe.
   d. Erkläre den Titel der Geschichte.
   e. Was denkst du, wie es mit Jürgen weitergeht?
Begründe deine Deutungen mit Belegen aus dem Text. Besprecht sie in der Klasse.

> Jürgen ist am Anfang so verschlossen, weil …

7 Arbeite mit deinen Ergebnissen weiter. Wähle Aufgabe **A** oder **B** aus.
   A Führt gemeinsam ein Literaturgespräch.
   B Schreibe deine Gedanken zur Geschichte als „Nachdenktext" auf:
      – Was passiert in der Geschichte?
      – Was findest du an der Geschichte bemerkenswert?
      – Worüber kommst du ins Nachdenken?

> → *Hinweise, wie ihr ein Literaturgespräch führen könnt, findet ihr in „Wissen und Können" (S. 284).*

METHODE ▸ **Eine Kurzgeschichte untersuchen und deuten**

- **Schritt 1: Mit der Geschichte ins Gespräch kommen**
  Lerne die Geschichte kennen und sammle erste Eindrücke: Welche Ideen
  und Gedanken kommen dir beim Lesen?
- **Schritt 2: Den Inhalt der Geschichte zusammenfassen**
  Welche Figuren kommen vor? Wo spielt die Geschichte?
  In welcher Situation befinden sich die Figuren am Anfang der Geschichte?
  Was passiert? Wie reagieren die Figuren darauf?
- **Schritt 3: Die Figuren und ihre Beziehung beschreiben**
  Charakterisiere die Figuren: Wie verhalten sie sich? Wie ist ihre Beziehung
  zueinander? Beachte, dass nicht alles direkt ausgedrückt wird. Du musst
  auch zwischen den Zeilen lesen.
- **Schritt 4: Sprachliche Besonderheiten entdecken**
  Achte auf Wortwahl, Satzbau, Wiederholungen und Sprachbilder (Wortbil-
  dungen, Vergleiche, Personifizierungen, Redensarten), die Stimmungen und
  Gefühle hervorrufen: Bei Schuttwüste denkt man z. B. an Krieg/Zerstörung.
- **Schritt 5: Eine eigene Deutung entwickeln**
  Wie verstehst du die Geschichte? Worüber kommst du ins Nachdenken?
  Belege deine Deutung am Text.

🔲 **Digital+**
Texte
An diesen Texten kannst du weitere Kurzgeschichten Schritt für Schritt erschließen:
– Wolfgang Borchert: „Die Küchenuhr"
– Ilse Aichinger: „Fenster-Theater".

Merkmale von Kurzgeschichten erkennen

Kurzgeschichten handeln von einfachen Menschen. Diese erleben in ihrem Alltag eine Situation, die zu einem Wendepunkt in ihrem Leben führt.

1 Wolfgang Borchert ist der Autor der Kurzgeschichte „Nachts schlafen die Ratten doch".
  a) Lies die Kurzbiografie. Was erfährst du über Wolfgang Borchert?
  b) Welche weiteren Fragen zum Leben und Schaffen des Autors hast du? Recherchiere im Internet und stelle deine Ergebnisse vor.
  c) An welchen Stellen der Geschichte findest du Hinweise auf die historische Situation? Nenne Beispiele.

Wolfgang Borchert, am 20. Mai 1921 in Hamburg geboren, gilt als einer der wichtigsten Autoren der Nachkriegszeit. Wegen unerwünschter Gedichte wurde er 1940 – zur Zeit des Nationalsozialismus – verhaftet und 1941 zum Militär eingezogen. 1945 kehrte Borchert in die Trümmer Hamburgs zurück. Im Januar 1946 verfasste er seine erste Kurzgeschichte. Am 20. November 1947 starb Borchert, gerade sechsundzwanzigjährig, in einem Krankenhaus in Basel. In seinen Kurzgeschichten stellt er immer wieder die Verlorenheit und Hoffnungslosigkeit der Menschen seiner Zeit dar.

Merkmale von Kurzgeschichten	Belege aus „Nachts schlafen die Ratten doch"
Personen in ihrem Alltag	ein älterer Mann, ...
Alltagssituation	...
...	

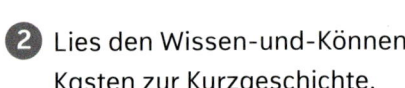

Es kommen nur wenige Personen vor: ...

2 Lies den Wissen-und-Können-Kasten zur Kurzgeschichte.
  a) Welche Merkmale für eine Kurzgeschichte kannst du in „Nachts schlafen die Ratten doch" entdecken?
  b) Lege eine Tabelle an und trage deine Ergebnisse ein.

WISSEN UND KÖNNEN ▶ **Merkmale von Kurzgeschichten erkennen**

1. Kurzgeschichten sind kurz, meist nur wenige Seiten lang.
2. Es wird eine alltägliche Begebenheit erzählt, die aber eine besondere Bedeutung im Leben der Hauptfigur hat und zu einem Wendepunkt führt.
3. In Kurzgeschichten gibt es nur einen Handlungsstrang mit wenigen Figuren.
4. In Kurzgeschichten ist vieles nicht direkt ausgedrückt. Du musst „zwischen den Zeilen" lesen und selbst herausfinden, was in den Figuren vorgeht und welche Beziehungen sie zueinander haben.
5. Kurzgeschichten haben einen direkten Einstieg und ein offenes Ende.
6. Wortwahl und Satzbau sind einfach, aber hinter der einfachen Sprache verbirgt sich eine tiefere Bedeutung, die du herausfinden musst. Achte besonders auf Wiederholungen von Wörtern und Sätzen und auf Gegenstände, die eine besondere Bedeutung haben (Symbole). Ein **Symbol** (Sinnbild) ist ein Zeichen für etwas: Das Herz ist ein Symbol für Freundschaft oder Liebe, die Taube steht für Frieden, eine Waage für Recht und Gerechtigkeit.

Pablo Picasso: Taube mit Olivenzweig (1961)

Sprachliche Besonderheiten untersuchen

Die Sprache in Kurzgeschichten ist einfach. Die Beschreibungen sind knapp und präzise. Kurzgeschichten sind oft in der Alltagssprache oder sogar in der Umgangssprache erzählt.

1 Lies die Kurzgeschichte „Sonntag" von Selim Özdoğan.

    a) Was sind deine ersten Eindrücke von der Geschichte?
       Notiere deine Gedanken und Fragen.

    b) Fasse den Inhalt zusammen:
- *Wo und wann spielt die Geschichte?*
- *Was macht die Hauptfigur?*
- *Was sieht die Hauptfigur am Anfang der Geschichte?*
- *Worüber denkt die Hauptfigur nach?*
- *Was sieht die Hauptfigur am Ende der Geschichte?*

    c) Charakterisiere die Hauptfigur: Was erzählt sie über sich?
       Was kannst du zwischen den Zeilen lesen?

    d) Denke über die Geschichte nach: Wie verstehst du das Ende?

Digital+
Audio
Sonntag

Selim Özdoğan

Sonntag

Es war Sonntagmittag, und ich fuhr mit meinem Fahrrad nach Hause. Es war kein Sonntag, wie wir ihn kennen. Ich fühlte mich gut und war voller Liebe, ich hätte alles sein können an diesem Tag. Es war mild, verglichen mit den letzten Wochen, ein Hauch von Frühling lag in der Luft. Noch einmal dieses Gefühl, es überstanden zu haben.

5 Ich fuhr an einer Bushaltestelle vorbei, die völlig demoliert war. Glasscherben auf dem Bürgersteig, tausend kleine Glasscherben, und ich dachte nicht an meine Reifen. Ich dachte: Wie kann man nur so draufkommen? Ich sah rüber auf die andere Straßenseite, und die andere Bushaltestelle war genauso ein Bild der Verwüstung. Wie kann man auf so eine verschissene Idee kommen?

10 In Wirklichkeit habe ich eine ziemlich genaue Ahnung, wie man auf so eine Idee kommt. Es war Samstagnacht gewesen, ein paar Jungs, immer Jungs, und niemals weniger als zwei, die sich betrinken. Eine Samstagnacht, schon wieder, und du wirst aggressiv. Dein Leben kotzt dich an, du trinkst, damit der Spaß endlich kommt, du trinkst, damit du dich amüsierst, und dieses Mal trinkst du mehr als sonst, weil

15 die letzten Wochenenden sich so geglichen haben, dass du sie gar nicht auseinanderhalten kannst. Keine einzige Frau lächelt zurück, du bist jung, du willst Abenteuer, und du willst die Welt in ihren Grundfesten erschüttern. Es reicht nicht, wenn du einfach nur Straßenlaternen austrittst, heute Nacht soll es mal etwas Größeres sein, heute Nacht willst du fühlen, wenn schon nichts anderes, dann wenigstens Macht.

Selim Özdoğan
(geb. 1971 in Adana, Türkei) ist ein deutscher Schriftsteller türkischer Herkunft. Özdoğan kam als Kind nach Deutschland und wuchs zweisprachig auf. Seit 1995 ist er als Schriftsteller tätig.

20 Und du kommst mit deinen Freunden an dieser Bushaltestelle vorbei. So kommt man auf so eine Idee.

Und am nächsten Morgen wachst du auf, mit einer verschwommenen Erinnerung und einem Glücksgefühl, dass endlich etwas passiert ist. Scheiße, Mann, wie wir diese Bushaltestelle aus-

25 einandergenommen haben, alles nur noch Schutt und Asche, war das geil. Wie diese riesigen Scheiben zerbrochen sind, klirr, und glitzernde, kleine Dinger ergossen sich auf die Straße, ein Bild für die Götter. Und dann dieses Geräusch, meine Fresse, wann haben wir so etwas Schönes zum letzten Mal gehört?

30 Scherben, Verwüstung und Verzweiflung, und die Verzweiflung anderer Leute macht mich immer trauriger als meine eigene, weil ich über die wenigstens lachen kann.

Abends saß ich dann in der Bahn und sah dieses Plakat der Verkehrsbetriebe. Bis zu 1000 DM Belohnung für Hinweise, die

35 zur Ergreifung eines Vandalen führen. Leicht verdientes Geld.

2 Untersuche die sprachlichen Besonderheiten der Geschichte.

a) Lege eine Tabelle an. Nutze die Information im Wissen-und-Können-Kasten.

Sprachliche Merkmale	Beispiele aus der Kurzgeschichte
mündliche Sprache	Das Wörtchen „und" wird sehr häufig wiederholt
unvollständige Sätze	...
...	...

b) Alba meint: „Die Geschichte klingt so, als ob der Erzähler direkt mit uns spricht."
   – Durch welche sprachlichen Mittel wird diese Wirkung erreicht?
   – Nutze die Hinweise im Wissen-und-Können-Kasten.

WISSEN UND KÖNNEN ▸ **Sprache in Kurzgeschichten untersuchen**

Die Sprache ist in Kurzgeschichten eher einfach. Verwendet wird vor allem die Sprache, die wir im Alltag mündlich benutzen (Alltagssprache). Oft findet man auch Umgangssprachliches. Typisch sind:
– einfache, kurze Sätze: Es war Sonntagmittag, ...
– unvollständige Sätze: Noch einmal dieses Gefühl, es überstanden zu haben.
– aneinandergereihte Sätze: Es war Sonntagmittag, und ich fuhr ...
– Wiederholungen von Wörtern und Sätzen: Ich fuhr ..., ich fuhr ...
– Redensarten: ... ein Hauch von Frühling lag in der Luft.
– umgangssprachliche, teilweise vulgärsprachliche Wörter, die als grob und unfein bewertet werden: verschissene Idee.

■ **Digital+**
Text
Selim Özdoğan
„Geblümtes Klopapier"
An dieser Kurzge-
schichte kannst
du noch einmal
sprachliche Merkmale
bestimmen.

Figuren und ihre Beziehung beschreiben

In Kurzgeschichten geht es um Menschen, die in eine besondere Situation geraten. Was in ihnen vorgeht, wird oft nicht direkt ausgedrückt.
Wenn du die Figuren und ihre Beziehung beschrieben willst, musst du also auch zwischen den Zeilen lesen.

1 Lies den Anfang der Kurzgeschichte „Streuselschnecke".
   a) Notiere deine ersten Eindrücke, Ideen und Fragen: Wer? Was? Warum? Wie? …
   b) Was für eine Beziehung haben der Ich-Erzähler und das Mädchen wohl?
      – Warum vermutest du das?
      – Sprecht über eure Vermutungen.

Julia Franck

Streuselschnecke

Der Anruf kam, als ich vierzehn war. Ich wohnte seit einem Jahr nicht mehr bei meiner Mutter und meinen Schwestern, sondern bei Freunden in Berlin. Eine fremde Stimme meldete sich, der Mann nannte seinen Namen, sagte mir, er lebe in Berlin, und fragte, ob ich ihn kennenlernen wolle. Ich zögerte, ich war mir nicht sicher.

5 Zwar hatte ich schon viel über solche Treffen gehört und mir oft vorgestellt, wie so etwas wäre, aber als es so weit war, empfand ich eher Unbehagen. Wir verabredeten uns. Er trug Jeans, Jacke und Hose. Ich hatte mich geschminkt. Er führte mich ins Café Richter am Hindemithplatz, und wir gingen ins Kino, ein Film von Rohmer. Unsympathisch war er nicht, eher schüchtern. Er nahm mich mit ins Restaurant und

10 stellte mich seinen Freunden vor. Ein feines, ironisches Lächeln zog er zwischen sich und die anderen Menschen. Ich ahnte, was das Lächeln verriet. Einige Male durfte ich ihn bei seiner Arbeit besuchen. Er schrieb Drehbücher und führte Regie bei Filmen. Ich fragte mich, ob er mir Geld geben würde, wenn wir uns treffen, aber er gab mir keins, und ich traute mich nicht, danach zu fragen. Schlimm war das nicht, schließ-

15 lich kannte ich ihn kaum, was sollte ich da schon verlangen?

Julia Franck (geb. 1970) ist eine deutsche Schriftstellerin. Sie schreibt vor allem Romane und Kurzgeschichten. Ihre Bücher wurden in über vierzig Sprachen übersetzt.

2 Lies die Geschichte zu Ende.
- Wer ist der Mann? Wer ist das Mädchen?
- Wann hast du das erkannt?

Außerdem konnte ich für mich selbst sorgen, ich ging zur Schule und putzen und arbeitete als Kindermädchen. Bald würde ich alt genug sein, um als Kellnerin zu arbeiten, und vielleicht wurde ja auch noch eines Tages etwas Richtiges aus mir. Zwei Jahre später, der Mann und ich waren uns noch immer etwas fremd, sagte er

20 mir, er sei krank. Er starb ein Jahr lang, ich besuchte ihn im Krankenhaus und fragte, was er sich wünsche. Er sagte mir, er habe Angst vor dem Tod und wolle es so schnell wie möglich hinter sich bringen. Er fragte mich, ob ich ihm Morphium besorgen könne. Ich dachte nach, ich hatte einige Freunde, die Drogen nahmen, aber keinen, der sich mit Morphium auskannte. Auch war ich mir nicht sicher, ob die im Kranken-

25 haus herausfinden wollten und würden, woher es kam. Ich vergaß seine Bitte. Manchmal brachte ich ihm Blumen. Er fragte nach dem Morphium, und ich fragte ihn, ob er sich Kuchen wünsche, schließlich wusste ich, wie gerne er Torte aß. Er sagte, die einfachen Dinge seien ihm jetzt die liebsten – er wolle nur Streuselschnecken, nichts sonst. Ich ging nach Hause und <u>buk</u> Streuselschnecken, zwei Bleche voll.

buk: backte

30 Sie waren noch warm, als ich sie ins Krankenhaus brachte. Er sagte, er hätte gerne mit mir gelebt, es zumindest gern versucht, er habe immer gedacht, dafür sei noch Zeit, eines Tages – aber jetzt sei es zu spät. Kurz nach meinem siebzehnten Geburtstag war er tot. Meine kleine Schwester kam nach Berlin, wir gingen gemeinsam zur Beerdigung. Meine Mutter kam nicht. Ich nehme an, sie war mit anderem beschäf-

35 tigt, außerdem hatte sie meinen Vater zu wenig gekannt und nicht geliebt.

3 Fasse den Inhalt der Geschichte zusammen.
- Welche Figuren kommen vor?
- Was passiert am Anfang der Geschichte?
- Was passiert im Laufe der Geschichte?
- Wie endet die Geschichte?

4 Charakterisiere die Figuren. An welchen Textstellen bekommst du Hinweise?
Markiere diese Textstellen (Folie oder Kopie).

– Welche Informationen bekommst du über das Mädchen?
– Was ist ungewöhnlich in ihrem Leben?
– Was erfährst du über den Mann?
– An welchen Stellen wird deutlich, dass die beiden sich fremd sind?
– An welchen Stellen wird deutlich, dass die beiden sich mögen?

5 Untersuche einige Stellen genauer, um die Beziehung zwischen dem Mädchen und
dem Mann zu verstehen. Übernimm die Tabelle und ergänze sie.

Das steht in der Geschichte:	So verstehe ich das:
Eine fremde Stimme meldete sich … (Z. 2/3)	Das Mädchen erkennt ihren Vater nicht an der Stimme.
… empfand ich eher Unbehagen. (Z. 6)	Das Treffen ist für das Mädchen …
Ich fragte mich, ob er mir Geld geben würde … (Z. 13)	Das Mädchen denkt an Geld, weil …
Ich besuchte ihn im Krankenhaus und fragte, was er sich wünschte. (Z. 20/21)	…
Manchmal brachte ich ihm Blumen. (Z. 26)	…
Ich ging nach Hause und buk Streusel-schnecken, zwei Bleche voll. (Z. 29)	…
Er sagte, er hätte gerne mit mir gelebt. (Z. 30/31)	…

6 Denke über die Geschichte nach und deute sie. Wähle Aufgabe **A** oder **B** aus.

A Beantworte die Fragen schriftlich.
a) Wie siehst du die Beziehung der Figuren am Anfang?
 Am Anfang …
b) Was verändert sich im Laufe der Geschichte?
 Im Laufe der Geschichte …
c) Warum erfahren wir wohl erst ganz zum Schluss, wer der Mann ist?
 Dadurch wird die Geschichte …
d) Warum heißt die Geschichte „Streuselschnecke"?
 Die Streuselschnecken sind ein Symbol dafür …

B Versetze dich in das Mädchen und schreibe innere Monologe: einen am Anfang,
einen nach dem Anruf und einen am Ende, nach dem Tod des Mannes.

Eine Textuntersuchung aufschreiben

Manchmal musst du Kurzgeschichten untersuchen und deine Ergebnisse in einem zusammenhängenden Text festhalten. Hierzu hilft dir ein Schreibplan.

Digital+
Audio
Lächeln im Regen

1 Bevor du einen Schreibplan anlegst, musst du die Kurzgeschichte genau lesen und dir Gedanken darüber machen, wie du sie verstehst. Wähle dazu Aufgabe **A** oder **B** aus.

A Untersuche die Geschichte. Nutze die Hinweise neben dem Text.

B Bearbeite die Kurzgeschichte Schritt für Schritt, wie du es gelernt hast (vgl. S. 109).

Rainer Jerosch
Lächeln im Regen

Wer erzählt die Geschichte?

Regen fiel und die Luft war voller warmer Feuchtigkeit. Lächeln müsstest du, sagte er zu sich, während er die Allee entlangging, lächeln, wie die Weisen im Orient es tun. Es ist nicht wert, dass du mehr tust als lächeln. Und er lächelte auch, ein gezwungenes Lächeln, aber er lächelte.

Wie fühlt sich die Hauptfigur? Was bedeutet das Lächeln?

5 Vor zehn Minuten hatte er sie noch gesehen. Es hatte schon zu regnen begonnen.

„Wirklich nicht?", fragte er.

„Nein", sagte sie.

Mit wem spricht die Hauptfigur? Worüber? Was ist passiert? Was will er von „ihr" wissen?

Ihre Augen hatten keinen Ausdruck. Es war, als sähe sie ihn am anderen Ende der Straße und als wäre er dort und nicht neben ihr.

10 „Du bist so merkwürdig", sagte er. „Ich weiß nicht, was los ist."

„Es ist gar nichts los", entgegnete sie widerwillig.

Sie sah die Straße hinunter und ihre Augen waren stumpf und ohne Glanz. An beiden Seiten der Straße standen Bäume, und der Regen fiel, und die Blätter glänzten.

„Was ist nur mit dir los?", sagte er. „Du bist schon voriges Mal so komisch gewesen."

Wie reagiert sie? Was fällt dir an der Sprache auf?

15 „Ich weiß gar nicht, wovon du sprichst", sagte sie. Sie stand am Hauseingang an die Tür gelehnt. Er stand zwei Stufen tiefer auf den nassen Fliesen vor dem Haus.

„Ich möchte jetzt wissen, was dich so verändert", sagte er. „Ich möchte das endlich mal rauskriegen. Willst du mir nicht sagen, was los ist?"

„Nein", sagte sie, „ich weiß nicht, wovon du redest."

20 „Das weißt du sehr genau", sagte er.

Wie fühlt sich die Hauptfigur? Warum? Wie ist die Beziehung der beiden?

Sie antwortete nicht, und es entstand eine Pause. Es regnete, und sie blickte die Straße hinunter auf die Blätter, und es war ein geheimnisvolles Rauschen in der Luft.

„Ich verstehe dich nicht", sagte er. „Bin ich dir zu langweilig geworden, oder was ist los?"

„Ich weiß nicht, was du immer hast!" Sie war sehr ungeduldig.

25 „Ich habe überhaupt nichts", sagt er, „aber du tust so, als wäre ich Luft und als langweilte ich dich."

Sie sagte nichts und blickte an ihm vorbei. Der Asphalt auf der Straße spiegelte den Regenhimmel und die Erde zwischen Kantstein und Fußgängerweg war weich und moorig.

„Und morgen?", fragt er.

30 „Ich sage dir doch, ich kann nicht!" Sie sah auf die Häuser, die hinter den Bäumen hervorblickten und in großen, grünen Gärten standen.

„Gut", sagte er und fühlte sich elend. „Gut, dann also nicht. Ich gebe die Theaterkarten zurück."

Sie rührte sich nicht und er fühlte sich scheußlich elend.

35 „Auf Wiedersehn!", sagte er.

„Leb wohl", entgegnete sie.

Dann klappte die Tür und er wusste, dass er jetzt fortgehen musste. Er drehte sich langsam um und ging die Straße hinunter. Du solltest es nicht so ernst nehmen, sagte er sich. Es lohnt sich nicht. Es lohnt sich wirklich nicht. Man müsste darüber

40 lächeln können, wirklich nur lächeln. Und er lächelte das gezwungene Lächeln, und es regnete durch die Bäume vom grauen Himmel.

Wie endet die Begegnung?

2 Erstelle einen Schreibplan für deinen Text. Übertrage dazu die Tabelle auf ein DIN-A4-Blatt. Nutze die ganze Seite, damit du genug Platz zum Hineinschreiben hast.

Digital+

Text
Schreibplan mit Fragen und Formulierungshilfen

Schreibplan

Gliederung des Textes	Formulierungshilfen für den Text	Notizen aus meiner Untersuchung der Geschichte (Aufgabe 1)
Einleitung		
Hauptteil		
Schluss		

a) Überlege, welche Fragen in Einleitung, Hauptteil und Schluss gehören:
Worum geht es in der Geschichte? – Wie lautet der Titel? – Welche sprachlichen Mittel werden verwendet? Welche Wirkung haben sie? – Wer hat die Kurzgeschichte verfasst? – Worüber kommst du ins Nachdenken? – Worum geht es? – Was ist für dich der zentrale Gedanke in der Kurzgeschichte? – Welche Fragen hast du? – Welche Figuren kommen vor? Wie verstehst du ihre Beziehung? – Was passiert?

b) Trage die Fragen in die linke Spalte („Gliederung des Textes") ein.

3 Diese Formulierungen helfen dir, deine Untersuchungsergebnisse aufzuschreiben.
Die Kurzgeschichte wurde von … verfasst – Ich verstehe die Kurzgeschichte so: … – Es geht um … – Um die Beziehung zu verstehen, müssen wir zwischen den Zeilen lesen … – Mir sind folgende sprachliche Mittel aufgefallen: … – Dadurch entsteht der Eindruck … – Besonders wichtig finde ich … – Dazu kann ich folgendes Beispiel anführen … – Die Kurzgeschichte hat den Titel … – Folgende Figuren kommen vor … – Ich möchte den Inhalt kurz zusammenfassen …

a) Welche Formulierungen passen in Einleitung, Hauptteil und Schluss?

b) Schreibe sie in die Spalte „Formulierungshilfen für den Text".

Digital+

Texte
An diesen Kurzgeschichten kannst du noch einmal üben, wie man eine Textuntersuchung schreibt:
– Kurt Marti: „Neapel sehen"
– Susanne Kilian: „Nie mehr"

4 Schreibe nach deinem Schreibplan die Ergebnisse deiner Textuntersuchung auf.

Eine Textuntersuchung überarbeiten

Nachdem du deinen Text geschrieben hast, solltest du kontrollieren, ob du deinen Schreibplan umgesetzt und die einzelnen Bausteine beachtet hast.

1 Svenja hat die Kurzgeschichte „Lächeln im Regen" (S. 132/133) untersucht und ihre Ergebnisse aufgeschrieben.
   – Lies Svenjas Text: Was hat sie gut gemacht? Was muss sie noch ergänzen?
   – Nutze die Hinweise in der rechten Spalte der Tabelle und überarbeite ihren Text.

Das hat Svenja aufgeschrieben:	Das könnte Svenja noch verbessern:
Die Kurzgeschichte hat den Titel „Lächeln im Regen".	Die Einleitung ist unvollständig.
Am Anfang der Geschichte erinnert sich die Hauptfigur an eine Begegnung. Er hat sich vor 10 Minuten mit einer Freundin getroffen. Sie ist sehr abweisend ihm gegenüber und er versteht das nicht. Er will sich mit ihr treffen, aber sie geht nicht darauf ein.	Deine Zusammenfassung ist unvollständig. Wie geht die Geschichte aus?
Es geht um die Beziehung der beiden. Wir erfahren, was in der Hauptfigur vorgeht. Die Freundin benimmt sich komisch, findet er. Was die Freundin denkt und fühlt, ist nicht direkt ausgedrückt.	Beschreibe genauer, was in dem jungen Mann vorgeht und wie du das Verhalten des Mädchens verstehst. Wie ist ihre Beziehung? Lies zwischen den Zeilen.
Ich verstehe das Ende so, dass sie Schluss macht. Ich frage mich, was das Lächeln im Regen bedeutet.	Denke darüber nach, was das Lächeln bedeutet, und versuche es zu erklären. Lies dazu noch einmal den Anfang und das Ende der Geschichte. Schreibe auch deine Meinung zur Kurzgeschichte auf.

CHECKLISTE ▸ **Bausteine einer Textuntersuchung**

✓ Hast du deinen Text in Einleitung, Hauptteil und Schluss gegliedert?

Enthält deine **Einleitung**

✓ Angaben zu Autor/Autorin und Titel sowie einen einleitenden Satz zum Thema der Geschichte? Nenne das Erscheinungsjahr, wenn es für deine Untersuchung wichtig ist.

Enthält dein **Hauptteil**

✓ eine kurze Zusammenfassung der Geschichte?
✓ eine Charakterisierung der Figuren und ihrer Beziehungen zueinander?
✓ eine Untersuchung der sprachlichen Mittel?
✓ eine Deutung der Geschichte?

Enthält der **Schluss** deines Textes

✓ deine persönliche Meinung zur Kurzgeschichte?
✓ Hast du deine Deutungen am Text der Kurzgeschichte belegt?

Eine Kurzgeschichte untersuchen und die Ergebnisse aufschreiben

PRÜFUNGSTRAINING

Hier kannst du noch einmal üben, eine Kurzgeschichte zu untersuchen und die Ergebnisse aufzuschreiben. In Aufgabe A kannst du einen Schreibplan mit Formulierungshilfen nutzen. In Aufgabe B formulierst du deinen Text selbstständig mit Hilfe von Schreibhinweisen.

1 Lies die Kurzgeschichte gründlich.
– Markiere Stellen, die dir besonders wichtig vorkommen.
– Mache ein Fragezeichen an den Rand, wenn du etwas nicht verstehst.
Lege dazu eine Folie über den Text oder arbeite mit einer Kopie des Textes.

Digital+
Audio
Partnerarbeit

Stefanie Dominguez

Partnerarbeit

Tessa Fuchs war die Einzige, die nicht mit ihrem Banknachbarn redete – es gab keinen. Und sie war die Einzige, die nicht über den Witz von Simon Bösenecker lachte, weil der Witz wieder einmal auf ihre Kosten ging.

„Hey, Tessa! Woher hast du denn die Jacke? Aus der Kleidersammlung?"

5 Das hatte er schon einmal gefragt, damals in der fünften Klasse, aber die anderen lachten trotzdem. Wahrscheinlich hatten sie vergessen, dass der Spruch nur eine Wiederholung war. Tessa hatte es nicht vergessen, auch das Lachen nicht. Sie lachten immer.

Sie zuckte zusammen, als sich der Stuhl neben ihr bewegte, und beobachtete aus

10 den Augenwinkeln, wie sich jemand darauf niederließ.

Ein Räuspern, das nach dem verstummten Gelächter so furchtbar laut klang.

„Maik ist krank, deshalb dachte ich, wir könnten ja heute nebeneinandersitzen?"

Es kam als Frage heraus. Immer stellten sie ihr Fragen. Tessa schielte zu der Person neben ihr herüber. Die moosgrünen Augen konnten nur Ben Wolf gehören,

15 dem netten, unscheinbaren Jungen aus ihrer Straße. Nicht, dass er zu ihr nett war, aber zu den anderen war er es. Zu ihr war niemand nett, die meisten ignorierten sie, und das war gut so. Besser als die Witze von Simon und seinen Freunden, aber auch darüber konnte sie mittlerweile hinwegsehen. Sie hätte nicht gedacht, dass Ben auch einer von denen war.

20 „Lass mich in Ruhe", sagte Tessa und wandte sich wieder ihrem Religionsbuch zu.

„Aber in dem Buch steht, dass wir die Aufgabe mit unserem Partner lösen sollen. Meiner ist krank, du hast keinen, also …"

„Es ist mir egal, was in dem Buch steht. Du schaffst diese dämliche Aufgabe auch alleine." Ben schüttelte den Kopf, sodass ihm eine kommaförmige Strähne ins

25 Gesicht fiel. „Ich möchte aber neben dir sitzen."

Tessa war versucht zu schnauben, aber dann hätte man sie nur wieder als Schwein bezeichnet. Und es dauerte doch immer so lange, bis Simon aufhörte, Nachrichten auf ihrem Tisch zu hinterlassen, wenn er eine neue Beleidigung gefunden hatte.

„Tessa", flüsterte er, und sie erschrak, wie nah er ihr plötzlich war. „Es tut mir leid,

30 wenn ich früher über dich gelacht habe. Lass es mich wiedergutmachen."

Entschlossen rückte sie ein Stück von ihm weg und konzentrierte sich darauf, ihm nicht in die Augen zu blicken. „Ich will kein Mitleid. Und es stört mich nicht, wenn du lachst. Alle lachen."

„So war das doch gar nicht gemeint." Bens Stimme wurde lauter. Viel zu laut.

35 Die anderen sahen bereits zu ihnen herüber und Tessa versuchte, weiterhin auf ihr Buch zu starren.

2 Beschäftige dich mit der Deutung der Geschichte. Beantworte dazu die folgenden Fragen stichpunktartig:

   a. Wo spielt die Geschichte?

   b. Wer ist die Hauptfigur? Welche weiteren Figuren kommen vor?

   c. In welcher Situation befindet sich die Hauptfigur? Was passiert Besonderes?

   d. Was geht in der Hauptfigur vor? Nenne Belege.

   e. Wie ist die Beziehung zwischen den Figuren? Beachte die markierten Stellen.

   f. Was fällt dir an der Sprache auf?

   g. Worüber kommst du ins Nachdenken?

   h. Was passiert am Schluss? Wie verstehst du den Schluss?

   i. Wie könnte die Geschichte weitergehen?

3 Arbeite mit deinen Untersuchungsergebnissen weiter.

Wähle dazu auf S. 137 Aufgabe **A** oder **B** aus.

A Eine Textuntersuchung mit Schreibplan und Formulierungshilfen aufschreiben

Schreibe eine Textuntersuchung zu der Geschichte auf.
– Nutze deine Antworten aus Aufgabe 2.
– Der Schreibplan hilft dir bei der Gliederung und Formulierung deines Textes.

Schreibplan

Gliederung	Formulierungshilfen
Einleitung – Stelle die Kurzgeschichte vor.	Die Kurzgeschichte hat den Titel … und wurde von … verfasst. In der Geschichte geht es um …
Hauptteil – Fasse den Inhalt zusammen. – Beschreibe die Figuren und ihre Beziehung. – Untersuche die Sprache. – Worüber kommst du ins Nachdenken?	Die Geschichte spielt … Ich möchte zunächst den Inhalt kurz zusammenfassen … Folgende Figuren kommen vor: … Um ihre Beziehung zu beschreiben, müssen wir zwischen den Zeilen lesen … An der Sprache fällt mir auf … Ich verstehe die Geschichte so: … Besonders wichtig finde ich, … Dazu kann ich folgende Stelle anführen …
Schluss – Erläutere, wie du die Geschichte findest.	Ich finde die Geschichte …

B Eine Textuntersuchung selbstständig formulieren

Schreibe eine Textuntersuchung zu der Geschichte auf.

a) Schreibe eine **Einleitung**, in der du Titel, Autorin und Thema benennst.

b) Beachte im **Hauptteil** folgende Schreibhinweise:
   – Fasse den Inhalt der Geschichte in eigenen Worten zusammen.
   – Charakterisiere die Figuren und ihre Beziehung.
   – Erläutere, warum es sich um eine typische Kurzgeschichte handelt.
   – Erläutere sprachliche Besonderheiten.

c) Formuliere einen **Schluss**:
   Eine Schülerin behauptet: „Tessa lässt sich viel zu sehr darauf ein, Opfer zu sein!"
   Nimm Stellung zu dieser Aussage und begründe deine Meinung.
   Belege deine Meinung mit Beispielen aus der Kurzgeschichte.

Einen Jugendroman lesen und dazu schreiben

Wenn ihr einen Jugendroman lest, verfolgt ihr, was die Hauptfigur alles erlebt. Ihr denkt dabei auch über euch selbst nach.
Dieses Kapitel enthält Auszüge aus einem Jugendroman.
Wenn ihr sie bearbeitet, lernt ihr das Buch sehr gut kennen und übt, literarische Texte zu deuten.

TEXTE UND MEDIEN

→ *Vielleicht habt ihr aber auch Lust, das ganze Buch zu lesen. Dann könnt ihr die Auszüge nach dem Lesen bearbeiten. Hinweise zu Lesetagebuch und Leseportfolio findet ihr in „Wissen und Können" (S. 284).*

1 Schau dir zunächst das **Cover** des Jugendromans an.
 – Wie heißt das Buch und wer hat es geschrieben?
 – Beschreibe das Bild. Vermute, worum es in dem Buch gehen könnte.

2 Lies nun den **Klappentext** und lerne das Buch kennen.
 – Welche Figuren kommen in diesem Roman vor?
 – Wo spielt der Roman?
 – Worum geht es?
 – Wer ist wohl auf dem Cover zu sehen?

3 Tauscht eure Erwartungen aus:
 – Was glaubt ihr, was in dem Buch erzählt wird?
 – Welche Fragen habt ihr?
 – Wie findet ihr den Klappentext?
 Seid ihr neugierig auf das Buch geworden? Wodurch?

> Ich bin gespannt, ob ...

> Warum ...

> Wahrscheinlich machen die beiden ...

> Joel wird bestimmt ...

HENNING MANKELL
Die Reise ans Ende der Welt

Joel ist fünfzehn, die Schule hat er abgeschlossen – Zeit, endlich aufzubrechen. Sein ganzes Leben hat er in diesem Nest hoch oben im Norden Schwedens verbracht. Immer allein mit seinem Vater Samuel, der eigentlich Seemann ist, aber als Holzfäller arbeitet. Jetzt soll der Vater sein Versprechen halten: zusammen mit Joel wieder auf einem Schiff anzuheuern.
Ein Brief aus Stockholm gibt weiteren Anlass, die Koffer zu packen. In ihm wird der Aufenthaltsort von Joels Mutter genannt, die ihn und Samuel kurz nach Joels Geburt verlassen hatte. Joel will sie kennenlernen und die Beweggründe für ihr Verschwinden erfahren. Und wenn sie dann schon einmal in Stockholm sind, können sie auch gleich zum Hafen gehen ...

Mit „Die Reise ans Ende der Welt" liegt nun der letzte, einmal mehr preisgekrönte Band der Tetralogie um Joel vor. Henning Mankell lässt darin seinen jugendlichen Helden die Linie zwischen Kindheit und Erwachsenwerden überwinden und zu guter Letzt sein Traumziel erreichen.

dtv

Die Ausgangssituation der Figuren beschreiben

Am Anfang eines Buchs lernst du die Hauptfigur kennen und erfährst, wo und wie sie lebt. Es zeichnen sich auch schon Probleme und Konflikte ab. Im Folgenden erfährst du dies an Joel und seinem Vater Samuel.

1 Lies einen Ausschnitt vom Beginn des Romans.
– Welche Fragen beschäftigen Joel?
– Welcher Konflikt zeichnet sich ab?
Markiere die Stellen, die darüber etwas aussagen (Folie oder Kopie).

Aus dem Jugendroman „Die Reise ans Ende der Welt" von Henning Mankell

Eine neue Zeit beginnt

Es war ein Nachmittag Mitte Mai. Immer noch gab es Schneereste entlang der Hauswände und in den Gräben. Frühlingswärme war noch nicht da. Aber jeden Tag, wenn die Schule aus war, fuhr Joel auf seinem Fahrrad im Ort herum. Er war unruhig und rastlos. Was würde passieren, dann, wenn er nicht mehr zur Schule musste?

5 Einige Tage später [...] fragte er Samuel. Er hatte sich gut vorbereitet. Normalerweise aßen sie nur sonntags Kotelett und Bratkartoffeln. Aber da es kein Gericht gab, das Samuel lieber aß, hatte Joel Bratkartoffeln und Kotelett gemacht, obwohl es Dienstag war. Er wusste, der beste Moment, eine wichtige Frage mit Samuel zu besprechen, war der Augenblick, wenn Samuel mit Essen fertig war und den Teller wegschob.

10 Es war so weit. Samuel legte die Gabel weg, wischte sich den Mund ab und schob den Teller zur Seite.
„Wir müssen uns entscheiden", sagte Joel.
Obgleich er den Stimmbruch schon hinter sich hatte, konnte es passieren, dass seine Stimme ins Kieksen geriet. Jetzt sprach er absichtlich langsam, damit sie so tief wie

15 möglich klang.
Samuel war meistens müde nach dem Essen. Aus kleinen Augen sah er Joel an.
„Was müssen wir entscheiden?", fragte er.
Er scheint guter Laune zu sein, dachte Joel. Das war er nicht immer. Manchmal war Samuel grantig und dann wusste Joel, dass es sinnlos war, etwas Wichtiges mit ihm

20 besprechen zu wollen.
„Was machen wir, wenn ich aus der Schule komme?"
Samuel lächelte. „Wie fallen deine Zensuren aus?"
Joel mochte es nicht, wenn Samuel ihm antwortete, indem er eine Gegenfrage stellte. Den Fehler machten viele Erwachsene. Aber er hatte sich vorbereitet. Für Samuel wa-

25 ren die Zensuren immer wichtig.
„Sie werden besser als im Herbst", antwortete Joel. „In Geografie gehöre ich zu den drei Besten."

Digital+
Audio
Eine neue Zeit beginnt

Joel lebt mit seinem Vater Samuel in einem kleinen Dorf im Norden Schwedens. Hier ist der Winter lang und kalt …

Samuel nickte.

„Wann ziehen wir um?", fragte Joel. Die Frage hatte er Samuel mindestens schon
30 tausend Mal gestellt. Während all der Jahre, Wochen, fast jeden Tag. Immer dieselbe
Frage.

„Wann ziehen wir um?"

Samuel schaute auf die blaue Wachstuchtischdecke. Joel hielt es für das Beste weiter-
zureden.

35 „Du bist kein Waldarbeiter", sagte er. „Du bist Seemann. Wenn ich nicht mehr zur
Schule muss, brauchen wir nicht mehr hierzubleiben. Dann können wir weggehen.
Wir können auf demselben Schiff anmustern. Ich bin jetzt fünfzehn. Dann kann ich
auch Seemann werden."

Er wartete auf die Antwort.

40 Aber Samuel starrte weiter auf die Tischdecke. Schließlich erhob er sich wortlos und
stellte Kaffeewasser auf. Eine Antwort würde er nicht bekommen, das war Joel jetzt
klar. Er wurde plötzlich wütend.

Da hatte er sich angestrengt und ein Sonntagsessen zubereitet, obwohl es Dienstag
war, und Samuel konnte ihm immer noch keine vernünftige Antwort geben.

45 Eigentlich müsste er jetzt fluchen und Samuel seine Meinung sagen. Dass er endlich
antworten musste. Noch tausend Mal wollte Joel dieselbe Frage wirklich nicht stellen.
Aber er fluchte nicht. Er nahm die Teller, kratzte die Essensreste ab und stellte die
Teller in die Spüle.

„Ich geh raus", sagte er.

50 „Hast du keine Hausaufgaben?", fragte Samuel – ohne den Kaffeekessel aus dem
Auge zu lassen, in dem das Wasser gerade zu kochen begann.

„Die hab ich schon gemacht", antwortete Joel. „Außerdem hab ich bald keine
Hausaufgaben mehr."

Er wartete. Aber vergeblich. Samuel sagte nichts mehr. Joel nahm seine Jacke und
55 lief die Treppe hinunter.

Auch dieses Mal hatte er keine Antwort bekommen.

2 In welcher Ausgangssituation befinden sich die Figuren?

Bearbeite dazu die Aufgaben a) – d). Mache dir Stichpunkte.

a) Schreibe die Fragen auf, die Joel beschäftigen.

b) Erkläre, warum Joel unruhig ist.

c) Beschreibe, wie Joels Vater Samuel sich im Gespräch verhält.
Nenne Belege aus dem Text.

d) Erläutere, was Joel am Verhalten seines Vaters ärgert.
Führe auch hier Belege an.

3 Beschreibe die Ausgangssituation in einem kurzen Text.
Nutze die Informationen aus dem Wissen-und-Können-Kasten.

Joel ist in einer besonderen Situation, denn …
Diese Fragen beschäftigen ihn besonders …
Joel ist unruhig, weil …

Am Anfang des Buches zeichnet sich schon ein Konflikt mit dem Vater ab.
Joels Vater Samuel …
Joel wird wütend, weil …
Schließlich …

Ich frage mich …

4 Versetze dich in Joel und schreibe auf, was du (als Joel) denkst und fühlst, als du deine Jacke nimmst und rausrennst. Schreibe Joels Tagebucheintrag.

Heute war es wieder schlimm: …
Ich halte das nicht mehr aus …
Immer dasselbe …
Was ist nur mit Samuel los? … Vielleicht …
Wie soll das nur weitergehen?

WISSEN UND KÖNNEN ▸ **Die Ausgangssituation der Figuren beschreiben**

Wenn du einen Jugendroman liest, musst du verstehen, in welcher Situation sich die Figuren zu Beginn des Romans befinden.
Frage dich:

– Wer sind die Hauptfiguren? Wo leben sie?
– Wie sind ihre Lebensumstände?
– Was beschäftigt sie besonders?
– Zeichnen sich schon Probleme und Konflikte ab, die die Hauptfiguren betreffen?

Die Erzählweise bestimmen

Romane und Geschichten sind auf unterschiedliche Weise erzählt. Der Erzähler kann erklären und kommentieren, was passiert und was in den Figuren vorgeht. Er kann aber auch nur das Verhalten der Figuren beschreiben und du musst selbst herausfinden, was das bedeutet. Dann musst du „zwischen den Zeilen lesen".

 **Digital+**
Audio
Der Brief

1 Lies den Auszug aus dem Roman. Mache dir klar, was Besonderes passiert.

Aus dem Jugendroman „Die Reise ans Ende der Welt" von Henning Mankell

Der Brief

Als Joel nach Hause kommt, ist Samuel schon da. Er ist früher von der Arbeit zurückgekommen, denn etwas Besonderes ist passiert ...

„Was ist?", fragte Joel. „Wieso bist du schon zu Hause?" Samuel zeigte auf einen Brief, der auf dem Tisch lag.

„Von wem ist der?"

„Zieh die Jacke aus und setz dich hin, dann werde ich's dir erzählen." [...]

5 Als er sich gesetzt hatte, merkte er, dass Samuel sehr erregt war. Seine Unterlippe zitterte.

„Ich hab einen Brief von Elinor bekommen", sagte er. „Von ihr hab ich seit zehn Jahren nichts mehr gehört." [...]

„Was will sie denn?", fragte er.

In diesem Auszug geht es um ...

10 „Sie schreibt, dass sie weiß, wo Jenny wohnt."

Es dauerte eine Weile, ehe Joel begriff, was Samuel gesagt hatte. Dann war es, als ob es ein Erdbeben gegeben hätte. Er fühlte sich durchgeschüttelt, als ob die Erde und das Haus zusammenstürzten.

Das ist wichtig, weil ...

Eine Frau, die Elinor hieß, hatte einen Brief über Mama Jenny geschrieben. Sie, die
15 verschwunden war und nie mehr von sich hatte hören lassen.

Samuel hatte sich die Brille aufgesetzt.

„Hier steht es", sagte er. „Jenny wohnt in Stockholm in einer Straße, die heißt Östgötastraße. Im Stadtteil Söder. Und dass sie als Verkäuferin in einem Lebensmittelladen irgendwo beim Medborgarplatz arbeitet."

20 Joel starrte Samuel an. „Weiter steht da nichts?"

Samuel nahm sich die Brille ab. „Da steht, dass sie geheiratet hat."

„Aber sie ist doch mit dir verheiratet?"

„Wir haben nie geheiratet. Deshalb brauchten wir uns auch nicht scheiden zu lassen."

Joel war verwirrt. Samuel und Jenny waren nie verheiratet gewesen? Jetzt war er
25 interessiert. Jetzt wollte er alles wissen, was in dem Brief stand. Er streckte die Hand aus. Aber Samuel legte seine schwere Hand auf das weiße Briefpapier. [...]

Samuel setzte sich die Brille wieder auf und las den Brief noch einmal. Joel konnte an seinen Lippen sehen, wie er langsam Wort für Wort formte. Er versuchte zu begreifen, was eigentlich passiert war.

2 Lies den Text noch einmal ganz gründlich und achte auf die innere Handlung.
– Markiere die Stellen (Folie oder Kopie), in denen steht, was in Joel vorgeht.

Zum Unterschied zwischen äußerer und innerer Handlung vergleiche die Hinweise in „Wissen und Können" (S. 285).

3 An einigen Stellen musst du „zwischen den Zeilen lesen", um herauszufinden, was die Figuren denken und fühlen. Wie verstehst du diese Textstellen?

Das steht im Text ...	So verstehe ich die Textstelle ...
Seine Unterlippe zitterte. (Z. 5/6)	Samuel ist ...
Joel starrte Samuel an. (Z. 20)	Joel ist ...
Er streckte die Hand aus. (Z. 25/26)	Joel will ...
Aber Samuel legte seine schwere Hand auf das weiße Briefpapier. (Z. 26)	Samuel ...
... und las den Brief noch einmal. (Z. 27)	Samuel ...

4 Untersuche die Erzählweise. Nutze die Informationen im Wissen-und-Können-Kasten.
a) Wie erfährst du, was in den Figuren vorgeht? Nenne Belege.
b) In welche Figur schlüpft der Erzähler? Aus welcher Perspektive erleben wir das Geschehen? Nenne Belege.

5 Versetze dich in Joel. Schreibe in der Ich-Form auf, was er in sein Tagebuch schreibt.
– Fasse kurz (als Joel) zusammen, was passiert ist.
– Gehe besonders auf den Brief ein.
– Beschreibe die Gedanken und Gefühle, die der Brief in dir (als Joel) auslöst.

WISSEN UND KÖNNEN ▶ **Die Erzählweise untersuchen**

Geschichten sind aus unterschiedlicher Perspektive erzählt.
1. Ein **Ich-Erzähler** erzählt aus seiner ganz persönlichen Sicht. Wir erleben die Geschichte aus seiner Perspektive. Der Text steht in der Ich-Form:
Ich halte das nicht mehr aus ...
2. Beim **Er-/Sie-Erzähler** wird die Geschichte in der Er-Form oder Sie-Form erzählt. Der Erzähler überblickt das Geschehen. Er erklärt und kommentiert, was in der Geschichte passiert:
Es dauerte eine Weile, ehe Joel begriff, was Samuel gesagt hatte.
Der Er/Sie-Erzähler kann aber auch in eine Figur schlüpfen und aus ihrer Perspektive erzählen. Dann gibt er wieder, was die Figur denkt und fühlt: Als er sich gesetzt hatte, merkte er, dass Samuel sehr erregt war ...
Er fühlte sich durchgeschüttelt ...
An manchen Stellen beschreibt der Erzähler nur das Verhalten der Figuren und du musst „zwischen den Zeilen lesen" und selbst herausfinden, was in der Figur vorgeht: Seine Unterlippe zitterte. Was verrät dir das über die Figur?

Figuren beschreiben und charakterisieren

Wenn wir ein Buch lesen, lernen wir verschiedene Figuren kennen. Um sie zu verstehen, müssen wir herausfinden, welche besonderen Merkmale und Eigenschaften sie haben.

Digital+
Audio
Erste Begegnung mit Jenny

1 Lies den Auszug „Erste Begegnung mit Jenny" und markiere die Stellen (Folie oder Kopie), in denen Joels Mutter Jenny beschrieben wird.

Aus dem Jugendroman „Die Reise ans Ende der Welt" von Henning Mankell

Erste Begegnung mit Jenny

Joel ist mit seinem Vater nach Stockholm gereist, um Jenny zu finden. Nach einer spannenden Suche trifft Joel seine Mutter Jenny im Hotel „Rabe", in dem Joel und Samuel während ihres Aufenthalts wohnen.

Sie war bis in die Mitte des Zimmers gegangen. Joel hatte sich rasch zum Fenster zurückgezogen. Die ganze Zeit starrte er sie an. Und doch war ihm immer noch, als ob er sie eigentlich nicht sehen konnte. Sie war wie eine Fata Morgana. Etwas, das es gab und doch nicht gab.

5   Sie setzte sich auf den äußersten Rand des Stuhles. Plötzlich fiel Joel ein, dass sie genauso viel Angst haben könnte wie er.

„Ich weiß nicht, was ich sagen soll", sagte sie und sah auf ihre Hände.

Joel sah sofort auf seine eigenen.

Es wurde still.

10   Was soll ich sagen, wenn sie nicht weiß, was sie sagen soll?, dachte Joel. Er starrte sie nicht mehr an. Jetzt war er verlegen. Heimlich schaute er zu ihr hin, während sie auf ihre Hände sah. Er hatte sich immer ausgemalt, dass dieser Augenblick etwas Jubelndes haben würde. Wenn er endlich seine Mama traf. Kein Starren, keine Verlegenheit.

15   Er musterte sie verstohlen weiter. Die ganze Zeit suchte er nach Ähnlichkeiten. Ihre Haare waren weich und gelockt. Nicht zottlig wie seine. Die Augen waren blau wie seine. Aber sie war klein. Und mager. Irgendwie sah sie Samuel ähnlich.

Dann dachte Joel, dass sie auch schön war. Wenn Jenny Rydén wirklich seine Mama war, hatte er Glück. Sie war eine schöne Mama. Blieb nur die Frage, ob sie einen Sohn
20 haben wollte, der wie Joel aussah.

Im selben Augenblick schaute sie von ihren Händen auf. „Ich weiß nicht, was ich sagen soll. Aber ich nehme an, dass ich um Verzeihung bitten müsste."

Ihre Augen waren blank. Joel bekam sofort einen Kloß im Hals. Sie stand auf, kehrte ihm den Rücken zu und holte ein Taschentuch aus ihrer Handtasche. Sie drehte sich
25 um. Jetzt lächelte sie. Joel sah, dass sie weiße, gleichmäßige Zähne hatte, nicht solche unregelmäßigen wie er. „Ich wünschte, Samuel wäre hier", sagte sie. „Gleichzeitig bin ich froh, dass er nicht da ist."

Sie setzte sich wieder auf den Stuhl. Und sah ihn an. Die ganze Zeit schüttelte sie sachte den Kopf. Joel begann zu schwitzen. Sie mag mich nicht, dachte er. Sie hat
30 etwas ganz anderes erwartet. Das machte ihn böse. Plötzlich hatte er Lust, ihr zu erzählen. Von all diesen Jahren, seinen Gedanken, Träumen, Vorstellungen.

Sie unterbrach seine Gedanken.

„Du bist so groß", sagte sie. „Und damals warst du so klein."

2 Schreibe einen kurzen Text, in dem du Jenny charakterisierst. Gehe auch darauf ein, wie Joel seine Mutter Jenny findet. Nutze die Informationen aus „Wissen und Können".
Im Hotel Rabe trifft Joel seine Mutter Jenny zum ersten Mal.
Jenny ist … Im Gespräch mit Joel ist Jenny ziemlich … Im Text steht …
Joel findet seine Mutter … Er hat aber Angst … Das zeigt uns …

WISSEN UND KÖNNEN ▸ **Figuren charakterisieren**

1. In einer Figurencharakteristik beschreibst du die besonderen **Merkmale und Eigenschaften** einer Figur. Achte auf äußere Merkmale (Sie war klein) und das Verhalten (Jetzt lächelte sie).

2. Wenn du eine Figur charakterisierst, musst du ihre **Gedanken und Gefühle** verstehen:
   – Was in der Figur vorgeht, kann in wörtlicher Rede stehen:
   „Ich weiß nicht, was ich sagen soll."
   – Gedanken und Gefühle werden auch vom Erzähler übermittelt:
   Jetzt war er verlegen.
   – Manchmal musst du „zwischen den Zeilen lesen", um die Gefühle und Gedanken einer Figur zu erkennen: In diesem Augenblick schaute sie von ihren Händen auf bedeutet hier: Jetzt wendet sie sich Joel zu.

3. Wenn du eine Figur charakterisierst, musst du auch ihre **Beziehungen zu anderen Figuren** beachten (vgl. S. 148 – 150).

Eine Stellungnahme zu einer Figur abgeben

Wenn ihr euch mit den Figuren in einem Roman auseinandersetzt, könnt ihr zu unterschiedlichen Ergebnissen kommen. Hier übt ihr, eine Stellungnahme zu einer Figur abzugeben und dabei auch auf eine andere Meinung einzugehen.

Digital+
Audio
Jennys Erklärungen

1 a) Lies den Auszug „Jennys Erklärungen". Markiere die Stellen (Folie oder Kopie), an denen Jenny darüber spricht, warum sie damals weggegangen ist.

b) Führt anschließend ein Literaturgespräch über diesen Textauszug.

Joel und Jenny verlassen das Zimmer im Hotel „Rabe". Sie gehen in einen Park und setzen sich auf eine Bank. Dort beginnt Jenny zu reden …

→ *Hinweise zum Literaturgespräch findet ihr in „Wissen und Können" (S. 284).*

Aus dem Jugendroman „Die Reise ans Ende der Welt" von Henning Mankell

Jennys Erklärungen

Es war so, als ob sie jetzt einen Anlauf nähme.

„Es war so kalt", begann sie. „So kalte Winter und so lange Nächte. So viel Dunkelheit und so viel Wald. Es war so viel Eis und so viele stumme Menschen. Und nichts zu tun. Ich dachte, ich würde verrückt werden. Schließlich hab ich es nicht mehr ausgehal-

5   ten. Ich hab einfach meinen Koffer genommen und bin abgehauen. […] Und die ganze Zeit dachte ich, dass es falsch ist, was ich mache. Dass ich dich hätte mitnehmen sollen. Aber ich konnte nicht. Ich konnte dich Samuel nicht wegnehmen."

Auf den Gedanken war Joel noch nie gekommen. Dass sie ihn hätte mitnehmen können. Dann wäre er in Stockholm aufgewachsen. Mit einem Stiefvater, der Rydén hieß.

10   Und zwei kleinen Schwestern.

Hätte er das gewollt? Er kannte die Antwort. Nichts hätte ihn dazu bringen können, sich gegen Samuel zu entscheiden. Obwohl er seine eigene Mama hatte sein müssen.

„Ich wollte immer Kontakt zu dir aufnehmen", fuhr Jenny Rydén fort. „Dir schreiben, dich besuchen. Aber ich hab's nicht geschafft. Ich hab mich nicht getraut."

15   Joel verstand nicht, wie man es nicht wagen konnte, einen Brief zu schreiben. Doch er sagte nichts. Es war wohl besser, wenn er im Augenblick nur zuhörte.

„Aber jetzt bist du da", sagte sie und griff wieder nach seinem Arm.

Joel fand, dass Jenny Rydén sehr nervös wirkte. Er fragte sich, ob er sie jemals „Mama" nennen könnte.

2 Beantworte die Fragen schriftlich.

a) Welche Gründe nennt Jenny für ihr Weggehen?

Jenny sagt ... Im Text steht ...

b) Was sagt Jenny über ihre Gefühle?

Jenny macht deutlich ... Im Text steht ...

c) Wie siehst du Jenny? Welcher Deutung stimmst du zu?
Belege deine Entscheidung mit Stellen aus dem Text.

a. Jenny fühlt sich schuldig.

b. Jenny denkt, dass sie damals richtig gehandelt hat.

d) Wie reagiert Joel auf Jennys Erklärung?

Joel ist ... erleichtert/zufrieden/enttäuscht/hin- und hergerissen ...

Begründe deine Deutung mit Stellen aus dem Text.

3 Die Klasse 9c hat über den Abschnitt „Jennys Erklärungen" gesprochen.

a) Lies, was Anna, Jonathan und Johanna dazu sagen.

– Anna: „Ich kann Jenny gut verstehen, da kann man es ja auch nicht aushalten."
– Jonathan: „Aber sie hätte Joel mitnehmen müssen."
– Johanna: „Ich finde es unmöglich, dass sie heimlich verschwunden ist."

b) Nimm Stellung zu den Äußerungen.

– Formuliere einen kurzen Text.
– Nutze die Hinweise im Wissen-und-Können-Kasten.

WISSEN UND KÖNNEN ▶ **Eine Stellungnahme zu einer Figur abgeben**

Wenn du eine Stellungnahme zu einer Figur schreibst, musst du dich manchmal auch damit auseinandersetzen, wie andere die Figur sehen. Gehe so vor:

1. Schreibe zunächst, zu welcher Figur du eine Stellungnahme abgibst, z. B.:

Eine wichtige Figur im Roman ist Jenny. Wir fragen uns beim Lesen, wie wir ihr Verhalten deuten sollen.

2. Fasse kurz zusammen, um welche Situation es geht, z. B.:

Jenny befindet sich in einer schwierigen Situation: Sie ...

3. Gib dann die Meinung wieder, auf die du dich beziehst, z. B.:

Anna sagt, sie könne Jenny gut verstehen, weil ...

4. Begründe, ob du zustimmst, teilweise zustimmst oder die Meinung ablehnst, z. B.:

Ich stimme Anna teilweise zu, denn ...

5. Gib abschließend deine eigene Meinung wieder. Begründe deine Meinung mit Belegen aus dem Text, z. B.:

Ich sehe Jenny so: ... Dazu kann ich einen Beleg aus dem Text anführen: ...

Figuren und ihre Beziehungen beschreiben

In einem Roman spielen die Beziehungen zwischen den Figuren eine wichtige Rolle. Diese Beziehungen verändern sich oft im Laufe des Romans.

Digital+
Audio
Samuel und Jenny

1 Lies den Auszug „Samuel und Jenny". Markiere eine Stelle, die du für besonders wichtig hältst und über die du gern sprechen möchtest.

Aus dem Jugendroman „Die Reise ans Ende der Welt" von Henning Mankell

Samuel und Jenny

Joel hat seine Mutter Jenny kennengelernt. Jetzt soll auch sein Vater Samuel sich mit Jenny treffen. Die Begegnung findet auf einem Platz in der Nähe von Jennys Wohnung statt. Joel beobachtet, was passiert.

Joel sah ihm nach. Jetzt hatte Samuel Jenny fast erreicht und sie hatte ihn entdeckt. Aber sie ging ihm nicht entgegen, sondern blieb vorm Fenster stehen.

Dann sah er, wie sie sich die Hand gaben. Eigentlich wünschte er, ihnen jetzt ganz nah zu sein. Um hören zu können, was sie sagten.

5 Er sah, dass sie einen Meter voneinander entfernt standen. Aber was redeten sie? Er versuchte es sich vorzustellen. Aber es war ganz leer in seinem Kopf.

Plötzlich geschah etwas. Samuel machte einen Schritt auf sie zu. Er hob die eine Hand. Joel blieb fast das Herz stehen. Wollte er sie schlagen?

Dann senkte er den Arm. Jenny Rydén ging an ihm vorbei. Sie ging schnell. Samuel

10 folgte ihr. Fuchtelte mit den Armen. Samuel blieb stehen. Aber Jenny ging weiter. Sie lief fast. Joel stand ganz bestürzt da. Was war passiert? Das war der verdammte Samuel, dachte er. Er hat angefangen zu streiten. Und jetzt geht sie.

Er wusste nicht, wem er nachlaufen sollte. Schließlich entschied er sich für Samuel.

„Was hast du getan?", rief Joel. „Was hast du gesagt? Warum ist sie gegangen?

15 Wolltest du sie schlagen?"

„Ich hab gesagt, was ich zu sagen hatte", antwortete Samuel. „Ich habe ihr das gesagt, was ich jeden Tag gedacht habe, seit sie verschwunden ist."

„Was?"

„Das ist egal. Jetzt gehen wir zurück ins Hotel."

20 „Du kannst allein gehen."

Samuel blieb jäh stehen. „Was hast du gesagt?"

„Ich hab gesagt, du kannst allein ins Hotel gehen. Ich will wissen, was du gesagt hast."

„Ich hab ihr gesagt, was ich von ihr halte, dass sie ein einziger Haufen Scheiße ist."

Joel blieb der Mund offen stehen. „Warum hast du das getan?"

25 „Weil ich der Meinung bin. Man verlässt seinen Sohn nicht einfach so. Man haut nicht einfach ab, weil einem die Winter zu lang sind. Das hab ich zu ihr gesagt. Aber es hat ihr nicht gefallen."

Samuel war so erregt, dass er zitterte.

„Ich hab ihr gesagt, was ich ihr sagen wollte. Jetzt bin ich mit ihr fertig. Jetzt werde

30 ich nie mehr an sie denken. Nicht ein einziges Mal in meinem Leben."

„Und ich?" Joel war es, als ob seine Stimme piepste. „Und ich?", wiederholte er. Und jetzt klang seine Stimme normal.

„Das ist deine Sache", sagte Samuel. „Sie ist deine Mutter. Wenn du sie treffen willst, dann tu das."

35 Samuel ging. Joel lief hinter ihm her und hob die Hand. Genau wie Samuel die Hand gegen Jenny erhoben hatte. Samuel merkte es und duckte sich. Dann standen sie sich mitten auf dem Platz gegenüber und starrten sich an.

„Wolltest du mich schlagen?"

„Ja", sagte Joel. „Genau wie du Jenny schlagen wolltest."

40 Samuel packte Joel am Arm. „Jetzt gehen wir zurück ins Hotel!", brüllte er. „Und wenn ich im Krankenhaus war, fahren wir mit dem nächsten Zug nach Hause."

Joel wurde ganz ruhig. „Ich fahre nicht mit."

„Willst du hier in Stockholm bleiben?"

„Ich bin bei der Arbeitsvermittlung für Seeleute gewesen. Ich werde anheuern. Ich

45 kann nicht mehr auf dich warten."

Samuel war still.

„Aha", sagte er nach einer Weile. „Aha, das hast du getan."

„Für dich ist es auch noch nicht zu spät."

Samuel sah ihn nachdenklich an. „Vielleicht nicht", sagte er. „Vielleicht nicht."

50 Sie gingen zurück durch die Stadt. Plötzlich blieb Samuel stehen. „Es tut mir nicht leid", sagte er. „Es tut mir nicht leid, was ich zu Jenny gesagt habe. Das musst du verstehen. Was sie uns angetan hat, ist entsetzlich für mich. Aber das muss es nicht für dich sein. Verstehst du, was ich meine?"

„Nein", antwortete Joel. „Aber im Augenblick scheiß ich drauf."

2 Untersuche den Textauszug genauer.

a) Fasse in wenigen Sätzen zusammen, wie das Treffen zwischen Samuel und Jenny abläuft. Joel beobachtet … Samuel … Dann … Schließlich …

b) Beschreibe, was in Joel vorgeht. Was denkt Joel über das Verhalten Samuels? In welchen Konflikt gerät er?
Joel findet … Er denkt … Schließlich entscheidet er sich …

c) Was teilt Joel Samuel mit? Und wie reagiert Samuel darauf?

Begründe, welches Adjektiv passt: erstaunt, erschrocken, erfreut, traurig.

Joel sagt Samuel ... Samuel ist ... Das erkennt man daran, dass ...

d) Stelle die Beziehung von Joel zu Jenny und Samuel in einer Skizze dar.

Übernimm die Skizze und beschrifte die Pfeile mit passenden Formulierungen:

e) Wie verändert sich die Beziehung zwischen Samuel und Joel in diesem Abschnitt?

Schau dir dazu die grau markierten Textstellen an.

In dem Text wird deutlich ... Am Anfang ... Aber dann ... Deshalb denke ich ...

→ Informationen zum Standbild findet ihr in „Wissen und Können" (S. 284).

3 Welcher Moment ist in der Begegnung zwischen Samuel und Jenny besonders wichtig?

a) Stellt diesen Moment in einem Standbild dar. Arbeitet in Gruppen.

b) Vergleicht eure Standbilder. Beachtet dabei diese Fragen:

– Wie sind die Figuren im Raum platziert?

– Was wird dadurch über die Beziehung zwischen den Figuren deutlich?

– Was fällt euch an Körperhaltung, Gestik und Mimik auf?

– Welche Gefühle kann man an Körperhaltung, Gestik und Mimik erkennen?

4 Arbeite mit deinen Ergebnissen weiter. Wähle Aufgabe **A** oder **B** aus.

A Schreibe Joel eine Nachricht – teile ihm mit, wie du die Situation siehst und was du von seinem Verhalten denkst.

B Führt ein Interview mit Samuel. Überlegt euch fünf Fragen.

Interviewer: Samuel, erste Frage: Ich wüsste gern ...

Samuel: Das ist gar nicht so leicht zu beantworten ...

WISSEN UND KÖNNEN ▸ **Beziehungen zwischen den Figuren beschreiben**

Wenn du eine Figur charakterisierst, musst du auch ihre Beziehung zu anderen Figuren beschreiben. Beachte folgende Fragen:

– Wie stehen die Figuren zueinander? Wie eng ist ihre Beziehung? Woran ist das zu erkennen?

– Gibt es Spannungen, Probleme oder Konflikte? Warum?

– Bleibt die Beziehung gleich oder verändert sie sich? Inwiefern?

Die Beziehung der Figuren zueinander nennt man **Figurenkonstellation**.

Du kannst die Figurenkonstellation in einer Skizze festhalten (vgl. Aufgabe 2d).

PRÜFUNGSTRAINING

Einen Textauszug untersuchen und dazu schreiben

Hier übst du noch einmal, einen Auszug aus einem Jugendroman zu untersuchen und die Ergebnisse aufzuschreiben. In Aufgabe A kannst du dabei Formulierungshilfen nutzen. In Aufgabe B formulierst du deinen Text selbstständig. Beachte die Schreibhinweise. Sie zeigen dir, was von dir verlangt wird.

1 Lies den Auszug „Die Entscheidung".

Digital+
Audio
Die Entscheidung

a) Markiere Stellen (Folie oder Kopie), die deutlich machen, was Joel vorhat und was in ihm vorgeht.

b) Fasse den Text zusammen.

> Bei dem Text handelt es sich um einen Auszug aus ... Der Autor ist ...
> In diesem Jugendroman geht es ...
> Der Ausschnitt „Die Entscheidung" spielt ...
> Joel und Samuel sprechen über ...
> Samuel teilt Joel mit ...
> Daraufhin erklärt Joel ...

Aus dem Jugendroman „Die Reise ans Ende der Welt" von Henning Mankell

Die Entscheidung

„Wann gucken wir uns die Schiffe an?"

„Das können wir morgen machen. Und dann fahren wir nach Hause."

Er will nicht, dachte Joel. All dies Gerede, dass ich erst mit der Schule fertig sein muss. Dann würden wir umziehen und Samuel würde wieder Seemann werden.

5 Nur Gerede. Nichts mehr.

Joel holte Luft. „Ich fahre nicht mit", sagte er. „Ich krieg in ein paar Tagen mein Seefahrtsbuch. Dann fahre ich. Ich kann nicht mehr auf dich warten."

Samuel sah ihn lange an. Allmählich begriff er, dass Joel es ernst meinte. Er war still. Es war, als ob er in sich zusammenkröche.

10 „Das ist ja eine Überraschung", sagte er nach einer Weile.

Joel und sein Vater Samuel sind im Hotel. Samuel teilt Joel mit, dass sie morgen wieder nach Hause fahren. Aber Joel hat nicht vor, mit Samuel mitzufahren. Joel erkennt, dass es höchste Zeit ist, mit Samuel darüber zu sprechen.

„Wieso? Du hast doch auch davon geträumt. Und ich hab geglaubt, du würdest mitkommen."

„Ich muss auf den Brief vom Krankenhaus warten."

Ein Glück für ihn, dass er was hat, worauf er warten muss, dachte Joel. Aber sonst

15   hätte er was erfunden. Irgendeine Ausrede, um es wieder hinauszuziehen.

Samuel schien plötzlich neue Kräfte zu bekommen.

„Wir machen es so", sagte er. „Erst fahren wir nach Hause und planen es in aller Ruhe. Ich kündige und dann fahren wir nach Göteborg. Dort gibt es mehr Schiffe als hier. Stockholm ist nichts. Man soll nicht auf dem erstbesten Schiff anheuern.

20   Dann fahren wir los. Am liebsten mit einem Pott, der nach Südamerika fährt.

Das sind gute Schiffe. Gute Schiffe und gute Häfen. Und man muss auch wissen, für welche Reederei man sich entscheidet. Es gibt gute Schiffe und schlechte Schiffe. So machen wir es, finde ich."

Joel hörte ihm zu. Er hatte sich auf die Bettkante gesetzt. Alles, was Samuel sagte,

25   waren nur Worte. Worte, die nie irgendwo hinführen würden, am allerwenigsten auf eine Gangway. Samuel wollte nicht. Oder traute sich nicht. Oder konnte nicht mehr. Oder es war alles zusammen.

Er tat Joel leid. Aber er konnte jetzt nicht mehr zurück. Dann würde es ihm wie Samuel ergehen. Er würde in dem Haus am Fluss bleiben. Zuerst würde er Laufjunge

30   im Farbengeschäft werden. Und dann? Was immer geschah, er würde bleiben.

Und wenn er selbst Kinder hatte, würde er ihnen nicht mal auf der Seekarte zeigen können, wo er einmal als Seemann gewesen war.

„Was meinst du?", fragte Samuel.

„Ich komme nicht mit. Ich kann nicht mehr warten." […]

35   Es gab nicht mehr viel zu sagen. Die Entscheidung war gefallen. Das wussten sie beide.

Aber hin und wieder dachte Joel, dass er eigentlich mit Samuel zurückfahren müsste. Wie würde Samuel allein fertig werden? Wer würde einkaufen? Wer würde ihn nach Hause schleppen, wenn er zu viel getrunken hatte?

Joel versuchte eine Lösung zu finden. Aber es gab keine.

40   Nicht nur er wurde jetzt erwachsen. Auch Samuel musste anfangen, allein fertigzu-werden.

2   Wähle Aufgabe **A** oder **B**.

A Einen erzählenden Text untersuchen und die Geschichte aus einer anderen Perspektive aufschreiben

a) Charakterisiere die Figuren und beschreibe die besondere Beziehung zwischen Joel und seinem Vater Samuel.

– Erkläre, um welche Entscheidung es geht und warum Joel sich so entscheidet.

Joel will … Er hat erkannt …

– Beschreibe, wie der Vater reagiert.

Zunächst … Dann versteht er …

PRÜFUNGSTRAINING

– Charakterisiere Joel und Samuel in dieser Situation.
  Nutze die Adjektive vom wortstark!-Zettel.

  Joel wirkt in diesem Gespräch sehr ... Das erkennt man daran, ...
  Samuel zeigt unterschiedliche Eigenschaften: Zum einen ist er ...
  Zum anderen ...
  Im Text findet man dazu Belege: ...

– Stelle dar, was das Besondere der Beziehung zwischen Joel und seinem Vater
  Samuel ist.

  Samuel braucht Joel sehr. Im Text steht ... Samuel tut Joel leid, weil ...
  Aber Joel glaubt nicht mehr, was sein Vater sagt. Er denkt ...

wortstark!

sicher
direkt
entschlossen
selbstbewusst
hoffnungsvoll
müde
traurig
kraftlos
energisch

b) Erzähle den Textausschnitt aus der Perspektive Joels.

– Nutze deine Ergebnisse aus Aufgabe a).
– Beachte besonders, was in Joel vorgeht.
– Nutze die Formulierungshilfen.

  Gestern hab ich Samuel endlich gesagt, was los ist ...
  Es war nicht einfach für mich ...
  Aber es musste einfach sein, denn ...
  Ich glaube, ich verstehe, was mit Samuel los ist ...
  Für mich steht aber trotzdem fest ...

B Einen erzählenden Text untersuchen und die Ergebnisse aufschreiben

Untersuche den Textauszug „Die Entscheidung" und schreibe deine Ergebnisse auf.
Gehe dabei so vor:

a) Erläutere, um welche Entscheidung es geht und warum diese Entscheidung
   wichtig ist.

b) Beschreibe die Beziehung zwischen Joel und Samuel.

– Was bedeutet die Äußerung Joels: „Nur Gerede. Nichts mehr"?
– Wie verändert sich die Beziehung während des Gesprächs?
– Was wird Joel klar? Beachte besonders die letzten Sätze.

c) Untersuche die Erzählperspektive: Aus Sicht welcher Figur wird erzählt?
   Führe Belege an.

d) Setze dich im Schlussteil kritisch mit der Äußerung einer Schülerin auseinander.
   Ava schreibt über Joel:

   „Vorher hat Joel sich nicht getraut, seinem Vater zu sagen, was er denkt.
   Aber jetzt ist Joel erwachsen geworden. Er hat sich entschlossen, zur See
   zu fahren – ohne seinen Vater. Ich finde das sehr mutig. Er hat den Mut,
   seine Träume umzusetzen."

– Nimm Stellung zu Avas Meinung.
– Schreibe, ob du Ava zustimmst oder anderer Meinung bist.
– Begründe deine eigene Meinung mit Belegen aus dem Text.

Gedichte untersuchen und die Ergebnisse aufschreiben

Dichter/-innen drücken in Gedichten aus, wie sie die Welt erleben. Insbesondere zu Beginn des 20. Jahrhunderts, als viele Menschen in Städte zogen, entstanden viele Großstadtgedichte. In diesem Kapitel untersuchst du solche Texte und hältst die Ergebnisse schriftlich fest.

TEXTE UND MEDIEN

1 Die Kunstwerke auf dieser Seite zeigen das Leben in der Großstadt.
  a) Wähle ein Bild aus und „wandere" mit den Augen darüber:
    – Was ist alles zu sehen?
    – Was fällt dir besonders auf?
    – Wie wird die Stadt dargestellt?
    – Wie wirken die Menschen auf dich?
    – Welche Stimmung wird im Bild ausgedrückt?
    – Welchen Titel würdest du dem Bild geben?
  b) Gehe „in das Bild hinein": Versetze dich in eine oder mehrere Personen. Schreibe auf, was die Personen sagen und denken könnten.
  c) Tauscht eure Ideen und Gedanken aus.

Digital+
Audio
Musikbeispiele

2 Höre dir die Musikbeispiele an. Welche Musik passt am besten zu welchem Bild? Begründe deine Meinung.

> Die Musik klingt fröhlich, das passt gut zu …

> Die Musik …

Jakob Steinhardt, *Die Stadt* (1913)

James Rizzi, *My kind of Town* (2005)

Ein Gedicht erschließen

Der Autor Erich Kästner ist im Jahre 1927 nach Berlin gezogen und hat seine Erfahrungen und Gedanken mit der Großstadt in Gedichten festgehalten. Hier beschäftigst du dich mit einem dieser Gedichte und erschließt es Schritt für Schritt.

Erich Kästner
(1899 – 1974) war Journalist, Schriftsteller und Theaterkritiker. Berühmt sind vor allem seine zeit- und gesellschaftskritischen Gedichte und seine Kinderbücher (z. B. „Emil und die Detektive").

1 **Schritt 1:** Lies das Gedicht aufmerksam und sammle erste Informationen und Ideen. Mache dir Notizen.

a) Wie heißt das Gedicht und wer hat es verfasst?

b) Was sind deine ersten Eindrücke vom Gedicht?
   – Lege eine Folie über die Seite oder arbeite mit einer Kopie des Textes.
   – Notiere am Rand deine Gedanken und Fragen.

Erich Kästner
Besuch vom Lande (1929)

   Sie stehen verstört am Potsdamer Platz.
   Und finden Berlin zu laut.
   Die Nacht glüht auf in Kilowatts.
   Ein Fräulein sagt heiser: „Komm mit, mein Schatz!"
5 Und zeigt entsetzlich viel Haut.

   Sie wissen vor Staunen nicht aus und nicht ein.
   Sie stehen und wundern sich bloß.
   Die Bahnen rasseln. Die Autos schrein.
   Sie möchten am liebsten zu Hause sein.
10 Und finden Berlin zu groß.

   Es klingt, als ob die Großstadt stöhnt,
   weil irgendwer sie <u>schilt</u>.
   Die Häuser funkeln. Die U-Bahn dröhnt.
   Sie sind alles so gar nicht gewöhnt.
15 Und finden Berlin zu wild.

   Sie machen vor Angst die Beine krumm.
   Sie machen alles verkehrt.
   Sie lächeln bestürzt. Und sie warten dumm.
   Und stehn auf dem Potsdamer Platz herum,
20 bis man sie überfährt.

schilt: Personalform des Verbs „schelten" in der Bedeutung „schimpfen, tadeln"

2 **Schritt 2:** Untersuche Inhalt, Form und Sprache. Mache dir Notizen.

a) Wie ist das Gedicht aufgebaut?

Das Gedicht besteht aus … Jede … hat …

b) Bestimme Reimschema und Metrum.

Das Reimschema lautet: … Das Metrum ist …

c) Fasse das Gedicht mit eigenen Worten zusammen: Was steht in den einzelnen Strophen?

Im Gedicht besuchen …

Sie befinden sich die ganze Zeit …

Sie fühlen sich …

In der letzten Strophe passiert etwas Unerwartetes …

d) Was fällt dir an der Sprache auf? Übertrage die Tabelle und suche Beispiele im Gedicht.

Merkmale des Gedichts	Beispiele aus dem Gedicht „Besuch vom Lande"
Gegenstände werden wie Menschen beschrieben.	*Die Autos …*
Es gibt viele Wörter, die Gefühle beschrieben.	*Sie stehen … Sie machen …*
Viele Verben beschreiben Sinneseindrücke.	*Die Bahnen … Die Häuser …*
Viele Sätze sind gleich gebaut.	*Und finden … Und finden … Und …*
Viele Verse beginnen mit „Sie".	*Sie wissen … Sie stehen … Sie möchten …*

e) Wie benennt man die sprachlichen Mittel in der Tabelle mit den entsprechenden Fachausdrücken? Nutze die Hinweise in „Wissen und Können".

WISSEN UND KÖNNEN ▶ **Sprachliche Mittel in Gedichten bestimmen**

Wenn du ein Gedicht untersuchst, arbeitest du heraus, welche sprachlichen Mittel es aufweist. Diese Fragen helfen dir dabei:

a. Welche besondere Form hat das Gedicht?

Verse, Strophen, Reime, Versmaß …

b. Welche auffälligen Wörter oder Wortgruppen gibt es?

Wortwahl, Wiederholung von Wörtern oder Wortgruppen, lautmalende Wörter, Alliterationen (Wörter, die mit gleichem Laut beginnen), *Anaphern* (Verse, die mit dem gleichen Wort / der gleichen Wortgruppe beginnen) …

c. Werden sprachliche Bilder verwendet? Wenn ja, welche?

Metaphern, Vergleiche, Personifikationen …

d. Welche Auffälligkeiten im Satzbau entdeckst du?

Ellipsen (ausgelassene Satzteile, die wir beim Lesen ergänzen), *Parallelismen* (gleich gebaute Sätze oder Satzteile), *Parataxen* (aneinandergereihte Hauptsätze) …

→ *Begriffe, die dir unbekannt sind, kannst du in „Wissen und Können" (S. 285/286) nachschlagen. Dort findest du auch Beispiele.*

f) Schülerinnen und Schüler haben beschrieben, wie das Gedicht auf sie wirkt.
  – Durch welche sprachlichen Mittel werden diese Wirkungen erreicht?
  – Ergänze die Sprechblasen:

> Das Gedicht klingt wie ein Bericht, weil …

> Wir können miterleben, wie die Leute vom Land sich fühlen. Das liegt an …

> Alles wird im Gedicht anschaulich geschildert, z. B. …

3 **Schritt 3:** Entwickle eine eigene Deutung.

a) Wie erleben die Besucher vom Land die Stadt Berlin? Suche Belege für die folgenden Deutungen. Übertrage dazu die Tabelle und fülle sie aus.

Deutungen zum Gedicht	Belege im Gedicht
Sie verstehen nicht, was passiert.	
Sie fühlen sich in Berlin unwohl.	
Sie verhalten sich falsch.	

b) Welches Bild der Großstadt wird im Gedicht dargestellt? Was ist für dich der zentrale Gedanke im Gedicht? Erläutere dazu, was du für besonders wichtig hältst und worüber du ins Nachdenken gekommen bist.

> Im Gedicht wird ausgedrückt …

> Am wichtigsten erscheint mir …

> Ich frage mich …

METHODE ▸ **Ein Gedicht Schritt für Schritt erschließen**

Schritt 1: Das Gedicht lesen, erste Informationen und Ideen sammeln
  – Wie heißt das Gedicht? Wer hat es verfasst? Wann wurde es verfasst?
  – Was sind deine ersten Eindrücke vom Gedicht? Notiere deine Gedanken und Fragen.
  – Um welche Situation geht es? Wer spricht in dem Gedicht? Gibt es ein lyrisches Ich? Wird jemand angesprochen? Auf welche Weise?

Schritt 2: Inhalt, Form und Sprache untersuchen
  – Wie ist das Gedicht aufgebaut?
  – Was steht in den einzelnen Strophen? Fasse den Inhalt zusammen.
  – Was fällt dir an der Sprache auf?
  – Wie wirken die sprachlichen Mittel?

Schritt 3: Eine eigene Deutung entwickeln
  – Worüber kommst du ins Nachdenken, wenn du das Gedicht liest?
  – Was ist für dich der zentrale Gedanke in diesem Gedicht?

🔲 **Digital+**
Texte
An diesen Beispielen kannst du noch einmal üben, ein Gedicht Schritt für Schritt zu untersuchen:
  – *Kurt Tucholsky: „Augen in der Großstadt"*
  – *Georg Britting: „Sommer-Sonntag in der Stadt"*

Eindrücke und Stimmungen beschreiben

In vielen Gedichten stellen Dichterinnen und Dichter dar, wie sie die Stadt wahrnehmen, und versuchen eine bestimmte Stimmung auszudrücken – so auch in dem folgenden Gedicht von Erich Kästner.

Digital+
Audio
Fritz Stavenhagen liest „Vorstadtstraßen" von Erich Kästner

1 Hört das Gedicht oder lasst es euch vorlesen. Schließt die Augen und hört zu.
– Welche Bilder habt ihr im Kopf?
– Welche Gefühle habt ihr beim Zuhören?

2 Lies das Gedicht nun still für dich.
a) Was kann das lyrische Ich sehen, riechen, fühlen? Nenne Belege aus dem Gedicht.
b) Würdest du gern in dieser Straße wohnen? Warum? Warum nicht?
c) Wie empfindest du die Stimmung?

> Ich finde die Stimmung ziemlich ..., weil ...

bedrückend, düster, friedlich, kalt, trostlos, traurig, entspannt ...
Begründe deine Entscheidung mit Stellen aus dem Gedicht.

Erich Kästner

Vorstadtstraßen (1927-1933)

Mit solchen Straßen bin ich gut bekannt.
Sie fangen an, als wären sie zu Ende.
Trinkt Magermilch! steht groß an einer Wand,
als ob sich das hier nicht von selbst verstände.

5   Es riecht nach Fisch, Kartoffeln und Benzin.
In diesen Straßen dürfte niemand wohnen.
Ein Fenster schielt durch schräge Jalousien.
Und welke Blumen blühn auf den Balkonen.

Die Häuser bilden Tag und Nacht Spalier
10   und haben keine weitern Interessen.
Seit hundert Jahren warten sie nun hier.
Auf wen sie warten, haben sie vergessen.

Die Nacht fällt wie ein großes altes Tuch,
von Licht durchlöchert, auf die grauen Mauern.
Ein paar Laternen gehen zu Besuch,   15
und vor den Kellern sieht man Katzen kauern.

Die Häuser sind so traurig und so krank,
weil sie die Armut auf den Straßen trafen.
Aus einem Hof dringt ganz von ferne Zank.
Dann decken sich die Fenster zu und schlafen.   20

So sieht die Welt in tausend Städten aus!
Und keiner weiß, wohin die Straßen zielen.
An jeder zweiten Ecke steht ein Haus,
in dem sie Skat und Pianola spielen.

Ein Mann mit Sorgen geigt aus dritter Hand.   25
Ein Tisch fällt um. Die Wirtin holt den Besen.
Trinkt Magermilch! steht groß an einer Wand.
Doch in der Nacht kann das ja niemand lesen.

3 Überlege, aus welcher Zeit das Gedicht stammen könnte.

– Woran erkennst du, dass sich das Gedicht nicht auf die heutige Zeit bezieht?
  Nenne Belege.
– Gibt es heute noch solche Straßen? Was ist gleich geblieben?
  Was hat sich verändert?

4 Illustriere die Strophen des Gedichts. Wähle aus den Aufgaben **A**, **B** oder **C** aus.

A Begib dich selbst in die Stadt und mache Fotos, die zu den Stimmungen
in den einzelnen Strophen passen. Du kannst die Strophen auch mit Fotos
aus dem Internet collagieren.

B Sucht im Netz nach Gestaltungen des Gedichts, z. B. als Video mit vorgelesenem
Text. Wählt eine aus und stellt sie in der Klasse vor.

C Gestaltet in Gruppen ein Video zum Gedicht.

– Jedes Gruppenmitglied filmt (außerhalb des Unterrichts) Straßenzüge. Achtet
  darauf, dass die Gesichter der Personen nicht zu sehen sind. (Datenschutz!)
– Besprecht eure Videoaufnahmen in der Gruppe und wählt zu jeder Strophe
  eine Videosequenz aus.
– Bearbeitet eure Videos. Arbeitet mit Apps und Programmen, mit denen sich
  Videos schneiden und bearbeiten lassen.
– Präsentiert eure Ergebnisse. Macht ein Gruppenmitglied zum Sprecher oder
  wechselt euch beim Vortragen ab.

5 Die Stimmung in einem Gedicht wird oft durch bestimmte sprachliche Mittel erzeugt.
Suche Belege dafür im Gedicht.

Gegenstände werden wie Personen behandelt: Sie ...

Wir können die Straße mit allen Sinnen erfassen ....

Bilder und Vergleiche veranschaulichen die Atmosphäre ...

Eine eigene Deutung entwickeln

Zu Beginn des 20. Jahrhunderts, als immer mehr Menschen in Städte ziehen, entstehen sehr viele Großstadtgedichte. Wir können erkennen, wie die Lebenswelt sich verändert hat und wie die Dichterinnen und Dichter dies empfinden.

Gerrit Engelke
Auf der Straßenbahn (1913)

Wie der Wagen durch die Kurve biegt,
Wie die blanke Schienenstrecke vor ihm liegt:
Walzt er stärker, schneller.

Die Motore unterm Boden rattern,
5   Von den Leitungsdrähten knattern
Funken.

Scharf vorüber an Laternen, Frauenmoden,
Bild an Bild, Ladenschild, Pferdetritt, Menschenschritt –
Schütternd walzt und wiegt der Wagenboden,
10 Meine Sinne walzen, wiegen mit!:
Voller Strom! Voller Strom!

Der ganze Wagen, mit den Menschen drinnen,
Saust und summt und singt mit meinen Sinnen.
Das Wagensingen sausebraust, es schwillt!
15 Plötzlich schrillt
Die Klingel! –
Der Stromgesang ist aus –
Ich steige aus –
Weiter walzt der Wagen.

→ Wissen und Können,
S. 284: Literatur-
gespräch

1 Wie versteht ihr das Gedicht? Deutet es und führt dazu ein **Literaturgespräch**.
a) Wie fühlt sich das lyrische Ich?
b) Welche Atmosphäre wird im Gedicht ausgedrückt?
   Notiert einige Adjektive, die die Atmosphäre möglichst treffend wiedergeben.
c) Welches Thema hat eurer Meinung nach das Gedicht?
   Straßenbahnfahren, der Mensch in der Großstadt, die neue Technik …
   Begründet eure Meinung mit Stellen aus dem Gedicht.

Nikolaus Braun:
Berliner Straßenszene
(1921)

2 Entwickelt in Gruppen Collagen zum Gedicht „Auf der Straßenbahn". Versucht dabei,
die Atmosphäre und die Stimmung des Gedichts einzufangen. Erstellt z. B.
– Toncollagen mit Verkehrslärm,
– Bildcollagen aus Fotos und Kunstwerken aus dieser Epoche.
  Sucht dazu im Internet nach entsprechenden Abbildungen.
Gebt euren Collagen einen passenden Titel.

3 a) Was fällt dir an der Sprache des Gedichts auf? Achte besonders auf Wiederholungen, Wortbildungen und den Satzbau. Übernimm die Tabelle und ergänze sie.

Sprachliche Merkmale	Belege aus dem Gedicht
Wiederholungen	Wie der Wagen ... Wie die blanke Schienenstrecke ...
verkürzte Sätze und Ausrufe	es schwillt! – Voller Strom!
Reihungen	Laternen, Frauenmoden, Bild an Bild, Ladenschild ...
ungewöhnliche Wortbildungen	Wagensingen
...	

b) Welche Wirkungen werden dadurch erzielt?
Ordnet die Sprechblasen den
sprachlichen Merkmalen zu.

> Hierdurch wird das Tempo der Fahrt wiedergegeben.

> Wir können nachempfinden, was das lyrische Ich sieht, hört und fühlt.

> Das Fahrgeräusch klingt angenehm wie ein Lied.

> Das lyrische Ich ist begeistert von der neuen Technik.

> Das lyrische Ich fühlt sich aber auch bedroht: „Walzen" ist doch etwas Gefährliches!

Sprachliche Bilder in Gedichten entschlüsseln

Gedichte sind in einer besonderen Sprache verfasst. Hier kannst du üben, diese Sprache zu untersuchen und ihre Wirkung zu beschreiben.

Erich Kästner
Die Wälder schweigen (1935)

Die Jahreszeiten wandern durch die Wälder.
Man sieht es nicht. Man liest es nur im Blatt.
Die Jahreszeiten strolchen durch die Felder.
Man zählt die Tage. Und man zählt die Gelder.
5   Man sehnt sich fort aus dem Geschrei der Stadt.

Das Dächermeer schlägt ziegelrote Wellen.
Die Luft ist dick und wie aus grauem Tuch.
Man träumt von Äckern und von Pferdeställen.
Man träumt von grünen Teichen und Forellen.
10   Und möchte in die Stille zu Besuch.

Die Seele wird vom Pflastertreten krumm.
Mit Bäumen kann man wie mit Brüdern reden
und tauscht bei ihnen seine Seele um.
Die Wälder schweigen. Doch sie sind nicht stumm.
15   Und wer auch kommen mag, sie trösten jeden.

Man flieht aus den Büros und den Fabriken.
Wohin, ist gleich! Die Erde ist ja rund!
Dort, wo die Gräser wie Bekannte nicken
und wo die Spinnen seidne Strümpfe stricken,
20   wird man gesund.

1 Wie verstehst du das Gedicht? Wähle Aufgabe **A** oder **B** aus.

A Führt ein Literaturgespräch zum Gedicht. Belegt eure Deutung am Text.
- Welches Thema hat das Gedicht?
- Um wen geht es? Wer ist mit „man" gemeint?
- Was machen die, die mit „man" gemeint sind? Wie fühlen sie sich?
- Was ist für dich der zentrale Gedanke im Gedicht?

→ Ihr könnt auch zu dem Lied „Lichter der Stadt" der Musikgruppe „Unheilig" ein Literaturgespräch führen. Sucht dazu den Song im Internet und hört ihn euch an.

B Notiere deine Gedanken zum Gedicht, wie es ein Schüler zur ersten Strophe getan hat. Schreibe auf Folie oder einer Kopie des Textes.

Die Jahreszeiten wandern durch die Wälder.
Man sieht es nicht. Man liest es nur im Blatt.
Die Jahreszeiten strolchen durch die Felder.
Man zählt die Tage. Und man zählt die Gelder.
Man sehnt sich fort aus dem Geschrei der Stadt.

– In Wald und Feld kann man Jahreszeiten erleben, in der Stadt nicht.

– In der Stadt ist es laut. („Geschrei"!)
– Man will weg.

2 Welche sprachlichen Bilder werden im Gedicht verwendet, um Eindrücke und Gefühle wiederzugeben?

a) Übernimm die Tabelle und trage für jedes Merkmal zwei Belege ein.
Nutze die Hinweise in „Wissen und Können".

Sprachliche Bilder	Beispiele im Gedicht
Personifizierung	Die Jahreszeiten …
Vergleich	Die Luft ist …
Metapher	Das Dächermeer …

Der Wald erscheint wie ein Freund. Das erkennt man …

Wir können uns gut vorstellen, wie grau die Stadt ist, weil …

b) Erläutere die Wirkung der verschiedenen sprachlichen Bilder.
Nutze die Hinweise in „Wissen und Können".

WISSEN UND KÖNNEN   **Sprachliche Bilder in Gedichten entschlüsseln**

Die Stimmungen, Eindrücke und Gefühle in einem Gedicht werden vor allem durch sprachliche Bilder ausgedrückt:

- In **Personifizierungen** werden Dinge wie Menschen dargestellt. Dadurch werden sie lebendiger und vertrauter: Die Jahreszeiten wandern durch die Wälder.
- **Vergleiche** (mit wie) veranschaulichen und verstärken oft die Aussage: Die Luft ist dick und wie aus grauem Tuch drückt aus, dass alles grau ist, man kann nichts mehr erkennen.
- In **Sprachbildern** (Metaphern) werden Vorstellungen aus einem konkreten Bildbereich auf einen anderen Bereich übertragen. Mit Metaphern kann man etwas veranschaulichen, verstärken oder Gefühle ansprechen:
  Das Dächermeer schlägt ziegelrote Wellen bedeutet:
  Wenn man von oben auf die Stadt blickt, kann man keine einzelnen Dachziegel mehr erkennen, die Dächer erscheinen grenzenlos wie das Meer.

Digital+
Text
– Alfred Wolfenstein: „Städter"
An diesem Gedicht könnt ihr noch einmal üben, sprachliche Bilder zu entschlüsseln.

3 Sammle weitere sprachliche Merkmale des Gedichts.
- Nutze die Hinweise in „Wissen und Können" auf Seite 156.
- Erläutere die Wirkung der sprachlichen Mittel.

Viele Sätze sind gleich gebaut, deshalb kann man …

Durch die Wiederholung der Wörter wird der Eindruck verstärkt, dass …

Eine Textuntersuchung aufschreiben

Manchmal musst du ein Gedicht untersuchen und deine Ergebnisse in einem zusammenhängenden Text festhalten. Dabei hilft dir ein Schreibplan.

1 Bevor du einen Schreibplan anlegst, musst du das Gedicht genau lesen und dir Gedanken darüber machen, wie du es verstehst. Wähle dazu Aufgabe **A** oder **B** aus.

    A Arbeitet in Gruppen und deutet das Gedicht im Gespräch:

       – Worüber spricht das lyrische Ich?

       – Was fällt euch an Form und Sprache auf?

       – Was ist eurer Meinung nach der zentrale Gedanke im Gedicht?

    B Bearbeite das Gedicht Schritt für Schritt, wie du es gelernt hast (vgl. S. 157). Nutze auch die Randbemerkungen.

Olaf N. Schwanke

Fußgängerzone (1998)

Gleich Geschäftsschluss! Eben	Welche Situation wird beschrieben?
darum müssen manche Menschen laufen,	
um noch schnell was Wichtiges zu kaufen;	
parfümier'n ihr Leben.	Was bedeutet hier „parfürmier'n"?
5 Frost will sich verbreiten.	Was kann man spüren und sehen?
Und beizeiten blaue Dämm'rungslichter	
fallen in verzerrte Fast-Gesichter,	Was wird mit „verzerrte Fast-Gesichter" ausgedrückt?
woll'n durch Kleidung gleiten.	
Alles schließt und endet einsam.	Was ist mit „endet einsam" gemeint?
10 Du empfindest es als heilsam,	Was denkt und fühlt das „Du"?
doch du würd'st was geben …	Wie könnte der Vers weitergehen?
Das Geschäft für Schmuck und Glitter	
lässt herab die Eisengitter.	
Gleich Geschäftsschluss? Eben!	Wie verstehst du die letzte Zeile?

2 Erstelle einen **Schreibplan** für deinen Text.

a) Übertrage den unten stehenden Schreibplan auf ein DIN-A4-Blatt.
   – Überlege zunächst, welche der folgenden Fragen in die Einleitung, den Haupt-
     teil und den Schluss gehören.
     Wie ist das Gedicht aufgebaut? – Wie lautet der Titel? – Welche sprachlichen
     Mittel werden verwendet? Welche Wirkung haben sie? – Wer hat das Gedicht
     geschrieben? – Wie findest du das Gedicht? – Wann wurde es verfasst? –
     Worum geht es? – Was ist für dich der zentrale Gedanke im Gedicht? –
     Was steht in den einzelnen Strophen?
   – Trage die Fragen in die linke Spalte deines Schreibplans ein.

Nutze die ganze Seite, damit du in den einzelnen Tabellenfeldern genug Platz zum Hineinschreiben hast.

Schreibplan

Gliederung des Textes	Formulierungshilfen für den Text	Notizen aus meiner Untersuchung des Gedichts (Aufgabe 1)
Einleitung – Wie lautet der Titel? – Wer …		
Hauptteil – … – …		
Schluss – …		

b) Hier findest du einige Formulierungen, die für eine zusammenfassende
   Untersuchung eines Gedichts typisch sind.
– Welche dieser Formulierungen passen in die Einleitung, den Hauptteil und
  den Schluss? Schreibe sie in die zweite Spalte der Tabelle.
  Das Gedicht hat den Titel … – Es wurde von … verfasst – Thema des Gedichts ist … –
  Das Gedicht besteht aus … – In der ersten Strophe … – In der zweiten Strophe … –
  In der dritten Strophe geht es um … – Die letzte Strophe … –
  Ich verstehe das Gedicht so: … – Mir sind folgende Mittel aufgefallen: … –
  Dadurch entsteht der Eindruck … – Besonders wichtig finde ich … –
  Dazu findet sich folgendes Beispiel aus dem Gedicht: …

c) Ordne deine Notizen dem Schreibplan zu.

3 Formuliere einen zusammenhängenden Text, in dem du das Gedicht deutest.
   Orientiere dich dabei an deinem Schreibplan.
   – Gliedere deinen Text in Einleitung, Hauptteil und Schluss.
   – Nutze die Formulierungshinweise und deine Notizen.

▪ Digital+
Text
– *Hans Herbert Ohms:
„Abends am Fenster"*
– *Max Hoffmann:
„Straßenbild"*
*An diesen Gedichten
kannst du noch einmal
üben, wie man eine
Textuntersuchung
schreibt.*

Eine Textuntersuchung überarbeiten

Nachdem du deinen Text geschrieben hast, solltest du kontrollieren, ob du deinen Schreibplan umgesetzt hast. Wichtig ist auch, dass du deine Aussagen mit Beispielen aus dem Gedicht belegst. Wie das geht, kannst du in „Wissen und Können" nachschlagen.

→ *Wissen und Können: Belege anführen (S. 283)*

1 Svenja hat das Gedicht „Fußgängerzone" (S. 164) gedeutet und ihre Ergebnisse aufgeschrieben.
  – Lies Svenjas Text. Was hat sie gut gemacht? Was muss sie noch ergänzen?
  – Nutze die Hinweise am Rand und überarbeite ihren Text.

Das Gedicht wurde von Olaf N. Schwanke verfasst.
Es ist aus dem Jahr 1998. Thema des Gedichts ist der Geschäftsschluss und wie die Menschen sich dabei verhalten.

Ergänze den Titel des Gedichts. → Der Titel des Gedichts zeigt, wo das lyrische Ich sich aufhält.

Das Gedicht besteht aus vier Strophen, die ersten beiden haben vier Verse, die beiden letzten drei Verse.
In der ersten Strophe steht, dass bald Geschäftsschluss ist. Die Leute sind in der Fußgängerzone und wollen noch schnell was kaufen.

Nenne einen Beleg für deine Aussage. → In der zweiten Strophe wird erwähnt, <u>dass es schon kalt wird</u>.
In der dritten Strophe steht, dass allmählich weniger los ist.

Zitiere das Wort genauer. Gehe auch auf → Dann ist endlich <u>Geschäftsschluss</u>.
das Satzzeichen im Gedicht ein.

Mir sind folgende sprachliche Mittel aufgefallen:
Hier musst du den Beleg anführen. → Ein Vers vom Anfang wird am Ende wiederholt.
Achte auf die Satzzeichen nach dem
wiederholten Wort: Warum steht
am Anfang ein anderes als am Ende? Mir fallen auch Wörter auf, die nicht im Wörterbuch stehen
Hier fehlen die Belege. → und schwer zu verstehen sind.

Hier fehlen die Belege. → Das lyrische Ich sieht die Menschen kritisch.

Es entsteht der Eindruck, dass das Leben in der Stadt stressig und hektisch ist. Ich verstehe das Gedicht so: Die Menschen rennen, um was zu kaufen – was sie nicht brauchen ...
Besonders wichtig finde ich, dass das lyrische Ich die Men-
Führe einen Beleg für → schen kritisiert. Ich finde das Gedicht schwer zu verstehen.
das schwierige Verstehen an. An einer Stelle stehen drei Punkte. Ich frage mich, wie der
Wie könnte denn der Vers weitergehen? → Vers enden könnte.

Ein Gedicht untersuchen und die Ergebnisse aufschreiben

Hier kannst du noch einmal üben, ein Gedicht zu untersuchen und die Ergebnisse aufzuschreiben. In Aufgabe A kannst du dabei einen Schreibplan mit Formulierungshilfen nutzen. In Aufgabe B formulierst du deinen Text selbstständig. Beachte die Schreibhinweise. Sie zeigen dir, was von dir verlangt wird.

A Eine Textuntersuchung mit Formulierungshilfen aufschreiben

1 Lies das Gedicht „Die Stadt" von Theodor Storm mehrmals gründlich. Markiere, was dir besonders auffällt (Folie oder Kopie).

Theodor Storm
(1817 – 1888)
Deutscher Schriftsteller, der ein berühmtes Gedicht über seine Heimatstadt Husum (an der Nordsee) geschrieben hat.

Theodor Storm
Die Stadt (1851)

Am grauen Strand, am grauen Meer
Und seitab liegt die Stadt;
Der Nebel drückt die Dächer schwer,
Und durch die Stille braust das Meer
5   Eintönig um die Stadt.

Es rauscht kein Wald, es schlägt im Mai
Kein Vogel ohn Unterlass;
Die Wandergans mit hartem Schrei
Nur fliegt in Herbstesnacht vorbei,
10   Am Strande weht das Gras.

Doch hängt mein ganzes Herz an dir,
Du graue Stadt am Meer;
Der Jugend Zauber für und für
Ruht lächelnd doch auf dir, auf dir,
15   Du graue Stadt am Meer.

2 Suche die Antworten auf die Fragen und formuliere mit eigenen Worten.
- a. Wo liegt die Stadt?
- b. Was ist besonders an der Stadt?
- c. Was denkt und fühlt das lyrische Ich?

3 Schreibe eine Textuntersuchung zu dem Gedicht „Die Stadt" auf.
Nutze dazu den Schreibplan mit den Formulierungshilfen.

Schreibplan

Gliederung	Formulierungshilfen
Einleitung Stelle das Gedicht vor.	Das Gedicht hat den Titel … und wurde von … verfasst. Es stammt aus dem Jahre … Thema des Gedichts ist … Es geht um eine Stadt, die … Das lyrische Ich befindet sich …
Hauptteil Beschreibe, wie die Stadt aussieht und was das lyrische Ich denkt und fühlt.	Das Gedicht besteht aus … In der ersten Strophe wird die Stadt beschrieben: … Die Stadt wirkt sehr abgelegen und grau, das erkennt man an den Wörtern … In der zweiten Strophe wird dieser Eindruck noch verstärkt. In Vers … steht … In der letzten Strophe wird deutlich, was das lyrische Ich denkt und fühlt: Dies steht im Vers … Die Stimmungen und Gefühle kann man an Wörtern und Formulierungen erkennen: Die Stadt wird mit … angesprochen. Dies nennt man auch …
Schluss Erläutere, wie du das Gedicht verstehst.	Die Stadt erscheint im Gedicht … Ich verstehe das Gedicht so: …

B Eine Textuntersuchung selbstständig aufschreiben

4 Lies das Gedicht „Spät nachts" von Mascha Kaléko (S. 169) aufmerksam und
sammle erste Informationen und Ideen.
a) Was sind deine ersten Eindrücke vom Gedicht? Notiere deine Gedanken und
Fragen.
b) Stammt das Gedicht aus einer anderen Zeit? Woran hast du das erkannt?
c) Untersuche das Gedicht weiter Schritt für Schritt, wie du es gelernt hast,
und mache dir Notizen.

*Mascha Kaléko (1907 – 1975) ist eine bekannte
deutschsprachige Dichterin. Sie hat Gedichte
über die Lebenswelt einfacher Leute und Großstadtgedichte verfasst.*

Mascha Kaléko

Spät nachts (1933)

Jetzt ruhn auch schon die letzten Großstadthäuser.
Im Tanzpalast ist die Musik verstummt.
Bis auf den <u>Boy</u>, der einen Schlager summt.
Und hinter <u>Schenkentüren</u> wird es leiser.

5   Es schläft der Lärm der Autos und Maschinen,
Und blasse Kinder träumen still vom Glück.
Ein Ehepaar kehrt stumm vom Fest zurück,
Die dürren Schatten zittern auf Gardinen.

Ein Omnibus durchrattert tote Straßen.
10 Auf kalter Parkbank schnarcht ein <u>Vagabund</u>.
Durch dunkle Tore irrt ein fremder Hund
Und weint um Menschen, die ihn blind vergaßen.

In schwarzen Fetzen hängt die Nacht zerrissen,
Und wer ein Bett hat, ging schon längst zur Ruh.
15 Jetzt fallen selbst dem Mond die Augen zu …
Nur Kranke stöhnen wach in ihren Kissen.

Es ist so still, als könnte nichts geschehen.
Jetzt schweigt des Tages Lied vom Kampf ums Brot.
– Nur irgendwo geht einer in den Tod.
20 Und morgen wird es in der Zeitung stehen …

Boy: veraltetes Wort für einen jungen Angestellten in großen Hotels, der z. B. Koffer trägt oder den Aufzug bedient
Schenkentüren: die Türen einer Gastwirtschaft

Vagabund: Obdachloser

5 Schreibe eine Textuntersuchung zu dem Gedicht auf. Gehe dabei so vor:
a) Schreibe eine **Einleitung**, in der du Titel, Autorin, Thema und Erscheinungsjahr benennst.
b) Beachte im **Hauptteil** folgende Schreibhinweise:
 – Fasse den Inhalt des Gedichts in eigenen Worten zusammen.
 – Erläutere, welches Bild der Großstadt im Gedicht gezeichnet wird und welche Stimmung das Gedicht vermittelt.
 – Beschreibe, durch welche sprachlichen Mittel dieses Bild / diese Stimmung erzeugt wird.
c) Formuliere einen **Schluss**:
 Eine Schülerin behauptet: „Das Bild der Großstadt in diesem Gedicht ist aus dem letzten Jahrhundert. Das hat mit unserer Zeit nichts mehr zu tun!"
 Nimm Stellung zu dieser Aussage und begründe deine Meinung.
 Belege deine Meinung mit Beispielen aus dem Gedicht.

Ein Theaterstück verstehen

In diesem Kapitel beschäftigt ihr euch mit einem der bekanntesten Theaterstücke des 20. Jahrhunderts: „Der Besuch der alten Dame" von Friedrich Dürrenmatt. Ihr schaut euch Ausschnitte an und lest Auszüge daraus. Dabei lernt ihr, ein Theaterstück zu verstehen, und denkt darüber nach, was an diesem Stück besonders interessant ist.

TEXTE UND MEDIEN

1 Schaut euch das Foto aus einer Inszenierung des Stücks „Der Besuch der alten Dame" an. Sprecht darüber:
- Was fällt euch direkt ins Auge?
- Was fällt euch an den Figuren auf? Achtet auch auf Gestik und Mimik.
- Wo könnte die Szene spielen? Was für ein Gebäude könnte das sein?
- Was fällt euch an den Farben auf:
- Woran erkennt ihr, dass das Foto nicht die Wirklichkeit zeigt, sondern aus einer Theateraufführung stammt.

„Der Besuch der alten Dame", Operninszenierung an der Wiener Staatsoper (1971)

2 Lies den **Ankündigungstext** und finde heraus, wer die Figuren auf dem Foto (S. 170) sind.
a) Wer ist die Dame im Mittelpunkt des Fotos? Was erfährst du über sie?
b) Wo spielt die Szene wohl? Was erfährst du über den Ort?
c) Wer könnten die anderen Figuren sein? Achte auf ihre Kleidung.

Ihr Auftritt ist spektakulär: Lautstark quietschend hält der Zug, den Claire Zachanassian, die millionenschwere „alte Dame", kurzerhand per Notbremse zum Stillstand bringt, um in ihrem Heimatort Güllen aussteigen zu können. Schnellzüge halten schon lange nicht mehr in dem heruntergekommenen Dorf, das an großem Geldmangel leidet und nun auf die Stiftung seiner früheren Mitbürgerin Claire hofft. In das Grau in Grau des verfallenden Orts platzt die grellgelb gekleidete Claire mit einem Panther an der Leine, im Gepäck einen Sarg. [5] [10]

3 Wenn wir über Theater sprechen, gebrauchen wir eine besondere Sprache.
a) Sammelt wichtige Fachwörter und legt ein **Theater-Lexikon** an. Dieses Lexikon könnt ihr nutzen, wenn ihr euch im Unterricht mit Theaterstücken beschäftigt. Ihr könnt euer Lexikon bei der Bearbeitung des Kapitels fortlaufend ergänzen.
b) Was ist das Besondere am Theater? Schreibe den Text neben dem Foto ab und ergänze dabei die fehlenden Wörter und Formulierungen:

die Aufführung   die Bühne   die Schauspielerinnen und Schauspieler
die Zuschauer   Opern oder Musicals   Schauspiel oder Theaterstück
unter freiem Himmel

„Der Besuch der alten Dame", Inszenierung Schauspielhaus Stuttgart (2020)

Theater

In einem **Theater** wird ein ▭ aufgeführt. In manchen Theatern zeigt man auch ▭. Am wichtigsten ist beim Theater ▭. Dieser Platz liegt meistens etwas höher, damit ▭ [5] gut sehen können, was dort gezeigt wird.
Meistens denkt man beim Theater an ein Gebäude. Bei manchen [10] Theatern sind Bühne und Zuschauerplätze aber ▭.
Wer gern ins Theater geht, findet es schön, im selben Raum wie ▭ zu sein und ▭ live [15] zu erleben.

Sich über ein Theaterstück informieren

Als Zuschauer tauchst du im Theater in eine fremde Welt ein: Hier ist alles anders als im Alltag und dadurch interessant – manchmal aber auch nicht leicht zu verstehen. Im Internet, in der Tageszeitung oder im Programmheft des Theaters findest du Informationen über die Aufführung. Das hilft dir, das Stück besser zu verstehen.

1 Lies den **Ankündigungstext** aus einem Programmheft zum „Besuch der alten Dame".
a) Suche die Antworten auf die Fragen in den Sprechblasen und mache dir Notizen.
b) Nutze deine Notizen und stelle das Stück einem Partner oder einer Partnerin vor.

Wer hat das Theaterstück geschrieben?

Wann und wo wurde es uraufgeführt?

Wo spielt das Theaterstück?

Wer ist die Hauptfigur in dem Theaterstück?

Welche weiteren Figuren kommen vor?

Worum geht es?

„Der Besuch der alten Dame" ist eine „tragische Komödie" in drei Akten des Schweizer Schriftstellers Friedrich Dürrenmatt. Die Uraufführung fand am 29. Januar 1956 im Schauspielhaus in Zürich statt. Das Stück wurde zu einem Welterfolg und zählt zu den meistgespiel-
5 ten deutschsprachigen Theaterstücken. Die Milliardärin Claire Zachanassian besucht die verarmte Kleinstadt Güllen, in der sie einst ihre Kindheit und Jugend als Klara („Kläri") Wäscher verbracht hat. Claire will Rache für ein altes Unrecht: Als sie im Alter von 17 Jahren von dem 19-jährigen Güllener Alfred Ill ein Kind erwartete, ließ dieser sie
10 im Stich. Im Vaterschaftsprozess traten falsche Zeugen auf. Entehrt, wehrlos und arm musste Klara Wäscher ihre Heimat verlassen. Sie verlor ihr Kind, wurde zur Prostituierten, gelangte jedoch später durch die Heirat mit einem Ölquellenbesitzer (der noch acht weitere Ehen folgten) an ein riesiges Vermögen. Die Güllener erwarten sie sehn-
15 süchtig, denn Güllen ist am Ende: Arbeitslosigkeit und Armut greifen um sich. Deshalb hoffen die Bewohner auf Mitleid und vor allem auf Geld von der reichen Ex-Bürgerin. Doch die Güllener haben nicht mit Claires Motiv für ihre Rückkehr gerechnet: Sie will sich rächen ...

2 Sprecht über den Ankündigungstext:
– Welche Informationen findet ihr besonders interessant?
– Worum wird es im Theaterstück wohl gehen?

Digital+
Text
Ankündigungstext: „Der Besuch der alten Dame"

3 Überlegt euch, wie man den Ankündigungstext für das Programmheft eines Theaters ansprechender gestalten könnte. Arbeitet mit dem Computer:
– Wo könnte man leserfreundliche Absätze machen?
– Welche Überschriften, die neugierig machen, könnte man dazu ergänzen?
– Was könnte man mit Fettdruck oder farbig hervorheben, damit es direkt ins Auge fällt?
– Recherchiert weitere Informationen und Fotos im Internet.
  Illustriert und ergänzt den Text.

Informationen zu einem Theaterstück präsentieren

Wenn ihr ein Stück kennenlernen wollt, beschäftigt ihr euch mit dem Ort der Handlung und vor allem mit den Figuren, die darin vorkommen. In einem Figurenporträt kannst du literarische Figuren vorstellen: Du beschreibst und charakterisierst sie und hältst auch deine Gedanken und Ansichten über die Figur fest.

1 Erstellt in eurer Klasse eine Infowand über Ort und Figuren des Theaterstücks „Der Besuch der alten Dame".
- Notiert, wie die Figuren aussehen, was sie denken und fühlen und wie sie sich zu den anderen Figuren verhalten.
- Ihr sollt die Porträts während der Arbeit in diesem Kapitel laufend ergänzen.

<u>Claire Zachanassian</u>
- hieß früher Klara
- ihre Haare sind ...
- sie war verliebt in ...
- ...

<u>Alfred Ill</u>
- lebt in ...
- war der Geliebte von ...
- hatte mit Klara ein Kind
- ...

<u>Güllener Bürger</u>
- sitzen am Bahnhof und ...
- ...
- Der Lehrer ...

<u>Bürgermeister</u>
- ist mit Alfred Ill befreundet
- freut sich auf Claire Zachanassian, weil ...

<u>Güllen</u>
- ist eine ... Kleinstadt
- ...

Eine Szene auf der Bühne verfolgen

Ein Drama gehört auf die Bühne: Schauspieler und Schauspielerinnen nehmen verschiedene Rollen ein und spielen eine Geschichte vor. Die Zuschauerinnen und Zuschauer verfolgen, was geschieht, hören den Dialogen und Monologen der Figuren zu. Gestik und Mimik der Darsteller zeigen, was in den Figuren vorgeht. Hier könnt ihr euch einmal selbst in die Rolle des Theaterpublikums versetzen: Ihr seht den Anfang des Dramas „Der Besuch der alten Dame".

⬛ Digital+
Video
Friedrich Dürrenmatt:
„Der Besuch der alten
Dame", Erster Akt
(Ausschnitt 1)

❶ Schaut euch einen Ausschnitt aus dem ersten Akt des Theaterstücks an.
  – Setzt euch anschließend zusammen und sprecht über eure ersten Eindrücke.
  – Nutzt die Hinweise zum „Theatergespräch" im Methodenkasten.

METHODE ▸ **Ein Theatergespräch führen**

In einem **Theatergespräch** sprecht ihr über eure Eindrücke.
Aus diesen Fragen könnt ihr auswählen:
  – Welche Szene kommt dir zuerst in den Sinn, wenn du an den Dramenausschnitt zurückdenkst?
  – Welche Szene willst du dir gern noch einmal anschauen? Warum?
  – Wie findest du die Figuren?
  – Was ist dir am Bühnenbild besonders aufgefallen?
  – Wie findest du die Kostüme und die Requisiten?
  – Was hat dich überrascht? Was war neu für dich? Was war schwer zu verstehen?
  – Worüber bist du ins Nachdenken gekommen?

„Der Besuch der alten Dame",
Schauspielhaus Zürich (2015)

❷ Schaut euch noch einmal den ersten Ausschnitt des Videos an.
  a) Sprecht über das erste Bühnenfoto:
    – Was fällt dir an dem Bühnenbild besonders auf?
    – Was meinst du: Welche Figuren sind in dieser Szene zu sehen?
    – Wie wirken die Figuren auf dich?
    – Warum sitzen die Figuren hier?
    – Warum hat der Regisseur diese Szene wohl an den Anfang der Aufführung gestellt?
  b) Was denken und fühlen die Figuren? Worüber unterhalten sie sich? Ergänzt dazu die Sprechblasen.

> Uns geht es miserabel: Wir leben …

> Wir sind bettelarm, wenn wir mal eine Zigarette rauchen wollen, dann …

> Unser einziges Vergnügen ist: Wir sitzen am Bahnhof und …

> Unsere letzte Hoffnung ist die Milliardärin, sie …

> Früher war Güllen wichtig: Hier hielten …

3 Betrachtet die Bühnenbilder und schaut euch den zugehörigen Ausschnitt aus dem Video an. Lest vorher die Aufgaben 4 bis 6, damit ihr wisst, worauf ihr achten sollt.

Digital+
Video
Friedrich Dürrenmatt: „Der Besuch der alten Dame", Erster Akt (Ausschnitt 2)

4 Hast du diese Szene noch in Erinnerung?
a) Erkläre die Situation:
- Welche Figuren stehen auf der Bühne?
- Wen erwarten sie? Warum?
- Was planen sie alles für die Ankunft? Warum?
- Warum spielt Alfred Ill eine besondere Rolle?
b) Schreibe einen kleinen Ankündigungstext für ein Theater-Programmheft:
Die erste Szene spielt kurz vor Ankunft der Milliardärin ...
Auf dem Bahnhof versammelt haben sich ...
Sie erwarten von Claire, ...
Die Güllener planen einen besonderen Empfang für ...: Sie ... Alfred Ill ...

5 Wie hast du diese Bühnenszene erlebt?
a) Sprecht darüber:
- Wie und mit wem kommt die alte Dame nach Güllen?
- Achtet auf Licht, Farben und Geräusche.
- Was war an dieser Szene seltsam oder komisch?
b) Bildet Gruppen und spielt die Szene nach: Beteiligt sind Claire Zachanassian, ihr Butler und der Schaffner. Ihr könnt auch improvisieren, das heißt: am Text spontan etwas verändern und eigene Ideen einbringen.

6 Was ging dir bei dieser Bühnenszene durch den Kopf? Sprecht darüber:
a) Wer sind die beiden Hauptfiguren des Dramas? Achte auf das Bühnenbild.
b) Worüber sprechen sie?

„Der Besuch der alten Dame", Schauspielhaus Zürich (2015)

Dialoge: Die Sprache eines Dramas verstehen

Dramentexte haben keinen Erzähler und kein lyrisches Ich. Das, was gerade passiert, wird bei der Aufführung auf der Bühne gezeigt. Die Dramentexte sind oft auch als Bücher erschienen. Dann kannst du die Dialoge lesen und auch genauer untersuchen.

1 Theatertexte werden nicht nur auf der Bühne gesprochen, sie sind auch zum Lesen gedacht. Lies den folgenden Auszug aus dem ersten Akt, in dem die alte Dame ihren ehemaligen Liebhaber trifft. Dies ist die erste Begegnung zwischen Claire Zachanassian und Alfred Ill.

a) Markiere Stellen, die dir besonders wichtig erscheinen.

b) Fasse kurz zusammen, was in der Szene passiert. Beschränke dich auf die wichtigsten Informationen: Wer? Was? Wo? Wann? Warum?

Die Szene stammt aus dem … Akt.

In der Szene treffen sich die Milliardärin Claire Zachanassian und … Sie …

Sie geht auf Ill zu, der ihr etwas verlegen entgegengetreten ist.

ILL Klara.

CLAIRE ZACHANASSIAN Alfred.

5 ILL Schön, dass du gekommen bist.

CLAIRE ZACHANASSIAN Das habe ich mir immer vorgenommen. Mein Leben lang, seit ich Güllen verlassen habe.

ILL *unsicher* Das ist lieb von dir.

10 CLAIRE ZACHANASSIAN Auch du hast an mich gedacht?

ILL Natürlich. Immer. Das weißt du doch, Klara.

CLAIRE ZACHANASSIAN Es war wunderbar, all die Tage, da wir zusammen waren.

15 ILL *stolz* Eben. *Zum Lehrer* Sehen Sie, Herr Lehrer, die habe ich im Sack.

CLAIRE ZACHANASSIAN Nenne mich, wie du mich immer genannt hast.

ILL Mein Wildkätzchen.

20 CLAIRE ZACHANASSIAN *schnurrt wie eine alte Katze* Wie noch?

ILL Mein Zauberhexchen.

CLAIRE ZACHANASSIAN Ich nannte dich: mein schwarzer Panther.

ILL Der bin ich noch.   25

CLAIRE ZACHANASSIAN Unsinn. Du bist fett geworden. Und grau und versoffen.

ILL Doch du bist die gleiche geblieben. Zauberhexchen.

CLAIRE ZACHANASSIAN Ach was. Auch ich bin alt 30 geworden und fett. Dazu ist mein linkes Bein hin. Ein Autounfall. Ich fahre nur noch Schnellzüge. Doch die Prothese ist vortrefflich, findest du nicht? *Sie hebt ihren Rock in die Höhe und zeigt ihr linkes Bein.* Lässt sich gut bewegen.   35

„Der Besuch der alten Dame", Schauspielhaus Zürich (2015)

ILL *wischt sich den Schweiß ab* Wäre nie darauf gekommen, Wildkätzchen.

CLAIRE ZACHANASSIAN Darf ich dir meinen siebenten Gatten vorstellen, Alfred? Besitzt Tabak-
40 plantagen. Führen eine glückliche Ehe.

ILL Aber bitte.

CLAIRE ZACHANASSIAN Komm, Moby, verneig dich. Eigentlich heißt er Pedro, doch macht sich Moby schöner. Es passt auch besser zu Boby, wie
45 der Kammerdiener heißt. Den hat man schließ- lich fürs Leben, da müssen sich dann eben die Gatten nach seinem Namen richten.

Gatte VII verneigt sich. [...]

Nun will ich mich in Güllen umschauen. *Sie be-*
50 *trachtet das Häuschen links mit einem edelsteinbe- setzten Lorgnon.* Diese Bedürfnisanstalt hat mein Vater errichtet, Moby. Gute Arbeit, exakt ausge- führt. Ich saß als Kind stundenlang auf dem Dach und spuckte hinunter. Aber nur auf die Männer.

55 *Im Hintergrund haben sich nun der gemischte Chor und die Jugendgruppe versammelt. Der Lehrer tritt mit Zylinder vor.*

DER LEHRER Gnädige Frau, als Rektor des Gülle- ner Gymnasiums und Liebhaber der edlen Frau
60 Musica sei es mir erlaubt, mit einem schlichten Volkslied aufzuwarten, dargeboten vom gemisch- ten Chor und der Jugendgruppe.

CLAIRE ZACHANASSIAN Schießen Sie los, Lehrer, mit Ihrem schlichten Volkslied.

Der Lehrer nimmt eine Stimmgabel hervor, gibt den
65 *Ton an, der gemischte Chor und die Jugendgruppe beginnen feierlich zu singen, doch kommt in diesem Augenblick ein neuer Zug von links. Der Bahnhofs- vorstand salutiert. Der Chor muss mit dem Rattern des Zuges kämpfen, der Lehrer verzweifelt, endlich*
70 *ist der Zug vorbei.*

DER BÜRGERMEISTER *untröstlich* Die Feuerglocke, man sollte doch die Feuerglocke einsetzen!

CLAIRE ZACHANASSIAN Gut gesungen, Güllener. Besonders der blonde Baß links außen mit dem
75 großen Adamsapfel war eigenartig.

Durch den gemischten Chor drängt sich ein Polizist, nimmt vor Claire Zachanassian Achtungstellung an.

DER POLIZIST Polizeiwachtmeister Hahncke,
80 gnädige Frau. Stehe zu Ihrer Verfügung.

CLAIRE ZACHANASSIAN *mustert ihn* Danke. Ich will niemanden verhaften. Aber vielleicht wird Güllen Sie nötig haben. Drücken Sie hin und wieder ein Auge zu?
85

DER POLIZIST Das schon, gnädige Frau. Wo käme ich in Güllen sonst hin?

CLAIRE ZACHANASSIAN Schließen Sie lieber beide.

Der Polizist steht etwas verdattert da.
90

ILL *lacht* Ganz die Klara! Ganz mein Zauberhex- chen. *Er schlägt sich vergnügt auf die Schenkel.*

2 Untersuche die Szene genauer: Welchen Eindruck bekommst du von Claire, Ill und den Güllenern?
– Ergänzt die Sprechblasen.
– Formuliert weitere Sprechblasen.

Die Güllener veranstalten ein Begrüßungsfest, um ...

Auf dem Begrüßungsfest versucht Ill ...

Claire ...

Die Güllener Bürger wollen ...

→ *Bei der Bearbeitung der Aufgaben könnt ihr euer Theater-Lexikon ergänzen.*

3 Was erfährst du im Text über die Figuren?
– Lies dazu die entsprechenden Stellen ganz genau.
– Nenne Belege aus dem Text.
a. Zu Beginn des Dialogausschnitts ist Ill „etwas verlegen", weil …
b. Während des Gesprächs ist Ill an einer Stelle „unsicher": Er weiß nicht genau, …
c. Ill ist „stolz", weil …
d. Claire erinnert sich gern an die gemeinsame Zeit mit Ill. Das erkennt man daran, …
e. Claire gibt zu, dass sie alt und gebrechlich geworden ist. Sie …

4 Die Figuren sprechen nicht immer ehrlich miteinander und sagen nicht, was sie wirklich denken und fühlen. Ergänze die Deutungen.
a. Ill tut so, als ob er sich freut. In Wirklichkeit …
b. Im Gespräch klingt Claire am Anfang so, als ob sie gern nach Güllen kommt und sich auf das Wiedersehen freut. Tatsächlich will sie …
c. Ill tut so, als ob er Claire immer noch liebt, zum Lehrer sagt er aber …
d. Ill lacht und schlägt sich auf die Schenkel. In Wirklichkeit ist er aber …
e. Ill sagt, er sei immer noch Claires „schwarzer Panther". Claire widerspricht: …
f. Ill kommt ins Schwitzen („wischt sich den Schweiß ab") und wird nervös, weil …

5 Lest den Ausschnitt mit verteilten Rollen vor. Wählt eine Sequenz aus.
– Lies laut: Der Theatertext ist eine Sprache mit Klang und Rhythmus.
– Probiere verschiedene Sprechweisen aus: Sprich laut, leise, freundlich, unfreundlich, fröhlich, traurig, schmeichelnd …
– Lies die Personenangaben (z. B. ILL oder CLAIRE ZACHANASSIAN) nicht mit. Wer gerade spricht, muss aus dem Sprechen heraus klar werden.
– Schenke den Regieanweisungen nicht zu viel Aufmerksamkeit, sondern verlasse dich ganz auf den Text – dort steht alles Wichtige drin.
– Wiederhole Passagen, die dir beim Lesen auf Anhieb noch nicht so gelingen. Dramentexte zu lesen verlangt auch Übung. Theatertexte sind Sprachkunstwerke.

WISSEN UND KÖNNEN   **Die Sprache eines Dramas kennenlernen**

1. Alles, was die Figuren sprechen, nennt man **Figurenrede**. In einem **Monolog** führt die Figur vor dem Publikum ein Selbstgespräch. Der **Dialog** ist ein Gespräch zwischen Figuren. Dialoge enthalten Rede und Gegenrede.
2. Dramentexte enthalten auch **Regieanweisungen**. Diese sind kursiv gedruckt. Regieanweisungen enthalten Anmerkungen zum Bühnenbild oder zu den Auf- und Abgängen der Figuren. Gelegentlich enthalten sie auch Hinweise, was Figuren gerade tun (z. B. lachen oder schreien), wie sie sprechen (z. B. schnell oder laut), oder Hinweise auf Kleidung, Requisiten, Töne oder Geräusche sowie Gestik und Mimik.

Die Figuren charakterisieren

In einer Figurencharakteristik werden das Verhalten, die Gedanken und die Gefühle einer Figur sowie ihre Beziehungen zu anderen Figuren beschrieben. Im Drama entwickeln sich aus dieser Figurenkonstellation Konflikte. Handlung und Konflikte drehen sich um die Hauptfigur.

1 Lies den folgenden Textauszug vom Ende des Ersten Akts.

Nach über 45 Jahren ist Claire in ihre Heimatstadt Güllen zurückgekehrt. Der Bürgermeister und die Bewohner sind sehr aufgeregt, denn sie erhoffen sich Unterstützung für die verarmte Stadt. Der Bürgermeister lädt zu einem Begrüßungsfest ein.

DER BÜRGERMEISTER Gnädige Frau, meine lieben Güllener. Es sind jetzt fünfundvierzig Jahre her, dass Sie unser Städtchen verlassen haben. [...] Vieles hat sich inzwischen ereignet, viel Bitteres. Traurig ist es der Welt
5 ergangen, traurig uns. Doch haben wir Sie, gnädige Frau – unsere Kläri – *Beifall* – nie vergessen. [...] Sie, gnädige Frau – als blond – *III flüstert ihm etwas zu* – rotgelockter Wildfang tollten Sie durch unsere nun leider verlotterten Gassen – wer kannte Sie nicht. [...]
10 *Er zieht das Notizbüchlein hervor.* Unvergessen sind Sie geblieben. In der Tat. Ihre Leistung in der Schule wird noch jetzt von der Lehrerschaft als Vorbild hingestellt, waren Sie doch besonders im wichtigsten Fach erstaunlich, in der Pflanzen- und Tierkunde, als Ausdruck Ihres
15 Mitgefühls zu allem Kreatürlichen, Schutzbedürftigen. Ihre Gerechtigkeitsliebe und Ihr Sinn für Wohltätigkeit erregte schon damals die Bewunderung weiter Kreise. *Riesiger Beifall.* Hatte doch unser Kläri einer armen alten Witwe Nahrung verschafft, indem sie mit ihrem
20 mühsam bei Nachbarn verdienten Taschengeld Kartoffeln kaufte und sie so vor dem Hungertode bewahrte, um nur eine Ihrer barmherzigen Handlungen zu erwähnen. *Riesiger Beifall.* Gnädige Frau, liebe Güllener, die zarten Keime so erfreulicher Anlagen haben sich
25 denn nun kräftig entwickelt, aus dem rotgelockten Wildfang wurde eine Dame, die die Welt mit ihrer Wohltätigkeit überschüttet, man denke nur an ihre Sozialwerke, an ihre Müttersanatorien und Suppenanstalten, an ihre Künstlerhilfe und Kinderkrippen,

und so möchte ich der nun Heimgefundenen zurufen: 30
Sie lebe hoch, hoch, hoch!

Beifall. Claire Zachanassian erhebt sich.

CLAIRE ZACHANASSIAN Bürgermeister, Güllener. Eure selbstlose Freude über meinen Besuch rührt mich. Ich war zwar ein etwas anderes Kind, als ich nun in der Rede 35
des Bürgermeisters vorkomme, in der Schule wurde ich geprügelt, und die Kartoffeln für die Witwe Boll habe ich gestohlen, gemeinsam mit Ill, nicht um die alte Kupplerin vor dem Hungertode zu bewahren, sondern um mit Ill einmal in einem Bett zu liegen, wo es bequemer war 40
als im Konradsweilerwald oder in der Peterschen Scheune. Um jedoch meinen Beitrag an eure Freude zu leisten, will ich gleich erklären, daß ich bereit bin, Güllen eine Milliarde zu schenken. Fünfhundert Millionen der Stadt und fünfhundert Millionen verteilt auf alle Familien. 45

Totenstille.

DER BÜRGERMEISTER *stotternd* Eine Milliarde.
Alle immer noch in Erstarrung.

CLAIRE ZACHANASSIAN Unter einer Bedingung.

Alle brechen in einen unbeschreiblichen Jubel aus. 50
Tanzen herum, stehen auf die Stühle, der Turner turnt usw. Ill trommelt sich begeistert auf die Brust.

ILL Die Klara! Goldig! Wunderbar! Zum Kugeln! Voll und ganz mein Zauberhexchen! *Er küßt sie.*

55 DER BÜRGERMEISTER Unter einer Bedingung, haben gnädige Frau gesagt. Darf ich diese Bedingung wissen?
CLAIRE ZACHANASSIAN Ich will die Bedingung nennen. Ich gebe euch eine Milliarde und kaufe mir dafür die Gerechtigkeit.

60 *Totenstille.*

DER BÜRGERMEISTER Wie ist dies zu verstehen, gnädige Frau?
CLAIRE ZACHANASSIAN Wie ich es sage.
DER BÜRGERMEISTER Die Gerechtigkeit kann man
65 doch nicht kaufen!
CLAIRE ZACHANASSIAN Man kann alles kaufen.
DER BÜRGERMEISTER Ich versteh immer noch nicht.
CLAIRE ZACHANASSIAN Tritt vor, Boby.

Der Butter tritt von rechts in die Mitte zwischen die drei
70 *Tische, zieht die dunkle Brille ab.*

DER BUTLER: Ich weiß nicht, ob mich noch jemand von euch erkennt.
DER LEHRER Der Oberrichter Hofer.
DER BUTLER: Richtig. Der Oberrichter Hofer. Ich war vor
75 25 Jahren Oberrichter in Güllen. [...] Wie ihr vernommen habt, bietet Frau Claire Zachanassian eine Milliarde und will dafür Gerechtigkeit. Mit anderen Worten: Frau Claire Zachanassian bietet eine Milliarde, wenn ihr das Unrecht wieder gut macht, das Frau Zachanassian in Güllen ange-
80 tan wurde. [...] Es war im Jahre 1910. Ich war Oberrichter in Güllen und hatte eine Vaterschaftsklage zu behandeln. Claire Zachanassian, damals Klara Wäscher, klagte sie, Herr Ill, an, der Vater ihres Kindes zu sein.

Ill schweigt.

85 DER BUTLER Sie bestritten damals die Vaterschaft, Herr Ill. Sie hatten zwei Zeugen mitgebracht.
ILL Alte Geschichten. Ich war jung und unbesonnen. [...]

BUTLER: Dies ist die Geschichte: Ein Richter, ein Angeklagter, zwei falsche Zeugen, ein Fehlurteil im Jahre
1910. Ist es nicht so, Klägerin?   90

Claire Zachanassian steht auf.

ILL *stampft auf den Boden*: Verjährt, alles verjährt! Eine alte, verrückte Geschichte.
DER BUTLER: Was geschah mit dem Kind?
Sie bestritten damals die Vaterschaft, Herr Ill.   95
Sie hatten zwei Zeugen mitgebracht. [...] Dies ist die Geschichte: Ein Richter, ein Angeklagter, zwei falsche Zeugen, ein Fehlurteil im Jahre 1910. [...] Ist es nicht so, Klägerin? [...] Was geschah mit dem Kind?
CLAIRE ZACHANASSIAN *leise* Es lebte ein Jahr.   100
DER BUTLER Was geschah mit Ihnen?
CLAIRE ZACHANASSIAN Ich wurde eine Dirne.
DER BUTLER: Weshalb?
CLAIRE ZACHANASSIAN Das Urteil des Gerichts
machte mich dazu.   105
DER BUTLER: Und nun wollen Sie Gerechtigkeit, Claire Zachanassian?
CLAIRE ZACHANASSIAN Ich kann sie mir leisten. Eine Milliarde für Güllen, wenn jemand Alfred Ill tötet.

Totenstille. [...]   110

ILL Zauberhexchen! Das kannst du doch nicht fordern! Das Leben ging doch längst weiter!
CLAIRE ZACHANASSIAN Das Leben ging weiter, doch ich hab nichts vergessen, Ill. [...] Nun will ich Gerechtigkeit, Gerechtigkeit für eine Milliarde.   115

Der Bürgermeister steht auf, bleich, würdig.

DER BÜRGERMEISTER [...] Ich lehne im Namen der Stadt Güllen das Angebot ab. Im Namen der Menschlichkeit. Lieber bleiben wir arm denn blutbefleckt.

Riesiger Beifall.   120

CLAIRE ZACHANASSIAN Ich warte.

2 Was erfährst du in diesem Textauszug über Claire Zachanassian? Sprecht darüber:

a. Wie charakterisiert der Bürgermeister Claire Zachanassian in seiner Rede:
Was hebt er an ihr besonders hervor? (Z. 7– 29)

b. Wie reagiert Claire auf die Worte des Bürgermeisters? (Z. 33– 41)

c. Welches Angebot macht Claire Zachanassian den Bürgern von Güllen? (Z. 41– 45)

d. Welches Unrecht hat Claire Zachanassian durch Alfred Ill erlitten? (Z. 77– 90)

e. Welche Bedingung stellt Claire Zachanassian? Was will sie genau? (Z. 108– 109)

f. Wie reagiert der Bürgermeister auf diese Bedingung? (Z. 116– 119)

3 Wie findest du Claire Zachanassian in dieser Szene? Begründe deine Einschätzung.

a. Sie ist hilfsbereit, denn sie will …

b. Sie ist rachsüchtig, weil sie …

c. Sie ist grausam, denn sie fordert …

4 Sprecht über die Beziehungen der Figuren. Nutzt dazu den wortstark!-Zettel.

a. Was denken und fühlen die Güllener am Anfang des Bürgerfests, und was am Ende?

b. Wie verhält sich der Bürgermeister gegenüber Claire am Anfang und am Ende?

c. Wie verhält sich Ill gegenüber Claire am Anfang und am Ende des Fests?

5 Bildet Gruppen und stellt die Entwicklung der Beziehungen in Standbildern dar:
zwischen den Güllenern und Claire Zachanassian, zwischen dem Bürgermeister
und Claire Zachanassian und zwischen Alfred Ill und Claire Zachanassian.

a) Wählt einen Moment vom Anfang und einen Moment vom Ende der Szene aus.
– Überlegt, wie ihr dazu die Figuren im Raum positioniert.
– Achtet auf Gestik, Mimik und Körperhaltung.

b) Sprecht darüber, welche Gefühle und Einstellungen in den Standbildern deutlich
werden und was sich verändert.

wortstark!

Die Figuren sind …
begeistert
erstaunt
dankbar
schockiert
verärgert
ohne Reue

Die Figuren verhalten
sich …
unehrlich
heuchlerisch
schmeichelnd
verlogen
ohne Reue

→ Hinweise zum
Standbild findet ihr in
„Wissen und Können"
(S. 284).

METHODE ▸ **Dramenfiguren charakterisieren und ihre Beziehungen beschreiben**

Figuren spielen im Drama eine wichtige Rolle, denn sie bestimmen
den Handlungsverlauf. Achte bei der **Figurencharakteristik** besonders
– auf das Aussehen der Figuren sowie auf ihre Gestik und Mimik.
(Welche Hinweise liefern sie zum Charakter der Figuren?)
– auf das Verhalten der Figuren.
(Welche Rückschlüsse kannst du auf ihren Charakter ziehen?)
– darauf, was die Figuren selbst über sich sagen.
(Achtung: Oft entsprechen solche Selbstaussagen nicht der Wahrheit!)
– darauf, was die Figuren übereinander sagen.
(Achtung: Prüfe an ihrem Verhalten, ob die Aussagen stimmen!)
Oft musst du die Charaktereigenschaften auch „zwischen den Zeilen lesen".

Nachverfolgen, wie das Drama zu Ende geht

Im ersten Akt des Dramas erfährt man, in welch schwierige Situation die Figuren kommen (Konflikt). Im zweiten Akt wird dieser Konflikt entfaltet und dargestellt. Im dritten Akt erlebst du auf der Bühne, wie der Konflikt gelöst wird.

1 Ihr seid sicher gespannt, wie das Theaterstück „Der Besuch der alten Dame" weitergeht.
   a) Lies die Zusammenfassung über den Fortgang des Dramas.
   b) Erzähle die Handlung aus der Perspektive von Ill.
   c) Was geht in Ill vor? Schreibe einen inneren Monolog Ills, nachdem er festgestellt hat, dass die Güllener immer mehr Geld ausgeben.
   d) Was steht nach Ills Tod in der Güllener Zeitung? Schreibe den Bericht.
   e) Erläutere, zu welchem Bühnenbild welcher Abschnitt der Zusammenfassung passt.

Bei einem Begrüßungsfest verspricht Claire der Stadt und ihren Bewohnern eine Milliarde und verlangt dafür Gerechtigkeit. Sie setzt das Geld auf den Kopf von Alfred Ill aus. Das verlockende Ange-
5 bot schlägt der Bürgermeister entsetzt aus. Alfred Ill ist davon überzeugt, dass er sich auf seine Mitbürger verlassen kann. Doch mit der Zeit bemerkt Alfred, dass seine Nachbarn und Freunde immer mehr Geld ausgeben. Sie kaufen neue Schuhe und
10 Kleidung.
Alfred bekommt es mit der Angst zu tun und geht zur Polizei. Jedoch trägt auch der Polizist neue Schuhe. Gleichzeitig versichert er Alfred, dass dieser in einem Rechtsstaat lebe und nichts zu befürchten habe.
15 Alfreds Angst wächst allerdings. In seiner Verzweiflung wendet er sich an den Bürgermeister. Auch bei diesem bemerkt Alfred neue Schuhe, eine neue Krawatte und eine neue Schreibmaschine. Der Bürgermeister verspricht, dass Alfred nichts passieren wird.

Der Pfarrer von Güllen empfiehlt Alfred, die Stadt 20 zu verlassen. Der verängstigte Mann will dem Rat des Geistlichen folgen, jedoch bricht er auf dem Bahnsteig zusammen, bevor er den Zug besteigen kann. So bleibt Alfred in Güllen.
Mit der Zeit ändert sich die Stimmung der Bürger 25 und sie fangen an, Alfreds früheres Verhalten zu verurteilen. Alfred verspürt eine immer größere Feindschaft gegen ihn. Eines Tages bringt der Bürgermeister Alfred ein Gewehr mit der Bitte, sich das Leben zu nehmen. Alfred lehnt ab. 30
Auf einer Stadtversammlung beschließen die Bürger einstimmig, Alfred Ill für seine Tat zu bestrafen und ihn umzubringen.
Als Alfred bei der Versammlung eintrifft, bilden die Mitbürger eine Gasse für ihn, wobei plötzlich 35 das Licht ausgeht. Als der Raum wieder erleuchtet ist, liegt Alfred tot am Boden. Der Stadtarzt gibt als offizielle Todesursache einen Herzinfarkt an.
Claire lässt den toten Alfred in den mitgebrachten Sarg legen und übergibt dem Bürgermeister einen 40 Scheck über eine Milliarde. Daraufhin verlässt die alte Dame die Stadt.

„Der Besuch der alten Dame", Schauspielhaus Zürich (2015)

Über das Theaterstück nachdenken

Zuschauerinnen und Zuschauer, die ein Theaterstück auf der Bühne verfolgen, oder Leserinnen und Leser, die einen Dramentext lesen, können mit den Figuren mitfühlen und sie sympathisch finden oder sich auch von ihnen abwenden und eine kritische Haltung einnehmen. Sie denken über das Drama nach und bilden sich ihre eigene Meinung.

1 Nimm selbst Stellung zur Äußerung von Claire Zachanassian:
„Eine Milliarde für Güllen, wenn jemand Alfred Ill tötet."
Was denkst du über dieses Angebot?
Claire beabsichtigt, … Dieses Angebot macht Claire, weil …
Ill hat … Claire hat daraufhin Güllen verlassen und … Sie konnte nie vergessen, …
Ich finde das Angebot …, weil …

2 Lies die Kommentare aus einem Blog über das Theaterstück.
a) Was ist für die Blogger die zentrale Idee des Stücks?
b) Suche im Stück Belege für diese Ideen.

> **Carmen:** Es geht in dem Stück um Claire Zachanassian, die in ihr Heimatdorf Güllen zurückkehrt und den Einwohnern ein unmoralisches Angebot unterbreitet. Als Hauptthema könnte man nennen, dass die Gier nach Geld schwerer wiegt als Moral.
>
> **Marcel:** Die Güllener spielen Theater, um an das Geld der Milliardärin zu kommen. Menschen sind zu allem fähig, wenn sie Geld wollen. Weil sie das Geld wollen und am Ende auf die Milliarde angewiesen sind, um ihre Schulden zu bezahlen, nehmen sie es mit ihren Pflichten und mit der <u>Moral</u> nicht mehr so genau. Geld regiert die Welt. Darum geht es in dem Stück. Und dieses Thema ist leider immer noch aktuell.
>
> **Theaterfreak:** Ich verstehe das Stück so: Für Claire war Ill die Liebe ihres Lebens. Was ihr passierte, hat sie tief verletzt und hart gemacht. Sie will Rache. Zielstrebig verfolgt sie ihren Racheplan. Gefühle interessieren sie nicht mehr. Sie ist total hart, wie ein Automat (mit Ersatzteilen). Das finde ich auch komisch.

wortstark!

Der Blogger/Die Bloggerin meint …
Er/Sie findet/glaubt/ist der Meinung, …
Seiner/Ihrer Meinung nach geht es im Stück um …
Ich sehe das auch so, denn …
Ich bin anderer Meinung …
Dafür spricht …
Dagegen spricht …
Bedenken sollte man, …

Moral: Regeln, die in einer Gesellschaft bestimmen, welches Verhalten als gut oder schlecht gilt. Wenn man z. B. nicht lügt, handelt man moralisch.

3 Ihr habt euch Szenen aus dem Theaterstück angesehen und Ausschnitte aus dem Theaterstück gelesen. Sprecht darüber:
a) Was hat dir am besten gefallen? Warum?
b) Wo sind die größten Unterschiede?

Mir hat … am besten gefallen, weil …

Am schwierigsten fand ich …, weil …

Bei einem Theaterstück finde ich wichtig, …

Texte miteinander vergleichen und einen Textvergleich schreiben

Im Unterricht oder auch in einer Prüfung kann es vorkommen, dass dir zwei oder mehrere Texte vorgelegt werden, um sie miteinander zu vergleichen. Du sollst dabei Gemeinsamkeiten und Unterschiede zwischen Texten herauszuarbeiten. Hier lernst du, Sachtexte miteinander zu vergleichen und deine Ergebnisse aufzuschreiben.

TEXTE UND MEDIEN

1 Schau dir die Karikatur genau an: Betrachte das Bild und lies, was in den Sprechblasen steht.

2 Überlege, um welches Thema es geht.

- Wer ist auf dem Bild zu sehen?
- Wie sehen die Figuren aus? Wie sind sie gekleidet?
- Wo befinden sich die Figuren?
- Warum ist ein Dolmetscher dabei? Was übersetzt er? Warum?

Ein Dolmetscher ist nötig, weil ...

3 Sprecht darüber, wie ihr die Karikatur versteht. Ergänzt die Sprechblasen.

Die Karikatur soll zeigen, ...

▶ Recherchiert im Netz und stellt Material zum Thema „Jugendsprache" zusammen.

Texte einordnen und vorstellen

Wenn du Texte vergleichst, musst du sie zunächst einmal einordnen. Hierzu zählen Angaben zur Textsorte, zum Autor/zur Autorin, zu Titel, Erscheinungsort und -jahr. Überlege, was du aus diesen Angaben schon über die Texte erfährst. Überschriften und Fotos geben dir erste Informationen, wovon die Texte handeln.

1 Mache dich zunächst mit dem Thema vertraut: Lies dazu die Schlagzeilen aus Zeitungen und aus dem Internet:

> **Haben Jugendliche eine eigene Sprache?**

> **„No front, Diggah! Du bist total lost!"**

> *Cringe* **ist das Jugendwort 2021**

> *Fresspause*, *Datenzäpfchen* **und** *Pommespanzer*

> **Wie redest du, Alter?**

> **Hilfe, ich versteh mein Kind nicht mehr!**

> **Jugendsprache im Unterricht: is voll krass, ey!**

> **Haben Jugendliche eine eigene Sprache?**

a) Suche dir eine Schlagzeile aus: Worum könnte es in dem zugehörigen Text gehen? Sprecht anschließend über eure Vermutungen.

b) Welche jugendsprachlichen Wörter und Sätze kommen in den Schlagzeilen vor? Versteht ihr sie? Gebraucht ihr sie auch?

c) Welche Fragen habt ihr zum Thema „Jugendsprache?"

> Wer von meinen Freunden ...?

> Was ist eigentlich Jugendsprache?

> Was denken Eltern und Lehrer ...?

> Warum ...

2 Auf S. 186/187 findest du zwei Texte zum Thema „Jugendsprache" (**M1** und **M2**). Überfliege die Texte und stelle Vermutungen über den Inhalt an:
– Lies die Überschriften und das Fettgedruckte: Was könnte in den Texten stehen?
– Finde heraus, woher die Texte stammen und an wen sie sich wenden.
Sprecht anschließend über eure Ergebnisse.

3 Stelle die Texte kurz mündlich vor und ordne sie dabei ein.
In den beiden Texten geht es um ... M1 hat den Titel ... Er ist auf ... erschienen.
In diesem Text geht es hauptsächlich um ... Die Leser sollen vor allem ...
Der Text in M2 ist ... Befragt wird ... Die Autorin will ...

Bericht von der Internetseite
des Westdeutschen Rundfunks (WDR)

M1

„Cringe" ist Jugendwort des Jahres 2021
Stand: 25.10.2021, 15:24 Uhr

Diesmal haben die Jugendlichen selbst abgestimmt: „Cringe" ist das Jugendwort des Jahres 2021. Und nein, das ist kein Synonym für „Eltern".

5 „Cringe" setzte sich bei der Abstimmung zum „Jugendwort des Jahres" mit 42 Prozent der Stimmen durch. „Der Begriff gehört zum aktiven Sprachgebrauch der 10- bis 20-Jährigen", erklärte der Wörterbuchverlag, der die Abstim-
10 mung zum Jugendwort des Jahres organisiert. „Cringe" beschreibt etwas Peinliches oder Unangenehmes und wird von Jugendlichen meist im Zusammenhang mit dem Verhalten anderer Menschen benutzt. Das bezieht sich oft, aber nicht
15 ausschließlich auf die eigenen Eltern. Meist ist sich die „cringe" Person ihres eigenen, „Fremdscham" auslösenden Verhaltens gar nicht bewusst. Das Wort stammt aus dem Englischen, „to cringe" bedeutet dort ursprünglich „zusammenzu-
20 cken". Als Adjektiv, wie es im Deutschen derzeit benutzt wird, existiert es dort allerdings gar nicht. Die korrekte englische Form lautet „cringeworthy", also frei übersetzt: etwas, das einen (vor Fremdscham) zusammenzucken lässt.

„Cringe" verweist „sus" und „sheesh" auf die Plätze
25 „Cringe" setzte sich vor „sus" durch. Es leitet sich vom englischen „suspect" ab und beschreibt etwas Verdächtiges. Auf Platz drei kam der Begriff „sheesh". Dieser ist ein Ausdruck des
30 Erstaunens und wird am Satzanfang oder Satzende benutzt, um das Gesagte zu dramatisieren.

Seit 2020 wählen die Jugendlichen selbst
Über die Wahl des Jugendworts des Jahres gab
35 es schon länger Diskussionen. Entweder, so der Vorwurf, sei der Begriff nicht wichtig und würde gar nicht ernsthaft benutzt. Oder, er sei total veraltet und schon längst (also seit Monaten) nicht mehr angesagt. Um dieser Kritik zu ent-
40 gehen, hat der Verlag im vergangenen Jahr sein Vorgehen bei der Wahl geändert. Statt einer Jury, die aus Erwachsenen besteht, stimmen Jugendliche bei einer Online-Umfrage selbst ab. Nach der ersten Vorschlagsrunde, bei der un-
45 passende Begriffe wie Beleidigungen oder offensichtlich Sinnfreies vom Verlag aussortiert wurden, gab es zunächst zehn, später dann nur noch drei Begriffe zur Auswahl. Nach Angaben des Verlags haben sich in diesem Jahr 1,2 Millio-
50 nen Jugendliche an der Wahl beteiligt. Im letzten Jahr hatte der Begriff „lost" gewonnen, „cringe" kam damals auf Platz zwei. *(verändert)*

Interview der wortstark-Redaktion mit der Sprachwissenschaftlerin Dr. Diana Walther

M2

Dr. Diana Walther
Universität Leipzig,
forscht zum Thema
Jugendsprache

Haben Jugendliche eine eigene Sprache?

Die Sprachwissenschaftlerin erklärt, wie Jugendsprache erforscht wird – und was Jugendsprache auszeichnet.

Frau Dr. Walther, Sie forschen an der Uni
5 *Leipzig zur Jugendsprache. Was versteht man denn eigentlich unter der Jugendsprache?*
Was Jugendsprache ist, ist nicht so leicht zu bestimmen. Es gibt so viele Jugendsprachen, wie es Jugendgruppen und Situationen gibt. Jede
10 Gruppe spricht anders und hat ihre bestimmten Wörter, die sie eine Zeit lang benutzt, bis sie wieder out sind. Und dann kommen neue Wörter.
Aber in den Medien wird doch in jedem Jahr das „Jugendwort des Jahres" gewählt und
15 *verkündet! „Smash" war das Jugendwort 2022, 2021 war es „cringe" und 2020 „lost".*
Ich halte mich bei diesen Jugendwörtern immer etwas zurück, weil das nur bedingt Thema für die Jugendsprachforschung ist. Das ist eine einseitige
20 Sicht von Jugendsprache, denn die Jugendlichen sprechen ja nicht den ganzen Tag so. Wir Forschende kämpfen seit Jahren gegen dieses vereinfachte und konstruierte Bild der Jugendsprache an, das durch die Medien vermittelt wird.
25 *Wie forschen Sie denn? Und wie kommen Sie an Ihr Material, das Sie untersuchen?*
Wir grasen nicht Instagram, Tiktok und andere Plattformen ab und schauen, was trendy ist. Wir untersuchen tatsächliche Gesprächssituationen
30 von Jugendgruppen im Alltag: in der Schule, in der Freizeit, mündlich, schriftlich – wir machen Audio- und Videoaufnahmen und beobachten Gruppen über einen längeren Zeitraum.

Kennst du dieses Wort? Nutzt du das? Wenn ja, in welchem Zusammenhang? Bei schriftlichen 35 Texten schauen wir uns Schulaufsätze an, Tagebücher oder Chatnachrichten. Und da stellt sich heraus, dass nicht nur gesprochene, sondern auch geschriebene Jugendsprache viel normaler ist, als die breite Öffentlichkeit meint. 40
Ist alles also nur eine Spielerei oder warum gibt es denn überhaupt so etwas wie die Jugendsprache?
Es ist uns vielleicht nicht bewusst, aber unsere Eltern und Großeltern haben auch Jugendspra- 45 che gesprochen, als sie Jugendliche waren. Das war früher nur etwas anders, die Wörter waren andere. Im Jugendalter befinde ich mich in einer Identitätsfindung. Ich muss für mich herausfinden: Wer bin ich? Und das funktioniert 50 über Abgrenzung – also auch über die Sprache. Ich benutze Begriffe, die andere vielleicht nicht verstehen. Und in jugendlichen Gruppen steht das Spaßhaben und der Gruppenzusammenhalt im Mittelpunkt, auch die Abgrenzung zu 55 anderen Jugendlichen. Das war früher so und ist heute immer noch so. Indem Jugendliche so miteinander reden, entwickeln sie ihre Persönlichkeit. Im Unterschied zu Erwachsenen spielen Jugendliche häufiger mit Sprache, erfinden 60 neue Wörter und Sprüche, sie tun das aber auf Grundlage der Regeln der deutschen Standardsprache. Mit einer gemeinsamen Sprache schaffen Jugendliche innerhalb ihrer Gruppe Nähe. Es entsteht eine ungezwungene Situation und 65 das Gefühl: Wer unsere Sprache spricht, gehört dazu.

Texte zusammenfassen und vergleichen

Für einen Textvergleich musst du die einzelnen Texte genau lesen und bearbeiten. Dazu ist es nützlich, wenn du dir zunächst einen Überblick über den genauen Textinhalt verschaffst. Anschließend kannst du überlegen, welche Gemeinsamkeiten und Unterschiede die Texte aufweisen.

1 Lies den Text „‚Cringe' ist das Jugendwort des Jahres 2021" (**M1**, S. 186) genau und markiere während des Lesens Schlüsselwörter oder Schlüsselstellen (Folie oder Kopie).

2 Nutze deine Markierungen und schreibe eine kurze Zusammenfassung. Beachte die Hinweise im Wissen-und-Können-Kasten und ergänze die Sätze:

Der WDR informiert im Internet über …
Das Jugendwort des Jahres 2021 … Auf den Plätzen 2 und 3 landeten …
Im Text werden den Lesern auch die Bedeutungen der drei Jugendwörter erklärt:
„cringe" meint … „sus" bezeichnet … Mit „sheesh" drücken Jugendliche …
Abschließend informiert der Text über …

3 Schreibe eine Zusammenfassung von **M2** (S. 187). Beachte die Hinweise im Wissen-und-Können-Kasten.

> **WISSEN UND KÖNNEN** ▸ **Eine Textzusammenfassung schreiben**
>
> Bei einer Textzusammenfassung geht es darum, dass du deine Leserinnen und Leser über die wichtigsten Inhalte kurz mit eigenen Worten informierst. Dabei sollst du nicht jede einzelne Information wiedergeben.
> **1.** Notiere, wer den Text verfasst hat, wo er erschienen ist und worum es geht.
> **2.** Gliedere den Text in Sinnabschnitte.
>   – Markiere in jedem Abschnitt die wichtigste Information.
>   – Mache dir Notizen.
> **3.** Nutze deine Notizen und formuliere einen zusammenhängenden Text.
>   – Orientiere dich an den Sinnabschnitten.
>   – Achte darauf, dass deine Sätze sinnvoll miteinander verknüpft sind.
>   – Schreibe im Präsens.

4 Vergleiche die Texte **M1** und **M2** miteinander. Mache dir Notizen.
a) Um welche Textsorten handelt es sich? Begründe.
b) Welches gemeinsame Thema haben die Texte?
c) Was steht in den einzelnen Abschnitten? Lege eine Tabelle wie auf S. 189 an und trage die Überschriften für die Abschnitte ein.

	M1	M2
Ausgang der Wahl zum Jugendwort des Jahres 2021		

– ~~Ausgang der Wahl zum Jugendwort des Jahres 2021~~
– Definition von Jugendsprache
– Erklärungen der Jugendwörter
– Jugendwörter des Jahres
– Verfahren zur Bestimmung der Jugendwörter (2x)
– Wozu Jugendliche die Jugendsprache nutzen

d) Welche Teilthemen kommen in beiden Texten vor? Markiere sie grün.

e) Welche Textinhalte kommen nur in M1 oder in M2 vor? Markiere sie rot.

5 Wo sind gegensätzliche Positionen in den Texten zu erkennen?
Beantworte dazu die Fragen.

a) Wie findet man heraus, welche Wörter Jugendliche benutzen?
Vergleiche die Verfahren, die in M1 und M2 genannt werden.

b) Was sagt die Expertin über Jugendwörter des Jahres?
Wie begründet sie ihre Meinung?

6 Denke über die Texte nach.

a) Welche Aussage passt zu welchem Text:

a. Im Text erklärt eine Expertin, was Jugendsprache ist.

b. Der Text informiert sachlich über eine Umfrage.

c. Im Text werden jugendsprachliche Wörter erklärt.

d. Im Text wird die Funktion von Jugendsprache erläutert.

b) Sprecht über die Texte:

– Welche Informationen sind für euch neu?

– Was findet ihr besonders interessant? Warum?

– Was findet ihr besonders wichtig? Warum?

WISSEN UND KÖNNEN ▷ **Texte miteinander vergleichen**

Wenn du Texte vergleichst, musst du sie miteinander in Beziehung setzen.

1. Untersuche, worum es in den Texten geht:

– Welches gemeinsame Thema haben die Texte?

– Welche Teilthemen werden in den Abschnitten behandelt?

– Enthalten die Texte gegensätzliche Aussagen oder ergänzen sie sich?

2. Achte besonders darauf, ob du Meinungen und Absichten der Autorinnen und Autoren erkennen kannst:

– Welche Position vertreten sie?

– Was bezwecken sie mit ihrem Text?

Zu einer Aussage Stellung nehmen

Bei einem Textvergleich sollst du die einzelnen Texte nicht nur vergleichen, sondern auch zu wichtigen oder strittigen Textaussagen oder Meinungen zum Thema der Texte Stellung beziehen und deinen eigenen Standpunkt dazu formulieren.

▶ Erstmalig waren 2021 Jugendliche dazu aufgerufen, das Jugendwort des Jahres zu wählen.
Eine gute Idee – oder nicht?
Diese Wörter standen zur Auswahl:

sheesh	wild/wyld
Digga/Diggah	sus
cringe	akkurat
same	papatastisch
Geringverdiener	Mittwoch (Frosch Meme)

Könnt ihr mit allen Wörtern etwas anfangen?
Macht eine Umfrage in eurer Klasse.

1 Du sollst dich kritisch mit der Aussage des Verlags in **M1** auseinandersetzen:
Das Wort „cringe" „gehört damit zum aktiven Sprachgebrauch der 10- bis 20-Jährigen".
a) Was bedeutet dieser Satz? Der Satz bedeutet: Zehn- bis 20-Jährige …
b) Worauf gründet der Verlag diese Aussage? Welche der folgenden Aussagen ist richtig?
   a. „Cringe" ist bei der Abstimmung von 1,2 Millionen Jugendlicher auf den 1. Platz gekommen.
   b. „Cringe" ist ein Wort, das auch im Englischen von vielen Jugendlichen gebraucht wird.
c) Was hält die Expertin Diana Walther von der Bestimmung der Jugendwörter des Jahres? Die Expertin ist der Meinung, …

2 Formuliere zur Aussage des Verlags ein (mündliches) Statement.
Nutze dazu deine Ergebnisse aus Aufgabe 1 und die Formulierungshilfen:

Ein Wörterbuchverlag wählt in jedem Jahr …
Das Jugendwort des Jahres 2021 heißt …
42 Prozent aller Jugendlichen, die an der Abstimmung teilgenommen haben, …
Aus diesem Grund ist der Verlag der Ansicht, dass …
Ich stimme der Verlagsmeinung zu/nicht zu, weil …
Eine Sprachexpertin vertritt die Meinung, dass …
Aufgrund der Expertenaussagen bin auch ich der Meinung, …

3 Gib eine Stellungnahme zu einer Leserbriefschreiberin ab:

„Wenn Jugendliche Jugendsprache verwenden, zeigen sie damit, dass sie zu ihrer Gruppe gehören. Jugendliche wollen mit der eigenen Gruppe auf Augenhöhe kommunizieren und verwenden daher eine eigene Art des Sprechens. Jugendsprache ist – wie ihre Kleidung oder Musik – ein fester Bestandteil des Erwachsenwerdens. Und es hat sie schon immer gegeben. Daher gilt: ‚No front' an die Jugendlichen von heute, die sprechen, wie sie sprechen."

a) Gib an, welche Meinung die Schreiberin vertritt und wie sie diese begründet.

b) Markiere in **M2** (S. 187, Folie oder Kopie) die Textstelle, die sich ebenfalls mit der Frage beschäftigt, warum Jugendliche ihre eigene Sprache verwenden.

c) Formuliere klar und eindeutig deine eigene Position zur Aussage der Redaktion. Du kannst ihr zustimmen, sie ablehnen oder auch einen Kompromiss finden.

d) Begründe deine Position durch Argumente. Beziehe dich dabei auf das Material und auf eigene Erfahrungen.

e) Bekräftige abschließend deine Meinung und begründe sie. Du kannst auch einen Appell oder eine Warnung formulieren.

4 Setze dich kritisch mit der folgenden Aussage auseinander:

„Wer Jugendsprache spricht, will vor allem Eltern oder Lehrer ärgern und provozieren!"

– Beziehe dich in deiner Stellungnahme auf die Materialien M1 und M2 (S. 186/187) sowie auf eigene Erfahrungen.

– Nutze die Hinweise im Wissen-und-Können-Kasten.

WISSEN UND KÖNNEN ▷ **Zu einer Aussage Stellung nehmen**

In einer Stellungnahme formulierst du deine eigene Position zu einer Textaussage oder einer Meinung. Wichtig ist dabei, dass du deine Position mit Argumenten begründest. Gehe so vor:

1. Formuliere, worauf sich deine Stellungnahme bezieht: Im Text steht … Im Text äußert sich ein Autor/eine Autorin …

2. Entscheide dich, ob du der Meinung des Autors/der Autorin zustimmst oder nicht.

3. Überfliege den Text noch einmal und markiere Textaussagen, die deine Auffassung unterstützen.

4. Erläutere deine Position mit Aussagen aus dem Text: Ich stimme dieser Meinung zu/teilweise zu/nicht zu, weil … Im M2 äußert sich eine Expertin … Beziehe dich bei deiner Begründung auch auf die markierten Textstellen. Kennzeichne Zitate (z.B. „…" steht wörtlich in M1, Z. …).

5. Bekräftige zum Schluss noch einmal deine Meinung: Ich stimme also der Meinung zu/nicht zu, denn …

Einen Textvergleich schreiben

Bevor du einen Textvergleich schreibst, musst du die Texte genauer untersuchen und vergleichen. Halte dich beim Schreiben genau an den Schreibplan: Stelle in der Einleitung die Texte kurz vor. Erläutere im Hauptteil Gemeinsamkeiten und Unterschiede. Fasse im Schlussteil deine Ergebnisse in einem Fazit zusammen.

1 Lies die Texte M1 und M2 (S. 192/193) und schau dir die Abbildungen an.
Ordne die Überschriften den Texten zu:
Mehrsprachigkeit ist ein kostbares Gut!
Streit um Deutschpflicht auf dem Schulhof verschärft sich

*Bericht von der Internetseite
der Stuttgarter Zeitung*

                                     M1

Bärbel Krauß
*Redakteurin für Landespolitik
und Politik*

Von Bärbel Krauß

Darf es eine Strafarbeit geben, wenn zwei Mädchen auf dem Schulhof ihre „Familiensprache" miteinander sprechen? In Blumberg im Schwarzwald ist darüber ein Streit entbrannt.

5   In der Schule in Blumberg gibt es die Vereinbarung, dass auf dem Schulhof nur Deutsch gesprochen werden darf. Zwei Mädchen haben sich mehrmals nicht an diese Regel gehalten. Daraufhin haben sich andere Beteiligte bei der Lehrerin
10 beschwert. Die Eltern einer der beiden Schülerinnen sehen das Recht ihrer Tochter auf die freie Entfaltung ihrer Persönlichkeit verletzt.

„Es gibt natürlich keine Rechtsgrundlage, um von staatlicher Seite die Vorgabe zum Gespräch
15 in der deutschen Sprache verbindlich vorzuschreiben", betont die Kultusministerin. Darüber hinaus stärkt sie aber der Blumberger Schule den Rücken. „Ich begrüße es aber, wenn Schulen selbstständig sind, und finde es daher gut, wenn
20 sich eine Schulgemeinschaft beispielsweise auf ein Handyverbot oder auf die ‚Amtssprache

Deutsch' auf dem ganzen Schulgelände verständigt." Mit einer solchen Selbstverpflichtung sei die Grundschule im 10 000-Einwohner-Städtchen Blumberg nicht allein in Baden-Württemberg. 25
„Diese Praxis kenne ich auch von vielen Schulstandorten, da ist die Grundschule in Blumberg kein Einzelfall", fügt die Politikerin hinzu.

Kinder aus 16 Nationen besuchen die Blumberger Grundschule, 43 Prozent der Schüler haben 30
einen Migrationshintergrund. „Unter dieser Voraussetzung ist es für die Verständigung untereinander und für die Umsetzung des Bildungs- und Erziehungsauftrags der Schule wichtig, dass die Kinder und Lehrkräfte eine Sprache sprechen 35
chen", so das Regierungspräsidium. Die Kultusministerin verteidigt die Praxis der Blumberger Grundschule. „Dies dient ja gerade an Schulen, an denen Kinder und Jugendliche mit unterschiedlicher Herkunft zusammenkommen, 40
auch zur Unterstützung des deutschen Spracherwerbs und der Sprachübung."   *(verändert)*

Beitrag aus einem Podcast

M2

Dr. Jonas Scharfenberg
*Wissenschaftler an
der Universität Passau*

Von Jonas Scharfenberg

Mehr als ein Drittel aller Schülerinnen und Schüler in Deutschland sprechen mehr als eine Sprache, wenn sie eingeschult werden. Diese Schülerinnen und Schüler sprechen zu Hause
5 ihre „Familien"- oder Erstsprache, z. B. Russisch, Arabisch oder Türkisch. Auch mit Freunden oder in ihrer Freizeit können sie ganz unterschiedliche Sprachen sprechen. Die Schule verlangt von ihnen aber, dass sie nur deutsch sprechen! Die Wissen-
10 schaft ist sich einig: Es ist wichtig, dass auch in der Schule die Erstsprache dieser Schülerinnen und Schüler wertgeschätzt wird und alle Sprachen der Schülerinnen und Schüler im Unterricht genutzt werden. Allerdings ist unser Schulsystem
15 immer noch sehr auf eine Sprache (Deutsch) ausgelegt und die bestmögliche Förderung in der deutschen Sprache ein zentrales Ziel der Schule.

Im Schulalltag kommt die Familiensprache der Schülerinnen und Schüler daher in der Regel nicht
20 vor. Manche Schulen haben sogar entschieden, dass auch auf dem Schulhof nur Deutsch gesprochen werden soll. Diese sogenannten „Deutschgebote" sind problematisch, denn dadurch werden

die Erstsprachen der Schülerinnen und Schüler aus der Schule verbannt. Indem sich eine Schule 25 z. B. für ein pauschales Deutschgebot auf dem gesamten Schulgelände (inkl. Pausenhof) entscheidet, wird signalisiert, dass Deutsch die einzige, „richtige" Sprache im schulischen Raum darstellt. Die Mehrsprachigkeit der Schülerinnen und Schü- 30 ler, die ihr Leben prägt, wird nicht berücksichtigt und anerkannt. Deshalb ist eine solche Entscheidung problematisch.

Wie lässt sich dieses Problem lösen? Schulen können ja bestimmte Regeln zum sprachlichen 35 Gebrauch vereinbaren. Sie sollten allerdings kein generelles Deutschgebot verordnen. Zudem sollten solche Vereinbarungen mit dem Kollegium, den Schülerinnen und Schülern und ihren Eltern abgestimmt werden. Es kommt darauf 40 an, Lösungen zu finden, die Mehrsprachigkeit berücksichtigen und niemanden ausschließen. Es gibt auch immer mehr Möglichkeiten für Lehrkräfte, die Sprachen der Schülerinnen und Schüler in den Unterricht einzubauen; dafür 45 müssen sie allerdings offen und neugierig sein!

2 Untersuche die beiden Texte genauer.

a) Formuliere zunächst, worum es in beiden Texten geht.

b) Die Texte sind bereits in Abschnitte gegliedert. Übernimm die Übersicht und trage die Überschriften für die Abschnitte von M1 und M2 ein.

c) Vergleiche deine Ergebnisse mit einem Partner oder einer Partnerin.

M1	M2
In beiden Texten geht es um …	
Schüler verstoßen gegen die Deutschpflicht	…
…	…
…	…

– ~~Schüler verstoßen gegen die Deutschpflicht~~

– Gründe gegen die Deutschpflicht

– Gründe für die Deutschpflicht

– Schulen legen Vereinbarungen selbst fest (2x)

– Viele Schülerinnen und Schüler sprechen mehr als eine Sprache

3 Schreibe für deinen Textvergleich eine kurze **Einleitung**.

– Formuliere das gemeinsame Thema der Texte und erläutere, warum dieses Thema interessant, neu oder wichtig ist.

– Wer hat die Texte geschrieben? Wo sind sie erschienen? Welche Textsorten liegen vor?

– Stelle die Texte inhaltlich kurz vor.

Du kannst diese Formulierungshilfen nutzen:

Bei meinem Textvergleich geht es um die Frage, …

Das Thema ist interessant/wichtig/neu, weil …

Der erste Text ist ein … Er stammt von … und hat den Titel „…"

Im Text geht es darum, dass …

Der zweite Text ist ein … und hat den Titel „…". Es geht um …

Vergleicht man beide Texte, dann fällt auf / wird deutlich, dass …

4 Vergleiche im **Hauptteil** die beiden Texte genauer miteinander.

a) Überlege zunächst, welche Satzanfänge geeignet sind, die Gemeinsamkeiten und die Unterschiede der beiden Texte zu formulieren:

– Eine Gemeinsamkeit zwischen den Texten besteht in …

– Beide Texte beschreiben …

– In M1 wird betont/herausgestellt/gefragt, …, in M2 dagegen …

– Sowohl in M1 als auch in M2 …

– Auf der einen Seite … Auf der anderen Seite …

– Im Gegensatz zu … / Im Unterschied zu …

– Beide Texte kommen zu den gleichen Ergebnissen / zu verschiedenen Ergebnissen: …

– Beide Texte beschreiben die gleichen/ähnliche/verschiedene Probleme: …

– Die beiden Texte unterscheiden sich besonders in folgenden Punkten/Fragen/ Themen: …

– Im ersten Text heißt es, dass … Im zweiten Text wird dagegen betont, dass …

– Es gibt allerdings auch unterschiedliche Positionen: In M1 … In M2 dagegen …

Übernimm die Tabelle und ordne die Satzanfänge ein:

Formulierungshilfen für Gemeinsamkeiten	Formulierungshilfen für Unterschiede
– Beide Texte haben einige Gemeinsamkeiten: …	– Beide Texte beschreiben eine Unterschiedliche Position: …
– …	– …

b) Formuliere im Hauptteil für M1 und M2 einen Textvergleich:
Beschreibe Gemeinsamkeiten und Unterschiede. Nutze
- deine Ergebnisse aus den Aufgaben 1 und 2.
- deine Tabelle aus Aufgabe 4.

Beide Texte haben einige Gemeinsamkeiten: In beiden Texten geht es um …
Es gibt allerdings auch unterschiedliche Positionen:
In M1 …
In M2 …

5 Schließe deinen Textvergleich mit einem kurzen Fazit ab.
Nutze die Hinweise im Wissen-und-Können-Kasten.

In M1 und M2 werden die gleichen/ähnliche/verschiedene Teilthemen behandelt,
In M1 … In M2 …
Die Autoren vertreten ähnliche/verschiedene Positionen: …

WISSEN UND KÖNNEN ▸ **Einen Textvergleich schreiben**

Texte, die du miteinander vergleichen sollst, behandeln in der Regel
dasselbe Thema. Beim Textvergleich geht es zu darum, Gemeinsamkeiten
und Unterschiede herauszuarbeiten. So kannst du vorgehen:

1. Stelle in der **Einleitung** des Textvergleichs die Texte kurz vor:
- Wer hat die Texte geschrieben? Wo sind sie erschienen?
  Welche Textsorten liegen vor? Welches gemeinsame Thema haben die Texte?

2. Beschreibe im **Hauptteil** die Gemeinsamkeiten und Unterschiede genauer.
- Untersuche zunächst, welche Inhalte/Teilthemen in beiden Texten
  vorkommen.
- Erläutere dann, was die Texte unterscheidet.

Achte besonders auf Positionen und Meinungen, die in den Texten vertreten
werden: Ergänzen sie sich oder enthalten sie gegensätzliche Positionen?

3. Zum Schluss stellst du in einem **Fazit** kurz dar, wie du die Texte einordnest.
- Welche Teilthemen werden in den Texten behandelt?
- Was bezwecken die Autorinnen und Autoren?

SPRACHE UNTERSUCHEN

Schülertexte sprachlich überarbeiten

Wenn du deine Leserinnen und Leser genau informieren möchtest, sollte dein Text möglichst sachlich und genau formuliert sein, damit keine Missverständnisse entstehen und man dem Gedankengang deines Textes gut folgen kann.

> Ich meine … Ich meine … Die Wiederholungen klingen nicht schön!

1 Lies, was Schülerinnen und Schüler in ihren Textvergleichen geschrieben haben.

a) Was fällt dir an den Formulierungen auf?

b) Finde heraus, welchen Überarbeitungstipp aus dem Merkkasten du anwenden kannst.

c) Überarbeite die Formulierungen a. – e. Vergleicht eure Lösungen.

a. In M1 steht, dass in vielen Schulen auf dem Schulhof Deutsch gesprochen werden muss. Ich meine, das ist ja nicht schlecht. Ich meine, das verstehen ja alle. (Chantal)

b. In M2 steht, viele Schülerinnen und Schüler sprechen viele Sprachen, so ist das zu Hause, aber in der Schule geht das nicht, weil wir uns dann aber nicht verstehen. Ich bin dagegen, dass wenn ich mehrere Sprachen kann, ich die nicht gebrauchen kann, weil es so eine Regel gibt. (Juan)

c. Ich meine, ist doch logo, dass manche sich ärgern. Sie wollen halt in ihrer Sprache miteinander quatschen. Die mehr Sprachen können, sprechen gern mit ihren Freunden nicht nur Deutsch. Das finde ich aber okay. (Henry)

d. In M1 steht, dass Schulen Deutsch auf dem Schulhof haben wollen. In M2 steht, dass Deutsch auf dem Schulhof nicht so gut ist. (Felix)

e. In M1 steht, dass es viele Gründe für Deutsch auf dem Schulhof gibt. Ein Grund ist, dann verstehen sich alle. Ein weiterer Grund ist auch Deutsch üben. Aber viele sprechen auch nicht nur Deutsch. Das steht in M2. Nur Deutsch sprechen auch auf dem Schulhof ist komisch für die. Es ist komisch, dass sie ihre Sprache nicht sprechen dürfen. (Ana)

f. In beiden Texten geht es darum, ob auf dem Schulhof nur Deutsch gesprochen werden soll. In M1 steht, dass die Schulen das selbst entscheiden können. In M2 steht auch, dass die Schulen das selbst entscheiden sollen. (Johanna)

METHODE ❯ **Einen Text sprachlich überarbeiten**

1. Sind deine Formulierungen treffend und genau?
   Welche Fachwörter aus den Texten kannst du übernehmen?
2. Vermeide Wortwiederholungen in unmittelbarer Nachbarschaft.
3. Vermeide umgangssprachliche Wörter und Formulierungen.
4. Sind deine Sätze abwechslungsreich formuliert?
   Beginne deine Sätze mit dem Satzglied, das du betonen möchtest.
5. Hast du deine Sätze sinnvoll miteinander verknüpft?
   Verwende passende Konjunktionen wie weil, denn, wenn, obwohl.
6. Hast du die Gemeinsamkeiten oder Gegensätze sprachlich ausgedrückt?
   Vergleiche die Formulierungshilfen auf Seite 194, Aufgabe 4.

Einen Textvergleich schreiben

Hier kannst du üben, Texte miteinander zu vergleichen. Lies die Aufgaben genau, dann weißt du, was von dir verlangt wird. In Aufgabe A kannst du Formulierungshilfen nutzen. In Aufgabe B formulierst du deinen Text selbstständig.

1 Lies die Texte **M1** und **M2** und schau dir die Abbildungen an.

a) Ordne die Überschriften den Texten zu.

„Anglizismen sind eine Bereicherung unseres Wortschatzes"
Wie wir unsere Sprache zerstören: Dummdeutsch und Denglisch

b) Kläre Fachwörter: Was sind „Anglizismen"? Was versteht man unter „Denglisch"?

M1

*Meinungsbeitrag von der Internetseite
der Tageszeitung „Hamburger Abendblatt"*

Matthias Iken
*stellvertretender Chefredakteur
beim „Hamburger Abendblatt"*

Von Matthias Iken

Hamburg. **Einer Umfrage zufolge fürchten 65 Prozent der Bundesbürger, die deutsche Sprache drohe zu verkommen. Bei den über 60-Jährigen sind sogar 73 Prozent pessimistisch. Wer den**
5 **Anglizismen und dem Denglisch dieser Tage lauscht, ahnt, dass diese Sorge selten so berechtigt war. Das Deutsche bleibt auf der Strecke.**

Wer heute beispielsweise durch das *Internet surft*, per *Flatrate Software downloadet, seine E-Mails*
10 *checkt*, in sozialen Medien chattet, *Hits in die Charts votet* oder *clever shoppt* – er tut dies ohne seine Muttersprache. Wann und wie immer ein neues Produkt auf den Markt kommt, eines hat es schon von Werk aus: einen englischen Begriff.
15 Nach dem Wort „Fernbedienung" kam nichts mehr, was sich aus sich selbst heraus erklärt. Elektrogroßmärkte geben eigene Wörterbücher von *A(ccess)* bis *Z(ip)* heraus, um selbst noch zu verstehen, was hinter ihren neuen Produkten namens
20 *Backbone, D-Sub* oder *Blu-Ray* steckt. Mitunter erfinden sie sogar neue Begriffe, die nur englisch klingen müssen. *Handy, Beamer, Hometrainer* oder

Mailbox mögen importiert klingen, sind aber Unsinn, *made in Germany*. Wer in den USA oder England mit diesen Begriffen spricht, macht sich 25
schnell lächerlich.

Jeder blamiert sich, so gut er kann. Und das können wir Dengländer richtig gut. Jedes Dorffest mit Bier- und Schießbude wird zum *Event*, jedes Sternchen zum *Topstar*. Der Auskunftsschalter heißt 30
nun *Service Point*, der Fahrschein *Ticket* – pünktlicher ist die Bahn leider nicht geworden. Dafür gibt es dort ein *Rail-and-Fly*-Angebot. Das heißt übersetzt zwar „Fluche und fliege" – aber kaum einer merkt 's. Lernte man mit derselben Begeisterung, 35
mit dem man die eigene Sprache verhunzt, echtes Englisch – allen wäre geholfen. *Popcorn* muss nicht zum Puffmais werden und auch der Sport nicht zu den Leibesübungen zurückkehren. Sprache lebt und verändert sich. Das geht in Ordnung. Aber alles, was lebt, hat Respekt verdient. Etwas mehr Respekt, etwas mehr Schöpferkraft, etwas mehr Spaß an der eigenen Sprache hat das Deutsche, haben die Deutschen bitter nötig. *(verändert)*

*Interview vom Newsportal
der Ruhr-Universität Bochum*

Prof. Dr. Karin Pittner
*Ruhr-Universität Bochum,
beobachtet die Entwicklung
der deutschen Sprache*

M2

*Raffaela Römer im Gespräch mit der Germanistin
Prof. Dr. Karin Pittner*

Raffaela Römer: *Frau Prof. Dr. Pittner, wer wissen
will, wie ein Wort geschrieben wird, der schaut im
Duden nach. Wenn man in ihm blättert, sieht
man, dass dort eine ganze Reihe englischer Begrif-*
5 *fe aufgeführt sind. Heißt das, dass diese Wörter
jetzt offiziell zur deutschen Sprache gehören?*
Karin Pittner: Die Duden-Redaktion nimmt nur
Wörter auf, die in einer großen Textsammlung
von über vier Milliarden Wortformen über einen
10 längeren Zeitraum mit einer gewissen Häufig-
keit auftreten.

*Gegner des fortschreitenden Trends, deutsche
Begriffe gegen englische zu ersetzen, befürchten,
dass gleichbedeutende deutsche Wörter mit der*
15 *Zeit in Vergessenheit geraten und damit die
deutsche Sprache und damit auch die Kultur
ärmer wird. Wie sehen Sie das?*
Viele Anglizismen ersetzen keine deutschen
Wörter, sondern bezeichnen neue technische
20 oder kulturelle Entwicklungen, für die es noch
gar keine heimischen Wörter gibt. Diese Wörter
stellen also zunächst einmal eine Bereicherung
des deutschen Wortschatzes dar. Zu allen Zeiten
war es ein Bestreben der Fremdwortgegner,
25 deutsche Entsprechungen vorzuschlagen. Dies
geschah mit wechselndem Erfolg: Viele Wörter
aus dem Bereich Post und Eisenbahn waren
zunächst Fremdwörter, für die deutsche Entsprechungen vorgeschlagen wurden, die sich zu einem

guten Teil auch durchgesetzt haben, wie z. B.   30
Umschlag für *Kuvert.* Andere Eindeutschungen
klingen dagegen sehr nach Behördendeutsch,
wie etwa *Fernsprecher* für *Telefon.* Für einen Teil
der Anglizismen finden sich keine passenden
Eindeutschungen wie für *Laptop,* wo die vorge-   35
schlagene Eindeutschung *Klapprechner* nur wenig
Erfolg hat.

*Verwirren die englischen Bezeichnungen nicht
auch viele Menschen, vor allem ältere, die vielleicht
nie Englisch gelernt haben?*   40
Dass die Verwendung von Anglizismen nicht
immer sehr geglückt ist und durchaus auch zu
Verstehensproblemen führen kann, zeigt die
Sprache der Werbung. […] Dass englische Slogans
von vielen Deutschsprachigen nur sehr schlecht   45
verstanden werden, zeigen mehrere Studien einer
Werbeagentur, die Leute befragte und englische
Slogans ins Deutsche übersetzen ließ, teilweise mit
abenteuerlichen Ergebnissen. Neulich ist mir ein
besonders starkes Beispiel für einen eher unpassen- 50
den Anglizismus in einer Werbung für eine neue
Buslinie aufgefallen, die auch zu Schrebergärten
führt. Diese Werbung richtete sich offensichtlich
an ein älteres Publikum und hatte als Schlagzeile
„Fahr einfach mit der neuen Linie zum funky   55
Blumenbeet". So etwas wirkt eher lächerlich,
solche Beispiele greifen die Gegner von Anglizismen natürlich gerne auf.   *(verändert)*

2 Vergleiche die Materialien **M1** und **M2**:

a) Formuliere, worum es in beiden Texten geht.

b) Markiere Schlüsselwörter, die für den Inhalt wichtig sind (Folie oder Kopie).

c) Formuliere für jeden Abschnitt eine zusammenfassende Überschrift.

3 Schreibe einen Textvergleich. Schreibe dabei nicht einfach aus den Materialien ab, sondern formuliere mit eigenen Worten. Wähle Aufgabe **A** oder **B**.

A Einen Textvergleich mit Hilfe von Formulierungshilfen schreiben

a) Stelle die Materialien kurz vor.

M1 ist ein … des Journalisten … Der Text stammt von …

Bei M2 handelt sich um …, das Raffaela Römer mit …

Beide Texte behandeln das Thema …

Aus der Überschrift von M1 erfährt man …

Die Autorin von M2 hebt hervor …

b) Setze die Aussagen von M1 und M2 in Beziehung: Erläutere, welche Positionen zum Einfluss des Englischen auf die deutsche Sprache vertreten werden.

Der Autor von M1 ist der Ansicht … Dazu nennt er Beispiele aus …

In M2 dagegen … Die Wissenschaftlerin stellt heraus, dass …

Beide Texte sind sich einig: …

Ein großer Unterschied besteht aber … Im ersten Text heißt es, dass …

Im zweiten Text wird dagegen betont, dass …

Die Verfasser kommen zu ähnlichen/gegensätzlichen Schlussfolgerungen: …

c) Setze dich kritisch mit der Aussage eines Zeitungslesers auseinander:

„Es wäre besser, deutsche Wörter statt der englischen zu benutzen."

Belege deine Ausführungen an den Texten M1 und M2.

Der Zeitungsleser behauptet, … Das bedeutet: …

Ich stimme zu / teilweise zu / nicht zu, weil …

Deshalb vertrete ich die Meinung, …

B Einen Textvergleich mit Hilfe von Schreibanweisungen formulieren

a) Stelle die Materialien kurz vor.

b) Fasse die Informationen aus M1 zusammen.

c) Stelle dar, welche Position in M2 vertreten wird.

d) Setze die Aussagen von M1 und M2 in Beziehung, indem du erläuterst, welche Vor- und Nachteile für den Gebrauch englischer Wörter in den beiden Texten genannt werden. Belege deine Ausführungen am Text.

e) Setze dich kritisch mit der folgenden Aussage eines Zeitungslesers auseinander:

„Es wäre besser, deutsche Wörter statt der englischen zu benutzen."

Nimm Stellung zu der Aussage und begründe deine Meinung. Beziehe dich dabei auch auf die Materialien.

Medien miteinander vergleichen

Mit Medien sind die Kommunikationsmittel gemeint, die gedruckt oder digital verbreitet werden: z.B. Zeitungen, Bücher, Podcasts, das Internet oder auch Fotos, Bilder und Illustrationen. Im Alltag und im Unterricht beschäftigst du dich mit diesen unterschiedlichen Medien. Du musst sie kennen, vergleichen und ihre Wirkungen einschätzen lernen. In diesem Kapitel vergleichst du Medien zum Thema „Roboter".

TEXTE UND MEDIEN

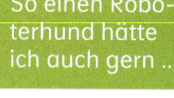

So einen Roboterhund hätte ich auch gern ...

Kann so ein Roboter wirklich Karten spielen?

1 Schau dir die Fotos aus dem Internet und der Zeitung an.

a) Was kommt dir als Erstes in den Sinn, wenn du die Fotos betrachtest?

b) Beschreibe die Situation, die der Fotograf/die Fotografin eingefangen hat.

c) Formuliere für jedes Foto eine treffende Bildunterschrift. Begründe.

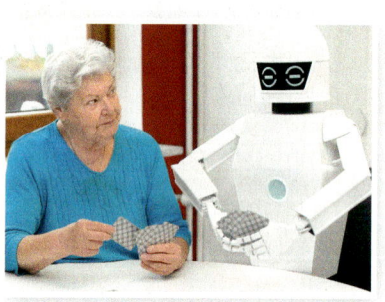

2 Suche dir ein Foto aus, das du interessant findest.

a) Begründe, warum du das Foto interessant findest.

b) Schreibe drei Fragen auf, die du der Person auf dem Foto gern stellen würdest.

3 Lies den folgenden Text über Roboterfußball:

> Beim **Roboterfußball** treten Roboter in einem Fußballspiel gegeneinander an.
> Dies lässt sich auf eine lange Tradition in der Robotik zurückführen, bei der Wissenschaftler versuchten, den menschlichen Intellekt durch künstliche Intelligenz zu übertrumpfen. Der Roboter muss viele verschiedene Aspekte berücksichtigen.
> 5 Nicht nur die Gegenspieler, sondern auch die eigenen Mitspieler können eine Situation verkomplizieren. Wo läuft mein Mitspieler hin? Wohin sollte ich den Ball spielen? Wie positionieren sich die Spieler des anderen Teams? All das sind Probleme, deren Lösung sehr anspruchsvoll ist. Bisher befindet sich Roboterfußball noch in den Kinderschuhen. Die Entwickler wollen bis zum Jahr 2050 Roboter
> 10 kreieren, die in der Lage sind, menschliche Profifußballer zu besiegen.

a) Worüber werden die Leserinnen und Leser informiert?

b) Welche Information findest du besonders wichtig? Warum?

c) Recherchiere im Netz ein passendes Foto und beschrifte es.

d) Sprecht darüber: Welche Vorteile hat es, wenn der Text durch ein Foto illustriert wird?

Ich frage mich …

Ich finde es spannend, …

Ich wundere mich …

4 Schau dir den Videoausschnitt über das Roboterfußballspiel *B-Human Bremen* (schwarzes Trikot) gegen *Nao-Team Leipzig* (blaues Trikot) im *RoboCup*-Endspiel an.

Digital+
Video
RoboCup

a) Warum sind die Zuschauerinnen und Zuschauer wohl ins Stadion gekommen?

b) Was denkst du beim Zuschauen über das Spiel?

c) Schreibe eine Nachricht an das Team, das Fußballroboter entwickelt hat.
Schreibe, wie du die Roboterfußballer findest und was du noch gern programmieren würdest, damit das Spiel noch spannender und unterhaltsamer wird.

5 Schau dir die Illustration „Mensch und Maschine" an.

a) Welche Gedanken löst das Bild in dir aus?

b) Sprecht darüber, was das Bild mit dem Thema „Roboter" zu tun hat.

– Wird es in Zukunft Roboter geben, die Menschen ganz ähnlich sind?

– Macht dir diese Idee Angst oder fändest du das gut?

6 Sprecht über die verschiedenen Medien auf dieser Seite.
Nutzt dazu den Wissen-und-Können-Kasten.

a) Benenne und beschreibe die Medien.

b) Wozu dienen sie und welche Wirkungen rufen sie hervor?

WISSEN UND KÖNNEN ▶ **Verschiedene Medien unterscheiden**

Es gibt unterschiedliche Medien:

– Wir **lesen Texte**, die **gedruckt** oder **digital** erscheinen. Dazu zählen informierende Berichte oder Reportagen, meinungsbildende Textsorten wie Leserbriefe oder Blogtexte oder Werbeanzeigen, die uns zum Kauf von Produkten auffordern. Medientexte enthalten oft Bilder und Fotos, die unsere Aufmerksamkeit auf sich ziehen.

– Wir **hören Texte** über Radio oder Smartphone, z. B. Podcasts, Interviews oder Berichte.

– Wir nutzen **audiovisuelle Medien**, z. B. Filme oder verschiedene Arten von Videos.

Alle diese Medien werden genutzt, um zu informieren, zu unterhalten, unsere Meinung zu beeinflussen oder Gefühle und Stimmungen hervorzurufen. Deshalb ist es wichtig, dass du über Medien nachdenkst und ihre Wirkungen erkennst.

Medientexte miteinander vergleichen

In den Medien begegnen uns Texte in gedruckter oder digitaler Form. Die Verfasserinnen und Verfasser dieser Texte verfolgen ganz unterschiedliche Ziele. Dies kannst du an Medientexten zum Thema „Roboter" genauer untersuchen.

1 Überfliege die Texte **M1 – M4** und schau dir die Abbildungen an.

> Diese Überschrift passt zu M..., weil ...

a) Welche Überschrift passt zu welchem Text? Begründe deine Meinung.

Ein vielseitiger Alleskönner   **Was ist ein Service-Roboter?**

Wenn Pudu das Schnitzel bringt ...,   **Roboter-Kellner – Nein danke!**

M1

Unter einem Roboter-Kellner versteht man einen Roboter, der Aufgaben eines Kellners übernimmt. Er wird meistens eingesetzt, um Speisen und Getränke zu den Gästen zu bringen. Dafür ist er mit einem „Kopf" und Ablageflächen ausgestattet. Die meisten Geräte haben mehrere Tabletts, mit denen sie die bestellten
5 Produkte zu den Tischen bringen. Ihre Hauptaufgabe besteht darin, Speisen und Getränke zu den Kunden und schmutziges Geschirr zurück in die Küche zu transportieren. Das Personal positioniert die Teller auf einem der Tabletts des Roboters, wählt auf dem Touchdisplay aus, zu welchem Tisch das Essen gebracht werden muss, und dann fährt der Roboter los. Servicroboter in der Gastrono-
10 mie können die Abläufe in Restaurants in vielen Punkten erleichtern.

M2

ROBOT SOLUTION – INNOVATION DURCH ROBOTIK, 2022
Unser Roboter „Robi" ist ein Alleskönner. Der leistungsstarke Roboter ist in der Lage, mehrere Tische problemlos in einem Gang zu bedienen. Er kann ca. 3-mal so viele Teller tragen wie ein Kellner. Der leistungsfähige Roboter verfügt über einen Sensor, mit dem er Gefahren und Hindernissen geschickt ausweichen
5 kann. Er ist auch ein wunderbarer Entertainer, der Ihre Gäste begeistert.
Robi kann sprechen und verfügt über mehrere Gesichtsausdrücke. Auch das kann Robi: Der Roboter singt zum Geburtstag oder spielt romantische Musik. Kein Gast kann sich seiner unglaublichen Wirkung entziehen. Der vielseitige Roboter dient nebenbei auch als Werbekanal. Werben Sie für Ihre eigenen
10 Gerichte oder schließen Sie Werbeverträge mit Dritten ab, wodurch er Ihnen, während er für Sie arbeitet, zusätzlich noch Einnahmen erzielt. Der Roboter ist ein Allrounder, der viel günstiger als eine Servicekraft ist. Er ist zuverlässig und muss nur vier Stunden aufladen. Unsere technisch ausgereiften Modelle können bis zu 400 Tischbedienungen pro Tag ausführen. Worauf warten Sie
15 noch? Bestellen Sie Robi noch heute ...

M3

In einem Restaurant in Süddeutschland gibt es eine echte Attraktion. Beim Betreten des Restaurants bin ich wirklich erstaunt: Wer steht denn da mit einem so süßen Katzengesicht und begrüßt
5 mich? Die Teller sind voll und die Gäste hungrig: Pudu muss los. Er ist zwar deutlich langsamer als seine menschlichen Kollegen, kann aber viel mehr tragen und wird nie müde. Die Gäste sind sichtlich fasziniert von diesem Wunderwuzzi, viel-
10 leicht, weil er so menschlich wirkt und so lustig? Seit November ist der Kellner-Roboter hier im Einsatz und bringt Essen und Getränke zu den Gästen. Auf dem Weg zum Tisch zieht er alle Blicke auf sich – und das liegt nicht nur an dem
15 appetitlichen Essen auf seinen vier Wärmeplatten. Fast geräuschlos bewegt sich der 1,30 m große Pudu sicher durch den abgedunkelten Raum. Mit Erstaunen beobachte ich, wie er Hindernissen geschickt ausweicht. Ich bin sprachlos.
20 Ein Werbegag? Nein, sagt der Restaurantbesitzer. Dass er nach 30 Jahren einen Roboter einstellt, war die einzige Lösung für ein großes Problem: Die schweren Teller machten den Kellnern zu schaffen. „Irgendwann am Abend haben sie dann
25 gesagt: Chef, wir können nicht mehr!" Da musste was geschehen! Die Situation war kritisch, die Lösung heißt Kellner Pudu!

Pudu soll seine Mitarbeiter nicht ersetzen, sondern entlasten. Das betont der Restaurantchef, während er entspannt beobachtet, wie 30 reibungslos Pudu arbeitet. Auch die Gäste sind zufrieden. „Außergewöhnlich", „originell", „ein Hingucker". Diese Begriffe fallen, wenn ich frage, wie sie den Roboter-Kellner finden. Vor allem jüngere Gäste haben kaum Vorbehalte 35 gegenüber Pudu. Sie freuen sich, dass die echten Kellner durch diesen Superkollegen entlastet werden. Ältere Gäste sind zurückhaltender. Manche blicken skeptisch, wenn der fleißige Oberkellner sich langsam auf sie zubewegt. Aber 40 der Chef ist sicher: Auch diese Gäste werden Pudu noch lieben lernen. Im Sommer geht er deshalb den nächsten Schritt: Im Biergarten sind dann noch drei baugleiche Service-Roboter unterwegs – menschliche Kellner sind keine 45 mehr vorgesehen ...

M4

Foodbloggerin Kathrin Manteuffel, 2018
Roboter, die einem das Essen bringen? Da bin ich dagegen, da sage ich klar Nein! Manche Tätigkeiten sind ganz klar uns Menschen vorbehalten. Zu diesen Bereichen
5 zählt für mich ganz sicher auch die Gastronomie. Ich lehne es ab, von irgendeiner herzlosen Maschine bedient zu werden. Das finde ich wirklich bescheuert. Ich freue mich über eine angenehme, persönliche Atmosphäre. Ich war auf jeden Fall heilfroh, dass ich beim letzten Restaurantbesuch mich persönlich mit der freundlichen Kellnerin über das super gelungene Dessert unterhalten konnte und keinen gefühllosen
10 Automaten vor mir hatte. Die Kellnerin kommt zu ihren Gästen, spricht mit ihnen und kann sich viel besser um sie kümmern als so ein seelenloser Roboter!

2 Was soll durch die Texte **M1 – M4** bei den Leserinnen und Lesern erreicht werden?

    a) Welche Aussage trifft auf welchen Text zu?

        a. Der Autor/Die Autorin möchte die Leser vor allem sachlich informieren.

        b. Der Autor/Die Autorin vertritt ihre persönliche Meinung und begründet sie.

        c. Der Autor/Die Autorin möchte für ein Produkt werben.

        d. Der Autor/Die Autorin möchte seine/ihre Leser als Augenzeuge auf unterhaltsame Weise informieren.

> In M 1 wird der Leser …
> Das erkennt man daran, dass …

    b) Begründe deine Meinung. Nutze die Hinweise in „Wissen und Können" (S. 205).

3 Schau dir zu **M1** (S. 202) das Foto an und lies den Text.

    a) Was ist ein Roboter-Kellner? Markiere (Folie oder Kopie) die Erklärungen.

    b) Wozu dient ein Roboter-Kellner? Markiere Ziele und Zwecke.

    c) Wie funktioniert ein Roboter-Kellner? Markiere, wie damit gearbeitet wird.

    d) Wie sieht ein Roboter-Kellner aus? Markiere die Merkmale.

    e) Welche Informationen kannst du aus dem Foto „ablesen"?

4 Schau dir zu **M2** (S. 202) das Foto an und lies den Text.

> Nutze auch die Hinweise über die Merkmale von Werbeanzeigen auf S. 111.

    a) Wofür wird geworben?

    b) An wen richtet sich die Anzeige? Was ist ihr Ziel?

    c) Wie wird Robi angepriesen?

       – Wie wird Robi im Text genannt? Unterstreiche (Folie oder Kopie) die Synonyme.

       – Markiere Nomen, Adjektive und Verben, die eine positive Wertung enthalten.

5 Schau dir zu **M3** (S. 203) das Foto an und lies den Text.

    Beantworte die Fragen schriftlich:

> Nutze auch die Hinweise über die Merkmale einer Reportage auf S. 114.

    a) Worüber informiert die Reportage?

       Die Reportage informiert über …

    b) Wer ist Pudu?

       Pudu ist …

    c) Woran erkennst du, dass der Verfasser der Reportage vor Ort war?

       Der Reporter schildert … Er schreibt … Er …

6 Markiere im Text (Folie oder Kopie) Belege für die Äußerungen a. bis f.

    a. Der Reporter schreibt, als ob Pudu ein Mensch wäre.

    b. Der Reporter schildert auch seine Gedanken und Gefühle.

    c. Der Reporter verwendet Adjektive, um seine Eindrücke zu beschreiben.

    d. Der Reporter verwendet Nomen, um seine positiven Eindrücke vom Roboter-Kellner wiederzugeben.

    e. Wir erfahren direkt vom Restaurantbesitzer, warum er einen Roboter angeschafft hat.

    f. Im Text ist wörtlich wiedergegeben, was die Gäste über den Roboter denken.

7 Schau dir zu **M4** (S. 203) das Foto an und lies den Text.

a) Fasse die Meinung der Autorin in einem Satz zusammen

Die Autorin des Foodblogs ist der Meinung, ...

b) Markiere (Folie oder Kopie) Wörter und Formulierungen (Adjektive, Verben, Nomen), mit denen die Bewertung der Autorin ausgedrückt wird.

c) Unterstreiche die Begründungen, die die Autorin anführt.

8 Vergleiche die Texte **M1 – M4** miteinander und schreibe die Ergebnisse auf.

– Nutze dazu deine Ergebnisse aus den Aufgaben 1 – 7.

– Beachte die Hinweise im Merkkasten.

M1 will vor allem informieren. Hierzu möchte ich ein Beispiel nennen ...

M3 enthält nicht nur Informationen, sondern auch ... Es geht darum, den Leserinnen und Lesern persönliche Eindrücke zu vermitteln. Hierzu kann ich einen Beleg aus dem Text anführen ...

Bei M4 handelt es sich um einen Kommentar. Die Autorin will ... Es finden sich Bewertungen, z. B. ...

M2 ist eine ... Ein Produkt wird angepriesen. Typisch sind Hochwertwörter wie ...

> **METHODE ▸ Medientexte verstehen, einordnen, hinterfragen**
>
> In den Medien finden wir Texte in gedruckter oder digitaler Form.
> Es gibt Texte,
>
> – die in erster Linie **sachlich informieren** wollen (z. B. Lexikonartikel, Meldungen).
>
> – in denen ein Autor/eine Autorin eine **persönliche Meinung** ausdrückt und uns davon überzeugen will (z. B. Kommentare, Leserbriefe, Blogeinträge, Kritiken).
>
> – die ihre Leserinnen und Leser **gleichzeitig informieren und unterhalten** wollen (z. B. Reportagen). Sie vermitteln Informationen, aber auch persönliche Eindrücke und Stimmungen.
>
> – die an ihre Leserinnen und Leser **appellieren** und dazu auffordern, ein bestimmtes Produkt zu kaufen oder für bestimmte Denkweisen werben (z. B. Webeanzeigen, Influencer-Videos, politische Reden).
>
> In den modernen Medien (Videos, soziale Medien, Internet) ist es oft nicht so einfach, diese Textsorten streng voneinander zu unterscheiden. Oft wollen Sachtexte gleichzeitig informieren und unterhalten (z. B. Reportage, Videos) oder enthalten auch in einem Text informierende und appellierende oder werbende Absichten (z. B. Influencer-Videos).

Informationen durch Infotainment gestalten

Infotainment setzt sich aus engl. „information" (Information) und „entertainment" (Unterhaltung) zusammen. Es geht dabei um die unterhaltsame Vermittlung von Information. Hier lernst du spielerisch, wie man Nachrichten ins Infotainment-Format bringt.

1 Die Klasse 9a hat an einem Projekt über Roboter teilgenommen. Hannah und Lars haben darüber für die Homepage ihrer Schule einen Bericht geschrieben.
a) Lies, wie Hannah und Lars den Anfang ihres Berichts formuliert haben.
b) Vergleiche die beiden Anfänge. Sprecht darüber:
　– Worin unterscheiden sich die Texte?
　– Welcher Text gefällt dir besser? Warum?

Projekt der Uni Marburg　　*Von Hannah*

Am Dienstag sind wir morgens zum „Robotikum" in der Adolf-Reichwein-Schule gefahren, wo wir mit humanoiden Robotern (auch Nao, Didi, Dodo, Miki genannt) arbeiteten und sie programmierten.

5

„Hallo, ich bin Miki!"　　　　　*Von Lars*

„Hal-lo! Ich hei-ße Mi-ki und bin ein hu-ma-no-i-der Ro-bo-ter. Es freut mich, dass ich heu-te hier sein darf. Ihr könnt mir gleich noch ein paar Kunst-stü-cke bei-brin-gen."
So begrüßt uns Miki mit seiner typischen Roboterstimme am frühen Morgen zu unserem Projekt „Robotikum" an der Adolf-Reichwein-Schule.

5

---

2 Lies, wie Hannah ihren Bericht fortsetzt:
a) Sprecht darüber, wie ihr die Fortsetzung findet. Begründet eure Meinung.
b) Überlege, wie du Hannahs Text verbessern kannst. An welche Stellen passen die Textbausteine a – d? Nutzt die Hinweise im Merkkasten (S. 207).
c) Vergleicht eure Lösungen und sprecht über eure Entscheidungen.
d) Schreibt den verbesserten Bericht mit dem Computer ab. Ergänzt eure Texte mit Fotos aus dem Netz und beschriftet sie. Achtet dabei auf Hinweis 1 im Merkkasten.

Ich hätte gern erfahren …

Interessant wäre gewesen …

Die Roboter sind nur 50 cm groß und haben verschiedene Farben.
Wir haben auch mit den Robotern gesprochen und sie haben geantwortet.
5　Tim wollte wissen, ob Roboter auch Gefühle haben.
Die Studenten haben uns gezeigt, wie man die Roboter programmieren kann. Sie konnten nachher viele Kunststücke.
10　Das Projekt hat meinem Freund Tim besonders gut gefallen.

---

a. Tim ist begeistert: „Es macht auf jeden Fall Spaß. Es ist auch immer witzig, Miki dabei zuzugucken, wie er sich bewegt oder lustige Sätze spricht. Zu Hannah hat er sogar gesagt: ‚Ich liebe dich!'"

b. Nao, Didi, Dodo und Miki haben alle verschiedene Farben, sodass ihr sie gut auseinanderhalten könnt. Dodo erkennt man schnell an der roten Farbe auf weißem Grund. Besonders gefallen mir seine leuchtend blauen Kulleraugen, die ständig funkeln.

c. Die kleinen Roboter können unglaubliche Dinge: Sie können tanzen, sprechen, flirten, spielen, Gesichter erkennen, mit den Armen schlenkern und sogar Kung-Fu-Formen vorführen.

d. Frage: „Miki, hast du auch Gefühle?" Miki entgegnet direkt: „Ich kann Gefühle zeigen. Jetzt gerade bin ich sehr fröhlich. Juch!" Und er hebt dabei beide Hände in die Höhe.

3 Sprecht darüber, wie man Informationen durch Infotainment unterhaltsam und interessant gestalten kann.
- Nutzt die Hinweise im Wissen-und-Können-Kasten.
- Was bewirken die verschiedenen Möglichkeiten bei den Leserinnen und Lesern?
- Belegt eure Meinungen mit Beispielen aus dem verbesserten Text von Hannah.

> **WISSEN UND KÖNNEN**   **Infotainment: Gleichzeitig informieren und unterhalten**
>
> **Infotainment** bedeutet, dass Informationen auf unterhaltsame Art übermittelt werden. So kannst du deine Informationen für die Leserinnen und Leser interessant und unterhaltsam gestalten:
>
> **1.** Wähle Fotos oder Bilder, die Gefühle wecken und Stimmungen erzeugen.
> **2.** Lass die beteiligten Personen wörtlich sprechen. Dadurch erleben die Leserinnen und Lesern unmittelbar mit, was in den Personen vorgeht. *Sam ist begeistert: „Unglaublich, was die alles können!"*
> **3.** Schildere nicht nur, was passiert oder sich ereignet. Formuliere auch deine Gefühle und Gedanken: Hier helfen dir Adjektive wie *spannend, faszinierend, überrascht …*
> **4.** Beschreibe Gegenstände und Personen so, als ob sie etwas ganz Besonderes wären. Gib ihnen Namen: *Etwas kann Miki besonders gut: Gefühle zeigen.*
> **5.** Sprich die Leserinnen und Leser direkt an, dadurch werden sie miteinbezogen: *Ihr wisst vielleicht, …*
> **6.** Durch Aufzählungen kannst du deine Aussagen verstärken und die Leserinnen und Leser in Erstaunen versetzen: *Der Roboter schaut mich an, blinkt mit den Augen, schlenkert mit den Armen und plumpst dann nach hinten!*

4 Gestaltet selbst einen interessanten Infotainment-Text. Arbeitet in Kleingruppen.
a) Sucht euch einen der abgebildeten Roboter aus: Tanzroboter, Fußballroboter oder Musikroboter. Ihr könnt auch einen anderen Roboter auswählen, der euch besonders interessiert.
b) Schreibt Berichte darüber, was ihr mit dem Roboter alles erlebt habt.
  - Sammelt Ideen, wie ihr euren Bericht durch Infotainment-Möglichkeiten für die Leserinnen und Leser interessanter gestalten könnt. Nutzt die Hinweise im Kasten.

Printmedien und digitale Medien vergleichen

Printmedien sind Massenmedien wie Zeitungen, Zeitschriften oder Magazine, durch die Informationen in gedruckter Form verbreitet werden. Digitale Medien wie Fernsehen, Rundfunk oder Internet vermitteln Informationen in digitaler Form.

Roboter „Herbie" soll Brandursache erkunden

Ein Großbrand in einem Essener Wohnkomplex konnte von der Feuerwehr nach mehr als acht Stunden gelöscht werden. Wie die Feuerwehr mitteilte, kam es aufgrund der Löscharbeiten zu
5 Behinderungen im Berufsverkehr. Mit neuester Spezialtechnik versuchen die Ermittler nun, der Ursache für das Feuer auf die Spur zu kommen. Am Dienstag wurde die Ruine zum ersten Mal von einem Roboter-Hund erkundet, der unter
10 anderem bei der Suche nach der Brandursache helfen soll. Der ferngesteuerte Laufroboter „Herbie" ist etwa 50 Zentimeter groß und 35 Kilogramm schwer. Der Roboter ist rundum mit Kameras ausgestattet und kann so Katastro-
15 phenorte erkunden. Der Einsatz des Laufrobo-ters in Essen war eine Premiere. Die Polizei war gespannt, ob alles funktioniert und wie der Roboter beispielsweise mit Trümmern und Schutt im Gebäude zurechtkommt.

„Eigentlich sollte der Roboter das bewältigen. 20 Wenn es doch glatt ist, dann kann es sein, dass er ausrutscht. Dann muss er sich selbst wieder aufrichten", erklärte Kevin Hawyluk, der für die Steuerung des Gerätes verantwortlich ist. Das Feuer war am frühen Morgen ausgebrochen 25 und hatte 39 Wohnungen zerstört. 128 Menschen haben durch den Brand ihre Wohnung und viele von ihnen ihr Hab und Gut verloren. Die Feuerwehr meldete drei Verletzte. Insgesamt waren 150 Einsatzkräfte vor Ort. 30

Digital+
Video
Roboter-Hund
„Herbie" hilft
Ermittlern

1 a) Arbeitet zu zweit:
   – Einer/Eine liest den Zeitungsbericht einmal durch, deckt ihn ab und notiert, was er/sie behalten hat.
   – Der/Die andere schaut sich das Video an und notiert danach ebenfalls, was er/sie behalten hat.
   b) Was habt ihr von dem Zeitungsbericht und was von dem Nachrichten-Video behalten? Vermutet, wodurch die Unterschiede zustande kommen.

2 Lies den Zeitungsbericht noch einmal genauer. Fasse die Informationen zusammen.
   a) Unterstreiche (Folie oder Kopie) alle Informationen zu den W-Fragen:
      Was? Wo? Wann? Warum? Wie? Mit welchen Folgen?
   b) Fasse die Kerninformationen des Zeitungsberichts in einer kurzen Meldung zusammen.
      Einsturzgefährdeter Wohnkomplex von Roboter-Hund erkundet
      Bei einem Großbrand ...

3 Was erfährst du noch über Herbie? Suche nach weiteren Informationen.
– Welche Informationen liefert das Foto?
– Unterstreiche, was im Text noch über „Herbie" steht.

4 Arbeitet mit euren Ergebnissen aus Aufgabe 3 weiter. Sprecht darüber:
– Warum ist das Foto wichtig?
– Was erfahren die Leser über die Art und Weise, wie Herbie arbeitet?
– Woraus können wir schließen, dass der Einsatz schwierig ist?

5 Schau dir noch einmal das Video an.
a) Gib dem Video eine Überschrift, die die Zuschauer neugierig macht.
b) Sprecht über den Inhalt des Videos.
– Was erfährst du aus den Untertiteln?
– Was erfährst du aus den Bildern?

Digital+
Video
Roboter-Hund
„Herbie" hilft
Ermittlern

6 Welche Aussage stimmt? Begründe deine Meinung.
a. Die Bilder zeigen genau das, was in den Untertiteln steht.
b. Die Untertitel liefern zusätzliche Informationen zu den Bildern.

Herbie bewegt sich wie …

7 Schau dir das Video ein drittes Mal an. Achte besonders auf die Bilder.
a) Beschreibe deine Eindrücke über das Ereignis und über Herbie.
b) Belege deine Eindrücke aus dem Video.

Dieser Einsatz war sehr gefährlich. Das erkennt man …

Herbie ist wirklich super! Ich finde …

8 Wie wirkt die Musik auf dich?
– Schau dir das Video einmal ohne Musik und einmal mit Musik an.
– Welcher Aussage stimmst du eher zu? Begründe.
a. Die Musik unterstreicht die Gefährlichkeit des Einsatzes.
b. Die Musik wirkt beruhigend.

WISSEN UND KÖNNEN ▶ **Printmedien und digitale Medien vergleichen**

1. **Printmedien** werden „in die Hand genommen" und gelesen. Bei Printmedien stehen die Texte im Mittelpunkt, auch wenn sie durch Bilder ergänzt werden. Zu den Printmedien zählen Zeitungen, Zeitschriften oder Magazine. Printmedien erscheinen täglich, wöchentlich oder monatlich.

2. **Digitale Medien** enthalten nicht nur Texte, sondern auch Bilder, Audios und Videos. Dadurch können wir uns die Inhalte besser vorstellen. Oft werden nicht nur Informationen, sondern auch Gefühle und Stimmungen vermittelt. Bilder, Töne und Geräusche wecken unsere Aufmerksamkeit. Wir behalten das Gesehene und Gehörte auch länger im Kopf. In digitalen Medien können Informationen jederzeit aktualisiert werden. Achte daher immer auf Datums- und Zeitangaben.

Wirkliche und erfundene Informationen unterscheiden

Im Netz finden wir sehr viele Meldungen und Berichte, doch nicht alle sind wahr. Absichtliche Falschmeldungen (Fake News) werden eingesetzt, um andere Menschen zu erniedrigen oder politische Ziele durchzusetzen. Manchmal sollen erfundene Texte uns aber auch nur unterhalten, auf Missstände hinweisen oder zum Nachdenken anregen. In diesem Fall handelt es sich um satirische Texte.

1 Lies den folgenden Text und untersuche ihn genauer. Mache dir Stichpunkte:
   a) Was wird im Text berichtet?
   b) Wenn man den Text liest, denkt man, es sei ein Bericht. Welche typischen Merkmale kannst du erkennen? Nenne Beispiele aus dem Text.
   c) Unterstreiche (Folie oder Kopie) die Passagen, die komisch klingen und so nicht passiert sein können.

Panne bei erstem Einsatz: Polizei-Roboterhund jagt Katze auf Baum

Essen (dpo) – In Essen wurde nach einem Großbrand erstmals ein Polizei-Roboterhund zur Inspektion der Schäden eingesetzt. Dabei kam es allerdings zu einem Zwischenfall, der Zwei
5 fel an der neuen Technologie schürt. Mitten im Einsatz rannte der Laufroboter plötzlich weg und jagte wild bellend eine Katze auf einen Baum.

„Eigentlich sollte unser brandneuer Roboter
10 *Herbie* die Ruinen des Wohnblocks näher untersuchen", erklärte ein Sprecher der Polizei.

„Aber auf einmal schien er irgendwas zu wittern 15 und rannte direkt davon. Wir haben alle noch seinen Namen gerufen, aber er wollte einfach nicht hören." Das 60 000 Euro teure Gerät verfolgte eine herumstreunende Katze über mehrere Hundert Meter, bis diese sich schließ 20 lich auf einen Baum flüchten konnte. Nur mit Mühe gelang es den Beamten, den Roboterhund wieder vom Baum wegzuholen. „Wir mussten ihn sogar anleinen, weil er immer wieder zurückrannte", so ein am Einsatz beteiligter 25 Polizist. „Der war fuchsteufelswild."
Für Biologin Natascha Berz ist das kein Wunder: „Klar, das ist eigentlich ein Roboter, bei dem man meinen sollte, dass er vollkommen emotionslos ist, aber Urinstinkte wie etwa den Jagd 30 trieb kriegt man aus einem Hund nie wirklich raus."
Für die Zukunft sind die Beamten nun allerdings gewappnet: „Wir haben jetzt einfach immer ein paar Roboterwürstchen dabei, mit denen wir ihn 35 notfalls wieder zum Einsatzort zurücklocken können", so ein Polizeisprecher.

2 Sprecht darüber:
- Warum ist der Text ein satirischer Text? Nutze die Hinweise im Merkkasten.
- Belege die Merkmale einer Satire an Beispielen aus dem Text.

WISSEN UND KÖNNEN ▸ **Satirische Texte erkennen und beschreiben**

Satirische Texte begegnen uns in Zeitungen, im Fernsehen und auch im Internet. In satirischen Texten werden alltägliche Themen auf lustige bzw. spöttische Weise beschrieben, um eine bestimmte Wirkung zu erzielen: Satiren wollen unterhalten, aber gleichzeitig auch kritisieren und auf Missstände hinweisen. Satiren haben folgende Merkmale:
- spöttische oder komische Darstellung von Personen und Situationen,
- starke Übertreibung oder Untertreibung, sodass wir erkennen, dass das Erzählte sich in Wirklichkeit so nicht zugetragen haben kann,
- Satiren fordern die Leserinnen und Leser zum Nachdenken auf.

„Der Postillon" ist ein Beispiel für eine Internet-Zeitung, in der vor allem satirische Texte zu aktuellen Alltagsthemen veröffentlicht werden.

---

3 Arbeite mit deinen Ergebnissen aus den Aufgaben 1 und 2 weiter:
Die Klasse 9a sucht für ihr Medienprojekt nach kuriosen Nachrichten.
Donald hat Nicola den Text „Polizeiroboter jagt Katze auf Baum" weitergeleitet.

A Schreibe Nicolas Antwort und nutze die Formulierungshilfen.
Lieber Donald,
du hast mir einen Text aus dem Internet weitergeleitet. Du meinst also …
Der Text kommt mir allerdings komisch/echt/übertrieben vor, …
Die Überschrift klingt schon …
Im Text wird berichtet … Das kann (nicht) stimmen, denn …
Ich finde den Text auch komisch … Ich musste lachen, als ich las …
Ich glaube, da macht sich jemand lustig über …

B Nicola hat weiterrecherchiert und herausgefunden, woher der Text stammt.
Schreibe ihren Antwortbrief an Donald.
Lieber Donald,
du meinst ja, der Text „Polizeiroboter jagt Katze auf Baum" ist eine echte Nachricht. Mir kam der Text aber komisch vor. Ich habe herausgefunden, dass er aus der Online-Zeitung „Der Postillon" stammt. Diese Zeitung enthält …
Wir können typische Merkmale feststellen …
Ich habe mich gefragt, was im Text wohl kritisiert wird. Worüber kommen wir ins Nachdenken? Ich meine …

Medientexte schriftlich miteinander vergleichen

Hier kannst du einmal üben, Medientexte zu untersuchen und herauszufinden, welche Wirkung sie erzielen wollen. Anschließend sollst du deine Ergebnisse aufschreiben.

1 Lies die Texte **M1** und **M2** und schau dir die Abbildungen an.

a) Ordne die Überschriften den Texten zu:

    Was Experten über Roboter wissen wollen   **Hoffentlich sagt sie Ja!**

b) Vergleiche die beiden Texte miteinander:

    – Welcher Text ist sachlich und informiert über neue Forschungsfragen?

    – Welcher Text enthält eine kuriose Neuigkeit und will vor allem unterhalten?

M1

Längst gibt es Maschinen, die mit Menschen auch über Gefühle sprechen. Das wirft Fragen für die Forschung auf: Welche Beziehungen können beim Zusammenleben oder bei der Zusammenarbeit

5 entstehen? Werden die Menschen womöglich Gefühle für ihre Roboter entwickeln?

Elena Giannoulis, Juniorprofessorin für Japanologie an der Freien Universität Berlin (FU), forscht auf diesem Gebiet. Dass Japaner bereit sind, ihre

10 Herzen und Heime Robotern zu öffnen, haben sie bereits bewiesen. Der Roboterhund Aibo wurde so beliebt, dass es mittlerweile sogar Roboter-

friedhöfe gibt, auf denen die Hinterbliebenen um ihren „toten" Roboterhund trauern können.

Die Expertin ist sich sicher, dass Menschen in Zu- 15 kunft ganz neue Arten von Gefühlen entwickeln werden. Gefühle, die sie bisher nie hatten – und die sie ausschließlich Robotern entgegenbringen.

M2

Der Australier Geoff Gallagher hatte Angst, dass er sich in seinem Leben nie wieder verlieben und somit allein bleiben würde. Denn seit seine Mutter vor über zehn Jahren verstorben ist, war er mit sei-

5 nem Hund Penny allein. Bis jetzt, denn nun ist eine Frau in sein Leben getreten. Seiner Traumfrau ist Geoff Gallagher begegnet, während er einen Artikel über Roboter mit künstlicher Intelligenz gelesen hat. Er verliebt sich dort in den Roboter

10 mit dem Modellnamen Emma. An den Moment, als der große Karton in seinem australischen Zuhause ankommt, kann sich Geoff noch genau erinnern. „Ihren Kopf musste ich selbst an den

Körper anbauen. Aber sie war einfach wunderschön." Besonders überzeugt haben ihn ihre „wun- 15 derschönen blauen Augen". Das erste Kennenlernen ist zwei Jahre her und Geoff ist sehr glücklich darüber, wie eng sie zusammengewachsen sind. „Es ist so schön, wenn ich durch die Haustür laufe und sie wartet auf mich", freut sich der Australier. 20 Was andere Menschen über das ungleiche Paar denken, interessiert Geoff nicht. Manchmal fährt er mit ihr und Hund Penny spazieren. Und da es in ihrer Beziehung so gut läuft, will er seine Emma jetzt auch heiraten. „Ich möchte gern der erste 25 Australier sein, der einen Roboter heiratet."

2 Fasse zusammen, worum es in den beiden Texten geht.

In M1 geht es um neue Forschungsfragen: Der Autor/Die Autorin …

M2 enthält eine kuriose Nachricht: In Australien …

3 Schreibe auf, wie das Thema „Roboter als Freunde" in den beiden Texten behandelt wird. Erarbeite dir zunächst einen Schreibplan für deinen Text.

a) Ordne die Schreibhinweise a – g in die Spalte „Gliederung" ein:
Was gehört in die Einleitung, in den Hauptteil und in den Schluss?

a. Formuliere das gemeinsame Thema der Texte.

b. Gib eine begründete Stellungnahme ab, welcher Text dir besonders gut gefallen hat.

c. Welche Wirkung haben die Texte? Vergleiche und beschreibe die Unterschiede zwischen den beiden Texten.

d. Fasse die Ergebnisse in einem Fazit zusammen.

e. Gib an, um was für Texte es sich handelt (Verfasser/-in, Medientextsorte).

f. Fasse kurz zusammen, was in den Texten steht.

g. Nenne Beispiele und Belege aus dem Text.

Schreibplan

Gliederung mit Schreibhinweisen aus Aufgabe 3 a)	Formulierungshilfen aus Aufgabe 3 b)
Einleitung: a., …	
Hauptteil: …	
Schluss: …	

b) Ordne die Formulierungshilfen von den wortstark!-Zetteln (1), (2) und (3) zu:
Welche passen zur Einleitung, zum Hauptteil und zum Schluss?

wortstark! (1)

Beide Texte haben unterschiedliche Wirkungen …
Mir gefällt der Text … besonders gut, weil …

wortstark! (2)

In beiden Texten geht es um das Thema …
Der erste Text stammt von … und hat den Titel „…".
Im Text geht es darum, dass …
Der zweite Text ist ein … mit der Schlagzeile „…". Es geht um …

wortstark! (3)

In M1 wird betont/herausgestellt/gefragt, …, in M2 dagegen …
M1 will vor allem informieren. Dazu kann ich ein Beispiel nennen …
M2 hat eine andere Wirkung. Ich denke, es geht darum …
Dieser Text enthält nicht nur Informationen, sondern auch …
Hierzu kann ich einen Beleg anführen …

4 Vergleiche die beiden Texte **M1** und **M2** miteinander und schreibe die Ergebnisse auf. Nutze dazu den Schreibplan.

PRÜFUNGSTRAINING

Die Ergebnisse eines Textvergleichs aufschreiben

Hier kannst du üben, unterschiedliche Medientexte zu untersuchen und heraus-zufinden, wie das Thema jeweils behandelt wird. In Aufgabe A erhältst du Formulierungshilfen, in Aufgabe B formulierst du eigenständig mit Schreibhinweisen.

1 a) Überfliege die beiden Texte **M1** und **M2** und ordne die Überschriften zu:

   Faszinierende Begegnung mit Robotern   Was Roboter alles können.

   b) Was wollen die Autoren mit ihren Texten erreichen?

   a. Sachlich über Roboter informieren

   b. Anschaulich und persönlich über Roboter informieren

2 Bearbeite **M1**. Arbeite wichtige Informationen heraus. Beantworte dazu die Fragen:

   a) Welche Arten von Robotern sind im Museum zu sehen? Nenne sie.

   b) Wozu dienen die verschiedenen Roboter? Nenne Ziele und Zwecke.

   c) Was ist ein humanoider Roboter? Schreibe die Definition auf.

   d) Welche Informationen kannst du aus dem Foto „ablesen"?

3 Bearbeite **M2**: Arbeite heraus, wie Roboter bewertet werden. Beantworte die Fragen:

   a) Der Text enthält nicht nur Informationen. Nenne Stellen, an denen der Reporter
   seine Eindrücke und Bewertungen äußert.

   b) Der Text enthält auch die Meinung einer Expertin. Was denkt die Leiterin des
   Museums über Roboter? Fasse ihre Meinung mit eigenen Worten zusammen.

4 Stelle in einem Text dar, wie das Thema „Roboter" in den beiden Medientexten
M1 und **M2** behandelt wird. Nutze deine Ergebnisse aus den Aufgaben 1 – 3.

   A Formuliere deinen Text und nutze dazu die Formulierungshilfen.

   Ich stelle zunächst die beiden Texte vor. … In beiden Texten geht es um …
   M1 will vor allem informieren. Im Text steht, welche Arten … Es wird auch erklärt, …
   M2 hat eine andere Wirkung. Wir bekommen einen Eindruck … M 2 enthält nicht
   nur Informationen, sondern auch … Dazu kann ich einige Beispiele nennen …
   An einer Stelle gibt der Reporter auch eine direkte Bewertung ab … Er fragt sich …
   Mir gefällt … besonders gut, weil …

   B Formuliere deinen Text mit Hilfe der Schreibhinweise. Gehe so vor:

   a) Formuliere in der Einleitung, um welche Texte es sich handelt und worum es geht.

   b) Vergleiche im Hauptteil, wie die Texte das Thema behandeln.

      – Nenne Beispiele, die zeigen, welche Wirkung die Texte erzielen wollen.

      – Gehe besonders auf Bewertungen und Meinungen ein.

      – Gib wieder, was die Expertin über aktuelle Roboter sagt.

   c) Gib zum Schluss eine Stellungnahme ab: Was war schwierig zu verstehen? Was
   hat dir an den Texten besonders gefallen?

M1

M2

Roboter werden seit Jahren zunehmend in unserem Alltag eingesetzt. In vielen Bereichen, wie z. B. der Medizin, Industrie oder Forschung,
5 können Roboter Aufgaben übernehmen, die früher von Menschen erledigt wurden. Im Deutschen Museum in Nürnberg lernen die Besucherinnen und Besucher
10 verschiedene Roboter kennen und erfahren mehr über ihre Einsatzmöglichkeiten. So gibt es z. B. einen Therapieroboter in Form einer Robbe, der verwendet wird, um Menschen
15 mit Demenz zu beruhigen und zu beschäftigen. Ein anderer Roboter hilft Kindern beim Lernen.
Aktuelle Entwicklungen in diesem Bereich sind humanoide Roboter.
20 Humanoide Roboter sind Roboter, die dem menschlichen Aussehen nachempfunden sind. Sie können menschliche Gestik und Mimik täuschend echt imitieren.

Bei dieser Präsentation im Zukunftsmuseum erleben wir die Welt der Zukunft hautnah. Faszinierend, aber auch ein bisschen unheimlich. Zunächst lernen wir Paro kennen. Auf den ersten Blick sieht Paro aus wie
5 ein ganz gewöhnliches Kuscheltier. Paro ist aber weit mehr als das! Er wird in Pflegeeinrichtungen eingesetzt, um die Bewohnerinnen und Bewohner zu unterhalten und ihnen eine Aufgabe zu geben.
Als Nächstes treffen wir Nao, eine echte Stimmungs
10 kanone! Er ist ein sympathischer Alleskönner. Er kann Schülerinnen und Schülern beim Lernen helfen. Z. B. kann er ihnen Tanzschritte beibringen.
Aber nun zu der absoluten Attraktion im Museum: Ameca! Dieser Roboter löst weltweit Begeisterung aus.
15 Er sieht ein bisschen aus wie die menschenähnlichen Roboter, die man aus Science-Fiction-Filmen kennt. Beine, Arme, Rumpf – alles ist vorhanden. Vor allem der Kopf ähnelt sehr einem Menschen, was fehlt, sind Haare. Außerdem ist die Gesichtsfarbe grau – nicht
20 hautfarben. Der Roboter besitzt 52 elektrische Motoren, die dafür sorgen, dass er sich wie ein Mensch bewegen kann. Ameca verdeutlicht, dass Roboter immer menschlicher werden. Bei der Präsentation zeigt der Roboter, was er draufhat, und löst Begeisterung aus.
25 Wenn er mit den Besuchern spricht, ähneln Mimik und Gestik sehr denen eines Menschen.
Im Zukunftsmuseum möchte man den Besucherinnen und Besuchern zeigen, wie weit die Forschung in diesem Bereich ist. Ich frage mich aber: Sollen wir
30 wirklich nur erkennen, was der Roboter alles kann? Oder sollen wir nicht auch über Roboter nachdenken und uns fragen: Ist das wirklich nötig und ist das wünschenswert, was wir hier sehen? Es bringt vielleicht Vorteile, wenn der Roboter die Menschen anlächelt.
35 Der Roboter kann die Menschen aber dadurch auch beeinflussen. Deshalb müssen wir über das Verhältnis zwischen Mensch und Maschine nachdenken und uns fragen: Brauchen wir solche Roboter wirklich?

Einen Film untersuchen und die Ergebnisse aufschreiben

Filme erzählen eine Geschichte mit ihrer eigenen Filmsprache. Hier beschäftigt ihr euch mit dem Kurzfilm „Gör" und arbeitet die Merkmale seiner „Filmsprache" heraus. Ihr sprecht darüber, wie ihr den Film versteht, und schreibt eure Deutung auf.

TEXTE UND MEDIEN

1 a) Lernt den Kurzfilm „Gör" kennen. Schaut euch dazu auf dieser Seite das Filmplakat, eine Filmankündigung und die Kurzbiografie der Regisseurin Anna Roller an. Ihr könnt im Internet zusätzlich nach einem Trailer des Films recherchieren.

b) Sprecht anschließend über eure Erwartungen an den Film:
   – Seid ihr neugierig auf den Film geworden? Wodurch?
   – Was erwartet ihr vom Film?

> Ich glaube, …

> Bestimmt wird …

> Vielleicht …

> Mir ist noch nicht klar, …

> Neugierig bin ich darauf, …

GÖR

„Gör"

Hochbetrieb in einer bayerischen Wirtshausküche. Hier arbeitet Mia, Mitte zwanzig, und Mutter des achtjährigen Leon. Die alleinerziehende junge Mia hat es schwer, sie hat mit Kritik und Vorurteilen zu kämpfen. Dann überschlagen sich die Ereignisse: Eine Mutter kommt ins Wirtshaus und erhebt schwere Vorwürfe gegen Leon. Der Junge soll ein Goldkettchen gestohlen haben. Völlig verängstigt ruft Leon kurz darauf seine Mutter an. Für Mia steht fest: Ihr Sohn wird von seinen Mitschülerinnen gemobbt. Mia wehrt sich wie eine Löwenmutter. Schafft sie es, ihrem Sohn zu helfen? Das Ende des Films erstaunt uns – und fordert uns heraus, Position zu beziehen.

Anna Roller
ist Drehbuchautorin und Filmregisseurin. Ihr Kurzfilm „Gör" wurde 2021 mit dem Deutschen Kurzfilmpreis in Gold in der Kategorie „Spielfilm bis 20 Minuten Laufzeit" ausgezeichnet.

Den Film kennenlernen und erste Eindrücke sammeln

Wenn du dir einen Film anschaust, machst du dir zuerst klar, wo und wann der Film spielt und worum es geht. Ihr lernt den Film gemeinsam kennen und könnt euch über eure ersten Eindrücke austauschen.

1 a) Schaut euch den Film „Gör" an.

b) Setzt euch anschließend zu einem Filmgespräch zusammen und sprecht über eure ersten Eindrücke. Nutzt die Hinweise im Methodenkasten.

Digital+
Video
„Gör"

> **METHODE** ▸ **Ein Filmgespräch führen**
>
> Setzt euch nach dem Anschauen eines Films zusammen und sprecht über eure Eindrücke. Orientiert euer Gespräch an diesen Leitfragen:
> – Was kommt dir als Erstes in den Sinn, wenn du an den Film zurückdenkst?
> – Welche Szene hat dich am meisten beeindruckt? Was hast du dabei gefühlt?
> – Worüber bist du ins Nachdenken gekommen?
> – Was ist für dich das Thema des Films?

2 Was passiert im Film? Erzähle die Geschichte, die im Film erzählt wird, mit eigenen Worten. Nutze die Satzanfänge.

Am Anfang des Films sieht man ... Sie ...
Eine Mutter kommt zu Mia ins Wirtshaus und ... Mia ...
Als Mia einen Anruf von ...
In einem alten Frisörsalon ...
Die Mädchen ...
Plötzlich hört Mia ...
Wütend greift sie sich eines der Mädchen und ...
Der Schluss des Kurzfilms ist offen: ...

3 Gestaltet ein Info-Plakat zu dem Film.
– Recherchiert weitere Informationen über den Film im Internet:
Genre, Erscheinungsjahr, Regie, Darsteller/-innen, Laufzeit, Sprache, Filmpreise, Altersempfehlung ...
– Überlegt, welche Informationen auf euer Plakat sollen.
– Sucht Filmstandbilder aus, die ihr für das Plakat für besonders geeignet haltet.
– Formuliert zu den Bildern Sätze, die neugierig auf den Film machen.

Die Filmsprache untersuchen

Filme haben ihre eigene Sprache. Durch die Kameraeinstellungen lassen sich z. B. die Figuren oder das Geschehen von weiter weg oder von ganz nah beobachten. Eine wichtige Rolle spielen auch die Töne und Geräusche sowie die Musik.

Digital+
Text
Nutze die Informationen im Glossar „Filmsprache".

1 Untersuche die filmsprachlichen Mittel und ihre Wirkungen.
– Beschreibe die Kameraeinstellungen der drei Filmstandbilder.
– Gib an, welche Wirkung durch die Kameraeinstellung erreicht wird.
– Was fällt dir an Ton und Geräuschen auf?

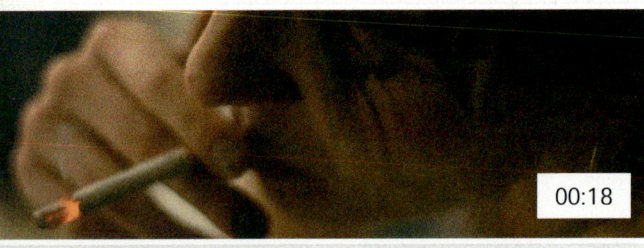

Das Filmstandbild stammt …
Es zeigt …
Man erkennt …
Man hört …
Die Zuschauer bekommen den Eindruck …
Mia scheint …

Dieses Filmstandbild zeigt …
Wir sehen … Wir hören …
In dieser Szene ist das Licht … Graue und schwarze Farben wirken im Film … Mia wirkt …
Dass die Mutter Mia „Gör" nennt, finde ich verständlich/unüberlegt/falsch, weil …

Auf dem Filmstandbild sehen wir …
Die Kameraeinstellung erfasst …
Wir bekommen einen Eindruck …
Mia wirkt sehr …
Das erkennt man daran, dass …

2 Wie findest du Mia in diesen Szenen? Schreibe einen kleinen Text.

In diesen drei Szenen lernen wir verschiedene Seiten von Mia kennen:
Bei der Arbeit in einer Wirtshausküche ist Mia …
Dies erkennt man im Film daran, …
Als die Mutter des Mädchens Vorwürfe gegen Leon erhebt, lernen wir Mia von einer ganz anderen Seite kennen: Sie …
Um ihrem Sohn zu helfen, verlässt Mia ihre Arbeit und rast …
In dieser Szene wird deutlich, …

3 Schau dir im Film noch einmal die Szenen rund um diese Standbilder an.

a) Beschreibe, was in diesem Moment passiert.
   - Was ist vorher passiert?
   - Was erkennt man auf dem Filmstandbild? Achte besonders auf Kameraeinstellungen und Kameraperspektiven.

b) Achte auch auf Ton, Geräusche und Musik:
   - Beschreibe, was du hörst.
   - Welche Wirkung wird dadurch erzeugt? Nutze die Hinweise im Merkkasten.

c) Welche Wirkung haben Licht und Farben?

 **Digital+**
Video
„Gör"

 **Digital+**
Text
Nutze die Informationen im Glossar „Filmsprache".

WISSEN UND KÖNNEN ▸ **Musik, Ton und Geräusche in Filmen**

Musik, Ton und Geräusche beeinflussen sehr stark die Empfindungen und Gefühle der Zuschauer.

Mit **Ton** meint man das, was die Figuren im Film sprechen. Die menschliche Stimme ist in Bezug auf Geschwindigkeit, Lautstärke oder Rhythmus verschieden: Sie reicht vom Flüstern bis zum Schrei. Achte also darauf, wie die Filmfiguren sprechen, wenn du sie charakterisierst.

Mit **Geräuschen** meint man alles, was in einer Szene außer Sprache zu hören ist (z. B. Schritte, Straßenlärm, Fahrradklingeln). Durch Geräusche wirken Szenen echter und lebendiger oder verstärken Gefühle, Emotionen und Stimmungen.

Die **Filmmusik** wird bei bestimmten Themen, Personen oder Orten eingesetzt. Sie unterstützt die Wirkung des Films und löst bestimmte Gefühle und Empfindungen bei den Zuschauern aus.

Filmfiguren charakterisieren und ihre Beziehung beschreiben

Ein Film erzählt eine Geschichte. Im Zentrum stehen dabei Figuren, ihre Situation, ihre Probleme und Konflikte, ihre Entwicklung – und vor allem auch die Beziehungen zwischen den Figuren.

Digital+
Video
„Gör"

1 Schau dir die Filmstandbilder und die zugehörigen Szenen im Film an.

a) Beschreibe die Hauptfigur.
   – In welcher Situation befindet sie sich?
   – Was ist vorher passiert? Was passiert anschließend?

b) Beschreibe die Stimmung und Gefühle der Hauptfigur.
   – Achte auf Kameraeinstellungen, auf Töne, Geräusche und Musik, auf Licht und Farben.
   – Formuliere Sprech- und Denkblasen zu den Bildern.

c) Wie findest du Mia in dieser Situation? Wähle ein passendes Adjektiv aus und begründe deine Einschätzung: verzweifelt, besorgt, beunruhigt, verzweifelt, überrascht, schockiert, genervt, hektisch, mutig.

01:51

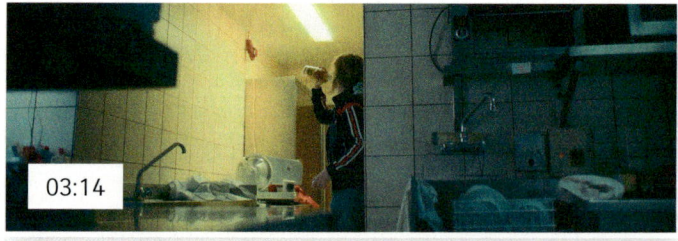
03:14

03:48

05:05

2 Welchen Eindruck hast du von Mia am Anfang des Films?
Stelle die Hauptfigur vor. Nutze dazu die Formulierungshilfen:

Am Anfang des Films lernen wir Mia kennen. Sie ... Mein erster Eindruck von Mia ...
Dann erhält Mia einen wichtigen Anruf ... Nach dem Anruf ist Mia ...
Während ihrer Arbeit erhält sie unerwartet Besuch von ... Im Gespräch zeigt sich
Mia ... Ich finde Mia in dieser Situation ...
Mia ist aber weiter beunruhigt, weil ... Sie hält es nicht mehr in der Küche aus und ...
Ich finde Mia in dieser Situation ... Mia hat es sicher nicht leicht: ...

3 Schau dir die Filmstandbilder an.

a) Beschreibe, wer auf den Bildern zu sehen ist. Was ist vorher passiert?

b) Was sagen und denken die Figuren? Schreibe Sprech- und Denkblasen.

4 Beschreibe die Beziehungen zwischen den Figuren. Begründe deine Deutung.

a) Ordne die Texte a. – c. den Filmstandbildern ① – ③ zu.

b) Welche Sätze aus der Randspalte passen an die blau markierten Stellen? Ergänze die Texte und schreibe sie ab.

Ihr könnt die Texte für euer Informationsplakat nutzen.

a. Eine Frau spricht Mia an. Sie ist die Mutter eines Mädchens, dem eine goldene Kette gestohlen wurde – und sie ist sicher, dass Leon der Dieb ist. Sie denkt bestimmt:

Mia reagiert sehr unfreundlich und aggressiv. Sie sagt zu der Frau:

Die Mutter beschimpft Mia:

b. Mia ist außer sich vor Wut. Sie schwört:

Mia nimmt den Rasierer und rasiert einem Mädchen die Haare weg.

Das Mädchen kann es kaum fassen. Es schreit und denkt wahrscheinlich:

Die Mädchen schreien und rufen:

c. Mia hat Leon gefunden. Sie hofft bestimmt:

Da sieht Mia einen blauen Fleck an Leons Arm und schreit die Mädchen an:

Ein Mädchen erwidert: Leon versichert

Das Mädchen beschuldigt Leon erneut und spricht Mia direkt an:

Typisch, die kann ihren Sohn nicht erziehen!

„Das war ich nicht!"

Das wird sie mir büßen!

„Halt doch die Fresse!"

„Du Gör!

„Nichts wie weg hier, sonst passiert noch mehr!"

„Nein, der hat doch meine Kette geklaut."

„Ihr entschuldigt euch jetzt bei Leon!"

Ist die jetzt total übergeschnappt?

Hoffentlich ist ihm nichts passiert!

„Kein Wunder, dass Leon so was tut, bei so einer Mutter!"

5 Schreibe zum Filmstandbild ④ einen eigenen Text.

6 Schau dir das Schema an: In welcher Beziehung stehen die Figuren zueinander?
- Warum steht „Mia" im Zentrum des Schemas?
- Was bedeuten die Pfeile? Achte auch auf die Richtung der Pfeile.
- Übertrage das Schema und beschrifte die Pfeile:

  beschwert sich über   beschuldigt   sucht Schutz bei   rächt sich   verteidigt
  beleidigen   hat Angst vor   schließen aus   ärgert sich über

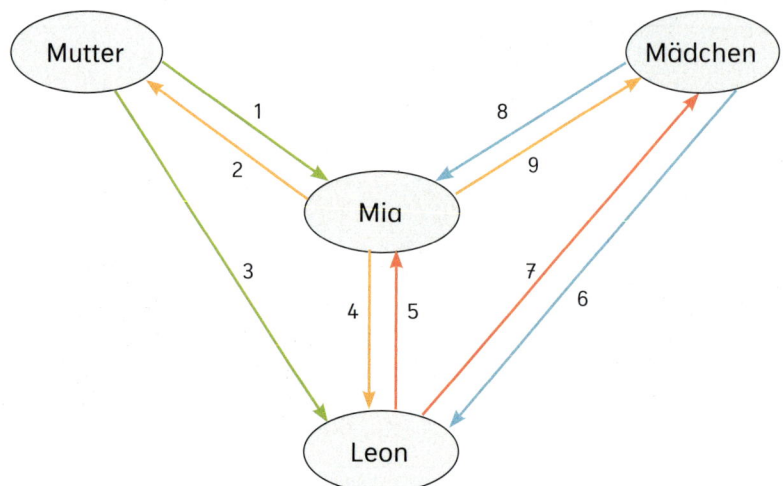

7 Am nächsten Tag schreibt Mia der Mutter des Mädchens eine Nachricht.
Schreibe diese Nachricht.
- Berichte zunächst kurz, was im Frisörsalon passiert ist.
- Beschreibe, wie du dich als Mia gefühlt hast.
- Schlage zum Schluss vor, euch zu treffen und über alles zu reden.

METHODE ▶ **Filmfiguren charakterisieren und ihre Beziehung beschreiben**

Die Hauptfigur steht im Zentrum der Filmhandlung. Figuren haben oft nicht nur gute oder schlechte Eigenschaften. Folgende Fragen können dir helfen, Filmfiguren zu charakterisieren und ihre Beziehung zu beschreiben:
- Wie erscheint die Figur im Film? (Aussehen, Kleidung)
- In welchen Situationen erlebst du die Figur? (Orte, Handlungen)
- Wie verhält sie sich den anderen Figuren gegenüber? Wie spricht die Figur mit den anderen? Was sagen die anderen über die Figur? (Eigenschaften, Beziehungen)

Achte auch auf die filmsprachlichen Mittel und ihre Wirkungen (Kamera-einstellungen, Kameraperspektiven; Licht, Farben; Ton, Geräusche, Musik).
Belege deine Charakterisierung mit Stellen aus dem Film, an denen die Eigenschaften der Figuren deutlich werden.

Untersuchungsergebnisse aufschreiben

Wenn du einen Film untersuchst und dich mit einer Filmfigur auseinandergesetzt hast, kannst du deine Ergebnisse aufschreiben.

1 Schau dir die beiden Filmstandbilder und die zugehörigen Szenen im Film an.
a) Beschreibe die Situation, in der du die Hauptfigur erlebst.
b) Was ist vorher passiert?
c) Welche Rolle spielt das Smartphone?

 **Digital+**
Video
„Gör"

05:05

05:23

2 Charakterisiere die Hauptfigur in dieser Situation:
– Was denkt und fühlt sie gerade?
– Schreibe dazu einen Text. Nutze die Formulierungshilfen:

Das erste Filmstandbild zeigt Mia, …
Vorher …
Auf dem Fahrrad fühlt sich Mia …
Sie telefoniert mit … und will wissen, …
Ton und Geräusche sind wichtig, weil …
Ich finde Mia in dieser Szene …

Das zweite Bild zeigt …
Die Kameraeinstellung betont …
Das Handy ist wichtig, weil …
In dieser Szene wird deutlich …
Mia ist in dieser Szene …

3 Lies, wie Kiara Mia charakterisiert hat.
a) Was hat sie schon gut gemacht?
Was könnte sie noch verbessern?
b) Überarbeite Kiaras Charakterisierung und ergänze ihren Text.

Mia arbeitet in einer Küche. Sie hat einfache Klamotten an und die Haare sind ziemlich unordentlich. Ich finde, sie sieht total jung aus. Während sie hier schuftet, bekommt sie einen Anruf von ihrem Sohn. Das Radio ist sehr laut. Man merkt, wie wichtig Leon für sie ist. Anschließend fährt sie mit dem Rad zu ihm. Sie kann aber nicht gut Radfahren.

Über einen Film ins Nachdenken kommen

Ein Film löst in uns verschiedene Wirkungen aus: Wir lachen, fiebern mit, kommen ins Nachdenken. Jeder von uns versteht den Film anders. Es ist daher interessant, wenn wir über unsere Deutungen sprechen.

1 Schau dir die beiden Standbilder an und beschreibe Mias Charakter.
- Was ist vorher passiert?
- Was macht Mia?
- Welche Charaktereigenschaften werden in den beiden Bildern deutlich? Begründe.
  Aggressivität   Wut   Liebe   Fürsorge

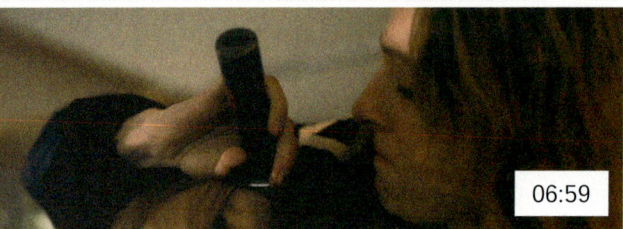
06:59

07:42

2 Charakterisiere Mia. Beachte dabei auch die Kameraeinstellungen, Ton, Geräusche und Musik sowie Licht und Farben.

Mia ist die Hauptfigur in dem Film „Gör".

Auf dem ersten Bild sehen wir ...

Die Kameraeinstellung ist ... Man erkennt als Zuschauer ...

Vor diesem Standbild ist Folgendes passiert: Mia ist ...

Ich finde Mia in dieser Situation ...

Auf dem anderen Standbild sehen wir Mia mit ...

Die Kameraeinstellung ist ... Hierdurch wird deutlich, ...

Wir können Mias Gesicht sehr gut erkennen, sie ...

Hier wirkt sie auf mich ...

Die beiden Standbilder zeigen also, dass Mia unterschiedliche Charaktereigenschaften hat: Auf der einen Seite ist sie ..., weil ... Auf der anderen Seite ..., obwohl/weil sie ...

3 Lies auf der nächsten Seite den Auszug aus einer Besprechung des Films „Gör" in einer Filmzeitschrift. Sprecht darüber:
a) Wie versteht die Redakteurin den Titel des Films?
b) Warum ist Mia eine „Löwenmutter"?
c) Welche Frage findet die Redakteurin wichtig?
d) Worüber sollen wir uns als Zuschauer Gedanken machen?
e) Findest du die Beschimpfung Mias als „Gör" gerechtfertigt? Warum, warum nicht?

„Mein Sohn hat nichts geklaut!", entgegnet die junge Mutter dem Vorwurf, ihr Kind sei ein Dieb. Ein verächtliches „Gör!" ist die Antwort darauf. Es gilt nicht nur der Mutter, sondern auch ihrem Sohn. Ein Begriff, abschätzig verwendet für ein ungezogenes, ungehöriges Kind. Im Film kann man „Gör" auf beide beziehen – Mutter und Sohn –, denn die junge Mutter wirkt auch noch wie ein Kind. Doch als ihr Sohn angeklagt wird, wird sie zu einer Löwenmutter. Sie tut alles, um ihrem Sohn beizustehen. In ihrer Wut geht sie sehr weit: Sie rasiert dem Mädchen, das ihren Sohn beschuldigt, die Haare ab.

Wie ist die Hauptfigur zu verstehen? Ist das eine übertriebene Rache aus Trotz und Wut? Oder ist es bewundernswert, wie Mia für ihren Sohn eintritt? Wir Zuschauer müssen uns ein eigenes Urteil bilden.

4 Lies, was die Regisseurin Anna Roller in einem Interview über ihren Film gesagt hat:

„Ja, mich interessieren einfach – ich mag das Wort „starke Frauen" nicht gern – aber halt Frauen, die große Herausforderungen irgendwie ungewöhnlich meistern. Und nicht so moralisch richtig meistern, wie Zuschauer/-innen es vielleicht gerne hätten, aber trotzdem geht man irgendwie mit. Und es war bei dem Film das Experiment, die Hauptfigur sehr falsch handeln zu lassen, aber trotzdem so, dass man ihre Gefühle und ihre Handlungen versteht, so, dass das Publikum irgendwie trotzdem in ihre Richtung gezogen wird." *(verändert)*

a) Wie sieht die Regisseurin Anna Roller ihre Hauptfigur?

b) Erläutere, welches „Experiment" die Regisseurin im Film „Gör" versucht hat.

c) Was würdest du Anna Roller antworten: Hat ihr Experiment geklappt? Begründe.

5 Am Ende des Films wissen wir: Leon hat das Kettchen gestohlen. Wie es weitergeht, müssen wir uns selbst ausmalen. Wähle dazu Aufgabe **A** oder **B** aus:

A Mia ruft am anderen Tag die Mutter des Mädchens an.
- Wie könnte das Gespräch verlaufen?
- Wofür wird sich Mia bei der Mutter vielleicht entschuldigen?
- Wogegen wird Mia sich sicherlich wehren?

Spielt das Telefongespräch.

B Wie könnte der Film weitergehen?
- Was reden Mia und Leon miteinander?

Schreibe das Gespräch auf.

6 Lies die Erklärung zu den Merkmalen von Kurzfilmen.

a) Unterstreiche (Folie oder Kopie) die Merkmale für Kurzfilme.

b) Überprüfe, ob diese Merkmale auf den Film „Gör" zutreffen. Nenne Beispiele aus dem Film.

Ein **Kurzfilm** ist ein Film von kurzer Dauer. Kurzfilme haben – ähnlich wie Kurzgeschichten – oft einen direkten Einstieg und ein offenes Ende. Es geht nur um ein einziges Geschehen. Die Filmfiguren sind Alltagsmenschen, die eine besondere Situation erleben, die ihr Leben verändert. Vieles wird im Film nicht direkt ausgedrückt. Man muss auf die filmsprachlichen Mittel achten und sich Gedanken darüber machen, worum es geht.

Eine Filmfigur charakterisieren

Du hast den Kurzfilm „Gör" untersucht. Hier kannst du üben, deine Untersuchungsergebnisse aufzuschreiben.

1 a) Schau dir das Filmstandbild und die zugehörige Szene im Film an.

07:48

b) Denke über das Standbild nach und mache dir Notizen:
  – Aus welchem Teil des Films stammt das Standbild?
  – Was ist auf dem Standbild zu sehen?
  – Welche Kameraeinstellung wurde gewählt? Warum?
  – Welche Wirkung hat die Musik, die man hört?
  – Achte auch auf Licht und Farben.

2 Bearbeite Aufgabe **A** oder **B**:

A Mit Hilfe eines Schreibplans und von Formulierungshilfen eine Figur charakterisieren

Charakterisiere Mia und schreibe einen Text. Halte dich an den Schreibplan:

Schreibplan

Gliederung	Formulierungshilfen
Einleitung Stelle den Film und die Hauptfigur vor.	Der Film hat den Titel … Die Regie führte … Im Film geht es um …

Hauptteil	
Charakterisiere die Hauptfigur und ihre Beziehung zu den anderen Figuren. – Wie wirkt Mia im Film? – Wie verhält sie sich in verschiedenen Situationen? – Welchen Charakter hat sie? – Wie siehst du ihre Beziehung zu den anderen Figuren?	Die Hauptfigur des Films heißt Mia: Sie … Am Anfang des Films erfahren wir … Sie hat eine enge Beziehung zu ihrem Sohn Leon. Das erkennt man daran, … Ein besonderes Ereignis lässt Mia zur Löwenmutter werden: … Sie macht sich große Sorgen: … Im Frisörsalon … Mia … Am Ende des Films … Mia hat unterschiedliche Charaktereigenschaften: Zum einen … Zum anderen …
Schluss	
Formuliere deine eigene Meinung: – Wie findest du die Hauptfigur? – Wie bewertest du ihr Verhalten in den verschiedenen Situationen?	Ich finde Mia sehr … Besonders gefallen / Nicht gefallen hat mir, … Ich sehe aber auch, …

B Mit Hilfe von Schreibhinweisen eine Filmfigur charakterisieren

Charakterisiere Mia in einem zusammenhängenden Text. Gehe dabei so vor:

a) Beschreibe, wie Mia sich am Anfang des Films verhält. Gehe auch darauf ein, wie Mia auf dich wirkt.

b) Stelle dar, was Mia alles macht, um Leon zu helfen. Welche Eigenschaften Mias werden deutlich?

c) Schildere, wie Mia sich im Frisörsalon verhält. Wie findest du ihr Verhalten? Belege deine Charakterisierungen auch mit den verwendeten filmsprachlichen Mitteln.

d) In einer Besprechung des Films fragt sich eine Filmredakteurin:

„Wie ist die Hauptfigur zu verstehen? Ist das eine übertriebene Rache aus Trotz und Wut? Oder ist es bewundernswert, wie Mia für ihren Sohn eintritt?"

Nimm Stellung zu den Fragen der Filmredakteurin:
– Wie findest du die Hauptfigur?
– Welcher Ansicht stimmst du zu?
Begründe deine Meinung mit Stellen aus dem Film.

Sprache und Sprachgebrauch untersuchen

Wenn du Sprache untersuchst, entdeckst du die Regeln, nach denen sie funktioniert. Dein Wissen kannst du beim Schreiben und Sprechen anwenden. Du denkst aber auch über Sprache nach.
Verschaffe dir zunächst einen Überblick über die Sprachthemen, mit denen du dich in diesem Schuljahr beschäftigst.

SPRACHE UNTERSUCHEN

1 Die Beschäftigung mit der Sprache kann sehr interessant sein. Lies einmal in den Sprechblasen, welche Fragen die Schülerinnen und Schüler beschäftigen.

2 Arbeitet zu zweit: Sucht euch ein Problem aus, das euch besonders interessiert.
   a) Sprecht darüber: Was findet ihr daran vielleicht interessant? Warum?
   b) Was wisst ihr bereits über dieses Thema? Macht euch Notizen.
   c) Blättert das Kapitel „Sprache und Sprachgebrauch untersuchen" durch und sucht die Seiten, auf denen ihr Hinweise und Informationen dazu findet.

3 Stellt euer Sprachthema in der Klasse vor.
   a) Erläutert, worum es geht. Wählt dazu ein Beispiel aus.
   b) Begründet, warum das Thema wichtig oder interessant ist.
   c) Erklärt, was schwierig für euch war.
   Nach jedem Punkt können die anderen Fragen stellen.

 **Digital+**
Text
Lernkalender

4 Erstellt in der Klasse gemeinsam einen Lernkalender, wann ihr im Laufe des Schuljahres die verschiedenen Sprachthemen behandeln wollt.

Sprachwandel beschreiben und bewerten

Unsere Sprache wandelt sich ständig. Besonders durch das Internet hat sich unsere Sprache verändert. Dieser Sprachwandel wird unterschiedlich bewertet.

1 Lies den folgenden Internetartikel. Welche Überschrift passt zum Text? Begründe.

a. Das Internet führt zu mehr Fehlern in Schüleraufsätzen!

b. Verhunzt das Internet unser Deutsch?

A: „was machste we?", B: „gehn essen, nom nom", B: „jip!", A: „späta party?", B: „yup, bin dabei. bäm!". So oder so ähnlich könnte es aussehen, wenn sich zwei junge Leute per Smartphone fürs 5 Wochenende verabreden. SMS, E-Mail, Chat und soziale Netzwerke – ständig tippen wir irgendwelche Nachrichten. Statt mit der besten Freundin zu telefonieren, schicken wir schnell ein paar Kurznachrichten hin und her. Mit der Folge, dass 10 wir schreiben, wie wir sprechen: in Wortsplittern, unvollständigen Sätzen und ohne genau auf Rechtschreibung und Grammatik zu achten: Wir schreiben *We* statt *Wochenende*, *Jip* statt *Jippie*. Präpositionen und Pronomen werden weggelas- 15 sen oder verschmelzen mit anderen Wörtern, Hauptsache *späta party!* Dazu kommt eine Fülle von emotionalen Ausdrücken wie *haha, gähn, seufz, mmmh* und *nom nom* für *lecker*, *bäm* für *totale Begeisterung* oder jede Menge Smileys, mit 20 denen wir unsere Gefühle ausdrücken, weil wir uns ja nicht sehen. Denn wo Gesichtsausdruck und Stimme fehlen, müssen Worte Gefühle vermitteln.

Verhunzt Chatten, Bloggen und Twittern die Sprache? So sehen das manche Eltern, Lehrer und Sprachhüter. Ihre Befürchtung: Gerade jun- 25 ge Leute, bei denen Rechtschreibung und Grammatik noch nicht gefestigt sind, könnten gar kein korrektes Deutsch mehr lernen. Kein Grund zur Sorge! Die Sprachwissenschaftlerin Christa Dürscheid hat in der Schweiz untersucht, wie 30 sich E-Mail, Chat und SMS auf das Schreiben von Jugendlichen in der Schule auswirken.

Ihr Ergebnis: Die meisten Schüler können unterscheiden, ob sie eine SMS oder einen Aufsatz schreiben. „Die Schreibkompetenz hat nicht 35 nachgelassen – im Gegenteil. Sie ist breiter geworden", meint Dürscheid. Aus eigenen Erfahrungen kann die Sprachwissenschaftlerin nicht bestätigen, dass Schüler in schriftlichen Arbeiten heute mehr Fehler machen als früher. Auch eine 40 einheitliche Websprache gibt es nicht. In einer E-Mail schreibt man anders als im Chat. Jedes Forum und jede Clique hat ein eigenes Vokabular. Da ist viel Sprachgefühl gefragt. *dpa (verändert)*

2 a) Markiere Beispiele (Folie oder Kopie), wie Jugendliche in sozialen Medien schreiben.

b) Sprecht darüber: Warum schreiben die Jugendlichen in den sozialen Medien so? Erläutere deine Meinung mit Beispielen und Argumenten aus dem Text.

c) Verhunzt die Internetsprache die Sprache der Jugendlichen? Was hat die Sprachwissenschaftlerin dazu herausgefunden? Formuliere in eigenen Worten.

3 Wie beurteilst du den Einfluss der Internetsprache auf das Sprachverhalten der Jugendlichen? Nimm Stellung zur Meinung eines besorgten Vaters: „Die Internetsprache verkürzt und vereinfacht. Das Vokabular der Jugendlichen wird immer ärmer und verkümmert, die Rechtschreibung ist nur noch fehlerhaft."

→ Hinweise, wie du eine Stellungnahme formulieren kannst, findest du auf Seite 76/77.

Die Herkunft von Namen entschlüsseln

Orts- und Städtenamen sind oft jahrhundertealt. Es ist interessant, herauszufinden, woher die Ortsnamen stammen und wie sie sich entwickelt haben.

Afrika bedeutet ...

Der Name *Kalifornien* wird hergeleitet von ...

Namen, die auf *-burg* enden ...

1 Lies den Auszug aus einem Bericht über die Herkunft von geografischen Namen.
   a) Formuliere für den Auszug eine zusammenfassende Überschrift.
   b) Markiere (Folie oder Kopie) alle geografischen Namen, die genannt werden.
   c) Erklärt euch gegenseitig, woher die Ortsnamen kommen.
   d) Welcher Ortsname wird im Text *nicht* erklärt? Recherchiere dazu im Internet.

Puh, ganz schön heißer Ofen hier!

> Wofür steht *Kalifornien*? Warum heißt Bremen *Bremen*? Die meisten Ortsnamen
> geben uns Rätsel auf. Doch ihre – oft sehr vielsagende Bedeutung – erschließt sich,
> übersetzt man sie in die Sprache, die wir heute sprechen. Die Menschen benennen
> Orte nach deren Eigenarten, etwa nach ihrer Lage, ihrem Erscheinungsbild oder
> ihrem Zweck. *Afrika* bedeutet z. B. ursprünglich „trockenes Land" – und das trifft   5
> es, zumindest für einen großen Teil des Kontinents, ziemlich gut. Ein anderes Bei-
> spiel: *Seoul*, die Hauptstadt Südkoreas, hieße auf Deutsch schlicht „Hauptstadt".
> Die meisten Ortsnamen allerdings sind – jedenfalls auf den ersten Blick – weniger
> eindeutig. Sie sind so alt, dass wir heute schlicht die Wörter nicht mehr kennen,
> von denen sich die Namen herleiten. Im Sonnenstaat Kalifornien an der Westküs-   10
> te der USA kommt man mitunter ganz schön ins Schwitzen. Die Spanier, die hier
> als erste Europäer landeten, nannten die Gegend deshalb „caliente fornelle" – hei-
> ßer Ofen. Leicht genuschelt, klingt das wie Kalifornien. Auch die Endungen der
> heutigen Ortsnamen verraten eine ganze Menge: Ob *Magdeburg*, *Reichenbach*,
> *Nürnberg* oder *Wuppertal* – wo die Orte liegen, ist ziemlich offensichtlich.   15

2 Bildet Sprachforscher-Teams.
   – Jedes Team wählt drei Städtenamen aus und erkundet, woher die Namen kommen.
   – Nutzt die Hinweise im Wissen-und-Können-Kasten (S. 231).
   – Recherchiert im Internet zu den Städtenamen.

   Berlin   Köln   Düsseldorf   Nürnberg   München   Stuttgart   Frankfurt
   Hamburg   Marburg   Bielefeld   Göttingen   Aurich

Schreibhinweise	Beispiel
– Ortsname	**Berlin**
– Wann taucht der Ortsname zum ersten Mal auf?	Der Ortsname Berlin wird zum ersten Mal im Jahre 1244 erwähnt.
– Woher stammt der Name?	Der Name kommt aus der slawischen Sprache.
– Was kann man aus dem Namen ableiten?	In Berlin steckt der Baustein *ber-* mit der Bedeutung „Sumpf".
– Was bedeutet der Name?	Die Endung *-in* ist in Ostdeutschland häufig (z. B. Schwerin) und bedeutet „Wohnsiedlung".
	Berlin bedeutet so viel wie „Stadt in den Sümpfen" oder „Sumpfstadt".

Elend Landkreis Harz	**Oberkaka** Gemeinde Unterkaka	**Übersee** Kreis Traunstein	**Meinkot** Gemeinde Velpke	**Kotzen** Landkreis Havelland
Killer Stadt Burladingen	**Kuhbier** Gem. Groß Pankow	**Aua** Gemeinde Neuenstein	**Kalifornien** Gemeinde Schönberg	**Dümmer** Landkreis Ludwigslust

3 Seid ihr schon mal in *Kotzen* gewesen? Oder kennt ihr jemanden aus *Deppenhausen*?
Oder *Aua*?

a) Warum klingen diese Ortsnamen lustig oder seltsam?
   Woran denkt ihr, wenn ihr die Namen lest?

b) Recherchiert die Herkunft der Ortsnamen.

c) Vergleicht die Erklärungen mit euren Ideen: Was stellt ihr fest?

> Der Name hat
> gar nichts mit …
> zu tun, denn …

4 Sammelt Orts- und Städtenamen in eurer Umgebung.

a) Recherchiert die Herkunft der Namen.
   - Nutzt die Hinweise im Wissen-und-Können-Kasten.
   - Fragt eure Lehrerin oder euren Lehrer,
     die Bürgermeisterin oder den Bürgermeister.
   - Recherchiert im Internet.

b) Schreibt eigene Erklärungen. Ihr könnt sie auch als Hördatei aufnehmen.

WISSEN UND KÖNNEN ▸ **Herkunft von Namen entschlüsseln**

Unsere **Ortsnamen** sind oft jahrhunderte-, manchmal sogar jahrtausendealt.
Im Laufe der Zeit haben sich die Namen allerdings oft verändert. Wenn du ihre
Herkunft (Etymologie) entschlüsseln willst, musst du auf Folgendes achten:

1. Ortsnamen sind entstanden aus:
   - anderen Sprachen (Münster aus lat. monasterium mit der Bedeutung
     „Kloster"),
   - älteren Sprachstufen (Bremen aus bremo (8. Jh.) mit der Bedeutung
     „Rand": am Uferrand der Weser),
   - Dialekten des Deutschen (Hannover aus niederdeutsch over in der Bedeu-
     tung „Ufer"; Hannover = zum hohen Ufer).

2. Wichtige Hinweise liefern oft auch die Wortendungen:
   -mühle (Nutzung): Klostermühle;
   -hof/-hofen (Bauernhof): Friesenhofen;
   -furt (Lage am Fluss): Steinfurt;
   -rode/-raht/-reuth (gerodetes Gelände): Kirchrode;
   -büren/-beuren (kleines Haus): Niederbüren, Oberbeuren;
   -hude (Schiffsanlegeplatz): Fischerhude.

Fremdwörter erkennen und verstehen

Von *Anorak* über *Jeans* bis *Zebra*: Es gibt viele Wörter, die aus anderen Sprachen zu uns „eingereist" und geblieben sind. Solche Wörter nennen wir Fremdwörter. Fremdwörter gehören aber zur deutschen Sprache.

1 Sprecht über den „Wörter-Wanderer" mit dem Fernglas.
- Woraus besteht der „Wörter-Wanderer"?
- Was soll er klarmachen?

2 Sucht euch zehn Wörter aus, die ihr kennt.
Sprecht darüber:
- Wo und wann ist dir das Wort schon einmal begegnet?
- Was bedeutet das Wort?
- Benutzt du das Wort? Wenn ja: wann und wo?

3 Bildet Sprachforscher-Teams.
a) Bei welchen Wörtern aus dem „Wörter-Wanderer" wundert ihr euch, dass sie Fremdwörter sind?
b) Sucht euch Wörter heraus und klärt gemeinsam, aus welchen Sprachen sie eingewandert sind. Sprecht darüber, wie ihr das herausgefunden habt. Nutzt auch den Wissen-und-Können-Kasten.

Job Flyer Party Flair fair Bar clever Allee Gage Jury Alibi Festival Kampagne Büro Fitness Tabu Kiosk Praline Zoff Kuli Laptop Magie Feuilleton Allianz Chance Vernissage charmant Kaffee Dessert Abonnement Baguette blümerant Manege Champagner Delikatesse Parcour Dessous Gag Dolmetscher Garderobe Reportage Gentleman Genie Zoff Restaurant Gitarre Hitparade Revanche Horde Ingenieur Toilette Resultat Tollpatsch Veranda T-Shirt Affäre Pumps Garage Dschungel Pyjama Medaille flirten Parterre Nuance Paparazzi Bar Aperitif Parfum petzen Plädoyer Portemonnaie Kaffee Joghurt Gage Pullover Amateur Management Budget Visitenkarte Deo Werbespot Techtelmechtel Ketchup flirten Missionar recyceln Allee Regisseur Buffet clever Bar Regime Bistro Reisenecessaire Service Praline Shampoo Marketing flirten Bar Smoking Deo Flyer Party Flair Amateur Veranda Deo Ingenieur Gage Baguette blümerant Kaffee Flair Tabu Champagner Parcours Dessous Kiosk Dolmetscher Abonnement Garderobe Reporter Pullover Genie Gitarre Hitparade Regime Ingenieur

WISSEN UND KÖNNEN ▸ **Fremdwörter erkennen**

Fremdwörter erkennt man daran, dass die fremde Aussprache und Schreibung teilweise beibehalten wurden. Daraus kannst du auch Rückschlüsse auf die Herkunft der Fremdwörter ziehen:
- Wörter mit ph (wie f gesprochen), th (wie t) oder y (wie i oder ü) stammen aus dem Griechischen: Alphabet, Theater, Symbol.
- Wörter mit der Endung -tion kommen aus dem Lateinischen: Addition.
- Wörter, die mit c/C beginnen und als k gesprochen werden, kommen aus dem Englischen: cool, Computer; ebenso Wörter mit ea (als i gesprochen: Team).
- Wörter mit ou (wie u gesprochen), auf -age, -eur oder -ant stammen aus dem Französischen: Tour, Garage, Friseur, Restaurant.

Wörter aus fremden Sprachen, die in Schreibung und Aussprache nicht mehr als fremd empfunden werden, nennt man **Lehnwörter**: Adresse, Tomate, Parka, Bus, Zucker, Schokolade, Kopie.

Richtig anziehen im Praktikum: Tipps für die perfekte Garderobe

Wenn ihr in eurem Telefonat Informationen oder Vorgaben zum Dresscode
bekommen habt, solltet ihr diese bei der Wahl der Kleidung beachten.
Falls nicht, informiert euch über den Dresscode der Branche. Die Kleiderwahl
richtet sich vor allem nach dem Unternehmen, in dem du dein Praktikum absolvierst. Während in einer Werbeagentur Shirt und Jeans durchaus akzeptiert
werden, ist dieser Style in einer Bank ein absolutes No-Go. Generell solltet ihr
auf saubere Kleidung achten. Eine gute Richtlinie ist, lieber zu fein und schick
als zu leger angezogen zu sein. Unser Tipp: Orientiere dich vor allem danach,
wo dein Praktikum stattfindet.

4 Lies den Text über den Kleidungsstil im Praktikum.
a) Vermute: Warum sind einige Wörter blau gedruckt?
b) Aus welchen Sprachen stammen die Wörter?
   Nutze die Hinweise im Merkkasten. Recherchiere dazu auch im Internet.
c) Vermute und begründe, warum gerade diese Fremdwörter im Text vorkommen.
   – Von wem könnte der Text verfasst und wo könnte er erschienen sein?
   – Wer sind wohl die Leserinnen und Leser?
d) Welche Fremdwörter habt ihr nicht verstanden?
   Versucht gemeinsam herauszufinden, was die Wörter bedeuten.

*Mit Rapped-Jeans
ins Praktikum?*

5 Viele deutsche Wörter sind in andere Sprachen eingewandert.
a) Ordnet die Erklärungen auf den Zetteln den Begriffen zu.
b) Klärt gemeinsam, in welches Land die Wörter eingewandert sind
   und was sie dort bedeuten.

kindergarten   arubeito   szuflada   schadenfreude   buterbrod   loustic
currywursti   cetli   szlafmyca   şinitzel   otoban   kaffeeklatsching

Englisch für: Kindergarten

Französisch für: Spaßmacher, Witzbold

Polnisch für: Schublade

Türkisch für: Schnitzel

Ungarisch für: Zettel

Im kanadischen Englisch für: Kaffeeklatsch

Finnisch für: Currywurst

Niederländisch für: Schadenfreude

Türkisch für: Autobahn

Russisch für: Butterbrot

Japanisch für: Arbeit

Polnisch für: Schlafmütze

Sprachen miteinander vergleichen

Hättet ihr das gedacht: In Europa werden mehr als 220 verschiedene Sprachen gesprochen. In der Europäischen Union gibt es über 20 Amtssprachen. Die in Europa am meisten gesprochene Sprache ist Englisch, gefolgt von Französisch, Deutsch, Spanisch und Russisch.

1 Werdet zu Sprachenexperten. Bildet Gruppen und schaut euch die Wörter an.
Sie bezeichnen Lebensmittel.

le pain   owoc   the bread   meyve   alkhubz   el fruto   mięso   the water
et   alma'   la carne   le riz   the fruit   ekmek   allahm   el arroz   l'eau
su   woda   the rice   the meat   le fruit   pirinç   alfawakah   ryż   el agua
alruzu   la viande   chleb   el pan

Digital+
Text
Sprachen vergleichen

a) Legt eine Tabelle an: Übersetzt die Wörter ins Deutsche und ordnet sie den
verschiedenen Sprachen zu.

Englisch	Französisch	Spanisch	Türkisch	Arabisch	Polnisch	Deutsch
the bread	...	...	...	...	...	das Brot
...	...	...	...	...	...	...

b) Vergleicht die Wörter miteinander: Welche Gemeinsamkeiten und Unterschiede
stellt ihr fest?

> Artikel gibt es hier nur im ...

> Zwischen dem Französischen und dem Spanischen gibt es ...

> Es sind alles Nomen. Anders als im Deutschen werden aber alle ...

2 Andere Länder, andere Brote. Schau dir die Abbildungen an:

Sprecht darüber:
a) Aus welchen Ländern stammen die Brote?
b) Was ist das Typische an den jeweiligen Broten?
c) Warum könnte es zu Verständigungsproblemen führen, wenn ihr in den
verschiedenen Ländern „Brot" kauft?

> Das ist ja Weißbrot. Ich wollte aber ...

> Ist das denn Brot? Es sieht aus wie ...

> Haben Sie denn kein anderes Brot? Ich hätte gern ...

3 Salwa und Ben haben kurze Texte über Brot geschrieben. Vergleiche ihre Texte:
- – Welche Brotarten nennen die beiden?
- – Was erzählen die beiden? Welches Brot essen sie in ihrer Familie?
  Was ist unterschiedlich?

Salwa: Wir essen Brot zu jedem Essen. Meine Mutter backt das selber. Es ist ganz dünn und wir tun Gemüse und Fleisch rein. Wir essen das Brot immer zusammen. Es schmeckt wirklich gut!

Ben: Meine Eltern kaufen oft Vollkornbrot, weil das gesund ist. Wir kaufen das Brot im Supermarkt. Für die Pause nehme ich mir immer ein Brötchen mit, mit Käse oder Wurst belegt.

4 Wer in eurer Klasse spricht neben Deutsch noch eine weitere Sprache?
- a) Sammelt Wörter aus anderen Sprachen für Ferien, Haus, Garten, Geburtstag, Kuchen, Wohnzimmer, Tisch, Lampe. Legt eine Tabelle an und schreibt die Wörter in verschiedenen Sprachen auf.
- b) Vergleicht die Wörter in der Tabelle miteinander: Welche Gemeinsamkeiten und Unterschiede könnt ihr feststellen?

5 Erklärt die Wörter aus der Tabelle von Aufgabe 4. Schreibt kurze Texte wie Salwa und Ben.
- a) Arbeitet zu zweit: Sucht euch ein Wort aus. Überlegt, was typisch ist und was ihr erzählen könnt. Notiert eure Ideen in einem Cluster.
- b) Schreibt dann eure Erklärung auf.
- c) Präsentiert eure Texte und erläutert, wie ihr vorgegangen seid.
- d) Ihr könnt auch weitere Wörter erklären und ein Wörterbuch oder Wörterplakat anlegen. Sucht auch passende Fotos zu den Wörtern und Erklärungen.

> **WISSEN UND KÖNNEN** ▷ **Sprachen miteinander vergleichen**
>
> Jeder von euch, der außer seiner Muttersprache noch eine andere Sprache spricht, weiß, dass die verschiedenen Sprachen unterschiedlich sind, aber oft auch Gemeinsamkeiten haben. Dies zeigt sich besonders im Wortschatz:
> - Es gibt Wörter, die in einigen Sprache gleich oder ähnlich klingen, verschieden geschrieben werden und die gleiche Bedeutung haben, z.B.: engl. house ↔ dt. Haus.
> - Es gibt Wörter, die gleich klingen, ähnlich geschrieben werden, aber eine ganz andere Bedeutung haben („falsche Freunde"), z.B.: engl. the rind (= die Schale) ↔ dt. das Rind (engl.: the beef).
> - Es gibt Wörter, die sich scheinbar gut übersetzen lassen, die jedoch in den verschiedenen Sprachen und Kulturen eine (etwas) andere Bedeutung haben: Ein Franzose denkt beim Wort Brot eher an ein baguette, arabisch sprechende Menschen dagegen eher an ein Fladenbrot (arab.: alkhubz almusatah).

Mündlichkeit und Schriftlichkeit unterscheiden

Mit den Begriffen Mündlichkeit oder Schriftlichkeit drücken wir aus, ob es sich um eine Äußerung in gesprochener Sprache oder in geschriebener Sprache handelt. Zwischen Mündlichkeit und Schriftlichkeit gibt es viele Unterschiede.

Digital+
Audio + Text
Gespräch zwischen Schülern über ihren Berufswunsch

1 Hör dir einmal das Audio an. Stell dir vor, du hast alles mitgehört.
– Worum geht es hier? Wer spricht?
– Worüber sprechen die Personen?
– Was hast du behalten?
– Was war schwierig zu verstehen? Warum?
– Was fällt dir an der Sprache auf? Nutze die Hinweise im Wissen-und-Können-Kasten.

> **WISSEN UND KÖNNEN** > **Merkmale der mündlichen Sprache**
>
> Wenn wir im Alltag mündlich sprechen, überlegen wir meist nicht lange und äußern uns spontan. Typische Merkmale der mündlichen Sprache sind:
> – Auslassungen: mal statt einmal.
> – Verschmelzungen: ich fands statt ich fand es.
> – Aneinanderreihung von (oft unvollständigen) Sätzen, häufig nur durch Kommas abgetrennt: Gestern Abend Pizza gegessen, dann mit Freunden gechattet, dann Film gesehen, dann ins Bett.
> – Füllwörter und Interjektionen: äh, hm, also; wow, ach.
>   Wörter und Formeln, die für die gesprochene Sprache typisch sind: halt, hii …
> – Umgangssprache: ich weiß net.
> – Satzabbrüche und Wiederholungen: Also, als ich … Ich geh gerade in …, da kommt …

2 Lies einen Ausschnitt aus der Bewerbung für ein Praktikum als Hotelfachfrau.
a) An wen richtet sich der Brief und was will die Schreiberin mit dem Brief erreichen?
b) Wie ist der Brief aufgebaut?
c) Was fällt dir an der Sprache auf?

Ich bewerbe mich bei Ihnen um einen Praktikumsplatz im Rahmen des Schüler-praktikums meiner Schule vom 03.03-07.03. Ich gehe in die 9. Klasse der Erich-Kästner-Schule und bin 13 Jahre alt.

Ich habe mir Ihren Betrieb ausgesucht, weil ich später gern als Hotelfachfrau arbeiten möchte und sehr gern im Kontakt mit Menschen bin. Ich würde mich sehr freuen, mein Schülerpraktikum bei Ihnen absolvieren zu dürfen. Ich hoffe auf eine positive Antwort Ihrerseits. Zu einem Bewerbungsgespräch stehe ich jederzeit zur Verfügung.

Mit freundlichen Grüßen

Anna-Maria Strauß

3 Lies die Chat-Beiträge aus einem Forum über Betriebspraktika.
  a) Was fällt dir an der Sprache auf? Notiere drei Besonderheiten.
  b) Untersuche die Chat-Beiträge und stelle die sprachlichen Merkmale in einer
      Tabelle zusammen. Nutze die Hinweise aus dem Wissen-und-Können-Kasten.

💬 vor 4 Stunden von **daniela1991**
hii... ich weiß net, wo ich mein praktikum machen soll...habt ihr vielleicht n paar ideen? wisst ihr vllt, was man beim zahnarzt dann machen müsste ?? dankeeeee schonma 🤩

5   💬 vor 2 Stunden von **alexa1990**
hallo, also ich hab damals mein praktikum als hotelfachfrau im Park-Hotel gemacht. ich fand des total interessant und man kann halt auch was machen, ohne dafür ausgebildet sein zu müssen. jetzt will ich zwar nichts in der richtung später mal machen, aber ich fands trotz toll dort. lg, alex

10   💬 vor 1 Stunde von **mathias1989**
Es ist – Am besten ist es, wenn du dich mal bei den betrieben in deiner nähe erkundigts, ob die überhaupt praktikanten nehmen und ob du mal einen shcnuppertag oder sowas mal machen dürftest

Die Meinungen anderer wiedergeben

Im Unterricht lest ihr oft Texte, die verschiedene Meinungen enthalten. Oft sollt ihr diese Meinungen schriftlich wiedergeben. Dies könnt ihr hier noch einmal üben.

1 Casting-Sendungen erfreuen sich in der heutigen Zeit größter Beliebtheit. Auf fast allen Sendern werden diese Formate ausgestrahlt.

a) Vergleiche, was eine Expertin zu diesem Thema wörtlich gesagt hat und was Katja in ihrer Zusammenfassung geschrieben hat:

Immer mehr Jugendliche machen bei Castingshows mit.

Die Expertin stellt fest, dass immer mehr Jugendliche bei Castingshows mitmachen.

b) Worauf musst du achten, wenn du die Meinung anderer wiedergibst? Nutze die Hinweise im Wissen-und-Können-Kasten.

WISSEN UND KÖNNEN ▸ **Die Meinung anderer wiedergeben**

Wenn man die Meinung anderer wiedergibt oder kommentiert, verwendet man **Redeeinleitungen** (vgl. wortstark!-Zettel, S. 239):

Iris sagt: „Castingshows sind interessant."

Mandy kritisiert: „Wenn du einen Fehler machst, fliegst du aus der Sendung."

Die Redewiedergabe kann direkt oder indirekt erfolgen:

a) **Direkte** (wörtliche) **Rede**:

Die Expertin erklärt: „Die Medienkompetenz muss gefördert werden."

Wenn dir ein Satz besonders wichtig erscheint, kannst du ihn wörtlich zitieren. Mit der direkten Rede kannst du deine Texte zudem abwechslungsreicher gestalten.

b) Die **indirekte Rede** steht oft mit einem dass-Satz im Indikativ:

Die Expertin findet, dass Castingshows gefährlich sind.

Ein weiteres Signal für eine Redewiedergabe ist der Konjunktiv:

Die Expertin findet, dass Castingshows gefährlich seien.

Die indirekte Rede mit Konjunktiv wird nur in der geschriebenen Sprache verwendet.

---

2 Lies, was die Medienpädagogin Dr. Iris Holz in einem Interview über Castingshows sagt. Gib ihre Äußerungen in indirekter Rede wieder. Überlege, welche Redeeinleitung aus den Klammern passen.

a. Schönheitsideale werden einfach so übernommen. (fragen/betonen)

b. Menschen werden als Gewinner oder Verlierer dargestellt. (beklagen/auffordern)

c. Andere werden persönlich verletzt. (loben/kritisieren)

d. Nicht alles, was das Fernsehen uns vormacht, einfach hinnehmen. (wünschen/befürchten)

e. Mit Castingshows verdienen die Sender viel Geld. (auf etwas hinweisen/sich freuen)

f. Die Medienkompetenz der Jugendlichen muss geschult werden. (fordern/beklagen)

g. Dabei sollen die Jugendlichen die Sendungen kritisch hinterfragen. (verlangen/vermuten)

3 Lies, was Anna ihrer Freundin Saskia schreibt.

a) Um welches Thema geht es?

b) Welche Meinung vertritt Anna?

c) Was fällt dir an der Sprache in Teil (3) auf?

> Es geht um das Thema ...

> Anna ist der Meinung, dass ...

> Mir fällt auf, dass ...

Hallo Saskia,

du willst bei einer Castingshow mitmachen und willst meine Meinung dazu hören.

(1) Ich finde diese Shows ziemlich schlimm! Jeder will ein Star sein, ganz viel Geld verdienen und überall in der Welt herumkommen. Aber die wenigsten werden ja ein Star. Sie machen sich nur lächerlich. Sie werden in eine Rolle gedrängt, die gar nicht zu ihnen passt. Mache dir bitte klar: Viele Tausend Zuschauer verfolgen diese Shows im Fernsehen.

(2) Auch im Internet kann man die Auftritte abrufen. Wenn etwas nicht klappt, sehen das viele und amüsieren sich. Deshalb ist das wirklich keine gute Idee!

(3) Deshalb denke ich, dass du das nicht machen solltest. Ich denke, dass du schon ein paar Auftritte in der Schule hattest. Trotzdem denke ich, dass das keine gute Idee ist. Ich denke, das kann man gar nicht vergleichen. Ich denke, dass du dich unglücklich machst. Ich denke, dass die Nachteile einfach riesig sind. Außerdem denke ich, dass der Erfolg ja ohnehin gar nicht sicher ist.

LG Anna

---

4 a) Bearbeite Teil (1) des Briefs: Was denkt Anna über Castingshows? Gib ihre Meinung in indirekter Rede wieder. Verwende dazu Redeeinleitungen vom wortstark!-Zettel und formuliere dass-Sätze: Anna findet, dass ... Sie glaubt, dass ... Anna betont, dass ... Sie ist sich sicher, dass ...

b) Verwende zur Wiedergabe von Teil (2) den Konjunktiv (könne, klappe, sähen, amüsierten, sei): Auch im Internet könne ...

c) Überarbeite Teil (3) von Annas Brief: Dort hat sie oft die Redeeinleitung denken verwendet. Wähle passendere Redeeinleitungen und schreibe die Sätze neu: überzeugt sein, sicher sein, auf dem Standpunkt stehen, betonen, wissen, befürchten, vermuten.

wortstark!
- berichten, erklären, erzählen, nennen, sagen
- bezweifeln, fragen, vermuten
- auffordern, verlangen, wünschen
- annehmen, finden, glauben, wissen
- betonen, herausstellen, hervorheben
- befürchten, beklagen, bewerten, kritisieren

Über die Zeichensetzung nachdenken

Die Kommasetzung ist wichtig, denn sie unterstützt das Verständnis von Sätzen. Manchmal kann sie die Bedeutung von Sätzen sogar verändern. Du solltest also immer überlegen, wo ein Komma steht, und Kommas nicht einfach nach Gefühl setzen.

1 Lest die Sätze und sprecht darüber, wie ihr sie versteht.

a) In welchem Satz sind die Satzzeichen falsch gesetzt? Begründe.

b) Die Sätze enthalten die gleichen Wörter, bedeuten aber etwas Verschiedenes. Achtet auf die Satzzeichen.

a. Elias kennt Sarah nicht, aber ihre Freunde im Netz.

b. Elias kennt Sarah, nicht aber ihre Freunde im Netz.

c. Elias kennt. Sarah nicht, aber ihre Freunde im Netz.

> Im ersten Satz kennt Elias …
> Im zweiten …

2 Erkläre den Unterschied zwischen den Sätzen.

a) Welche Frage aus den Sprechblasen passt zu Satz a, welcher zu Satz b?

a. Es ist schwierig, für Jan eine Lösung zu finden.

b. Es ist schwierig für Jan, eine Lösung zu finden.

> Was ist schwierig?

> Was ist schwierig für Jan?

b) Lies die Sätze c und d: Wer muss hier zuhören? Begründe deine Entscheidung.

c. Wir empfehlen Jan, zuzuhören.

d. Wir empfehlen, Jan zuzuhören.

3 Lies die Satzpaare. Erkläre, wie das Komma die Bedeutung der Sätze verändert.

a. Schüler sagen, Lehrer haben es gut.

b. Schüler, sagen Lehrer, haben es gut.

c. Computer arbeitet, nicht ausschalten!

d. Computer arbeitet nicht, ausschalten!

4 Lies die Satzanfänge a – c und überlege, wie die Sätze weitergehen könnten.

a) Ordne den Satzanfängen die grün geschriebenen Nebensätze zu.

b) Schreibe die vollständigen Sätze auf. Sprecht darüber: Wo muss man ein Komma setzen?

a. Ich hoffe …   weil er Freunde gefunden hat.

b. Alia weiß nicht …   dass es ihm gut geht.

c. Jan ist froh …   wer alles kommt.

> „weil" oder „dass" sind Signalwörter, vor denen immer …

5 Vergleicht die Sätze a und b. Was fällt euch beim Lesen auf?

– Welcher Satz liest sich leichter? Warum?

– In welchem Satz stehen die Kommas an der falschen Stelle?

a. Beliebte Online-Tätigkeiten sind chatten Musik, hören in den sozialen Medien, etwas liken, teilen, posten Filme und Videos, schauen online, spielen im Internet, surfen.

b. Beliebte Online-Tätigkeiten sind chatten, Musik hören, in den sozialen Medien etwas liken, teilen, posten, Filme und Videos schauen, online spielen, im Internet surfen.

> Das Lesen fällt leichter, wenn man …

Kommas bei Aufzählungen setzen

**Beim Sprechen verknüpft man in einer Aufzählung oft mit und. Wenn man dagegen schriftlich formuliert, ersetzt man und häufig durch Kommas.
Am Ende von Aufzählungen lässt man statt des Kommas oft das und stehen:
So erkennt man beim Lesen, dass die Aufzählung zu Ende ist.
Du kannst Wörter, Wortgruppen oder Sätze aufzählen.**

1 Lies, was Nikki über Smartphones sagt.
- – Was zählt er alles auf?
- – Was fällt dir an der Aufzählung auf?

Smartphones sind wahre Alleskönner: Man kann mit ihnen telefonieren

und Kurznachrichten verschicken

und Fotos machen

und im Internet recherchieren.

2 Lies die Sätze: Sie enthalten mehrere Aufzählungen.
a) Vergleiche die Sätze.
a. Man kann mit Smartphones telefonieren und Kurznachrichten verschicken und Fotos machen und im Internet recherchieren.
b. Man kann mit Smartphones telefonieren, Kurznachrichten verschicken, Fotos machen und im Internet recherchieren.
b) Überprüfe den Satz und stelle die Kommas an die richtige Stelle.
c. Man kann mit Smartphones, telefonieren Kurznachrichten verschicken, Fotos machen und im Internet, recherchieren.

In Aufzählungen kann ich für ein Komma immer … einsetzen.

3 Lies die Sätze still für dich mit. Schreibe sie ab und setze die fehlenden Kommas.
- – An welchen Stellen beginnt die Aufzählung, an welchen Stellen steht das letzte Aufzählungsglied? Wo signalisiert ein und das letzte Aufzählungsglied?
- – Überlege, ob Wörter, Wortgruppen oder Sätze aufgezählt werden:
  Achte darauf, dass du die Kommas an der richtigen Stelle setzt.
a. Bei der Mediennutzung von Jugendlichen liegen Smartphone Internet Musik hören und Online-Videos schauen auf den ersten Plätzen.
b. Jugendliche besitzen oft ein Smartphone einen Computer einen Laptop ein Tablet ein Fernsehgerät mit Internetzugang.
c. Gedruckte Zeitungen gedruckte Zeitschriften gedruckte Bücher werden nicht mehr so oft gelesen.
d. Medien werden von Jugendlichen genutzt um Langeweile zu bekämpfen Stress abzubauen Sorgen zu vergessen der Wirklichkeit zu entfliehen.
e. Mit einem Smartphone können Jugendliche jederzeit und von überall aus Informationen über das Internet abrufen sie starten Suchanfragen sie lesen Nachrichten sie schauen nach Öffnungszeiten.
f. Jugendliche nutzen Videos über Videoportale Mediatheken und Audiotheken sie hören Musik sie spielen Spiele spielen sie lesen E-Books und vieles mehr.

Kommas bei Nebensätzen setzen

Manchmal ist gar nicht so leicht zu erkennen, ob ein Komma stehen muss. Hier sollt ihr gemeinsam herausfinden, wann zwischen Sätzen ein Komma stehen muss.

1 Schreibe die Sätze ab und unterstreiche beim Schreiben das konjugierte Verb.
   – Entscheide, ob ein Komma gesetzt werden muss oder nicht.
   – Vergleicht eure Ergebnisse zu zweit und sprecht über eure Lösungen.
   a. Sarah lädt oft aus Spaß Videos hoch.
   b. Miriam freut sich wenn sie Likes bekommt.
   c. Ben ärgert sich über Handyverbote weil er dann viele Nachrichten verpasst.
   d. Jana fühlt sich manchmal einsam obwohl sie viele Freunde im Netz hat.
   e. Elias hält nicht viel von Online-Freundschaften.
   f. Alex meint dass Freundschaften aus dem echten Leben besser sind.

> In Sätzen mit zwei Personalformen muss ein Komma gesetzt werden.

2 Bilde Sätze: Wohin gehört ein Komma?
   a) Ergänze die Satzanfänge a – d mit Hilfe der Nebensätze und schreibe die Sätze vollständig auf. Wo musst du ein Komma setzen?

   a. Bahira hofft ...   dass er die Information findet.
   b. Awa ist sehr konzentriert ...   wenn sie am PC arbeitet.
   c. Mia ist ratlos ...   obwohl sie sich gut auskennt.
   d. Henry weiß nicht ...   wie lange er schon vorm Bildschirm sitzt.

   b) Formuliere die Sätze um: Setze den Nebensatz an den Satzanfang.
      Wohin kommt das Komma? Nutze die Hinweise im Wissen-und-Können-Kasten.
      Dass er die Informationen findet ...

WISSEN UND KÖNNEN ▶ **Kommasetzung bei Nebensätzen**

In Sätzen, die aus einem Hauptsatz und einem Nebensatz bestehen, steht ein Komma. Beachte: Der <u>Nebensatz</u> kann nachgestellt oder vorausgestellt sein:
   – <u>Man kann süchtig werden</u>, <u>wenn man zu viel Zeit mit dem Smartphone verbringt.</u>
   – <u>Wenn man zu viel Zeit mit dem Smartphone verbringt</u>, <u>kann man süchtig werden.</u>

---

3 Schreibe den Text ab und setze die fehlenden Kommas ein.
   Was solltet ihr beachten wenn ihr digitale Medien nutzt? Wenn ihr im Internet recherchiert müsst ihr Informationen suchen und auswählen. Manchmal ist das schwierig weil nicht alle Quellen vertrauenswürdig sind. Unternehmen wollen euch beeinflussen indem sie Werbung Filme und Computerspiele ins Internet stellen. Sie machen das damit ihr bestimmte Dinge kauft. Wenn ihr Medien nutzt solltet ihr das unbedingt bedenken und darauf achten.

Kommas bei Infinitivgruppen setzen

Ein Infinitiv ist die Grundform eines Verbs, z. B. lesen. Eine Infinitivgruppe ist eine Gruppe von Wörtern, die einen Infinitiv mit zu enthält, z. B. um E-Mails zu lesen.

1 In welchem Satz steht das Komma an der richtigen Stelle?
Schreibe den Satz ab und unterstreiche die Infinitivgruppe.

   a. Manchmal macht es Adil Spaß Videos, mit der Kamera aufzunehmen.

   b. Manchmal macht es Adil Spaß, Videos mit der Kamera aufzunehmen.

> Um die Infinitivgruppe zu erkennen, kannst du sie an den Satzanfang verschieben.

2 Das Komma kann die Bedeutung des Satzes ändern.

   a) Vergleiche die beiden Sätze:

      a. Kian plant, nach der Schule mit seinem Freund Aslan zu chatten.

      b. Kian plant nach der Schule, mit seinem Freund Aslan zu chatten.

   b) Setze die fehlenden Kommas. Vergleicht eure Lösungen und begründet sie.

      c. Lottie verspricht Christina am Abend anzurufen.

      d. Bahira rät Tom vor der Schule sein Smartphone auszuschalten.

> In Satz a plant Kian, dass er …
>
> In Satz b …

3 Setze die Kommas. Begründe deine Entscheidungen mit Hilfe des Merkkastens.

   a. Aslan nutzt sein Smartphone oft um Fotos zu machen.

   b. Amira macht es Spaß im Internet zu spielen anstatt zu lernen.

   c. Viele stellen Fotos ins Netz ohne an die Gefahren zu denken.

WISSEN UND KÖNNEN   **Kommasetzung bei Infinitivsätzen**

   1. Eine Infinitivgruppe wird vom Rest des Satzes durch ein Komma abgetrennt. Die Infinitivgruppe kann am Satzanfang (Am Computer zu arbeiten, macht Spaß) oder am Satzende stehen (Es macht Spaß, am Computer zu arbeiten).

   2. Wird eine Infinitivgruppe mit um, statt, anstatt oder ohne eingeleitet, steht ebenfalls ein Komma: Lukas sitzt am Computer, um E-Mails zu lesen.

---

4 Lies den Text und setze die fehlenden Kommas. Nutze die Hinweise im Merkkasten.

Es gibt vielfältige Möglichkeiten das Internet zu nutzen. Jugendliche sollten aber lernen das Netz richtig zu nutzen. Es ist wichtig sie auf Gefahren hinzuweisen. Viele Jugendliche nutzen das Internet um sich mit Freunden auszutauschen. Viele gehen auch ins Netz um Referate vorzubereiten und sich auf Prüfungen vorzubereiten. Trotz dieser Vorteile ist es aber ratsam vorsichtig zu sein!
Viele Jugendliche leiden unter Mobbing ohne darüber zu sprechen. Ein wichtiges Ziel ist deshalb Mobbing zu vermeiden. Es besteht auch die Gefahr süchtig zu werden. Jugendliche sind dann die ganze Zeit online anstatt sich mit Freunden zu treffen. Eine wichtige Aufgabe besteht deshalb darin Medienkompetenz zu vermitteln.

Rechtschreiben lernen und üben

Beim Rechtschreiblernen denkst du über die Rechtschreibung nach und wirst dabei immer erfolgreicher im Umgang mit Rechtschreibstrategien. Du lernst, Fehler beim Schreiben zu vermeiden oder beim Kontroll-Lesen in eigenen Texten zu finden und zu korrigieren.

RICHTIG SCHREIBEN

1 Ihr Anschreiben für eine Bewerbung verfasst Anika am Computer. Sie hat beim Schreiben die Rechtschreibprüfung aktiviert.
- Lest ihren Textentwurf. Was fällt euch auf?
- Was hat sie gut gemacht? Berichtigt fehlerhafte Stellen.

2 Die Klasse 9b spricht über die Leistung der Rechtschreibprüfung.
- Ergänzt die Sprechblasen.
- Wo findet ihr in diesem Kapitel Hilfen und Hinweise, die euch helfen, Fehler zu vermeiden und zu finden?

Wiesenheim, 23. November

Sehr geehrter Herr Bruns,

vielen Dank für das freundliche Telefongespräch mit ihnen in der letzten Oche.
In dem Gespräch haben sie mir mut gemacht, mich auf den Ausbildungsplatz als Kraftfahrzeugmechatronikerin in ihrem Betrieb zubewerben. Wie besprochen erkalten sie hiermit meine Beerbungsunterlagen ...

Rechtschreibung

zu bewerben
[keine Referenzinformationen]

zu Bewerben
[keine Referenzinformationen]

Zuerwerben
[keine Referenzinformationen]

Rechtschreibung

Mut
Tapferkeit, Courage, Beherztheit

mute
[keine Referenzinformationen]

mit
beigeordnet, beisammen, ferner

Ich bin überrascht, was die Rechtschreibprüfung alles kann.

Zu Markierungen werden häufig Alternativen gezeigt.

Mir reicht der Fehlerhinweis. Korrigieren kann ich mit eigenem Wissen.

Mit den Pronomen Ihnen, Ihrem, Sie ist Herr Bruns gemeint. Als Höflichkeitsanreden werden sie großgeschrieben.

Für mich ist das Alltag. Aber ohne noch mal selbst zu kontrollieren, gebe ich nichts Wichtiges aus der Hand.

3 Beim Korrekturlesen eigener und fremder Texte stößt man auf Wörter, deren Schreibung Schwierigkeiten bereitet und Zweifel auslöst. Dann stellen sich Fragen wie:

a. Warum werden hier Anredepronomen großgeschrieben?

b. Konsonantbuchstaben (f, m, n ...) hier einfach oder doppelt?

c. Benachbarte Ausdrücke hier zusammen oder getrennt?

d. Anfangsbuchstabe hier groß oder klein?

e. ...

a) Nennt zu den Fragen Beispiele aus eigenen oder fremden Texten, die solche Zweifel auslösen können: mit einsilbigen Wörtern, zweisilbigen Wörtern und Wörtern mit mehreren Bausteinen.

b) Ergänzt weitere Fragen und notiert sie mit Wortbeispielen.

4 Übt zu unterschiedlichen Rechtschreibproblemen zu zweit oder in kleinen Gruppen so:

METHODE ▶ **Mit Wissen-und-Können-Karten üben**

- Erstellt in unterschiedlichen Farben Wissen-und-Können-Karten (WuK-Karten) und Übungskarten (Ü-Karten):
  - Wählt aus „Wissen und Können" Rechtschreibhilfen (Regeln und Strategien) aus, die euch helfen, Rechtschreibprobleme zu lösen. Schreibt sie einzeln in Kurzform auf WuK-Karten.
  - Jeder sucht zu jeder WuK-Karte etwa fünf Beispielsätze. Schreibt die Sätze gut lesbar und fehlerfrei auf einzelne Ü-Karten. Unterstreicht die Wörter mit der entsprechenden Problemstelle.

- Übt mit den Karten so:
  - Die WuK-Karten werden für alle gut lesbar auf dem Tisch verteilt. Die Ü-Karten werden gemischt und gestapelt.
  - Einigt euch auf eine Übungsform:

  Variante 1: Nehmt reihum eine Ü-Karte vom Stapel, nennt die Rechtschreibschwierigkeit und formuliert mit einer WuK-Karte, was man tun kann, um hier Fehler zu vermeiden.

  Variante 2: Jemand zieht eine Ü-Karte und liest den Satz vor. Ein anderer / Eine andere schreibt den Satz auf. Gemeinsam wird die Rechtschreibung mit passenden WuK-Karten überprüft.

- Weitere Übungsvarianten mit den Karten könnt ihr gemeinsam absprechen.

Das Anredepronomen Sie und das zugehörige Possessivpronomen Ihr schreibt man in allen Formen groß.

Sollten Sie eine Printfassung meiner Bewerbung wünschen, dann schicken Sie mir diese Mail zurück.

Bitte teilen Sie mir mit, wie ich Ihre Firma mit öffentlichen Verkehrsmitteln erreiche.

Regelhafte und abweichende Schreibungen erkennen

Viele Rechtschreibprobleme lassen sich mit einigen wenigen Strategien lösen. Dabei stoßt ihr auch auf davon abweichende Schreibungen (Ausnahmen).

1 Jeweils ein Wort passt nicht in die Wortreihen a – e.
- Schreibe die Wortreihen auf.
- Streiche jeweils das Wort durch, das nicht in die Reihe passt. Achte besonders auf offene Silben.
- Begründe deine Entscheidung einem Partner oder einer Partnerin.

a. wir fragen, wir fahren, wir stapeln, wir braten
b. der Spaten, die Knoten, die Boote, der Regen
c. nahe, hohe, früher, kühler
d. er geht, er ruht, er droht, er zählt
e. die Schuhsohle, der Drehstuhl, die Bahnfahrt, der Sehfehler, die Zahlenreihe

2 Überlege dir ähnliche Wortreihen wie in Aufgabe 1. Eine Partnerin oder ein Partner soll jeweils das Wort finden, das nicht passt, und die Entscheidung begründen.

3 Führt zu zweit ein Rechtschreibgespräch über die Wörter in der folgenden Tabelle.
- Welche Strategien bieten sich an, um mögliche Fehler in den markierten Wörtern von Spalte 1 zu vermeiden?
- Markiert in den Wörtern von Spalte 2 mögliche Fehlerquellen (Folie oder Kopie). Nennt anschließend Strategien, um hier Fehler zu vermeiden.
- In einigen Wörtern von Spalte 3 haben sich Fehler eingeschlichen. Findet und berichtigt sie. Zeigt, was man tun kann, um sie zu vermeiden.

blitzblank → zerlegen: blitz|blank, blitz mit tz: weil wir blitzen

Spalte 1	Spalte 2	Spalte 3
die Zeit war viel zu kurz	ein bisschen Angst, ob alles klappt	blizblank geputzt verlaßen
in der Schule müssen wir stillsitzen	mich hat das allerdings gereizt	ein denkwürdiges angebot
im Praktikum selbstständig gearbeitet	nicht nur todernst	vieles Dazu herausgefunden
den Praktikumsplatz selbst aussuchen	so schlimm war das alles nicht	bekam besonders guten einblick
im Team zusammenarbeiten	ganz selbstständig Artikel verfasst	Berufschancen ermitelt
einen Waldlehrpfad aufgesucht	vorher schon ein wenig geübt	allmälich aufmerksam geworden
auf dem Rückweg erledigt	täglich etwas Erfreuliches erleben	Berufswunsch noch nicht ganz klahr
sehr aufgeregt und gespannt	das Aufstehen in aller Frühe	guter Schulabschluss forteilhaft
dabei große Sorgfalt notwendig	allerlei Neues erfahren	es wahr wenig streßig

4 An dem Text „Fingerübung – Die Erfindung des Daumenkinos" könnt ihr euer Wissen und Können in einem Rechtschreibgespräch anwenden.

- Im ersten Teil des Textes findet ihr eingeklammerte Buchstaben (R) und (B). Sie sollen euch anzeigen, wozu ihr im Rechtschreibgespräch Fragen stellen könnt.
- Im zweiten Teil müsst ihr für die Buchstaben (R) und (B) selbst passende Stellen suchen und sie dort einsetzen.

Digital+
Text
Fingerübung

(R) = Rechtschreibschwierigkeit	**(B) = Rechtschreibbesonderheit**
– Welche regelhafte Rechtschreibschwierigkeit erkennt ihr? – Was kann man nacheinander tun, um einen Fehler zu vermeiden?	– Welche abweichende Rechtschreibbesonderheit entdeckt ihr? – Welche Wörter zu der Wortfamilie mit gleichem Wortstamm fallen euch ein? Gibt es eine besondere Merkhilfe?

→ *Hinweise zu den Regeln und Strategien findet ihr in Wissen und Können (S. 295 – 297).*

Fingerübung
Die Erfindung des Daumenkinos

Die große Geschichte des Films begann (R) im ganz Kleinen. Vor rund 150 Jahren ließen (R) Menschen Bilder durch ihre Finger rasen – und brachten sie so in Bewegung (R). Bis heute
5 **sind Daumenkinos eine Kunst (R) für sich.**

[...] Wann Menschen begannen, mit bewegten Bildern zu experimentieren (B), weiß heute (R) niemand genau. Schon vor mehr als 5000 Jahren soll es Schalen (R) mit Motiven (R) (B) darauf gege-
10 ben (R) haben, die sich zu verändern (R) schienen, wenn man die Gefäße (R) drehte (R). Ernsthaft ertüftelt (R) wurde das Daumenkino dann aber erst im 19. Jahrhundert, zusammen mit der Fotografie (R) (B). Damals machten sich die Pioniere (B) des
15 Films daran, starren (R) Bildern das Laufen (R) zu lehren (B). Als offizieller (B) Vater gilt heute (R) der britische Drucker John Barnes Linnet: 1868 meldete er seinen „Kineographen" (B) zum Patent an und sicherte sich so die Rechte an der schlauen
20 Erfindung (R). Linnet legte zwei einfache Büchlein mit gezeichneten Szenen vor: Wenn er die Seiten durch seine Finger blättern (R) ließ (B) (R), drehte (R) sich etwa eine Windmühle, begleitet vom Surren (R) des Papiers.

25 Hinter den Minifilmchen steckt ein Trick, die Überlisteten sind wir, die Betrachter. Bilder mit nur kleinen Unterschieden, die schnell genug wechseln, werden von unserem Gehirn nicht als Einzelbilder gesehen, sondern zu einer Bildfolge
30 zusammengesetzt, zu einem Film. Dieser Trick nennt sich „stroboskopischer Effekt". Mindestens 16 Bilder pro Sekunde braucht es, damit das Hirn den Überblick verliert – je mehr es sind, desto flüssiger wirkt die Bewegung. [...]
35 Erst in jüngster Zeit entdecken immer mehr Künstler die tanzenden Bilder wieder für sich. Zum Beispiel der Fotograf Volker Gerling: Seit Jahren zieht er mit seiner Kamera durchs Land und fotografiert Menschen, die er trifft. Er nimmt
40 von jeder Szene immer genau 36 Bilder auf. Aus diesen Fotos macht er schöne, lustige, magische Daumenkinos – von einem Paar, das sich küsst, einem Mann, der zum Gruß die Baseball-Kappe abnimmt. Oder von einem Mädchen,
45 das sich über seinen kahl rasierten Schädel freut. Seine winzigen Geschichten führt Volker Gerling dann auf seinen Wanderungen vor. Kleines großes Kino eben.

Ein Daumenkino des Fotokünstlers Volker Gerling

Den Nutzen von Wörterbüchern untersuchen

Wörterbücher informieren zu unterschiedlichen Bereichen und Überschriften. Dabei geben sie ihre Informationen in einer bestimmten Anordnung wieder – das gilt für Online-Wörterbücher wie für gedruckte Wörterbücher.

1 Im folgenden Text gibt es Fehler. Sie sind gelb markiert und müssen berichtigt werden.
   a) Schreibe die Wörter so auf, wie du sie schreiben würdest.
   b) Kontrolliere deine Schreibung mit einem gedruckten Wörterbuch und mit den am Rand angegebenen Online-Wörterbüchern. Berichtige, falls nötig.
   c) Bewerte das Kontrollieren mit den Nachschlaghilfen. Sprich mit anderen darüber:
      – Was musstet ihr nacheinander tun, um die richtige Schreibung zu finden?
      – Was war leicht? Wo gab es Schwierigkeiten und wie habt ihr sie gelöst?

🔲 Digital+
Internetlinks zu Online-Wörterbüchern
– *https://de.wiktionary.org/wiki/*
– *https://www.dwds.de/*

Das Wort „Tschip" kann etwas ganz unterschiedliches bedeuten. Damit kann eine Spielmarke gemeint sein, wie sie zum Beispiel beim Glücksspiel Rulet benutzt wird. Wenn von Tschips gesprochen wird, kann man damit auch dünne, in Fett gebackene Katoffelscheipchen meinen oder kleine Plettchen mit elecktronischen Schaltelementen.

2 Beim Lesen der Äußerungen auf den Zetteln wird der eine oder andere schmunzeln.
   a) Sprecht darüber, wodurch diese Äußerungen unfreiwillig komisch geraten sind.
   b) Wie kann das Nachschlagen in einem gedruckten oder Online-Wörterbuch hier weiterhelfen? Probiert eure Vorschläge aus.

a. Der Physiklehrer bekommt auf seine Frage „Wer hat das Fernrohr erfunden?" prompt als Antwort: „Das war Furore." Er hatte nämlich die vorangegangene Physikstunde zum Thema „Fernrohr" mit dem Satz beendet: „Das Fernrohr hat Furore gemacht."

b. Paul prahlt in seiner Clique: „Mein Vater ist ein Spekulatius. Der verdient ganz viel Geld an der Börse."

c. Clara erzählt: „Gestern hat der Zahnarzt mir einen Zahn gezogen. Er musste mich sogar lokal betäuben, denn eine örtliche Betäubung blieb ohne Wirkung."

3 Nachschlagehilfen geben nicht nur Hinweise zur Rechtschreibung eines Worts, sondern auch zu folgenden Fragen:

    a. Wo kann ich nachlesen, was ein Wort bedeutet?
    b. Wo stehen Wörter mit gleicher Bedeutung?
    c. Wo erfahre ich oder kann hören, wie ein Wort ausgesprochen wird?
    d. Wo kann ich nachlesen, woher ein Wort kommt?
    e. Wo finde ich Informationen zu einzelnen Wortarten: Nomen, Verben, Adjektiven?
    f. Wo bekomme ich Hinweise, wo man ein Wort am Zeilenende trennen darf?
    g. Wo stehen Beispiele, wie das Wort im Satz gebraucht wird?

Untersucht in Partnerarbeit, unter welchen Überschriften (Rubriken) ihr die Informationen in Wörterbüchern findet. Wählt Aufgabe **A** oder **B**:

A Notiert, unter welcher Überschrift ihr in den beiden Online-Wörterbüchern die verschiedenen Informationen zu den Fragen findet. Legt dazu eine Tabelle an:

Fragen	https://de.wiktionary.org/wiki/	https://dwds.de/
a.	Info unter ...	Info unter ...
...	Info unter ...	Info unter ...

B Vergleicht, wie die Informationen zu den Fragen a. – g. in einem gedruckten und in einem der beiden Online-Wörterbücher dargeboten sind.
Haltet die Ergebnisse schriftlich fest.

4 Übt den Umgang mit Wörterbüchern zu zweit:
– A sucht in einem Online-Wörterbuch oder in einem gedruckten Wörterbuch nach einem Beispiel und formuliert eine Suchaufgabe, die B löst.
– B macht danach mit seiner Suchaufgabe weiter, die A dann beantwortet.

Beispiele für Suchaufgaben:
– Suche die Bedeutung zu dem Ausdruck „an die Decke gehen".
– Welche unterschiedlichen Bedeutungen können die Wörter „Bienenstich" oder „Wanze" haben?

5 Bewertet den Umgang mit Nachschlagehilfen im Gespräch:
– Mit welchen Wörterbüchern konntest du Informationen leichter finden?
– In welchem Wörterbuch konntest du Informationen besser verstehen?

Fremdwörter erkennen und richtig schreiben

Fremdwörter begegnen dir z. B. in der Schule, beim Sport, in der Freizeit, im Urlaub, in den Medien oder in der Technik. Hier geht es darum, die Schreibbesonderheiten von Fremdwörtern zu erkennen und sich als Merkstellen einzuprägen.

die Atmosphäre   die Cousine   fotogen
die Garage   das Kostüm   die Kusine   die Lage
das Match   der Matsch   das Mikrofon
das Mikrophon   der Orden   photogen
die Pizza   die Raupe   das Recycling
der Rowdy   sauber   die Silbe   souverän
das Tennismatch   der Tenor

1 Auf dem Wörterzettel findest du Fremdwörter und Wörter in deutscher Schreibung. Lies sie dir leise vor und schau sie dir dabei genau an:
- Welche Wörter sind für dich eindeutig Fremdwörter? Schreibe sie auf.
- Begründe deine Entscheidungen im Gespräch mit anderen.

2 Vergleiche Fremdwortschreibung und Schreibung in Deutsch.
Nutze die Hinweise in „Wissen und Können".

   a. der Rhythmus, …   c. die Silbe – das Benzin, …
   b. die Reportage – die Lage, …   d. der Jogurt – der Joghurt, …

a) Ergänze die Wortreihen a. – d. mit jeweils drei weiteren Wortbeispielen bzw. Wortpaaren vom Wörterzettel. Schreibe sie mit dem Wortbeispiel auf.

b) Versuche für einzelne Wortreihen auch eigene Beispiele zu finden. Schreibe sie dazu.

c) Begründe die Auswahl jeweils mit Aussagen aus „Wissen und Können". Unterstreiche in den Wörtern die Merkstellen wie im Beispiel.

WISSEN UND KÖNNEN ▸ **Merkstellen in Fremdwörtern erkennen**

Wenn man Fremdwörter und deutsche Wörter miteinander vergleicht, erkennt man typische Kennzeichen, die einem als Merkstellen dabei helfen, sie richtig zu schreiben.

1. Fremdwörter fallen durch ungewöhnliche Buchstabenkombinationen auf, die in deutschen Wörtern so nicht vorkommen: der Rhythmus.

2. Sie werden anders ausgesprochen als deutsche Wörter: die Reportage – die Lage.

3. Die Betonung der Silben ist nicht so festgelegt wie in deutschen Wörtern. Bei deutschen Zweisilbern wird meistens die erste Silbe betont und die zweite Silbe bleibt unbetont:
die Silbe, das Wasser – das Benzin, der Computer, die Reportage.

4. Es gibt Fremdwörter, deren Schreibung der deutschen Schreibung angepasst wurde. In Wörterbüchern wird diese Schreibweise dann häufig empfohlen. Die alte Fremdwortschreibung ist aber auch möglich: fotogen und photogen.

3 Lies, was jemand über den Beruf des Chemikanten bzw. der Chemikantin schreibt.

a) Unterstreiche im Text die Fach- und Fremdwörter (Folie oder Kopie).

b) Wörter, die du nicht aus dem Zusammenhang erschließen kannst, schlage nach.

c) Schreibe die Fremdwörter heraus und unterstreiche die Schreibbesonderheiten.

d) Arbeitet zu zweit weiter: Macht deutlich, worin sich die Fremdwortschreibungen und deutsche Schreibungen unterscheiden. Sucht dazu im Text nach Beispielen, bildet ähnliche Wortpaare wie in Aufgabe 2 und schreibt sie auf.

Was macht ein Chemikant (m/w/d)?

Als Chemikant bzw. Chemikantin stellst du verschiedene chemische Produkte und Erzeugnisse her. Darunter fallen z. B. Farben, Lacke, Polymere, Waschmittel und Reinigungsmittel, aber auch pharmazeutische
5 Produkte und Kosmetika. Die industrielle Herstellung geschieht mit großen technischen Anlagen, Maschinen und sogar ganzen Fertigungsstraßen. Deine Aufgabe ist es, bestimmte Rohstoffe präzise abzumessen und zu wiegen und in die Maschinen ein-
10 zufüllen. Gleichzeitig kümmerst du dich um die Produktion und überwachst den vollständigen Prozess. In der Arbeit als Chemikant ist es wichtig, nicht nur in der Theorie Bescheid zu wissen, sondern auch die Produkte regelmäßig auf Fehler und Qualität zu überprüfen. Während des Prozesses entnimmst
15 du Proben und protokollierst den gesamten Ablauf der Produktion. Du musst dich außerdem um die betriebliche Ökologie kümmern und nachhaltig arbeiten. Beispielsweise bist du auch für die Aufbereitung von mikroplastikbelasteten Abwässern oder die Reparatur von Anlagen zuständig. Du arbeitest teilweise mit toxischen oder reizenden Stoffen.
20 Du solltest schnell reagieren können, Grundkenntnisse in Physik haben, mit flexiblen und variierenden Arbeitszeiten zurechtkommen und keine Probleme mit Allergien haben. *(verändert)*

4 Überprüft an mehreren Beispielen aus dem Text, ob es sinnvoll und möglich ist, Fremdwörter durch ein deutsches Wort zu ersetzen.

– Übersetzt einige Wörter mit einem Wörterbuch. Notiert die Übersetzungen.

– Versucht damit Fremdwörter zu ersetzen. Notiert eure Versuche.

– Erläutert eure Ergebnisse und diskutiert, wo das Ersetzen möglich und sinnvoll ist und wie sich gegebenenfalls die Aussage und Wirkung eines Satzes verändert.

5 Recherchiert allein oder in Partnerarbeit zu den Fragen auf den Zetteln.
  – Nutzt das Internet und die Seiten eines Online-Wörterbuchs.
  – Haltet eure Ergebnisse schriftlich fest und erläutert sie.
  – Stellt die Ergebnisse in anderen Partnergruppen zur Diskussion.

Gibt es Fremdwörter, die wie im Deutschen ein Dehnungs-h haben? In „Wissen und Können" (S. 296) könnt ihr nachlesen, wie es für deutsche Wörter geregelt ist.

Welche Informationen bekommt ihr bei Fremdwörtern zur Bedeutung, zur Herkunft, zu typischen Verbindungen und zu Synonymen? Nutzt für eure Recherche Wortbeispiele aus eurem Wortgebrauch.

Wie häufig wird statt eines deutschen Worts ein Fremdwort verwendet?
  – Nutzt zur Antwort den Link „Statistiken" in https://www.dwds.de/.
  – Wählt Wortpaare aus dem Alltag (z. B. Recycling oder Wiederverwertung) und gebt sie dort ein.

Wie könnten neue Berufsfelder heißen, in denen die Ideen für solche nicht ganz ernstzunehmenden Erfindungen entstehen? Bausteine (Suffixe), die ihr dafür nutzen könnt:
-grafie, -ie, -ik, -ität, (i)smus ...
Was tun die Macherinnen und Macher? Wie heißen sie? Bausteine (Suffixe) dazu:
-ar/-innen, -or/-innen, -ör/-innen, -iker/-innen, -er/-innen ...

6 Wählt aus den Aufgaben A – I aus. Viele lassen sich gut in Partnerarbeit lösen.

A Sucht nach Fremdwörtern in Zeitschriften oder in Schulbüchern anderer Fächer. Schreibt sie geordnet nach den Angaben in „Wissen und Können" auf und markiert die Stelle, die „fremd" aussieht, oder forscht mit Hilfe von Nachschlagehilfen nach ihrer Herkunft.

B Schlagt im Wörterbuch Fremdwörter nach und überprüft, ob auch eine eingedeutschte Schreibweise möglich ist. Schreibt dann beide Schreibungen auf. Besprecht, welche ihr nutzen wollt: Mikrofon oder Mikrophon, Saxofon oder Saxophon ...

C Macht zu einzelnen Fremdwörtern Vorschläge, wie man sie eingedeutscht schreiben könnte. Besprecht eure Vorschläge, z. B.: cool – kul/kuhl.

D Jeder schreibt 10 – 15 Fremdwörter als Übungswörter auf einzelne Karten. Legt den Wörterstapel gemischt in die Mitte des Tisches. Erklärt reihum in einem Rechtschreibgespräch die Schreibbesonderheit mit den Angaben in „Wissen und Können" (S. 250).

E Setzt einige Fremdwörter mit deutschen Wörtern zusammen.
Nutzt dazu auch das Wörterbuch. Markiert die gemeinsame Merkstelle:
die Garage – das Garagentor, die Garageneinfahrt …

F Findet mit einem Wörterbuch heraus, was Wortbausteine (Präfixe) wie Anti-/anti-, Bio-/bio-, Contra-/contra-, Hyper-/hyper-, Inter-/inter-, Mega-/mega-, Neo-/neo-, Light-/light-, Öko-/öko-, Prä-/prä-, Soft-/soft-, Super-/super- bedeuten.

- Notiert das Ergebnis eurer Recherche.
- Notiert einige Bausteine mit Wortbeispielen: Bio-/bio-: das Biogas, biologisch …
- Manchmal kommen auch mehrere dieser Wortbausteine in einem Wort vor.
  Sucht nach Beispielen und notiert sie mit der Fundstelle.
- Bildet mit einigen Wortbausteinen neue Wörter, indem ihr sie sowohl
  mit Fremdwörtern als auch mit deutschen Wörtern verbindet.
  Stellt euch eure Wortschöpfungen gegenseitig vor und erläutert,
  was damit gemeint ist: die Softbioversion, der Superökoantrieb …

G Sucht für die folgenden deutschen Ausdrücke ein Fremdwort:
a. offener Abstellplatz für Autos
b. Wärmegradeinteilung
c. altes Tasteninstrument
d. Großbehälter für Gütertransport
e. Mut
f. Sohn des Onkels/der Tante
g. erfolgreicher Neubeginn
h. Bildschirmzeiger

- Nutzt dazu diese Wortbausteine: BA, BACK, CAR, CAM, CEL, CEM, COME, CON, COU, COU, CUR, GE, LO, NER, PING, PORT, RA, SIN, SIUS, SOR, TAI.
- Die Wortbausteine, die übrig bleiben, ergeben den Namen für
  ein Freizeitvergnügen.
- Zu einem Lösungswort gibt es eine weitere Schreibweise.
  Finde und unterstreiche sie.
- Markiere in den Lösungswörtern eine gemeinsame Schreibbesonderheit.

H Erstellt zu einer anderen Schreibbesonderheit ein ähnliches Rätsel wie in Aufgabe G, das eine andere Partnergruppe lösen soll. Legt auch einen Lösungszettel an.

I Überprüft zwischendurch immer mal wieder euer Wissen und Können:
- Führt Rechtschreibgespräche: Wählt einen Fachtext aus. Markiert darin Fremdwörter. Macht euch auf Schreibbesonderheiten aufmerksam und sprecht darüber, was man tun kann, um Fehler zu vermeiden.
- Denkt abschließend darüber nach, was gut geklappt hat und wo ihr noch Hilfe braucht.

Groß oder klein? Nominale Kerne im Satz erkennen

Ob ein Wort im Satz groß- oder kleingeschrieben wird, zeigt die Erweiterungsprobe mit einem Adjektiv an. Dein Wissen und Können dazu kannst du beim Lösen der folgenden Aufgaben auffrischen.

→ Nutze auch die Hinweise in „Wissen und Können" (S. 297).

1 Besprecht möglichst viele Fälle der Groß- und Kleinschreibung in Partnerarbeit.
a) Lest einen der Texte auf den Zetteln.
b) Begründet die Groß- oder Kleinschreibung bei den fett gedruckten Ausdrücken.
c) Schreibt die Begründung auf und kontrolliert mit „Wissen und Können".
  Podcast groß, weil erweiterbar: *aktueller Podcast. Beiträge* groß, weil schon erweitert.

In **dem Podcast** gab es heute nur **wenige Beiträge**, die interessant waren. **Der Moderator** hat **das Blaue vom Himmel** erzählt, ohne **das Warum** zu erklären. Für **die häufigen Werbeeinblendungen** interessiere ich mich eigentlich nicht. Aber **Sportbeiträge** höre ich am liebsten, da gibt es **interessante Neuigkeiten**. Auch **im Internet** bin ich auf **eine sportliche Seite** gestoßen.

Gestern Morgen wollte ich eigentlich zu einem Bewerbungsgespräch kommen. Ich wollte **morgens früh** schon um **sieben** aufstehen, aber **am Abend** davor war ich erst **spät** eingeschlafen. Das geht mir **abends** öfter so. Vielleicht können wir das **morgen früh** nachholen, das wäre dann **der Mittwochmorgen** gegen halb **neun**.

Lieber unterhalte ich mich direkt mit meinen Freunden als im Chat. Dort Fotos von sich zu posten, sollte man **besser lassen**. Jeder kann sie nämlich dann **schnell weiterleiten**.

Zuerst sah ich in der Arbeit **wenig Sinnvolles**, aber dann habe ich beim Aufräumen der Dateien **viel Unnützes** gelöscht. Darunter war sogar **manches Alte** aus meiner Grundschulzeit und natürlich auch **einiges Unsinnige**. Ich musste nur aufpassen, **nichts Wichtiges** zu entfernen. Jetzt bin ich zufrieden, denn ich sehe **alles Aktuelle** auf einen Blick.

Sehr geehrte Frau Brandes,
auf der Homepage **Ihrer** Schule fordern **Sie** dazu auf, über den Handygebrauch zu diskutieren. Aber **Ihre** Meinung kann ich da nirgends finden. Haben **Sie** vielleicht gar kein Handy? Oder ist **Ihnen** persönlich das Thema vielleicht egal? Es wäre schön, wenn **Sie Ihren** Standpunkt auch erläutern würden, dann wären meine Fragen an **Sie** auch geklärt. Ich grüße **Sie** mit dieser Mitteilung von meinem Handy.

2 Arbeitet mit den Texten weiter:
 – Welche Begründungen sind euch schwer- oder leichtgefallen? Woran lag das wohl?
 – Wo gab es Schwierigkeiten und wie habt ihr sie gelöst?

3 Bis auf die Satzanfänge sind alle Wörter in Celias Beitrag kleingeschrieben.

a) Unterstreiche alle Wörter, die großgeschrieben werden müssen (Folie oder Kopie).

b) Vergleiche deine Lösung mit einer Partnerin oder einem Partner.
Geht gemeinsam Wort für Wort durch. Erklärt in einem Rechtschreibgespräch,
woran ihr erkannt habt, dass ein Wort großgeschrieben werden muss.
Nutzt auch die Angaben in „Wissen und Können".

„Wer schön sein will, muss leiden"

„Wer schön sein will, muss leiden." Dieser spruch trifft wohl besonders
auf piercings zu. Meine freundin marina hatte sich schon lange auf ihr
gesichtspiercing gefreut, aber als sie es endlich bekam, wurde ihr doch
ein bisschen mulmig. Das stechen tat nicht einmal besonders weh, aber

5 am mund war sie schon immer etwas empfindlich, und deshalb wurde
ihr anfangs etwas schlecht. Das waren unangenehme begleiterscheinungen, aber inzwischen ist marina richtig stolz auf ihren lippenschmuck.
Oft ist es allerdings schon eine schwierigkeit, das einverständnis der
eltern zu bekommen, denn piercings stoßen nicht nur auf zustimmung.

10 Manche eltern finden sie einfach scheußlich. Und sie befürchten vielleicht, dass narben zurückbleiben
oder dass man irgendwo hängen bleibt und sich verletzt. Verletzungen sind ja auch schon vereinzelt
aufgetreten. Bei einem zwischenfall im sportunterricht letztes jahr hatte sich das augenbrauen-pier-
cing eines schülers in der sportkleidung verfangen. Dabei wurde die ganze augenbraue aufgerissen
und es gab eine hässliche narbe. Deshalb muss jetzt vor dem sportunterricht jedes piercing heraus-

15 genommen oder abgeklebt werden. Das ist ganz schön lästig.

Celia Herzog

4 Jemand hat einen Leserbrief zu Celias Beitrag entworfen. Darin sind einige Wörter
falsch groß- oder kleingeschrieben. Geht zu zweit auf Fehlersuche. Es sind 11 Fehler.

a) Sucht die Fehler mit Hilfe der Rechtschreibstrategien.

b) Erklärt an einigen berichtigten Beispielen, warum sie groß- oder kleingeschrieben
werden.

> Ich möchte zu Celia Herzogs Beitrag zum Piercing noch etwas Hinzufügen:
> Beim stechen von Piercings muss hygienisch Einwandfrei gearbeitet werden.
> Wichtig ist die verwendung von absolut sterilen Instrumenten. Auch später
> müsst ihr selbst auf peinlichste sauberkeit achten, damit sich die Stellen nicht
> 5 entzünden. Ihr solltet auch Bedenken, dass Piercings eine Nickelallergie auslösen
> können – die am Häufigsten auftretende Kontaktallergie in Deutschland.
> Im übrigen denke ich, dass man natürlich selbst Entscheiden sollte, ob und
> wo man ein Piercing haben möchte. Man sollte sich nur im klaren sein, welche
> konsequenzen damit verbunden sind.

5 a) Wählt zu zweit aus den Übungen A – D aus und löst die Aufgaben.

b) Gestaltet ähnliche Übungen mit anderen Ausdrücken, die andere Partnergruppen lösen sollen. Nutzt dazu Beispiele aus Nachschlagehilfen.

A Hier werden einige Wörter einmal so gebraucht, dass sie großgeschrieben werden müssen, einmal so, dass sie kleingeschrieben werden müssen. Begründet, warum.

a. Beim Schweißen, Schleifen oder Sägen müssen wir Schutzkleidung tragen.

b. Wenn wir schweißen, schleifen oder sägen, müssen wir Schutzkleidung tragen.

B Begründet, warum bei den markierten Ausdrücken groß- oder kleingeschrieben werden muss. Schreibt die Begründungen auf.

a. Bald war das Boot weit draußen auf dem Meer.

b. An Bord saßen alle nah beieinander.

c. Wir kamen erst spätabends zurück.

d. Wir kamen erst am Abend zurück

e. Alle mussten recht früh aufstehen.

f. Alle mussten schon in der Frühe aufstehen

> Frage dich:
> Sind die Ausdrücke
> – als Satzglied zusammen-
>   hängend umstellbar?
> – erweiterbar?
> – nicht erweiterbar?

C Manchmal sind mehrere Teile einer Aufzählung mit demselben Adjektiv erweitert. Sie werden dann alle großgeschrieben. Schreibt die folgenden Sätze richtig auf.

a. Die praktischen tipps, anregungen und beispiele fand ich sehr interessant.

b. Vor allem gefielen mir die farbigen schautafeln, diagramme und animationen.

c. Aber von dem intensiven schauen, zuhören und nachlesen wurde ich müde.

D Manchmal wird der nominale Kern nach einem Adjektiv eingespart. So kann man Wiederholungen vermeiden.

– Erklärt, was die Klammern und der Pfeil in dem Beispielsatz zeigen:

(Die beleuchteten Stufen) habe ich sofort gesehen, (die unbeleuchteten) leider zu spät.

– Schreibt die folgenden Sätze ohne störende Wiederholungen auf. Kontrolliert gemeinsam die Groß- und Kleinschreibung.

a. Es wird häufig auf bedenkliche Inhalte im Internet hingewiesen, aber nur selten auf unterhaltsame und lustige Inhalte.

b. Ich glaube, du findest die witzigen Beiträge in den Chats gut, ich mag eher die ernsthaften Beiträge.

c. Du hast dich neulich für ein neues Tablet interessiert. Willst du nicht lieber ein gebrauchtes Tablet kaufen? Ich habe gestern ein runderneuertes Tablet in einer Anzeige gesehen.

6 Überlege: Was konntest du gut lösen? Was ist dir noch schwergefallen und willst du noch weiterüben?

Groß oder klein? Einträge im Wörterbuch nutzen

Zu den Wörtern im Wörterverzeichnis eines Wörterbuchs gibt es kürzere und auch längere Einträge – so auch zur Groß- und Kleinschreibung von Wörtern im Satz.

1 Im Wörterverzeichnis des Wörterbuchs findest du zur Schreibung von Zahlen und Ziffern wegen der Anordnung der Wörter nach dem Abc oft genauere Hinweise, wenn du die Zahl acht nachschlägst. Überprüfe, wie es in dem Wörterbuch geregelt ist, das du benutzt.

2 a) Schreibe die folgenden Sätze ab und ersetze die Zahlen durch Worte.

    a. Sie sind insgesamt 3.
    b. Sie fuhr als 1. durchs Ziel.
    c. Es ist schon 3 Uhr und wir wollten uns doch um $\frac{3}{4}$ vor 3 treffen.
    d. Jeder 3. lehnte den Vorschlag ab.
    e. Wenn 2 sich streiten, freut sich der 3.
    f. Das Fest findet in 3 Tagen statt.
    g. Fahre mit der Straßenbahn, steige in die 8 oder 3.
    h. Wie schreibt man die römische 5?
    i. Der 3. Teil von 9 ist 3.
    j. Sie ist 9-jährig.

b) Überprüfe deine Lösung anschließend mit den Wörterbeispielen in der Randspalte. Du kannst dazu ein gedrucktes oder ein Online-Wörterbuch nutzen.

Aus einem Wörterbuch:

acht/Acht

a) Man schreibt das Wort acht klein,
   wenn es als Zahlwort verwendet wird:
   • die Zahlen von eins bis acht
   • acht minus drei ist fünf
   • wir sind acht; wir sind zu acht
   • die Mannschaft hat acht zu eins gewonnen (8:1)
   • ein Kind von acht Jahren
   • er wird bald acht
   • das kostet bald acht zwanzig (8,20 Euro)
   • es ist acht Uhr, halb acht
   • es schlägt eben acht

b) Man schreibt das Zahlwort Acht groß,
   wenn es als Nomen verwendet wird:
   • eine Acht schreiben
   • eine Acht laufen
   • wir sind mit der Acht (der Linie 8) gefahren
   • er hat beim Kartenspiel noch eine Acht auf der Hand
   • die Zahl Acht, die Ziffer Acht

3 Welche Wörter in den folgenden Ausdrücken muss man großschreiben? Löse die Aufgabe mit dem Wörterbuch. Beachte: Bei einigen Wörtern ist eine Doppelschreibung möglich: Sie können groß- oder kleingeschrieben werden.

die acht   über fünfzig sein   viele einsen haben   jünger als zwanzig sein
ein drittes erwähnen   durch drei teilen   jeder zehnte   die verflixte dreizehn
viele hunderte   viele tausend   mehrere dutzend   ein zweiter
etwa zwölf kommen   ein viertel

Getrennt oder zusammen? – Strategien nutzen

Meistens wissen wir, ob ein Wort zu Ende ist und ein neues beginnt. Doch es gibt auch immer wieder Zweifelsfälle. Dann hilft es, auf Betonungs- und Bedeutungsunterschiede zu achten oder auszuprobieren, ob sich ein oder mehrere Wörter einfügen lassen. Man kann auch Nachschlagehilfen nutzen, um die richtige Schreibung zu finden.

1 Warum werden die fett gedruckten Ausdrücke in den Sätzen einmal getrennt voneinander, einmal zusammengeschrieben?

a. Im neuen Bett konnte er **richtig liegen**. – Er hat mit seiner Vermutung **richtiggelegen**.

b. Er wollte bügeln und **dabei stehen**. – Immer wieder sieht man Gaffer, die **dabeistehen**.

Findet eine Antwort in Partnerarbeit.

a) Lest euch die Sätze laut vor. Sprecht darüber:
- Gibt es Unterschiede in der Betonung?
- Gibt es Bedeutungsunterschiede in den Sätzen?
- Können Wörter eingeschoben werden?

b) Schreibt eine Begründung für eure Entscheidung auf.

c) Vergleicht eure Begründungen mit den Aussagen in „Wissen und Können", S. 259.

Digital+
Internetlinks zu Online-Wörterbüchern
– *https://de.wiktionary.org/wiki/*
– *https://www.dwds.de/*

2 Begründet die Schreibung auch mit Eintragungen aus einer Nachschlagehilfe: Recherchiert in einem gedruckten Wörterbuch oder einem der angegebenen Online-Wörterbücher.
- Schreibt auf, wie ihr vorgegangen seid, um dort die richtige Schreibweise der Wörter zu finden.
- Besprecht in Partnerarbeit, welche Schreibung leicht bzw. schwieriger zu finden war und wie sich die Schwierigkeiten lösen ließen.

3 Ein Wort oder zwei Wörter?

a) Schau dir die Sätze mit den fett gedruckten Ausdrücken an und lies sie laut. Schreibe sie so auf, wie du sie schreiben würdest.

a. Vor Freude ist er **hoch gesprungen/hochgesprungen**.

b. Sie hat den Wagen **hoch beladen/hochbeladen**.

c. Bald werden sie **nahe wohnen/nahewohnen**.

d. Der Unfall seines Hundes ist ihm **nahe gegangen/nahegegangen**.

b) Sprecht zu zweit über einzelne Schreibungen:
- Welche Stelle im Wort wird betont?
- Gibt es Bedeutungsunterschiede?
- Können ein Wort oder mehrere Wörter eingeschoben werden?

c) Recherchiert gemeinsam auch in einer Nachschlagehilfe.

4 Untersuche die fett gedruckten Ausdrücke in den Sätzen auf den Zetteln.
Entscheide dich für Getrennt- oder Zusammenschreibung. Gehe so vor.
a) Für welche Lösung entscheidest du dich? Schreibe sie auf.
b) Wie begründest du deine Entscheidung? Begründe sie schriftlich.

Frage dich: Wo im Wort wird betont? Gibt es Bedeutungsunterschiede in den Sätzen?
Wo lassen sich ein oder mehrere Wörter einschieben?

a. Wenn die Schwalben **hoch fliegen/hochfliegen**, bleibt das Wetter schön.
b. Sie trägt ihre Haare häufig **hoch gesteckt/hochgesteckt**.
c. Zu ihren **hoch gesteckten/hochgesteckten** Haaren trägt sie heute eine
  bunt gestreifte/buntgestreifte Hose.
d. Er ist **hoch gebildet/hochgebildet**.
e. Er hat **hoch gesteckte/hochgesteckte** Ziele.

a. Sie hat sich von den Randalieren **fern gehalten/ferngehalten**.
b. Ich möchte hier noch etwas länger **sitzen bleiben/sitzenbleiben**.
c. Ich bin in der sechsten Klasse **sitzen geblieben/sitzengeblieben**
  und musste sie **wieder holen/wiederholen**.

a. In diesen Schuhen kann ich **schlecht laufen/schlechtlaufen**.
b. Sie hat ihn überall ziemlich **schlecht gemacht/schlechtgemacht**.
c. Sie wollen die Erfolge der Mannschaft nicht durch **zu starke/zustarke** Kritik
  ab werten/abwerten und **schlecht reden/schlechtreden**.

5 Das Wort buntgestreift kann man getrennt oder zusammenschreiben.
Die Bedeutung ändert sich aber dabei nicht. Überprüfe das mit einer Nachschlagehilfe und suche nach weiteren Beispielen.

WISSEN UND KÖNNEN ▸ **Getrennt- und Zusammenschreibung**

Wortgruppen werden getrennt geschrieben. Solche Wortgruppen erkennst
du oft daran, dass ein oder mehrere Wörter eingeschoben werden können:
In der Savanne können Löwen frei (und ungestört) leben.
Zusammensetzungen haben eine eigene Bedeutung:
Du wirst mir doch einen Platz freihalten (= reservieren)?
Solche Zusammensetzungen erkennst du auch daran, dass beim Sprechen
die Betonung am Anfang liegt: Du wirst mir doch einen Platz freihalten?
Wichtig: In manchen Fällen ist Getrennt- und Zusammenschreibung möglich
(z.B. frei lebende/freilebende Löwen), ohne dass sich die Bedeutung ändert.
Solche Fälle erkennst du am besten mit einer Nachschlagehilfe.

6 Bearbeite die Aufgaben a) – d) mit den Hilfen aus „Wissen und Können" (S. 259) und stelle beim Lösen der Aufgaben diese Fragen:

> Wortgruppe oder Zusammensetzung?

> Wo wird betont?

> Lassen sich ein oder mehrere Wörter einschieben?

a) Finde in den Sätzen a. – d. die Fehler und berichtige sie.

    a. Sie hat sich die Entscheidung schwer gemacht.

    b. Er ist während der Arbeit schwergefallen.

    c. Die Arbeit ist ihm schwer gefallen.

    d. Du darfst seinen Vorwurf nicht so schwernehmen.

b) Formuliere mit den folgenden Ausdrücken ähnliche Sätze wie in Aufgabe a):

    – fest + binden, fest + beißen, fest + legen, fest + knoten …

    – offen + sein, offen + lassen, offen + sprechen, offen + halten …

c) Überprüfe, ob es unter den Lösungen der Aufgaben a) und b) Ausdrücke gibt, für die Zusammenschreibung und Getrenntschreibung möglich sind. Nutze eine Nachschlagehilfe.

    – Falls ja, schreibe beide Möglichkeiten auf.

    – Unterstreiche und begründe, welche von beiden du nutzen würdest.

d) Stelle einzelne Lösungen aus den Aufgaben a) – c) während einer Partnerarbeit vor und erläutere sie mit den Angaben in „Wissen und Können" (S. 259).

7 Verbinde möglichst viele Wörter der beiden Zettel in vollständigen Sätzen miteinander. Entscheide und begründe jeweils, ob sie zusammen- oder getrennt geschrieben werden müssen. Verwende als Zeitform das Futur, das Perfekt oder auch Modalverben wie müssen, sollen oder dürfen: Sollen wir schon mal vorausfahren?

abwärts, auseinander, beisammen, davon, davor, dazu, dazwischen, fort, heraus, herbei, herein, hinaus, hinterher, nieder, rückwärts, umher, voran, voraus, weg, wieder, zurück, zusammen, zuvor	drücken, gehen, fahren, laufen, lassen, kommen, irren, schreiben, reden, setzen, springen, sehen, reißen, sein

▶ Aufgabe 7 funktioniert auch gut als **Schreib- und Denkspiel** in Partnerarbeit:

– Abwechselnd nennt einer eine Wortverbindung.

– Jeder bildet damit einen Satz und schreibt ihn auf.

– Gemeinsam wird überprüft, ob die Verbindung in den Sätzen getrennt oder zusammengeschrieben werden muss.

Ihr könnt daraus auch ein **Frage- und Antwortspiel** machen. Sprecht ab, wie ihr dabei vorgehen wollt.

8 Nutzt die Methode **Rechtschreiblesen**, um im Umgang mit den Strategien in „Wissen und Können" (S. 259) Routine und Sicherheit zu bekommen.

– Arbeitet zu zweit oder in kleinen Gruppen.
– Ihr könnt einen der folgenden Texte oder Sätze daraus nutzen.
– Wenn ihr eigene Texte oder Sätze nutzen wollt, müssen sie Wortmaterial zum Thema „Getrennt oder zusammen?" enthalten und fehlerfrei sein.
– Das Rechtschreiblesen kann jederzeit unterbrochen und später fortgesetzt werden.

Ein misslungenes Referat

Das Einführungsreferat zu Thema „Mobbing" hat sich ganz schön langgezogen. Das hat die anfängliche Spannung
5 ziemlich kaputtgemacht. Alle konnten nur schwer zuhören. Und durch die schlechte Audioanlage war der Referent schlecht zu hören. Außerdem ist es mir schwergefallen, mich über eini-
10 ge Bemerkungen nicht krankzulachen. Der Referent konnte ziemlich flüssig lesen. Aber von meiner Unaufmerksamkeit gegen Ende kann ich mich nicht freisprechen. Ich habe mit meinen Erwartungen
15 wohl ziemlich falschgelegen. Wenn ich zurückblicke, glaube ich, dass mich dieses Referat nicht weitergebracht hat.

Schulkinotag

Zu der Reportage über den Schulkinotag muss ich unbedingt etwas richtigstellen. Ich will nicht die ganze Veranstaltung schlechtreden, aber
5 die Schüler konnten einem eigentlich leidtun. Am heißgeliebten Popcornstand ging es schon los: Die Theke konnte dem Andrang kaum standhalten. Und nach dem zeitraubenden Anstehen hat es der Verkäufer fertiggebracht, dass für die Letzten
10 gar nichts mehr in der Maschine war. Während der Vorführung ist es mir nicht leichtgefallen, alles mitzubekommen, weil es ständig unruhig war. So konnte ich mich überhaupt nicht mit dem Inhalt des Films auseinandersetzen. Beim Abspann
15 zwangen mich die anderen schon, zu stehen. Ich wollte aber eigentlich gern dabei sitzen. Als alles vorbei war, ging ich todmüde nach Hause.

METHODE ▸ **Rechtschreiblesen**

1. Alle lesen den Text und markieren in Wortgruppen und Zusammensetzungen mögliche Fehlerquellen, über die sie sprechen möchten.
2. Danach beginnt das eigentliche Rechtschreiblesen:
   – Der erste Satz wird laut vorgelesen.
   – Jeder, der möchte, nennt eine Wortgruppe oder Zusammensetzung und begründet, wo es beim Schreiben Schwierigkeiten geben könnte.
   – Das wird markiert.
3. Mit Hilfe von Rechtschreibstrategien wird ausprobiert und erklärt, wie sich ein Fehler an markierten Stellen vermeiden lässt.
4. So wird der Text Satz für Satz durchgegangen. Was sich nicht klären lässt, wird notiert und später behandelt.

Prüfungsaufgaben verstehen und bearbeiten

Leistungsüberprüfungen und Abschlussprüfungen bestehen oft aus mehreren Teilen: 1. Du liest Texte und zeigst, dass du sie verstanden hast (Leseverstehen). 2. Du löst Aufgaben zur Grammatik und zum Wortschatz (Sprache und Sprachgebrauch untersuchen). 3. Du schreibst einen eigenen Text (Schreiben). Das kannst du hier üben.

PRÜFUNGSTRAINING

1 Einige Schülerinnen und Schüler der Klasse 9b haben sich verabredet, um sich auf eine Leistungsüberprüfung vorzubereiten.

a) Lest in den Sprechblasen, worüber sich die Schülerinnen und Schüler unterhalten.

b) Überlegt, zu welchem Prüfungsteil die einzelnen Fragen gehören: Leseverstehen, Sprache und Sprachgebrauch untersuchen oder Schreiben.

c) Könnt ihr Hinweise auf ihre Fragen geben? Blättert dazu im Buch, schlagt in „Wissen und Können" nach (S. 288–296) und nutzt das Stichwortverzeichnis (S. 303/304).

b) Schreibt Antwortkarten. Ihr könntet auch zu zweit arbeiten.

Hinweise auf die Wortarten und Satzglieder findet man in „Wissen und Können" unter … Unter Wortarten versteht man …

Zu den Wortarten gehören: … Satzglieder … Es gibt verschiedene Satzglieder: …

Leseverstehen

Hier übst du den Prüfungsteil „Leseverstehen". Achte besonders auf die Tipps am Rand, denn dort werden dir Anregungen und Hilfen angeboten, wie du die Aufgaben lösen kannst.

Digital+
Aufgabenblatt „Leseverstehen"
Du kannst die Aufgaben auch digital oder ausgedruckt bearbeiten.

1 Schau dir auf Seite 264 das Bild an und lies den ganzen Text einmal durch.
   – Lies auch dann weiter, wenn du etwas nicht verstehst.
   – Lies nur ein paar Minuten. Du sollst wirklich nur herausfinden, worum es im Text geht.

2 Welche **Überschrift** passt zum **Text**? Nur eine Lösung ist richtig. Notiere sie.

   a. Ein Schul-Roboter als bester Gaming-Freund
   b. Roboter als Helfer im Unterricht
   c. Roboter – nein danke!
   d. Ein Roboter als Klassenlehrer

3 Lies den Text noch einmal Abschnitt für Abschnitt.
   Notiere, welche **Überschrift** zu welchem **Abschnitt** passt.

   a. Ergebnisse einer Studie
   b. Elias ist nur der Assistent
   c. Madiha lernt mit Elias
   d. Mehr als ein Spielzeug

> Die **Überschriften** der Abschnitte fassen oft die wichtigste Information zusammen.

4 Schau dir noch einmal die Textabschnitte an.
   – Welche Informationen stehen in welchen Abschnitten?
   – Kreuze passend an (Folie oder Kopie) oder übernimm die Tabelle und fülle sie aus.

Informationen	1	2	3	4
a. Madiha lernt mit Elias Finnisch.				
b. In Finnland werden Roboter an zehn Schulen eingesetzt.				
c. Roboter können Lehrer nicht ersetzen.				
d. Die Kinder einer Grundschule waren begeistert von Elias.				
e. Elias behandelt alle Schüler gleich.				
f. Experten meinen, dass Roboter noch wichtiger werden.				
g. Roboter sind kein Spielzeug, sie helfen beim Lernen.				
h. Elias' Augen blinken rot, wenn die Lösung stimmt.				

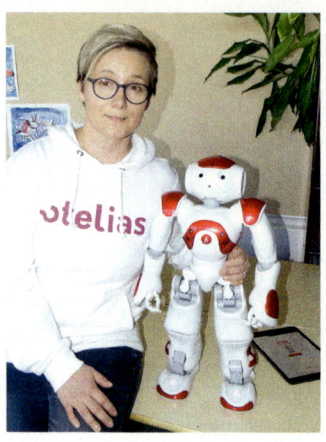

Johanna Hemminki mit dem Sprachtrainerroboter Elias

① Madiha hat heute eine Verabredung mit Elias. Die beiden unterhalten sich über ihre Hobbys: Volleyball, Schach, Klavier spielen. Madiha ist 34 Jahre alt und stammt aus Pakistan. Seit fünf Jahren lebt sie in Finn-
5 land und will nun endlich richtig Finnisch lernen. Darum sitzt Madiha an diesem Morgen im Klassenraum einer Berufsschule in Helsinki. Genauso wie ihre Mitschülerinnen und Mitschüler, die aus Nepal, Somalia, Irak und Afghanistan stammen. Elias ist ein
10 Roboter. Er spricht neben Finnisch 22 weitere Sprachen. Elias spricht akzentfrei, er spricht nicht zu schnell. Er wiederholt geduldig, wenn jemand ihn nicht verstanden hat. Um Madiha im Gespräch in die Augen schauen zu können, steht der nur 56 Zentime-
15 ter große Roboter auf dem Lehrerpult. Er lässt seine Augen rot blinken oder spielt einen Musik-Jingle ab, wenn die Antworten stimmen. Ein Roboter im Sprachunterricht – Madiha und den anderen Finnisch-Schülerinnen und -Schülern gefällt das sehr.

20 ② Auch Johanna Hemminki sitzt an diesem Morgen mit im Unterricht und verfolgt, wie die Zusammenarbeit von Roboter, Lehrkraft und Schüler funktioniert. Sie weiß genau, was Elias alles kann, denn sie hat ihn entwickelt. „Zunächst einmal ist Elias kein Spielzeug.
25 Er ist ein echtes Lern-Tool, denn er ist nicht zum Spielen da, sondern hilft beim Lernen. Es gibt aber noch einen anderen Grund, warum Elias eine wichtige Rolle im Unterricht spielt. Aus meiner Zeit als Lehrerin weiß ich noch allzu gut: Viele haben Angst, Fehler zu machen.
30 Elias nimmt den Schülern diese Angst. Deshalb ist er so beliebt bei den Schülern. Elias ist neutral. Er zeigt keine Gefühle und behandelt alle gleich. Dadurch schafft er bei den Schülern eine Sicherheit, die ganz wichtig für den Lernerfolg ist. Weil sie sich sicher fühlen, haben
35 die Schüler keinen Stress und lernen besser."

③ Seit 2018 unterstützt Elias an mittlerweile zehn finnischen Schulen Lehrerinnen und Lehrer im Sprachunterricht. Elias wird zum einen im Finnisch-Unterricht an Berufsschulen, zum anderen an Grundschulen im Englisch-Unterricht eingesetzt. Finnische 40 Wissenschaftler untersuchen, wie der Unterricht abläuft. Die Psychologin Aino Ahtinen und ihr Team haben vier Monate lang den Unterricht an einer Grundschule begleitet. Sie haben Interviews mit Schülern, Lehrern und Eltern geführt. Aino Ahtinen stellt das Er- 45 gebnis vor: „Elias hat zunächst einmal eine sehr positive Stimmung in die Klasse gebracht. Die Kinder waren begeistert. Wir hatten angenommen, dass dieses Interesse mit der Zeit abnimmt. Wir hatten vermutet: Wenn der Roboter nichts Neues mehr ist, dann verlieren die 50 Kinder das Interesse an ihm. Das war aber nicht so. Die Klasse hat die ganze Zeit sehr diszipliniert gearbeitet, wenn der Roboter im Raum war. Dabei ging es vor allem um Vokabeltraining und Englisch-Konversation."

④ Was aber genau kann und darf Elias? Welche Rolle 55 übernimmt er im Klassenraum? Wo sind seine Grenzen? Die Psychologin hat dazu eine klare Meinung: „Elias wird niemals den Lehrer ersetzen. Elias und der Lehrer arbeiten vielmehr im Team, wobei der Lehrer natürlich immer bestimmt, wie und wo der Roboter als Assistent im 60 Unterricht eingesetzt wird." Die Experten der Universität Tampere sind überzeugt: Roboter werden in Zukunft eine noch größere Rolle im Unterricht spielen. Die Roboter werden noch intelligenter werden und sich noch stärker auf die Bedürfnisse eines jeden einzelnen Schü- 65 lers einstellen. Die Experten sind sich aber auch einig: Roboter werden nie die Lehrperson ersetzen können.

(verändert)

5 Im Text geht es zunächst um Madiha. **Beschreibe** Madiha.

a) Unterstreiche (Folie oder Kopie) mit verschiedenen Farben die Informationen zu folgenden Fragen.
  – Wo lebt Madiha?
  – Woher stammt sie?
  – Wie alt ist sie?
  – Wo ist sie im Moment?
  – Warum ist sie dort?
  – Warum ist Elias wichtig für sie?

b) Stelle die Informationen über Madiha in einem Steckbrief zusammen.

> Du kannst eine Person **beschreiben**, indem du einen Steckbrief zu ihr verfasst.

Mein Steckbrief

Name: Madiha
Wohnort: ...
Heimat: ...
Alter: ...
Schule: ...
Deshalb bin ich in der Schule: ...
Dabei hilft mir Elias: ...

6 Welche Informationen erhältst du über Roboter an finnischen Schulen?

a) Welchen Abschnitt musst du dazu noch einmal ganz genau lesen?

b) Markiere die Informationen zu folgenden Fragen.
  – Wo werden Roboter eingesetzt?
  – Seit wann werden Roboter dort eingesetzt?
  – An wie vielen Schulen sind sie eingeführt?
  – Was für Schulen sind das?
  – In welchen Fächern gibt es Roboter?
  – Warum werden die Roboter dort eingesetzt?

c) **Fasse** die Informationen **zusammen** und schreibe eine kurze Nachricht zum Thema „Roboter in der Schule".

> Bei der **Zusammenfassung** eines Texts helfen dir W-Fragen. Du kannst wichtige Informationen herausfinden, wenn du W-Fragen stellst: Wer? Was? Wann? Wo? Warum? Wozu?

Roboter in der Schule
Ganz neue Lernmethoden probiert man in ... aus.
Seit ... werden dort ...
Diese Roboter gibt es insgesamt an ... Schulen, besonders an ...
Die Roboter helfen den Schülerinnen und Schülern im ...
An diesen Schulen werden die Roboter eingesetzt, um ...

Wenn du etwas **erläuterst**, dann erklärst du es ausführlicher. Du kannst Beispiele nennen oder weitere Informationen anführen.

7 **Erläutere**, wie der Unterricht mit Elias abläuft.
- Beantworte dazu die Fragen und ergänze die Sätze.
- Du kannst bei deinen Antworten die Konjunktionen ob, weil, dann, dass (2x) benutzen.
  a. Warum steht Elias während des Unterrichts auf dem Lehrerpult?
     Elias steht auf dem Lehrerpult, ...
  b. Was macht Elias, wenn eine Antwort stimmt?
     Wenn die Antwort stimmt, ...
  c. Was hat die Psychologin Aino Ahtinen untersucht?
     Sie hat untersucht, ...
  d. Was hatte die Psychologin erwartet?
     Sie hatte erwartet, ...
  e. Worüber hat sie sich gewundert?
     Sie hat sich darüber gewundert, ...

Begründungen erkennst du in einem Text oft an Wörtern wie weil, deshalb, daher, aus diesem Grunde. Manchmal fehlen auch diese Wörter und du musst die Gründe aus dem Textzusammenhang erschließen.

8 Die Entwicklerin Johanna Hemminki erklärt, warum Elias so wichtig im Unterricht ist. Welche **Gründe** nennt sie?
a) Unterstreiche (Folie oder Kopie) zunächst die Gründe, die im Text genannt werden.
b) Kreuze die richtigen Gründe an (Folie oder Kopie):
   a. Mit Elias können die Kinder spielen.
   b. Elias hilft beim Lernen.
   c. Elias wird böse, wenn jemand etwas falsch macht.
   d. Elias nimmt den Schülern die Angst, Fehler zu machen.
   e. Mit Elias fühlen sich die Schülerinnen und Schüler sicher.
   f. Elias kann vor allem sehr gute Schüler fördern.
c) Frage: Würdest du gern mit Elias lernen? Warum? Warum nicht?
   Berücksichtige bei deiner Antwort die Gründe, die im Text genannt werden.

In Texten werden nicht nur Informationen gegeben, sondern auch die **Meinungen** von Personen genannt. Meinungen erkennst du an Verben wie: meinen, glauben, kritisieren, behaupten.

9 „Können Roboter Lehrer ersetzen?" Welche **Meinung** vertreten die Experten?
a) Markiere die Expertenmeinung im Text (Folie oder Kopie).
b) Kreuze die richtige Lösung an (Folie oder Kopie):
   Die Experten meinen, in der Schule können Roboter
   a. Lehrer ersetzen.
   b. Lehrer nicht ersetzen.

10 Schreibe auf, wie dir der Text gefallen hat.
a) Was findest du besonders interessant? Warum?
   Besonders interessant finde ich ...
b) Was war schwierig zu verstehen? Nenne ein Beispiel.
   Schwer zu verstehen war zum Beispiel ...
c) Was würdest du noch gern wissen? Schreibe zwei Fragen auf.
   Was ...

Sprache und Sprachgebrauch untersuchen

In diesem Prüfungsteil beschäftigst du dich mit Grammatik und Wortschatz. Du denkst über Sprache nach und wendest dein Wissen beim Sprechen und Schreiben an. Achte wieder auf die Tipps am Rand.

1 Sprachforscherinnen und Sprachforscher sortieren die Wörter nach Wortarten.

a) Welche Wörter in diesem Satz sind Verben?

Elias spricht den Kindern die fremden Wörter vor, diese wiederholen sie und Elias korrigiert die Aussprache.

– Schreibe den Satz auf und unterstreiche alle Verben.

– Schreibe die Verben in ihrer Grundform auf.

b) Welche Wörter in diesem Satz sind **Adjektive**?

Kinder spricht er mit einer helleren, Erwachsene mit einer tieferen, weniger kindlichen Stimme an.

– Schreibe den Satz auf und unterstreiche alle Adjektive.

– Schreibe die Adjektive in ihrer Grundform heraus.

c) Welche dieser Wörter sind **Nomen**?

Er sieht zwar aus wie ein Roboter, kann aber gehen, sitzen sowie die Arme und den Kopf bewegen.

– Schreibe den Satz auf und unterstreiche alle Nomen.

– Schreibe die Nomen mit bestimmtem Artikel in ihrer Grundform heraus.

> Artikel, Nomen, Adjektive, Verben, Pronomen oder Präpositionen zählen zu den **Wortarten**. Hinweise hierzu findest du in „Wissen und Können", S. 293.

2 Bestimme im folgenden Text alle Wörter, die Nomen sind.

ROBOTER SIND SCHON LANGE NICHT MEHR NUR LANGWEILIGE BLECHKISTEN: SIE ERFORSCHEN FREMDE PLANETEN, SPIELEN SCHACH, FUßBALL ODER TISCH-TENNIS. SIE HELFEN UNS MENSCHEN IM HAUSHALT ODER TRAMPEN SOGAR DURCH DIE WELT. IN MANCHEN LÄNDERN WERDEN ROBOTER AUCH IM UNTER-RICHT EINGESETZT. IN EINER FINNISCHEN GRUNDSCHULE HELFEN SIE DEN KIN-DERN BEIM WÖRTERLERNEN.AUCH DIE RICHTIGE AUSSPRACHE KANN MAN GUT MIT SO EINEM HILFSLEHRER ÜBEN. DIE MEISTEN KINDER MÖGEN DEN ROBOTER-LEHRER. SIE WOLLEN ABER TROTZDEM AUCH NOCH EINE RICHTIGE LEHRERIN ODER EINEN RICHTIGEN LEHRER.

> Hinweise zur **Bestimmung von Nomen** findest du in „Wissen und Können", S. 291.

3 Untersuche, aus welchen Teilen ein Satz besteht.

a) Schreibe die Sätze a. und b. auf und bestimme die **Satzglieder**:

– Mache Satzgliedproben und stelle Wörter, die zusammengehören, um.

– Klammere die Wörter ein, die du zusammen umstellen kannst.

– Schreibe die Zahl der Satzglieder zu jedem Satz in Klammern dahinter.

a. Der Roboter Elias unterrichtet seit einem Jahr Schülerinnen und Schüler in Finnland.

b. In der Grundschule erklärt der geduldige Elias neugierigen Kindern die richtige Aussprache der Wörter.

> Wörter, die bei der Umstellprobe zusammenbleiben, bilden ein **Satzglied**. Hinweise in „Wissen und Können", S. 292.

Digital+
Aufgabenblatt „Sprache und Sprachgebrauch"
Du kannst die Aufgaben auch digital oder ausgedruckt bearbeiten.

b) Überarbeite den Schülertext. Stelle die unterstrichenen Satzglieder an den Anfang des Satzes, um sie zu betonen.

Die Kinder in einer Grundschule in Tokio wunderten sich sehr. Die Tür zu ihrem Klassenzimmer ging in der ersten Unterrichtsstunde auf. Ein Roboter spazierte ins Klassenzimmer. Roboter-Frau „Saya" übernahm dort probeweise den Unterricht. Die neue Lehrerin begrüßte zunächst einmal die erstaunten Kinder. Die Lehrerin stellte sich dann vor. Die Kinder übten im Anschluss Rechnen.

4 Eine Reporterin hat die Kinder der Grundschulklasse besucht. Sie spricht ihre Beobachtungen direkt auf ihr Smartphone: „Die Kinder einer Grundschule in Tokio heben erstaunt die Köpfe: Auf dem Stundenplan steht Technikunterricht, aber auf dem Stuhl vorn am Lehrerpult nimmt gerade eine unbekannte junge Frau Platz. Sie stellt sich der Klasse mit einer komischen Stimme als Saya vor. Die Kinder staunen noch mehr, als sie erfahren, dass ihre neue Techniklehrerin selbst ein vollautomatischer Roboter ist."

a) Unterstreiche alle Verben (Folie oder Kopie).

b) Zu Hause schreibt die Reporterin einen Bericht für die Zeitung. Schreibe ihren Bericht und setze dazu die Verben ins **Präteritum**.

> Das **Präteritum** wird verwendet, wenn man schriftlich von etwas Vergangenem berichtet oder erzählt. Berichte, Geschichten oder Märchen stehen im Präteritum.

5 Lies, was eine Forscherin aus Finnland schreibt:

Wir haben in unserem Projekt untersucht, wie die Kinder auf den Roboter Elias reagieren. Die Kinder waren sofort begeistert vom Roboter Elias. Wir dachten, dass die Kinder schnell die Lust am Roboter Elias verlieren. Wir nahmen an, dass der Roboter Elias die Kinder vor allem interessiert, weil der Roboter Elias etwas Neues ist. Wir waren ziemlich sicher, dass die Kinder den Roboter Elias nicht lange toll finden. Das war nicht so. Die Klasse arbeitete sehr fleißig und interessiert mit dem Roboter Elias. Die Klasse lernte mit dem Roboter Elias englische Vokabeln. Außerdem trainierte die Klasse mit dem Roboter ihre Aussprache.

a) Was fällt dir an diesem Text auf?

    a. Der Text enthält nur Hauptsätze.

    b. Der Text enthält drei Rechtschreibfehler.

    c. Der Text enthält zu viele Wiederholungen.

b) Begründe deine Ansicht, indem du Beispiele im Text unterstreichst (Folie oder Kopie).

c) Überarbeite den Text und verwende **Pronomen**.

> Ersetze Nomen durch **Pronomen**. So kannst du Wiederholungen vermeiden. Achte aber darauf, dass dein Text verständlich bleibt.

6 Verknüpfe die Sätze miteinander.

a) An welche Stellen passen wenn, denn oder weil?

Saya ist der erste Lehrer-Roboter. In Japan wird der Roboter eingesetzt,   es nicht genug Lehrer gibt. Saya ist praktisch,   sie kann rund um die Uhr unterrichten und korrigieren.   die Kinder zu laut sind, sagt Saya: „Seid still!"   Lehrerin Saya mit Schülern schimpft, legt sie eine wütende Miene auf. Ganz natürlich, möchte man meinen – doch genau das ist sie nicht. Die Kinder weinen, ▓▓▓▓ Saya böse guckt. Saya reagiert nicht, ▓▓▓▓ sie kein Mitgefühl kennt. Der Erfinder weiß selbst: Roboter können Menschen nicht ersetzen, ▓▓▓▓ Roboter sind nicht lernfähig. Der Lehrer kann Saya aber einsetzen, ▓▓▓▓ er Hilfe braucht. ▓▓▓▓ die Kinder etwas üben sollen, kann er das dem Roboter überlassen. Für Kreativität und Begeisterung braucht man aber richtige Lehrer, ▓▓▓▓ eine Maschine das nie übernehmen kann.

b) Schülerinnen und Schüler sprechen über Schulroboter. Schreibe die Sätze a. bis e. ab und verbinde sie mit den **Konjunktionen** in den Klammern.

– Achte auf die Satzstellung.
– Denke auch an die Kommas zwischen Haupt- und Nebensätzen.

a. Der Schulroboter lacht uns nicht aus. Wir machen Fehler. (wenn)
   Der Schulroboter lacht uns nicht aus, wenn …
b. Roboter machen wenig Stress. Sie zeigen keine Gefühle. (weil) Roboter …
c. Schulroboter werden oft in der Klasse eingesetzt. Die Schüler können üben. (damit)
d. Roboter können kaputtgehen. Sie sind ja Maschinen. (denn)
e. Roboter können Lehrer nicht ersetzen. Sie können schon viel. (obwohl)

> Mit **Konjunktionen** wie wenn, denn, weil oder obwohl kannst du Sätze miteinander verbinden. Man nennt solche Konjunktionen auch Bindewörter.

7 Lies, was ein Experte über Schulroboter schreibt. An welchen Stellen fehlt ein Komma?
   – Markiere die Konjunktion, die den Nebensatz einleitet (Folie oder Kopie).
   – Unterstreiche den Nebensatz (Folie oder Kopie).
   – Setze ein Komma zwischen Hauptsatz und Nebensatz bzw. zwischen Nebensatz und Hauptsatz (Folie oder Kopie).

a. Der Roboter Robin wird in Kindergärten eingesetzt damit die Kinder schneller Deutsch lernen.
b. Robin erkennt sofort wenn ein Kind etwas noch nicht kann.
c. Er ist nie genervt und wiederholt schwierige Vokabeln auch ein zehntes oder elftes Mal wenn es nötig ist.
d. Die Experten beobachten dass die Kleinen gern mit dem Roboter lernen.
e. Die Kinder hören Robin gern zu obwohl seine Stimme künstlich klingt.
f. Die Experten freuen sich dass die Kinder nicht mit Roboter-Akzent sprechen.
g. Die Experten sind stolz auf Robin obwohl er noch nicht perfekt ist.

> **Haupt- und Nebensätze** bilden zusammen ein Satzgefüge. Der Nebensatz wird mit einer Konjunktion (Bindewort) eingeleitet. Das konjugierte Verb steht am Ende des Nebensatzes. Zwischen Haupt- und Nebensatz steht immer ein Komma.

8 Erkläre die Schreibung der unterstrichenen Buchstaben oder Wörter.
a. Spielzeug, Lernerfolg
   (Warum werden die Wörter am Ende mit g und nicht mit k geschrieben?)
b. der Roboter lässt …, den Schülern gefällt das, noch stärker
   (Warum werden die Wörter mit ä geschrieben?)
c. das Lernen, zum Spielen, beim Lernen
   (Warum werden die Wörter großgeschrieben?)
d. das Lern-Tool, das Team, das Vokabel-Training, das Musik-Jingle
   (Warum werden die Wörter anders ausgesprochen, als sie geschrieben werden?)

> Verwende **Rechtschreibstrategien**:
> – Verlängere die Wörter.
> – Bilde die Grundform.
> – Achte auf Signale für Nomen.
> – Bei Fremdwörtern hilft meist nur ein Wörterbuch.

Schreiben

⊞ Digital+
Aufgabenblatt „Schreiben"
Du kannst die Aufgaben auch digital oder ausgedruckt bearbeiten.

In vielen Prüfungen sollst du eine Stellungnahme zu Äußerungen in einem Text abgeben. Hier kannst du noch einmal üben, was du dabei beachten musst. Nutze die Tipps am Rand.

Eine Prüfungsaufgabe für die Abgabe einer Stellungnahme könnte so aussehen:

„Sollen an der Schule Roboter zum Lernen eingesetzt werden?"
Stimmst du der Aussage zu?
Schreibe eine Stellungnahme.

Gehe folgendermaßen vor:
– Schreibe einen einleitenden Satz.
– Finde drei Argumente für oder gegen die Aussage.
– Schreibe ausführlich und gut nachvollziehbar.
– Formuliere am Schluss einen zusammenfassenden Satz.
– Stelle Bezüge zum Text „Robo-Lehrer" her.

> Texte, die du vor dem Schreiben bearbeiten sollst, enthalten oft wichtige Informationen, die du für deinen Text nutzen kannst.

① Bereite deine Stellungnahme vor: Lies den Text, den Anna über „Robo-Lehrer" geschrieben hat. Du sollst ihren Text in deiner Stellungnahme berücksichtigen.

Robo-Lehrer

Heute haben wir ein Video mit einem Roboter gesehen. „Elias" heißt er. Er könnte auch beim Roboter-Fußball mitmachen und tanzt sogar ziemlich gut Gangnam-Style. In Wahrheit aber „arbeitet" Elias an einer Schule in der finnischen Stadt Tampere. Er steht auf einem Tisch mitten in der Klasse und
5 macht mit den Schülern Englisch-Aussprache-Übungen. Viele aus unserer Klasse finden ihn gut: Er lacht nicht, wenn man einen Fehler macht. Er wiederholt geduldig Wörter oder Aufgaben. Mein Freund Max sagt, dass er ihn besser findet als einen richtigen Lehrer. Er ist nämlich nicht streng und nicht sauer, wenn jemand was falsch macht. Meine Freundin Kyllie meint
10 aber: „Lehrer braucht man trotzdem immer noch, damit die Kinder sich benehmen." Mir ist auch ein richtiger Lehrer lieber, nicht nur, um Chaos in der Klasse zu vermeiden. Ein Lehrer oder eine Lehrerin lachen dich an, sorgen für eine gute Stimmung in der Klasse und überlegen sich auch verschiedene Aufgaben, damit der Unterricht Spaß macht.

a) Markiere (Folie oder Kopie) im Text die Gründe, die für Lehrer-Roboter und für echte Lehrer sprechen, mit verschiedenen Farben.

b) Übernimm die Tabelle von S. 271 und ergänze sie mit Informationen aus dem Text.

Sind Roboter besser als menschliche Lehrerinnen oder Lehrer?

Gründe, die für Lehrer-Roboter sprechen	Gründe, die für echte Lehrer sprechen
Er lacht nicht, wenn man …	Man braucht sie, weil …
Er ist geduldig und …	Sie …
Wenn man etwas falsch macht, …	Sie …

2 Plane deine Stellungnahme: Mache dir einen **Schreibplan**.

a) Überlege, was in die einzelnen Abschnitte gehört.

b) Übernimm den Schreibplan und trage die Sätze passend in die linke Spalte ein:
- Schreibe, um welches Thema es geht.
- Begründe deinen Standpunkt mit Argumenten aus dem Text.
- Du kannst noch eigene Argumente anführen.
- Formuliere deinen Standpunkt zur Streitfrage.
- Fasse deine Meinung noch einmal zusammen.
- Greife ein Argument der Gegenseite auf und entkräfte es.
- Bekräftige noch einmal deine Meinung.

> Ein **Schreibplan** hilft dir beim Formulieren deines Textes.
> Überlege, was du in der Einleitung, im Hauptteil und im Schluss schreiben willst.
> Mit den Formulierungshilfen kommst du direkt ins Schreiben.

Schreibplan

Gliederung	Formulierungshilfen
Einleitung (einleitender Satz)	So sieht die Situation heute aus … Die Frage ist … Ich bin der Meinung …
Hauptteil (drei Argumente für oder gegen Aussage, Bezüge zum Text)	Dazu kann ich mehrere Argumente nennen. Ein wichtiges Argument ist … Im Text steht … Viele sind der Meinung, … Ich denke aber … Ein weiteres Argument ist …
Schluss (zusammenfassender Satz)	Ich fasse noch einmal zusammen: … Ich bin überzeugt, dass …

3 Formuliere deine Stellungnahme.
- Nutze die Schreibanweisungen und Formulierungshilfen aus deinem Schreibplan.

4 Überarbeite deine Stellungnahme. Lies dazu deinen Text noch einmal und überlege, an welchen Stellen du etwas verbessern kannst.
- Hast du alle Punkte des Schreibplans berücksichtigt?
- Überprüfe, ob du vollständige Sätze geschrieben hast.
- Hast du auch an Punkte und Kommas gedacht?
- Kontrolliere noch einmal, ob du alle Nomen großgeschrieben hast.

Den eigenen Text überprüfen und korrigieren

In schriftlichen Leistungsüberprüfungen oder in einer Abschluss-prüfung bekommst du die Aufgabe, einen eigenen Text mit Hilfe von Teilaufgaben zu schreiben. Zur Vorbereitung übst du in diesem Kapitel, was du in Phasen der Textüberprüfung tun kannst, um einen gelunge-nen Text vorzulegen.

PRÜFUNGSTRAINING

1 Hanno hat zu einem Vorschlag des Schulleiters (Herr Jores) Stellung genommen. Er nutzt vor Abgabe seiner Prüfungsaufgaben die verbleibende Zeit zu einer letzten Kontrolle. Lest seinen Text (S. 273) und schaut euch genau an, wie er ihn mit seinen Korrekturen zur Bewertung vorlegen will: Wozu und wo macht er letzte Korrekturen?

2 Untersucht in Partnerarbeit, wie Hanno in drei Leseschritten zu seinen Korrekturen gekommen ist und wie er sie notiert hat.

a) Im Leseschritt 1 hat er bemerkt, dass er einen Aspekt aus seinem Schreibplan vergessen hat. Er hat im Text gekennzeichnet, wo er hingehört, und ihn unter dem Text notiert. Lest diese Textstelle mit seiner Ergänzung und besprecht, was er dadurch erreicht.

b) Untersucht die Korrekturen zu den Leseschritten 2 und 3 so:
   – Abwechselnd nennt ihr eine korrigierte Textstelle.
     Zu ... in Zeile ... gibt es eine Korrektur. Warum?
   – Gemeinsam wird die Korrektur begründet und erläutert.
     Der Leseschritt ... zeigt ... Ersetzt/berichtigt wurde ... Möglich wäre auch ...

c) Bewertet abschließend, wie korrigiert wurde:
   – Was würdet ihr auch so machen? Habt ihr Änderungsvorschläge?
   – Notiert eure Ergebnisse und besprecht sie mit anderen Partnergruppen.

> **Variante zu Aufgabe 2b:** Einer nennt eine gelun-gene Textstelle. Gemeinsam wird erläutert, was hier richtig gemacht wurde.

METHODE › **Fehler finden und berichtigen**

Überprüfe und kontrolliere den eigenen Text in **drei Leseschritten**:
- **Leseschritt 1**: Überprüfe, ob du den Arbeitsauftrag richtig und vollständig um-gesetzt hast. Lies die Teilaufgaben noch einmal und notiere, falls etwas fehlt.
- **Leseschritt 2**: Achte auf eine angemessene Ausdrucksweise.
- **Leseschritt 3**: Achte auf korrekte Zeichensetzung und Rechtschreibung.

Probiere bei notwendigen Korrekturen verschiedene Möglichkeiten aus.
Lies nach jeder Berichtigung auch die Textteile, die vor und nach der berichtigten Stelle liegen: Klingt es jetzt besser?

Guten Tag Herr Jores,

in Ihrer Info auf der ~~homepage~~ [Homepage] haben Sie das Thema der nächsten Projektwoche

dargestellt und begründet. Sie schlagen vor, dass wir uns mit Computerspielen

beschäftigen. Natürlich ist das ein wichtiges ~~thema~~ [Thema] [1)], das auch viele Schülerinnen

und Schüler anspricht. Aber wir möchten diesmal einen anderen ~~schwerpunkt~~ [Schwerpunkt]

setzen. Wir haben uns vor Kurzem im Wahlpflichtunterricht mit ~~Gamification~~ [dem Belohnungssystem des Gehirns durch spielerische Anreize (Gamification)]

beschäftigt und dabei ist uns eine ~~voll coole Idee~~ [interessante Idee] gekommen: Wie wäre es, wenn

wir unangenehme oder langweilige Aufgaben im Schulalltag mit ~~ordentlich Fun~~ [mehr Spaß]

erledigen könnten?

~~Es ist doch wohl klar wie Kloßbrühe~~ [Es liegt doch auf der Hand], dass man mit kleinen Belohnungen das

Verhalten der Schülerinnen und Schüler (und auch der Lehrerinnen und Lehrer)

zum Besseren verändern kann. In einer Art „Erfinderwoche" könnte man jede

Menge ~~abgedrehte Ideen~~ [kreative Ideen] dazu sammeln und ausprobieren. In der Presse wurde z. B.

von einem Experiment berichtet, wo man einen Behälter für Flaschenrückgabe bei

Einwurf bunt blinken ließ. Gleichzeitig wurde ein persönlicher ~~Skore~~ [Score] mit digitaler

Anzeige im ~~Dispei~~ [Display] aktiviert. Da wird es doch möglich sein, so etwas Ähnliches auch

beispielsweise für die Abfallvermeidung auf dem Schulhof zu erfinden.

Die Projektwoche gibt uns da Raum und Zeit für eigene Experimente.

Deshalb möchten wir abschließend noch einmal betonen, dass eine Gamification-

Projektwoche nicht nur die Kreativität fördert, sondern mit ihren Ergebnissen

auch in den Schulalltag hineinwirken kann.

Viele Grüße

Hanno Grothe, 9b

1) Sie weisen zur Begründung auf neuere Untersuchungen hin, die zunehmende
Suchtgefahren festgestellt haben. Aber auch die positiven Begleiterscheinungen
wollen Sie zur Sprache bringen.

Leseschritt 1: Auf den Inhalt achten

🔲 **Digital+**
**Aufgabenblatt
„Auf den Inhalt
achten"**
*Du kannst die folgen-
den Aufgaben auch
digital oder ausge-
druckt bearbeiten.*

**Überprüfe: Kommt in deinem Text alles vor, was die Aufgabenstellung von dir
fordert? Oder sollte etwas ergänzt, anders angeordnet oder gestrichen werden?
Dazu kann dir ein Vergleich mit den Teilaufgaben der Aufgabenstellung wichtige
Hinweise geben.**

1 Alica hat in einer Leistungsüberprüfung folgenden Schreibauftrag erhalten:

> Verfasse für eine Infotafel auf der Berufsbörse einen informativen Text.
> Nutze die zur Verfügung gestellten Materialien und deine eigenen Informationen
> aus Gesprächen und Beobachtungen.
>
> Gehe so vor:
> a) Formuliere eine passende Überschrift, die zum Lesen anregt.
> b) Schreibe in der Einleitung, worüber du informieren willst.
> c) Stelle dar, was zu einer inklusiven Ausbildung in einem Betrieb gehört.
> d) Erläutere es mit Beispielen, auch aus deiner eigenen Erfahrung.
> e) Gib abschließend ein Fazit, wie du eine solche Ausbildung beurteilst.

**Inhaltliche
Schwächen**,
auf die du achten
solltest:
– Unpassende
  Informationen?
– Doppelungen?
– Auslassungen?
– Sachliche
  Fehler?

2 Auf Grundlage ihrer Vorbereitungen hat sie den Textentwurf auf Seite 275 erstellt.
Lest den Schreibauftrag und ihren Textentwurf. Sprecht über alles, was euch dabei
auffällt – was ihr erfahrt und was ihr noch gern erfahren hättet.

3 Beim Überprüfen ihres Entwurfs mit dem **Leseschritt 1** stellt Alica fest:
– Im Entwurf kommt alles vor, was in den Teilaufgaben gefordert wird.
– Es gibt zwei unpassende Informationen, die nicht in den Text gehören.
– Zwei eingeplante Informationen fehlten. Diese hat sie unter ihrem Textentwurf
  schon eingefügt.

a) Erläutert mit Beispielen aus dem Text die Vollständigkeit des Textentwurfs.
b) Findet die beiden unpassenden Informationen und streicht sie (Folie oder Kopie).
  – Begründet eure Entscheidung.
  – Lest beide Textstellen ohne die gestrichenen Informationen: Passt es so oder
    muss noch etwas geändert werden, damit der Text sich besser anhört?
c) Lies Alicas Ergänzungen 1) und 2) unter ihrem Textentwurf.
  – Kennzeichne im Textentwurf die Stellen mit 1) und 2), wo die beiden Informatio-
    nen passen und eingefügt werden können (Folie oder Kopie).
  – Passen sie in den Textzusammenhang ohne weitere Änderung?
  Begründet eure Entscheidungen.

Alicas Textentwurf

<u>Ausbildung in einem inklusiven Betrieb</u>

In meinem letzten Praktikum habe ich erfahren, dass Unterstützungsangebote, wie ich sie aus der Schule kenne, auch in einem Betrieb möglich sind. Ich möchte darüber informieren, vor allem diejenigen, die vielleicht nach der Schule Förderbedarf bei Berufswahl und Berufsausbildung haben.

Bei der kleinen Stahlbaufirma, bei der ich mein Praktikum absolviert habe, gab es eine Besonderheit: Zwei der Auszubildenden nutzten individuell auf ihren Bedarf zugeschnittene Förderungsmöglichkeiten. Aus einer Broschüre des Betriebs ging hervor, dass man sich dort am Modell der „assistierten Ausbildung" orientiert. Das bedeutet, der Betrieb arbeitet intensiv mit Betreuern der Auszubildenden zusammen, hilft bei der Dokumentation von Fortschritten und Problemen und es gibt regelmäßige gemeinsame Gespräche. Eine weitere besondere Fördermöglichkeit ist die „Fachpraktikerausbildung" mit weniger Theorie und mehr praktischen Anteilen. Mir hat es gut gefallen, mit dem Hütehund der Firma täglich spazieren zu gehen. Eine Auszubildende im kaufmännischen Bereich machte gerade eine „assistierte Ausbildung". Das heißt, sie hatte einen persönlichen Betreuer, an den sie sich mit allen Problemen wenden konnte. Er half ihr zum Beispiel dabei, das Berichtsheft für die Berufsschule zu führen, und übte mit ihr Englisch. Auch wenn sie im Betrieb mit etwas nicht zurechtkam, konnte sie sich an ihn wenden.

Der Auszubildende in der Produktion, mit dem ich gesprochen habe, hatte Probleme mit den theoretischen Anforderungen. Zum Beispiel fielen ihm Berechnungen und Zeichnungen sehr schwer. Hier war man übereingekommen, in einer Fachpraktikerausbildung den Theorieanteil bei der Ausbildung stark einzuschränken und dafür den Schwerpunkt auf die praktische Arbeit zu legen, die ihm gut von der Hand ging. Ich habe im Praktikum tolle neue Freude kennengelernt. Alle Auszubildenden und ich treffen uns jetzt regelmäßig zum Fußballspielen.

Auch die Mitarbeitenden im Betrieb waren gut auf die inklusive Ausbildung eingestellt. Die Ausbilderinnen und Ausbilder machten regelmäßig Fortbildungen, abgestimmt auf die Bedürfnisse, die die Auszubildenden jeweils mitbrachten.

Das alles waren für mich neue Informationen und Erfahrungen. Sie sind besonders ermutigend für Schülerinnen und Schüler, die Unterstützung benötigen. Aber die guten Erfahrungen könnten auch für mich als Mensch ohne Förderbedarf ein Kriterium bei der Wahl meines zukünftigen Ausbildungsbetriebs sein. Denn insgesamt war der Umgang miteinander offen, freundlich und vertrauensvoll.

1) Die Ausbildung dauert meist 2 bis 3 Jahre und muss bei der zuständigen Kammer beantragt werden.

2) Zum Beispiel lernten sie, genau hinzuhören, wenn jemand seine Schwierigkeiten erklärte. Oder sie waren informiert über die speziellen Anforderungen, die bei der assistierten Ausbildung oder der Fachpraktikerausbildung für den Betrieb wichtig waren.

Leseschritt 2: Auf die Ausdrucksweise achten

Überprüfe: Versteht man deinen Text gut? Ist er zusammenhängend und interes- sant geschrieben? Oder gibt es störende Wiederholungen? Gibt es viele unver- bundene Hauptsätze hintereinander oder unüberschaubare, komplizierte Sätze? Hier kannst du üben, sprachliche Schwächen aufzuspüren und zu berichtigen.

① Orientiere dich: Lies die Angaben im Methodenkasten und die Übungstexte A – D. Es sind Ausschnitte aus Leistungsüberprüfungen aus einer 9. Klasse.

> **METHODE** ▸ **Den eigenen Text sprachlich überarbeiten**
>
> **1.** Lies deinen Text. Achte dabei auf mögliche Schwächen im Ausdruck.
> **2.** Lies den Satz oder Abschnitt mit sprachlichen Schwächen noch einmal. Achte dabei auf Wortwahl und Satzbau. Markiere, was du ändern willst.
> **3.** Korrigiere die Textschwächen mit **Strategien**:
> – Ein Wort durch ein anderes **ersetzen**: Oft ist es angemessener, treffender oder unmissverständlicher.
> – Satzglieder am Satzanfang **verschieben**: Die Satzglieder am Satzanfang haben ein besonderes Gewicht und stellen den Zusammenhang der Sätze her.
> – Lange Sätze **umformen**: Sie sind oft sehr kompliziert formuliert und schwer verständlich.
> – Kurze Sätze miteinander **verbinden**: Ein Text, der nur aus kurzen Haupt- sätzen besteht, kann sehr abgehackt wirken.

Sprachliche Schwächen, auf die du achten solltest:
– Wortwieder- holungen in unmittelbarer Nachbarschaft
– Umgangs- sprache
– unverbundene Sätze
– immer gleiche Satzanfänge
– zu lange, schwer ver- ständliche Sätze („Satz- ungetüme")

② Übt zu zweit mit den Textausschnitten A – D und den Angaben im Methodenkasten:
a) Einigt euch zu Beginn einer Übung auf einen Textausschnitt.
b) Jeder liest ihn mehrmals. Die Sprechblasen geben euch Überarbeitungshinweise.
c) Jeder macht mit Hilfe einer Strategie aus dem Methodenkasten einen Vorschlag zur Berichtigung und schreibt ihn auf.
d) Stellt euch eure Ergebnisse vor und sucht nach einer gemeinsamen Lösung.
e) Begründet, warum ihr eure Berichtigungsvorschläge für besser haltet.
f) Stellt eure Ergebnisse anderen Partnergruppen vor und besprecht sie mit ihnen.

Im Otterzentrum Hankensbüttel

Der Biologiekurs der Burgschule erkundete das Otterzentrum in Hankensbüttel. Der Experte nahm sich viel Zeit. Zuerst traf man sich im Schulungsraum des Otterzentrums, dann ging es hinaus in die Natur. Auf die vielen Fragen der Jugendlichen wusste der Experte immer die passende Antwort. Der Experte erklärte: „Fischotter sind nachtaktive Tiere, man kann Fischotter in freier Wildbahn normalerweise nicht beobachten." Die Gruppe bekam aber trotzdem ein prächtiges Exemplar eines Fischotters zu sehen. Der Fischotter gehört zur großen Familie der Marder. Die Gruppe fand die Führung gut. Die Führung war fachlich auf der Höhe.

Textausschnitt A

Gibt es Sätze mit störenden Wiederholungen?

Früher war der total putzige Fischotter häufig anzutreffen, doch heute ist er in ganz Europa selten. Da schlägt man sich doch vor den Kopf: Die Bestände wurden durch Fang und rücksichtsloses Abknallen nahezu plattgemacht. Vor allem durch gedankenloses Zumüllen und Verseuchen der Gewässer wurden sie vertrieben. Manchmal verfangen sie sich auch in Fischreusen, wenn sie hinter ihren Beutefischen herschwimmen. Sie sind ja Luft atmende Säugetiere und da geht ihnen die Puste aus. Das ist wirklich ein himmelschreiendes Unrecht, eine große Schweinerei! Es wurde Zeit, dass Schutzmaßnahmen eingeleitet wurden. Zum Beispiel kümmert man sich jetzt um eine europaweite Raumbewertung, die günstige Lebensbedingungen checkt.

Textausschnitt B

Kommen umgangssprachliche Wendungen und Ausdrücke vor?

Zum Verhalten der Fischotter liegen noch nicht sehr viele Forschungsergebnisse vor, weil man sie eben nicht gut im Freiland beobachten kann. Der Fischotter, so lernten die Jugendlichen aber, hat einige besondere Eigenschaften, zu denen beispielsweise gehört, dass er seine ausgeschiedenen Exkremente nicht einfach irgendwo, sondern an sorgfältig ausgewählten Stellen absetzt. So können andere Otter, die vorbeikommen, sie leicht finden, was zur Folge hat, dass sie nicht weiter in das fremde Revier gehen, weil sie sie als „Eintrittsverbote" betrachten, die sie am Weitergehen hindern. So bleiben die Reviere der Tiere getrennt und sie kommen sich gegenseitig nicht in die Quere und müssen um die Nahrung streiten.

Textausschnitt C

Gibt es Sätze, die zu kompliziert sind?

Eine Eigenart der Fischotter ist: Sie schwimmen nie unter einer Brücke hindurch, wenn ein Bach oder ein Fluss unter einer Straße durchfließt. Sie verlassen das sprudelnde Wasser. Das gilt auch bei engen Durchlässen. Auch für Rohrverbindungen unter der Straße. Sie wollen unter der Brücke am Uferrand weitergehen. Dort ist aber kein Uferstreifen. Sie überqueren die verkehrsreiche Straße. Manche der armen Tiere werden überfahren. Das ist die Todesursache Nummer eins. Der Experte schlägt vor, dass man immer einen Uferstreifen unter Brücken vorsehen sollte. Es reicht eine Holzplanke. Dann würden auch keine Tiere mehr überfahren.

Textausschnitt D

Wirken einzelne Sätze zu abgehackt?

Leseschritt 3: Auf die Sprachrichtigkeit achten

Digital+
Aufgabenblatt „Auf die Sprach-richtigkeit achten"
Du kannst die folgenden Aufgaben auch digital oder ausgedruckt bearbeiten.

Wenn dein Text inhaltlich und sprachlich in Ordnung ist, überprüfst du abschließend die Rechtschreibung und Zeichensetzung. Hier übst du mit Strategien, die du zur Fehlerfindung in eigenen Texten einsetzen kannst.

Auf die Rechtschreibung achten

1 Orientiere dich: Lies die Hinweise im Methodenkasten und die Übungstexte mit den Hilfen in den Sprechblasen. Es sind Textteile aus einem Kommentar von Herrn Beck.

METHODE   **Rechtschreibfehler finden und berichtigen**

→ *Hinweise zu den Regeln und Strategien findet ihr in Wissen und Können (S. 295 – 297).*

1. Lies deinen Text Satz für Satz, Wort für Wort: Lies, was da steht, am besten halblaut. Fehler, die du so findest, korrigiere sofort.

2. Kontrolliere Wörter zu Fehlerschwerpunkten, die du von dir kennst:
  – Mit ä oder äu, mit f oder ff, mit b, d oder g ...? Überprüfe im Zweifelsfall mit Rechtschreibstrategien: Silbenprobe, Verlängern, Ableiten, Zerlegen.
  – Groß oder klein? Probiere im Zweifelsfall, ob das betreffende Wort mit einem Adjektiv erweiterbar ist und dann großgeschrieben wird.
  – Getrennt oder zusammen? Wortgruppen schreibt man getrennt; du kannst ein oder mehrere Wörter dazwischen einschieben. Zusammensetzungen schreibt man zusammen; beim Sprechen liegt die Betonung nur auf einer Stelle im Wort.
  – Mit „dass" als Konjunktion? Mit einem dass-Satz ergänzt und führt man zu Ende, was jemand sagt, was jemand richtig findet, worauf man sich freut ... Am Ende des dass-Satzes steht – wie bei allen Nebensätzen – das konjugierte Verb.

---

2 Übe mit den Textausschnitten A – D und den Angaben im Methodenkasten.
  – Finde die Fehler in den Texten und berichtige sie.
  – Erläutere deine Korrekturen im Gespräch mit jemandem.

Textausschnitt A

Groß oder klein?

Was soll ich gegen den ständigen Smartphone-Terror machen? Meine Nerven sind am ende, der Stress treibt meinen Blutdruck hoch. Ich habe dazu schon öfter etwas gesagt, aber dieses ganze Thema ist eben etwas wichtiges für mich. Es ist möglich, dass ich hier viel ungerechtes von mir gebe, aber ich habe auch schon manches Ärgerliche und sogar gefährliches erlebt. Z. B. telefonierende Radfahrer mitten auf der fahrbahn, die manches gar nicht mitbekommen. Ich möchte warnen, aber mein hupen würde wohl nichts gutes bewirken und sie vor schreck vom Fahrrad fallen lassen.

Nicht einmal als betlegeriger Patient im Krankenhauszimmer ist man vor der Kommunikationswut sicher. Ich kann mich nicht voller Vertrauen in die erztliche Behandlung begeben und auf schnelle Besserung hofen. Nach einem Unfal wachte ich, eußerlich nur leicht verletzt, aus der leichten Beteubung auf – schon mischten sich meine Treume mit Klingeltönen und der äußerst lauten Stimme meines Betnachbarn. Der kommentierte ofenbar gegenüber einem Gescheftspartner am anderen Ende ständig und ausführlich seine Darmprobleme.

Textausschnitt B

Mit Silbenge-
lenk oder ohne?
Mit ä oder äu?

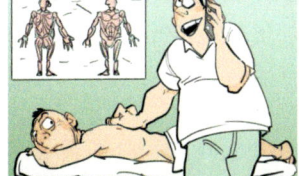

Es wurde nötig, dass ich meine schmerzenden Knochen später von einem Masseur behandeln lassen musste. Bei einer Behandlung wunderte ich mich, das er plötzlich nur noch mit einer Hand arbeitete. Dann hörte ich, das er am Smartphone telefonierte. Das es einen Freisprechmodus gibt, hatte er wohl noch nicht gehört. Ich glaube, es könnte sogar passieren, dass Patienten während einer Operation ihr Smartphone für eine Live-Übertragung eingeschaltet lassen. Es wird wirklich Zeit, dass ein Benimm-Buch den Leuten mal zeigt, das es auch höflicher geht.

Textausschnitt C

Wo und warum
mit „dass"?

Jetzt erlebe ich leider teglich Menschen, die sich daneben benehmen, wenn sie zu allen gelegenheiten an unpassenden Orten mit unpassender Lautstärke viel unpassendes von sich geben. Bis dahin halte ich einige persönliche widerstandsformen gegen lestige Smartphonianer für sinvoll und berechtigt: vorwurfsvoll anstaren, laut singen, mit sich selbst reden, Gesprächsteile lautwiederholen oder mit dem eigenen Smartfone ein verrücktes Gespräch führen.

Textausschnitt D

– Mit Silbengelenk
  oder ohne?
– Mit ä oder äu?
– Groß oder klein?
– Zusammen oder
  getrennt?

Auf die Zeichensetzung achten

3 Orientiere dich: Lies die Angaben im Methodenkasten und die Übungstexte (S. 280).

METHODE ▶ **Zeichensetzungsfehler finden und berichtigen**

– Lest den Text Satz für Satz und achtet auf Sinneinheiten: Wo macht ihr beim Sprechen eine Pause? Dort steht häufig ein Satzschlusszeichen oder Komma.
– Achtet auf Signalwörter (Konjunktionen, Relativpronomen und Fragewörter, die Nebensätze einleiten wie weil, wenn, obwohl, ...; die, der, das, ...; wer, wie, was, ... Vor ihnen steht ein Satzzeichen.
– Achtet auf Aufzählungen von Wortgruppen und Sätzen. Sie werden mit Komma oder mit und getrennt, um die Gliederung des Satzes deutlich zu machen.
– Achtet bei Satzgefügen auf Beginn und Ende des Nebensatzes:
  Er beginnt mit einer Konjunktion, einem Relativpronomen oder Fragewort.
  Er endet mit dem konjugierten Verb.

4 Übe mit den Textausschnitten A – C. Sie gehören zu Leserantworten von Schülerinnen und Schülern einer Klasse 9 zum Kommentar von Herrn Beck auf Seite 278/279. Setze die fehlenden Satzzeichen (Folie oder Kopie). Begründe sie und die bereits vorhandenen im Gespräch mit jemandem.

Textausschnitt A

Sehr geehrter Herr Beck,
Ihren Kommentar zum Smartphone-Gebrauch finde ich sehr einseitig denn Sie äußern fast nur Kritik. Sie gehen davon aus dass alle rücksichtslose Zeitgenossen sind die ein Smartphone nutzen. Ich weiß aber dass das nicht so ist weil ich ganz andere Erfahrungen gemacht habe. Zum Beispiel hat jemand mit seinem Smartphone sofort Hilfe gerufen nachdem ich schwer gestürzt war. Ich kann Ihre ablehnende Haltung auch deshalb nicht teilen weil mir auch viele höfliche und leise Nutzer aufgefallen sind. Obwohl Ihre Beispiele sehr übertrieben und unglaubwürdig sind, kann ich allerdings verstehen dass sie sich manchmal ärgern …

Textausschnitt B

Guten Tag Herr Beck,
in Ihrem Kommentar schreiben Sie sehr kritisch darüber, wie manche Leute mit dem Handy umgehen. Sie beschreiben aber Fälle die zum Teil sehr übertrieben wirken. Sie erwähnen zum Beispiel Patienten, die „während einer Operation ihr Smartphone für eine Live-Übertragung eingeschaltet lassen". Ich weiß nicht was Sie sich dabei gedacht haben. Es sind Beispiele, die die Leser kaum glauben können. Das könnte ein Grund sein warum manche vielleicht Ihren ganzen Kommentar nicht ernst nehmen. Wer hat denn jemals einen Masseur erlebt, der „plötzlich nur noch mit einer Hand arbeitete"? …

Textausschnitt C

Hallo Herr Beck,
bei Ihrem Kommentar haben Sie offenbar überhaupt nicht darüber nachgedacht, dass Smartphones auch Vorteile bieten hilfreich sein können und sogar Leben retten können. Man bleibt einfach mit anderen in Verbindung, man kann sich jederzeit austauschen und man ist immer informiert. Ein Smartphone kann als Telefon gebraucht werden als Fotoapparat als Videoaufnahme- und -abspielgerät und als Tonaufnahmegerät. Sie sollten das auch bedenken, Sie sollten es zumindest in ihrem Kommentar erwähnen und Sie sollten vor allem nicht nur das Negative darstellen …

> Überprüfe die
> **Zeichensetzung**
> mit Blick auf
> – Sinneinheiten,
> – Aufzählungen,
> – Nebensätze mit
>   Konjunktionen,
>   Relativpro-
>   nomen oder
>   Fragewörtern,
> – Anführungs-
>   zeichen bei
>   wörtlicher
>   Übernahme aus
>   fremden Texten.

5 Übt mit der folgenden Methode zu zweit oder in kleinen Gruppen und gewinnt Sicherheit im Umgang mit Rechtschreibung und Zeichensetzung. Ihr könnt dazu den Text „Bürgermeister Pony" (S. 281) oder einen eigenen fehlerfreien Text nehmen.

Warum wird … mit … und nicht mit … geschrieben?

…, weil …

Wie in … und …

Warum in Zeile … ein Komma vor …

Im Wörterbuch steht dazu …

METHODE ▷ **Ein Gespräch über Sprachrichtigkeit führen**

1. Legt fest, ob ihr die Fragen zur Rechtschreibung getrennt von Fragen zur Zeichensetzung besprechen wollt.
2. Alle Beteiligten lesen den Übungstext. Alle markieren (Folie oder Kopie) Wörter und Satzzeichen, zu denen sie nach Begründungen fragen möchten.
3. Nach dieser Vorbereitung beginnt das gemeinsame Gespräch:
   – Der erste Satz wird laut vorgelesen.
   – Jeder, der möchte, stellt seine Frage. Andere antworten darauf mit einer Begründung.
   – So geht ihr Satz für Satz den Text durch.
   Das Gespräch kann jederzeit unterbrochen und später fortgesetzt werden.

Bürgermeister „Pony"

In einem englischen Dorf läuft ein Pony durch den Park, das eine rote Decke auf dem Rücken und eine Kette mit dem Orden des Dorfes um den Hals trägt. Das wäre an sich vielleicht noch nicht

5 einmal so besonders ungewöhnlich. Aber das Pony soll der Bürgermeister des kleinen Dorfes sein. Vorbeilaufende grüßen es auch voller Ehrerbietung und rufen ihm gute Wünsche zu. Wie kam es dazu? Der ehemalige Bürgermeister

10 war gestorben und es gab noch keine Wiederwahl. In einer Kneipe schlug jemand Pony Patrick als Bürgermeister vor. Patrick war damals schon sehr bekannt. Auf seiner kleinen Koppel im Garten konnten Kinder und alle, die den Kontakt

15 zu ihm genossen, ihn streicheln. Das führte dazu, dass er so etwas wie eine Dorfberühmtheit wurde. Nach dem Vorschlag in der Kneipe sammelte man Spenden und Unterschriften, die in großer Zahl zusammenkamen, und Patrick wurde feier-

20 lich in sein Amt eingeführt.
Für das Ehepaar, dem Patrick gehört, ist seitdem vieles anders geworden. Man kann mit Patrick nicht einfach durchs Dorf laufen, ohne dass Leute stehen bleiben, ihn anfassen und „ihren

25 Bürgermeister" begrüßen wollen.

Es gab sogar Berichte in großen Zeitungen und im Fernsehen. Auch das örtliche Tourismus-Management interessiert sich für ihn als Werbe-Ikone.
Aber so ist das in der Politik: Obwohl sicher fast 30 100 Prozent der Dorfbevölkerung von Patrick begeistert sind, gibt es auch Einzelne, die kritisch eingestellt sind. Das kann Patricks Besitzer nicht verstehen. Denn es ist doch so, dass Patrick zwar bei Eröffnungen und anderen 35 wichtigen Veranstaltungen dabei ist, aber natürlich nicht im Rathaus an politischen Fragen und Diskussionen des Stadtrats beteiligt ist. Er vermutet, dass z. B. einer der Kritiker, der gar kein Dorfbewohner ist, selbst gern 40 Bürgermeister würde.

WISSEN UND KÖNNEN

Sprechen und Zuhören

Gespräche führen

Wenn zwei oder mehrere Personen abwechselnd miteinander sprechen, führen sie ein **Gespräch**. Die Gespräche in literarischen Texten nennt man **Dialoge**. An Gesprächen und Dialogen sind immer Sprechende und Zuhörende beteiligt. Es gibt unterschiedliche Arten von Gesprächen:

– In einem **Vorstellungs-** oder **Bewerbungsgespräch** bewirbt man sich z. B. um einen Praktikums- oder Ausbildungsplatz.
– In **Diskussionen** tauscht man Meinungen und Argumente miteinander aus. Man begründet seine Meinung und versucht die anderen zu überzeugen.
– Im **Unterrichtsgespräch** sprecht ihr in Gruppen oder gemeinsam mit dem Lehrer oder der Lehrerin über ein Thema.
– Im **Literaturgespräch** tauscht ihr eure Gedanken über einen literarischen Text aus, in einem **Filmgespräch** über einen Film.

Gesprächsregeln beachten

Gesprächsregeln brauchen wir, damit unsere Gespräche geordnet ablaufen. Einige wichtige Gesprächsregeln sind:
– Wir lassen andere ausreden.
– Wir hören anderen aufmerksam zu.
– Wir gehen auf die Redebeiträge der anderen ein.
– Wir gehen fair und respektvoll miteinander um.
Achte auch auf deine Körperhaltung und halte Blickkontakt. Wenn man Gespräche beobachtet, kann man viel für das eigene Gesprächsverhalten lernen, z. B. in einer Diskussion.

Hören und Zuhören

Oft wird von dir als **Zuhörer** verlangt, einen Hörtext (z. B. einen Podcast) oder einen Hör-Seh-Text (z. B. ein Video) zu bearbeiten. Dabei gehst du Schritt für Schritt vor:
1. Vor dem Hören/Sehen:
   Das Thema kennenlernen und Erwartungen formulieren.
2. Nach dem ersten Hören/Sehen:
   Herausfinden, worum es geht.
3. Während des zweiten Hörens/Sehens:
   Wichtige Informationen heraushören und festhalten.
4. Nach dem Hören/Sehen:
   Mit den Informationen weiterarbeiten.

Kurzvorträge halten und digital präsentieren

Oft präsentierst du Arbeitsergebnisse in einem Kurzvortrag, z. B. zum Thema „Reisen früher und heute".
Gehe Schritt für Schritt vor:
1. Mache dich mit dem Thema vertraut und recherchiere zum Thema (z. B. im Internet).
2. Sammle und ordne Informationen und erstelle eine Gliederung für deine Präsentation.
3. Formuliere und gestalte Präsentationsfolien und Redekarten.
4. Halte deinen Kurzvortrag: Sprich möglichst frei, laut und deutlich.
5. Lass dir zu deiner Präsentation ein Feedback geben.

Miteinander diskutieren

In der Schule, unter Freunden oder zu Hause diskutiert ihr oft über unterschiedliche Themen und tauscht dabei eure Meinungen aus. Beim Diskutieren solltet ihr immer Folgendes beachten:
– Ihr solltet euch eine Meinung bilden, diese äußern und gut begründen.
– Ihr könnt euch auf eine Diskussion vorbereiten, indem ihr Argumente aus Materialien herausarbeitet und ordnet.
– Beim Diskutieren müsst ihr den anderen Gesprächspartnern genau zuhören und auf ihre Meinung eingehen.
– Das Diskutieren könnt ihr üben, z. B. in einer Debatte.
– Nach der Diskussion solltet ihr euer Diskussionsverhalten auswerten.

Szenisch spielen

Beim Theaterspielen könnt ihr in verschiedene Rollen schlüpfen und mit Sprache, Mimik und Gestik Gedanken und Gefühle der Figuren auszudrücken. Ihr könnt z. B.
– gemeinsam einen Lesevortrag entwickeln,
– Standbilder erstellen
– Figuren befragen,
– Szenen spielen,
– über die Arbeit mit dem Theaterstück nachdenken.

Schreiben

Schreibanlässe und Schreibziele

Du schreibst zu verschiedenen Anlässen und kannst mit deinen Texten unterschiedliche Adressaten und Ziele erreichen, z. B.:

– Du schreibst informierende Texte über Arbeitsabläufe und erklärst Sachverhalte unter Benutzung von Materialien und Beobachtungen, z. B. über Betriebspraktika, die du in einer Praktikumsmappe dokumentieren kannst.

– Du verfasst argumentative Texte und nimmst z. B. in einem Brief oder einer Leserantwort Stellung zu strittigen Themen des Schullebens oder der Freizeit.

– Du bewirbst dich in einem offiziellen Brief z. B. um einen Praktikums- oder Ausbildungsplatz. Du informierst gezielt über deine Fähigkeiten und Ziele, um die Adressaten deines Schreibens von deinem Anliegen zu überzeugen.

– Du untersuchst einen Sachtext und schreibst deine Ergebnisse auf.

– Du untersuchst und deutest einen erzählenden Text oder ein Gedicht.

– Du schreibst zu literarischen Texten, indem du z. B. eine Geschichte aus Sicht einer anderen Figur neu aufschreibst.

– Du untersuchst, vergleichst und beurteilst Texte.

Schreibauftrag und Schreibplan

Wie unterschiedlich die Schreibaufträge auch sein mögen, die Vorgehensweise beim Verfassen eines Textes ist fast immer gleich:

– Du liest den **Schreibauftrag** sorgfältig und beachtest und markierst, was von dir erwartet wird.

– Du sammelst Ideen für das Schreiben, z. B. auf Ideenzetteln.

– Du legst in einem **Schreibplan** fest, in welcher Reihenfolge du schreibst und wie du formulieren willst. In der Schule gibt es zu Schreibaufgaben häufig Teilaufgaben. Aus ihnen kannst du entnehmen, was in die Einleitung, in den Hauptteil und in den Schluss deines Textes gehört.

– Du formulierst mit Hilfe deiner Vorarbeiten einen ersten **Textentwurf** und überarbeitest deinen Text.

– Am Ende steht der fertige Text als **Reinschrift**. Alles, was du für andere schreibst, sollte gut lesbar sein und möglichst keine Rechtschreib- und Zeichensetzungsfehler enthalten. Wenn du deine Texte durch Absätze gliederst und übersichtlich gestaltest, macht es mehr Spaß, sie zu lesen.

Textüberarbeitung

Du kannst deine Texte mit Hilfe von Proben überarbeiten:

1. Achte darauf, ob du Wörter nicht zu oft wiederholst. Mache **Ersatzproben** und ersetze Wiederholungen durch Adverbien (in den Medien → dort), Pronomen (die Leserinnen und Leser → sie) oder Wörter mit ähnlicher oder gleicher Bedeutung (Synonyme) (die Zuschauerinnen und Zuschauer → das Publikum).

2. Achte darauf, dass nicht alle Sätze gleich gebaut sind. Setze das Satzglied an den Anfang, das du besonders betonen willst. Mache dazu **Umstellproben**: Ich lege mein Handy abends ins Wohnzimmer. → Abends lege ich mein Handy ins Wohnzimmer.

Sich auf Textstellen beziehen, Belege anführen

Wenn du beim Schreiben Aussagen aus Texten oder von Gesprächspartner/-innen heranziehst, musst du diese Aussagen in deinen Text einbauen. Hierfür kannst du verschiedene Möglichkeiten nutzen:

1. **Verweise** auf die Texte, Abschnitte oder Zeilen oder nenne die Person: Im Text steht in Abschnitt ..., in Zeile ...

2. Gib Wichtiges **wörtlich** wieder. Mithilfe wörtlicher Zitate kannst du anschaulicher und persönlicher gestalten. Überlege dir genau, an welcher Stelle wörtliche Zitate passen. Sie stehen immer in Anführungszeichen („..."). Oft wird das Zitat mit einer Redeeinleitung eingeführt, wie z. B. betonen, herausstellen, hervorheben, zusammenfassen, kommentieren, erzählen, meinen. Vor der wörtlichen Rede steht ein Doppelpunkt. Gib bei Zitaten aus Texten in Klammern die Zeilennummern an.

3. Äußerungen und Gedanken kannst du auch in **indirekter Rede** wiedergeben: Sie behauptet, dass die Handy-Diät für sie sehr sinnvoll gewesen sei.

Text- und Bildquellen angeben

Wenn du recherchierte Materialien als Informationsquellen nutzt oder Teile daraus wörtlich zitierst, musst du diese Quellen angeben, entweder direkt unter dem verwendeten Text oder Bild oder gesammelt in einer Liste (Quellenverzeichnis).

– **Bücher:** Autor/-in: Buchtitel, Verlag, Erscheinungsjahr; z. B.: *Klaus Weber: Das Buch vom guten Pfannkuchen, Pala-Verlag, 2016*

– **Zeitungen/Zeitschriften:** Autor/-in: Titel des Beitrags, Name der Zeitung/Zeitschrift, Nummer und Jahr der Ausgabe, Seite; z. B.: *Matthias Bartsch: Teurer Mausklick, Der Spiegel, Nr. 46/2006, S. 51*

– **Texte aus dem Internet:** Autor/-in: Titel des Beitrags, URL: <Link> (Abrufdatum), z. B.: *Verbraucherzentrale: Vegetarische und vegane Ernährung – Infos, Tipps und Rezepte, URL: <https://www.verbraucherzentrale.de/ vegetarische-und-vegane-ernaehrung-infos-tipps-und-rezepte-66358> (08.03.2023)*

– **Bilder aus dem Internet:** Titel, Link (Abrufdatum); z. B.: *Köstliche Piroggen, https://www.zdf.de/gesellschaft/volle-kanne/koestliche-piroggen-100.html (08.03.2023)*

Lesen – Texte und Medien

Literarische Texte deuten

Zu den **literarischen Texten** gehören erzählende Texte
(z. B. Märchen, Kurzgeschichten und Romane), lyrische Texte
(z. B. Gedichte und Lieder) sowie Theaterstücke. Literarische
Texte sind von einem Autor oder einer Autorin verfasst worden, um uns zu unterhalten oder zum Nachdenken zu bringen.
Literarische Texte musst du deuten.

Literaturgespräch

In einem Literaturgespräch könnt ihr euch darüber austauschen, wie ihr einen literarischen Text, z. B. eine Geschichte,
versteht. Ihr könnt euch dazu im Kreis zusammensetzen.
Legt zunächst das Thema eures Gesprächs fest, ihr könnt
z. B. über die Hauptfigur sprechen:

- Was geht dir durch den Kopf, wenn du an die Hauptfigur
  denkst?
- Wie empfindest du ihre Situation?
- Wie verhält sie sich? Warum wohl?
- Findest du die Situation traurig oder hoffnungsvoll?
- Wie könnte die Geschichte weitergehen?

Zunächst kann jeder in einer „Blitzlicht"-Runde seine Ideen
und Gedanken äußern. Der oder die Nächste geht auf diesen
Gesprächsbeitrag ein: fragt nach, stimmt zu oder vertritt eine
andere Ansicht. Wichtig ist, dass ihr eure Deutung am Text
belegt und auf die Gedanken der anderen eingeht.

Standbild

Mit einem Standbild könnt ihr eine Situation aus einer
Geschichte ohne Worte darstellen. Damit drückt ihr aus, was
in den Figuren vorgeht und wie ihr die Beziehung zwischen
den Figuren versteht. So könnt ihr vorgehen:

1. Bildet Gruppen und verteilt die Rollen. Ihr braucht auch
   einen Regisseur/eine Regisseurin.
2. Wählt eine Situation aus und überlegt, wie ihr sie darstellen
   wollt (achtet auf Mimik, Gestik, Körperhaltung, Positionie-
   rung der Figuren zueinander).
3. Probiert verschiedene Darstellungsmöglichkeiten aus.
   Der Regisseur/Die Regisseurin sieht sich das Standbild
   an und verändert es, bis es „perfekt" ist. Er/Sie achtet
   besonders auf die Darstellung der Gefühle durch Gestik
   und Mimik.
4. Präsentiert euer Standbild für etwa 30 Sekunden. In dieser
   Zeit können auch Fotos gemacht werden.
5. Nun folgt die Auseinandersetzung mit dem Standbild:
   Die Beobachtenden beschreiben, was sie im Standbild
   erkennen, und stellen Fragen:
   Das Standbild zeigt die Situation, als ...
   Der Gesichtsausdruck / Die Körperhaltung von ... zeigt/
   verdeutlicht ... Ich finde die Darstellung gelungen / passt
   nicht so gut, weil ...

Die Darstellenden erklären ihre Sichtweise:
Ich wollte ausdrücken / Mir kam es darauf an ...
Ich fühlte mich in meiner Rolle ...

Lesetagebuch

Ein Lesetagebuch führt ihr, wenn ihr ein Buch selbstständig
lest. In einem Lesetagebuch kannst du

- aufschreiben, was du beim Lesen gedacht oder gefühlt
  hast;
- Textstellen aufschreiben, die du besonders lustig, traurig
  oder interessant findest;
- Figuren beschreiben (z. B. Steckbriefe entwerfen) und
  charakterisieren;
- aus der Sicht einer Figur einen inneren Monolog oder einen
  Tagebucheintrag verfassen;
- an eine Figur einen Brief oder eine Nachricht schreiben;
- zu einzelnen Textstellen einen Comic gestalten;
- aufschreiben, was dir gefällt und nicht so gut gefällt.

Leseportfolio

Auch ein Leseportfolio führst du, während du ein Buch liest.
Ähnlich wie im Lesetagebuch notierst du deine Ideen und
Gedanken zum Buch. Für dein Leseportfolio kannst du außer-
dem weitere Texte und Materialien zum Buch sammeln,
z. B. Informationen zur Autorin / zum Autor, Materialien zum
Thema oder Buchbesprechungen. Vielleicht bekommst du
auch Arbeitsaufträge, die du erledigen sollst.
Wähle dann Texte, Zeichnungen, Übersichten aus deiner
Lesemappe aus und überlege dir, wie du deine Materialien
anordnen willst. Schreibe zu jedem Beispiel in wenigen Sätzen
auf, warum du es ausgewählt hast:
Ich habe dieses Beispiel ausgewählt, weil ...
Ich möchte damit zeigen, dass ...
Ich finde besonders wichtig, dass ...
Folgende Fragen habe ich dazu: ...
Fertige für die Veröffentlichung ein Deckblatt und ein Inhalts-
verzeichnis an.
Präsentiere das Portfolio mündlich oder lege es zum Lesen
und Anschauen aus.
Lass dir von deinen Leserinnen und Lesern eine Rückmeldung
geben.

Eine Textuntersuchung aufschreiben

Nachdem du einen literarischen Text untersucht und gedeutet hast, kannst du deine Ergebnisse aufschreiben. Gliedere deinen Text in Einleitung, Hauptteil und Schluss.

In der Einleitung stellst du den Text vor (du nennst Autor/Autorin, Titel und Thema).

Im Hauptteil fasst du den Text zusammen, charakterisierst die Figuren und ihre Beziehungen. Du gehst auf sprachliche Besonderheiten ein und beschreibst ihre Wirkung.

Schließlich legst du dar, wie du die Geschichte verstehst. Denke daran, deine Deutung am Text zu belegen.

Geschichten lesen und verstehen

Erzählperspektive

Erzählende Texte sind auf unterschiedliche Weise erzählt. Der Autor / Die Autorin schreibt die Geschichte und schlüpft dabei in verschiedenen Erzählrollen:

Ich-Erzählung: Der Erzähler erzählt in der Ich-Form aus seiner persönlichen Sicht.

Er-/Sie-Erzählung: Alle Figuren des Geschehens werden in der 3. Person vorgestellt. Der Erzähler tritt nicht selbst in Erscheinung.

- Ein **auktorialer Erzähler** erzählt das Geschehen aus einer Außensicht, kann aber auch die Gedanken und Gefühle der Figuren beschreiben sowie zurückblicken oder vorausschauen.
- Ein **personaler Erzähler** erzählt und kommentiert das Geschehen aus der Perspektive einer bestimmten Figur.
- Ein **neutraler Erzähler** bleibt konsequent in der Außensicht und kommentiert das Geschehen nicht.

Figuren

Die Personen, die in einer Geschichte vorkommen, nennt man **Figuren**. Wenn du eine Figur **charakterisierst**, nennst du ihre Merkmale und Eigenschaften:

- Aussehen, Alter und Lebensumstände der Figur;
- Verhalten der Figur, das ihre Eigenschaften deutlich macht;
- Gedanken und Gefühle der Figur, die zeigen, was in ihr vorgeht.

Du untersuchst auch die Beziehungen zu anderen Figuren

In einer **Figurenkonstellation** arbeitest du die Beziehungen zu anderen Figuren heraus.

- Wie stehen die Figuren zueinander? Mögen sie sich? Gibt es Spannungen, Probleme und Konflikte?
- Wie gehen sie miteinander um?
- Welche Figur steht der Hauptfigur besonders nahe? Warum ist das so? Was bestimmt ihre Beziehung?
- Wie sind die Beziehungen am Anfang der Geschichte? Wie entwickeln und verändern sie sich? Wie sind sie am Ende?

Handlung

Die **äußere Handlung**: bezieht sich auf das, was in der Geschichte passiert. Diese Fragen helfen dir, die äußere Handlung zu beschreiben:

- Welche Figuren kommen in der Geschichte vor? Wer ist die Hauptfigur?
- Wo und wann spielt die Geschichte?
- Welcher Konflikt steht am Anfang? Wie entwickelt sich die Handlung? Wie endet die Geschichte?

Die **innere Handlung** bezieht sich auf das, was in den Figuren vorgeht, ihre Gedanken und Gefühle. Dies kann im Text als wörtliche Rede oder Gedankenwiedergabe direkt ausgedrückt sein. Oft musst du es aber aus dem Zusammenhang erschließen und **zwischen den Zeilen lesen**. Dabei musst du dich in die Figur hineinversetzen und ihre Gefühle und Gedanken nachempfinden. Achte dabei besonders auf das Verhalten der Figur und auf Gestik und Mimik.

Sie sagte nichts und blickte an ihm vorbei. Er lächelte …

Gedichte untersuchen

Lyrisches Ich

In vielen Gedichten teilt ein „Ich" seine Gefühle und Gedanken mit. Dieses „lyrische Ich" ist nicht mit der Autorin / dem Autor gleichzusetzen.

Mit solchen Straßen bin ich gut bekannt.

Besondere Form von Gedichten

- **Verse:** die Zeilen eines Gedichts
- **Strophen:** die Abschnitte eines Gedichts
- **Reime:** Verse können sich am Ende reimen, müssen es aber nicht. Wir unterscheiden Paarreime (aabb), Kreuzreime (abab) und umarmende Reime (abba).
- **Versmaß/Metrum:** regelmäßiger Wechsel von betonten und unbetonten Silben nach einem festgelegten Muster: Der **Jambus** ist zweisilbig, die erste Silbe ist unbetont, die zweite ist betont (x x́):
  Am grauen Strand, am grauen Meer.
  Der **Trochäus** ist ebenfalls zweisilbig, die erste Silbe ist betont, die zweite unbetont (x́ x):
  Nah wie Löcher eines Siebes stehn.

Auffällige Wörter und Wortgruppen

In Gedichten kommen häufig ungewöhnliche Wörter vor:

- **neu gebildete Wörter**, die der Autor / die Autorin erfunden hat und die wir entschlüsseln müssen, z. B. *Wagensingen, Stromgesang, Dämmerungslichter*
- **veraltete Wörter**, die manchmal schwer zu verstehen sind, z. B.: *Glitter, Boy*
- **lautmalende Wörter**, die einen Naturlaut oder den Klang einer Sache nachahmen, z. B.: *rattern, knattern, summen, zischen.*

- **Wiederholung von Wörtern oder Wortgruppen**, z. B.:
  Voller Strom! Voller Strom!
- **Alliterationen:** die Anlaute benachbarter Wörter sind gleich, z. B.:
  weiter walzt der Wagen.
- **Anaphern:** Verse beginnen mit dem gleichem Wort / der gleichen Wortgruppe:
  Man träumt von … man träumt von …
- **Assonanzen:** Vokale in benachbarten Wörtern oder Reimwörtern klingen gleich:
  Pferdetritt, Menschenschritt.

Sprachliche Bilder

Gedichte haben meist eine sehr bildliche Sprache. Dadurch können wir beim Lesen mit Hilfe unserer Vorstellungskraft die Gefühle und Stimmungen nachempfinden.
Zu den sprachlichen Bildern zählen Metaphern, Vergleiche und Personifizierungen.

- **Metaphern:** sprachliche Bilder, bei denen ein Ausdruck aus einem Bereich in einen anderen Bereich übertragen wird, z. B. um ein Gefühl auszudrücken oder eine Situation zu veranschaulichen:
  Das Dächermeer schlägt ziegenrote Wellen.
- **Vergleiche:** sprachliche Bilder, die mit dem Wort wie eingeleitet werden, z. B.:
  wie aus grauem Tuch.
- **Personifizierungen:** Pflanzen, Tiere oder Dinge werden wie Menschen dargestellt. Sie haben menschliche Eigenschaften und Gefühle, z. B.:
  Die Häuser sind so traurig und so krank.

Auffälligkeiten im Satzbau

- **Ellipsen:** ausgelassene Satzteile, die wir beim Lesen ergänzen, z. B.:
  Gleich Geschäftsschluss!
- **Parallelismen:** gleich gebaute Sätze oder Satzteile, z. B.
  Es rauscht kein Wald, es schlägt im Mai kein Vogel ohne Unterlass …
- **Parataxen:** aneinandergereihte Hauptsätze, z. B.:
  Die Bahnen rasseln. Die Autos schrein.

Sachtexte lesen und verstehen

Zu den **Sachtexten** gehören z. B. Lexikonartikel, Zeitungsberichte aus gedruckten Zeitungen oder Online-Zeitungen, Beiträge aus Zeitschriften und (Jugend)Magazinen. Nicht nur gedruckte Texte, sondern auch Online-Texte, Hörtexte und Videos gehören zu den Sachtexten.
Die Autoren oder Autorinnen von Sachtexten wollen sachlich informieren. Sachtexte enthalten deshalb oft Zahlenangaben, Diagramme und Tabellen. Auch Schaubilder, Fotos oder Bilder sind in Sachtexten enthalten.
Sachtexte liefern nicht nur Informationen, sondern klären oft auch über Hintergründe auf und machen Zusammenhänge deutlich. Es werden beispielsweise Gründe genannt, Folgen aufgezeigt und Schlussfolgerungen gezogen.
Sachtexte enthalten oft auch Bewertungen von Personen, Ereignissen oder Ansichten. Es ist wichtig, Informationen und Meinungen auseinanderzuhalten. Bewertungen sind aber immer direkt formuliert. Du musst sie herausarbeiten und eigene Schlussfolgerungen ziehen.
Manche Sachtexte wollen nicht nur informieren, sondern auch unterhalten. So vermitteln Reportagen nicht nur Informationen, sondern auch persönliche Eindrücke des Autors oder der Autorin.

Infotainment bedeutet, dass Informationen auf unterhaltsame Art übermittelt werden.

5-Schritt-Lesemethode

Sachtexte kannst du nach der **5-Schritt-Lesemethode** bearbeiten:
1. Mach dir klar, was du schon über das Thema weißt. Schau dir dazu Bilder und die Überschrift an.
2. Überfliege den Text: Worum geht es? Du sollst nur das Wichtigste erfassen.
3. Finde heraus, wie der Text aufgebaut ist. Achte auf Abschnitte und Zwischenüberschriften.
4. Suche wichtige Informationen im Text. Nutze W-Fragen: Was? Wer? Wie? Wann? Wo? Warum?
5. Nutze deine Informationen und arbeite mit den Ergebnissen weiter: Du kannst z. B. einen Nachdenktext verfassen oder eine Stellungnahme zum Text abgeben.

Schwierige Wörter/Textstellen klären

Sachtexte enthalten oft schwierige **Fachwörter**.
- Versuche zunächst einmal aus dem Zusammenhang zu erschließen, was das Wort bedeuten könnte.
- Manche Wörter kannst du auch in Bestandteile zerlegen, um ihre Bedeutung zu erschließen, z. B.:
  Betriebs|praktikum → Praktikum, das in einem Betrieb gemacht wird.
- Manchmal hilft nur das Lexikon oder Wörterbuch, um unbekannte Wörter zu klären. Ihr könnt auch im Internet recherchieren.

Im Internet recherchieren

Informationen könnt ihr im Internet recherchieren.
Dabei müsst ihr überlegen,
– wie ihr Informationen findet,
– wie ihr die Verlässlichkeit der Internetquelle prüft und
  bewertet,
– wie ihr die gefundenen Informationen einschätzt und
  bewertet und
– wie ihr die Textinformationen für eure Fragestellung
  nutzen könnt.

Nachrichten aus dem Netz einschätzen

Wenn du dich über aktuelle Ereignisse informieren willst,
kannst du Zeitungen lesen, auf Papier oder online. Dort findest du Meldungen, Berichte, Kommentare, Leserbriefe, Fotos,
Werbung, Anzeigen – online auch Hörtexte und Videos.
Im Internet gibt es aber auch viele sogenannte **Fake News**,
falsche Nachrichten, die dich unterhalten oder auch beeinflussen wollen. Achtung! Mit Hilfe von Fake News will man oft
auch auf deine persönlichen Daten zugreifen oder dich zum
Kauf verführen.

Filme untersuchen und deuten

Wenn du dir einen Film anschaust, wirst du in eine andere
Welt versetzt: Du fühlst mit den Filmfiguren mit, du lachst oder
bist traurig oder du identifizierst dich mit Filmfiguren.
Der Film erreicht diese Wirkung durch seine eigene „Filmsprache". Die filmsprachlichen Mittel kannst du untersuchen
und ihre Wirkungen beschreiben.
Wichtige filmsprachliche Mittel sind z. B. die Kameraeinstellungen und die Kameraperspektiven. Weitere filmsprachliche
Mittel kannst du im Medienpool/Digital+ zu *wortstark* nachschlagen.

Kameraeinstellungen

Die Einstellungsgröße gibt an, wie nah die Zuschauer an das
Geschehen herankommen.
– **Totale:** Der ganze Handlungsraum ist erkennbar,
  sodass wir einen Überblick über die Situation bekommen.
– **Nah:** Wir sehen die Figuren im Brustbild und können Mimik
  und Gestik erkennen.
– **Groß:** Der Kopf einer Figur wird dargestellt, ihre Gedanken
  und Gefühle sind gut erkennbar.
– **Detail:** Eine wichtige Einzelheit wird gezeigt, sie hat meist
  eine besondere Bedeutung.

Kameraperspektiven

– **Normalperspektive:** Figuren, Tiere und }Gegenstände
  befinden sich auf Augenhöhe des Betrachters – so als ob
  man als Zuschauer alles miterlebt.
– **Vogelperspektive:** Das Geschehen wird von oben herab
  dargestellt. Figuren erscheinen klein und schutzbedürftig.
– **Froschperspektive:** Figuren, Tiere oder Gegenstände
  werden gezeigt, als würde der Zuschauer von unten darauf
  schauen. Figuren wirken groß und manchmal bedrohlich.

Du kannst einen Film Schritt für Schritt untersuchen:
1. Informiere dich zuerst mit Hilfe von Filmbesprechungen
   oder Filmplakaten über den Film, damit du weißt, was dich
   erwartet.
2. Nachdem ihr den Film einmal ganz geschaut habt, könnt
   ihr ein **Filmgespräch** führen und eure Eindrücke und Ideen
   austauschen.
   – Welche Szene findest du besonders wichtig? Warum?
   – Wie findest du den Film: lustig, traurig, spannend …?
   – Was ist deiner Meinung nach das Thema des Films?
   – Was fällt dir besonders auf?
   – Was gefällt dir am Film?
3. Verschafft euch einen Überblick über den Film. Beschäftigt
   euch dabei mit dem Aufbau des Films und der Filmhandlung. Dazu könnt ihr den ganzen Film oder Filmausschnitte
   noch einmal oder mehrmals genau anschauen.
4. Beschreibt und charakterisiert dann die Filmfiguren und
   ihre Beziehungen zueinander. Dabei könnt ihr einzelne
   Szenen genauer anschauen, euch in die Filmfiguren hineinversetzen und Filmstandbilder beschreiben.
5. Schließlich bildet ihr euch eine eigene Meinung über den
   Film, ihr schätzt den Film ein und beurteilt ihn. Dazu könnt
   ihr auch eine Filmbesprechung schreiben.

Grammatik und Wortschatz

Adjektiv

1. Adjektive werden im Satz gemeinsam mit dem **Nomen**, dem sie zugeordnet sind, dekliniert:
   Computer sind technisch hochentwickelt und eine nützliche Erfindung.
   Mit Adjektiven kannst du Personen, Dinge oder Handlungen genau beschreiben und bewerten. Adjektive, die zusammen mit den Verben sein, werden, bleiben ein Prädikat bilden, werden nicht dekliniert (verändert):
   Der Computer ist nützlich.
2. Adjektive können gesteigert werden und so den Grad einer Eigenschaft oder Bewertung ausdrücken:
   – Grundstufe (**Positiv**): nützlich, gut
   – Vergleichsstufe (**Komparativ**): nützlicher, besser
   – Höchststufe (**Superlativ**): am nützlichsten, am besten

Adverb (das Adverb, die Adverbien)

Das Adverb (Umstandswort) gibt Informationen über Ort, Zeit oder Grund eines Geschehens. Es gibt lokale (z. B. hier, oben, draußen), temporale (z. B. jetzt, heute, oft), kausale (z. B. darum, also, dadurch) und modale (z. B. gern, fast, vielleicht) Adverbien. Adverbien helfen dir, Textbezüge herzustellen:
Ich höre Musik im Bett. Dort kann ich am besten chillen.

Adverbiale Bestimmung

Adverbiale Bestimmungen sind Satzglieder. Es gibt verschiedene adverbiale Bestimmungen:

1. Ort oder Richtung (Wo? Wohin?): Die Schülerinnen und Schüler recherchieren am Tablet.
2. Zeit oder Dauer (Wann? Wie lange?): Wenn ihr am Abend ins Bett geht, solltet ihr das Smartphone ausschalten.
3. Grund (Warum?): Wegen ihrer rasanten Entwicklung werden digitale Informationsmedien immer beliebter.
4. Art und Weise (Wie?): In unserer Klasse recherchieren wir mehr mit Onlinewörterbüchern als mit gedruckten Wörterbüchern.

Aktiv

Sätze stehen im Aktiv, wenn betont wird, wer etwas tut:
Meine Freunde zocken vor allem an den Handys.
Wenn der Vorgang betont wird, steht das Passiv:
An den Handys wird vor allem gezockt.
→ Passiv

Alltagssprache → Wortschatzbereiche

Antonym → Wortfeld

Artikel (der Artikel, die Artikel)

Artikel sind Begleiter des Nomens. Es gibt bestimmte (**Singular:** der, die, das; **Plural:** die) und unbestimmte Artikel (ein, eine, ein): Ein Tablet ist eigentlich eine Schreibtafel. Heute meint man damit den Tabletcomputer, den man wie ein Smartphone benutzt.
Artikel werden im Satz dekliniert.

Attribut (das Attribut, die Attribute)

Attribute sind keine Satzglieder, sondern Teile eines Satzglieds. Sie erklären das jeweilige Bezugswort genauer. Texte werden anschaulicher und genauer, wenn die Nomen durch Attribute näher bestimmt werden. Wir unterscheiden:
   – **Adjektivattribute:** der neue Film,
   – **Genitivattribute:** der Film der arabischen Regisseurin,
   – **präpositionale Attribute:** Er besitzt ein Smartphone mit vielen neuen Funktionen,
   – **Attributsätze (Relativsätze):** „Das Mädchen Wadjda" ist ein Film, der international viele Preise gewonnen hat.

Attributsatz

Der Attributsatz (auch **Relativsatz**) ist ein Nebensatz, der durch ein **Relativpronomen** (der, die, das) eingeleitet wird:
Der Film, den wir uns angeschaut haben, heißt „Gör".
Der Attributsatz erläutert sein Bezugswort im Hauptsatz (hier: Film) näher. Vor dem Relativpronomen kann auch eine **Präposition** stehen: Der Film, in dem wir waren, heißt „Gör".

Bestimmungswort

Den ersten Teil eines zusammengesetzten Wortes (**Zusammensetzung**) nennt man Bestimmungswort: Filmplakat.
Das Bestimmungswort Film gibt genauer an, um welches Plakat es sich handelt.
→ Grundwort, Wortbildung

Deklination

Nomen, Adjektive, Artikel und Pronomen werden dekliniert (gebeugt), wenn sie in die verschiedenen Fälle (Kasus) gesetzt werden.
→ Kasus

Demonstrativpronomen → Pronomen

Derivation → Wortbildung

Dialekt → Wortschatzbereiche

Fachsprache → Wortschatzbereiche

finite Verbform
Verben werden in Sätzen in der finiten (gebeugten) Form verwendet. An dieser Form erkennst du, wer etwas wann tut. Deshalb nennt man die finite Verbform auch **Personalform**, z. B.: der Film läuft oder der Film lief. Die Grundform des Verbs (laufen) bezeichnet man als **Infinitiv** oder infinite Verbform.

Futur → Zeitform

Genus (das Genus, die Genera)
Mit Genus ist das grammatische Geschlecht des Nomens gemeint: **maskulinum** (männlich) (der Film), **femininum** (weiblich) (die Zeitung) oder **neutrum** (sächlich) (das Video).

Grundwort
Den zweiten oder letzten Teil eines zusammengesetzten Wortes (**Zusammensetzung**) nennt man Grundwort: Filmplakat. Das Grundwort legt die Grundbedeutung der Zusammensetzung fest: Das Grundwort Plakat gibt an, worum es sich handelt. Bei Zusammensetzungen richtet sich der **Artikel** nach dem Grundwort: der Film, das Plakat: das Filmplakat.
→ Bestimmungswort, Wortbildung

Hauptsatz
Der Hauptsatz ist ein selbstständiger Satz, der allein stehen kann: Viele Zuschauer und Zuschauerinnen besuchen den Film. Der Hauptsatz besteht mindestens aus einem **Subjekt** (Viele Zuschauer und Zuschauerinnen) und **Prädikat** (besuchen) sowie weiteren Satzgliedern (**Akkusativobjekt**: den Film). Das **finite Verb** (die Personalform) (besuchen) steht an zweiter Satzgliedstellung.
→ Nebensatz

Hochdeutsch → Wortschatzbereiche

Hochsprache → Wortschatzbereiche

Imperativ
Befehlsform des Verbs: Hör mit dem Zocken auf! Hört mit dem Zocken auf!

Indikativ
Mit dem Indikativ (Wirklichkeitsform) drückt man aus, was tatsächlich passiert. Der Gegensatz zum Indikativ ist der **Konjunktiv** (Möglichkeitsform): er kommt (Indikativ) – er käme (Konjunktiv).

indirekte Rede → Konjunktiv I

Infinitiv
Grundform des Verbs: jemanden oder etwas besuchen, sich für etwas interessieren

Infinitivsatz
Infinitivsätze sind verkürzte Nebensätze, denn sie haben kein **Subjekt** und keine finite Verbform als **Prädikat**:
Jugendliche gamen, um sich zu unterhalten.
Der Ersatz für die finite Verbform ist ein Infinitiv (sich unterhalten), der mit zu ergänzt wird. Infinitivsätze können durch um ..., ohne ..., statt ..., anstatt ... eingeleitet werden.

Interjektion (die Interjektion, die Interjektionen)
Interjektionen (Ausrufewörter, Empfindungswörter) kommen häufig in der gesprochenen Sprache oder in Dialogen vor. Es sind kleine, unveränderliche Wörter, mit denen man seine Gefühle (z. B. Schmerz: aua), Gedanken (z. B. Überraschung: aha) oder Aufforderungen (z. B. pst) ausdrücken kann.

Kasus (der Kasus, die Kasus)
1. **Nominativ** (Frage: Wer oder was?) ... der Film/die Filme
2. **Genitiv** (Frage: Wessen?) ... des Films/der Filme
3. **Dativ** (Frage: Wem?) ...dem Film/den Filmen
4. **Akkusativ** (Frage: Wen oder was?) ... den Film/die Filme

Kollokation (die Kollokation, die Kollokationen)
→ Wortverbindung

Kommasetzung bei Aufzählungen
Bei **Aufzählungen** werden die einzelnen Bestandteile durch ein Komma getrennt. Enthalten Aufzählungen ein und oder oder, dann steht davor kein Komma.
1. Aufzählung von Wörtern:
   Videospiele machen dumm, nervös, krank, einsam und aggressiv.
2. Aufzählung von Wortgruppen:
   Experten warnen vor durch-gezockten Nächten, vor der Einsamkeit am Computer, vor dem Verzicht auf echte Freundschaften oder vor Veränderungen des Ernährungsverhaltens.
3. Aufzählung von Sätzen:
   Spielsüchtige denken den ganzen Tag ans Gamen, sie können ihre Spielzeit nicht reduzieren, sie spielen täglich immer mehr (,) und sie reagieren oft gereizt, nervös und aggressiv.
   Hier kannst du vor und oder oder ein Komma setzen, um die Gliederung des Satzes deutlich zu machen.
→ Satzzeichen

Kommasetzung bei dass-Sätzen

Die **Konjunktion** dass leitet einen Nebensatz ein; das konjugierte Verb steht am Satzende:

Medienwissenschaftler haben festgestellt, dass Computerspiele das Teamwork fördern.

Die Konjunktion dass steht häufig nach Hauptsätzen, in denen solche Verben stehen: befürchten, feststellen, behaupten, betonen, denken, einräumen, hervorheben, hoffen, meinen, sagen, verdeutlichen, warnen, wünschen, zeigen, zugeben …

Nebensätze mit dass werden immer mit einem Komma vom Hauptsatz getrennt. Der Nebensatz kann auch am Anfang stehen:

Dass Computerspiele das Teamwork fördern, haben Medienwissenschaftler festgestellt.

Kommasetzung bei Infinitivsätzen

Infinitivsätze sind verkürzte Nebensätze, die vom Hauptsatz durch ein Komma abgetrennt werden:

Computerspiele bieten häufig tolle Möglichkeiten, um verschiedene Rollen auszuprobieren oder völlig neue Situationen zu meistern.

Kommasetzung bei Relativsätzen

Relativsätze sind Nebensätze, das konjugierte Verb steht am Satzende. Sie werden durch ein Relativpronomen (z. B. der, die, das) eingeleitet und vom Hauptsatz durch ein Komma getrennt, das vor dem Relativpronomen steht:

Spielentwickler bauen absichtlich Belohnungen in die Spiele ein, die Freude, Zufriedenheit und Ansporn beim Spieler auslösen.

Kommasetzung in Satzgefügen

In Satzgefügen steht zwischen dem Hauptsatz und dem Nebensatz ein Komma. Der Nebensatz kann an verschiedenen Positionen stehen:

– **hinter** dem Hauptsatz (Normalstellung):
  Gegen das Gamen ist nichts einzuwenden, wenn es der Abwechslung dient und nicht überhandnimmt.

– **vor** dem Hauptsatz (Spitzenstellung: Der Inhalt des Nebensatzes wird betont):
  Wenn es der Abwechslung dient und nicht überhandnimmt, ist gegen das Gamen nichts einzuwenden.

– in den Hauptsatz **eingeschoben**:
  Gegen das Gamen ist, wenn es der Abwechslung dient und nicht überhandnimmt, nichts einzuwenden.

Kompositum (das Kompositum, die Komposita)
→ Wortbildung

Konjunktion (die Konjunktion, die Konjunktionen)

Konjunktionen verknüpfen Sätze miteinander, um inhaltliche Zusammenhänge wiederzugeben.

Es gibt Konjunktionen zwischen

– Hauptsätzen (z. B.: und, oder, aber, denn):
  Er geht ins Kino und sieht sich den neuen Film an.

– Haupt- und Nebensätzen (z. B.: als, indem, weil, damit, dass, wenn, obwohl):
  Sie schaut sich ein Erklärvideo an, wenn sie etwas nicht verstanden hat.

Durch passende Konjunktionen kannst du verschiedene Absichten ausdrücken:

– Zeit angeben: als, bevor, nachdem (**Temporalsatz**);
– Begründungen geben: weil, da (**Kausalsatz**);
– Bedingungen anführen: wenn, falls (**Konditionalsatz**);
– einen Gegengrund nennen: obwohl (**Konzessivsatz**);
– einen Zweck nennen: damit, um … zu (**Finalsatz**);
– Folgen aufzählen: sodass (**Konsekutivsatz**).

Nebensätze mit diesen Konjunktionen heißen **adverbiale Nebensätze**.

Konjunktiv I

In der **indirekten Rede** wird die Aussage anderer Personen wiedergegeben.

1. In der gesprochenen Sprache steht die indirekte Rede meist im Indikativ: Die Experten meinen, das Computerspiel fördert die Aggressivität.

2. In der indirekten Rede steht besonders in der geschriebenen Sprache das Verb oft im Konjunktiv I. Dies ist immer dann der Fall, wenn z. B. in Nachrichten oder Zeitungsartikeln wiedergegeben wird, was jemand anderes gesagt und gemeint hat: Der Medienexperte Dr. Siebert meint, das Computerspiel fördere die Aggressivität.

3. Die Formen des Konjunktiv I im Präsens: ich besuche, du besuchest, er/sie/es besuche, wir besuchen, ihr besuchet, sie besuchen.

4. Die Formen des Konjunktiv I von haben und sein: ich habe, du habest, er habe, wir haben, ihr habet, sie haben; ich sei, du seist, er sei, wir seien, ihr seiet, sie seien.

Meistens wird der Konjunktiv I bei der indirekten Rede in der 3. Person Singular (er/sie/es besuche, habe, sei …) gebraucht.

Konjunktiv II

1. Der Konjunktiv II steht in Sätzen, die etwas Gewünschtes oder Vorgestelltes ausdrücken (Wenn ich doch bloß ein Tablet hätte) oder bei einer höflichen Bitte (Ich hätte gern ein Tablet).

2. Die Formen des Konjunktiv II werden vom **Präteritum** abgeleitet: er kam (Präteritum) – er käme (Konjunktiv II).

3. Im Konjunktiv II können nur zwei Zeiten gebildet werden:

– Gegenwartsform des Konjunktiv II: ich käme, du kämest, er/sie/es käme, wir kämen, ihr kämet, sie kämen.
  Bei den meisten Verben wird der Konjunktiv II in der Gegenwart mit würde + Infinitiv gebildet: statt er käme eher er würde kommen.

– Vergangenheitsform des Konjunktiv II: ich hätte gesurft, du hättest gesurft, er/sie/es … usw. oder ich wäre gestresst, du wärest gestresst, er/sie/es … usw.

Mehrdeutigkeiten von Wörtern

Wörter haben oft mehrere Bedeutungen, z. B. der Pass: 1. Reisepass, 2. Straße über ein Gebirge. Mehrdeutigkeiten können zu Missverständnissen führen. Die Mehrdeutigkeit von Wörtern kannst du oft aus dem Textzusammenhang erschließen oder mithilfe des Wörterbuchs klären.

Nebensatz

Der Nebensatz ist ein Satz, der nicht allein stehen kann, sondern immer von einem Hauptsatz abhängig ist. Nebensätze werden mit einer Konjunktion, einem Relativpronomen oder einem Fragewort eingeleitet. Das konjugierte Verb steht am Satzende:

– **Subjektsätze** stehen für das Subjekt:
   Wer lange und ständig am Computer spielt, schadet seiner Gesundheit.
– **Objektsätze** stehen für ein Objekt:
   Medienexperten behaupten dagegen auch, dass Computerspielen die Kreativität fördern könne.
– **Adverbialsätze** stehen für adverbiale Bestimmungen und werden mit Konjunktionen eingeleitet:
   Bei Kettenbriefen musst du vorsichtig sein, wenn sie Drohungen enthalten und vor angeblichen Gefahren warnen.
– **Relativsätze** (Attributsätze) erläutern ein Nomen im Hauptsatz genauer:
   Kettenbriefe sind Textnachrichten, die möglichst viele Empfänger erreichen sollen.
– **Indirekte Fragesätze** werden mit W-Wörtern (wie, was, wo, wann, wie, warum …) eingeleitet:
   Gib Bescheid, wann der Film beginnt.
– **Infinitivsätze** sind verkürzte Nebensätze und werden mit zu + Infinitiv gebildet; oft werden sie mit Signalwörtern (um …, ohne …, statt …, anstatt …eingeleitet):
   Fake News werden verbreitet, um die Leser zu verunsichern.
→ Hauptsatz

Nomen (das Nomen, die Nomen)

Mit der Wortart Nomen können Lebewesen (Menschen, Tiere, Pflanzen) und Gegenstände sowie Gedachtes und Gefühle bezeichnet werden. So kannst du Nomen erkennen:

1. **Artikelprobe**: Vor Nomen kannst du einen bestimmten (der, die, das) oder unbestimmten Artikel (ein, eine, ein) setzen, z. B. der Bericht, die Meldung, das Video.
2. Nomen stehen im **Singular** (Einzahl) oder **Plural** (Mehrzahl), z. B. der Bericht, die Berichte.
3. Vor Nomen stehen **Signalwörter**:
– Artikel (der, ein) oder Präpositionen mit „verstecktem" Artikel (am = an dem, am Computer);
– Zahlwörter (zwei, einige, viele …; zwei Mails);
– Pronomen (mein, dein, ihr …; seine Nachricht);

– Adjektive mit und ohne Artikel (ein neues Smartphone). Nomen werden im Satz **dekliniert** (gebeugt), d. h. in die vier Fälle gesetzt. Mit W-Wörtern kannst du die Fälle (→ Kasus) bestimmen: **Nominativ** (Wer oder Was?), **Genitiv** (Wessen?), **Dativ** (Wem?), **Akkusativ** (Wen? oder Was?)

Nominalisierung

Wenn ein Nomen aus einem Verb oder einem Adjektiv gebildet wird, nennt man dies **Nominalisierung**, z. B.
– aus dem Infinitiv des Verbs: zocken → das Zocken,
– aus dem Wortstamm des Verbs ohne oder mit einem Suffix: anrufen→ der Anruf; senden → die Sendung, reparieren → die Reparatur; aus einem Adjektiv mit einem Suffix: verschieden → die Verschiedenheit, zweckmäßig → die Zweckmäßigkeit.

Oberbegriff → Wortfeld

Objekt (das Objekt, die Objekte)

1. Das **Akkusativobjekt** erfragt man mit Wen? oder Was?: Wir teilen mit unseren Freunden lustige Fotos. Was teilen wir mit unseren Freunden? → lustige Fotos (Akkusativobjekt)
2. Das **Dativobjekt** erfragt man mit Wem?: Schüler stellen ihren Freunden im Chat Fragen. Wem stellen Schüler im Chat Fragen? → ihren Freunden (Dativobjekt)
3. Das **Präpositionalobjekt** steht bei Verben mit festen Präpositionen: Medienexperten informieren über die Spielsucht. Worüber informieren die Medienexperten? → über die Spielsucht (Präpositionalobjekt)

Passiv

Sätze stehen im Passiv, wenn der Vorgang betont wird:
An den Handys wird vor allem gezockt.
Wenn betont wird, wer etwas tut, steht der Satz im **Aktiv**:
Meine Freunde zocken vor allem an den Handys.
Das Passiv wird mit dem Hilfsverb werden und dem **Partizip II** gebildet. Es kann in verschiedenen Zeitformen stehen:
– Präsens: Es wird gezockt.
– Präteritum: Es wurde gezockt.
– Perfekt: Es ist gezockt worden.
– Plusquamperfekt: Es war gezockt worden.
– Futur I: Es wird gezockt werden.
– Futur II: Es wird gezockt worden sein.
→ Aktiv

Perfekt → Zeitform

Personalform

Mit der Personalform (**finiten Verbform**) wird angegeben, wie viele Personen zu einer bestimmten Zeit etwas tun:
der Film läuft; die Schüler haben den Film besucht.

Personalpronomen → Pronomen

Plusquamperfekt → Zeitform

Possessivpronomen → Pronomen

Prädikat (das Prädikat, die Prädikate)
Das Prädikat bildet das Zentrum des Satzes, um das sich die anderen Satzglieder gruppieren:
Die Schülerin recherchiert im Netz für ihren Kurzvortrag.
Einteilige Prädikate bestehen aus dem **Vollverb**, mehrteilige aus einer konjugierten Verbform und anderen Wörtern, z. B.:
Du musst die immer vor Augen führen, dass Computerspielen süchtig machen kann. Das Prädikat heißt: vor Augen führen.
Zweiteilige Prädikate bilden eine **Prädikatsklammer**:
Ich schalte mein Handy aus.

Präposition
1. Präpositionen sind Wörter wie an, auf, in, hinter, nach, vor, über, um, unter, zwischen ...
2. Sie geben Hinweise auf den Ort (am Computer), die Richtung (in den Film gehen), den Zeitpunkt (um vier Uhr), die Zeitdauer (über eine Stunde dauern) oder den Grund (wegen des Filmtitels).
3. Manche Verben werden immer mit einer bestimmten Präposition gebraucht: Ich interessiere mich für Erklärvideos.

Präsens → Zeitform

Präteritum → Zeitform

Präfix (das Präfix, die Präfixe) → Wortbildung

Pronomen
Die Wortart Pronomen kann Begleiter oder Stellvertreter eines Nomens sein:
1. **Personalpronomen** stehen als Ersatz für ein Nomen:
Ich schaue mir den Film an. Er ist ganz kurz.
2. **Possessivpronomen** geben an, wem etwas gehört:
Mit meinem Smartphone kann ich filmen.
3. **Demonstrativpronomen** weisen auf etwas zurück oder voraus: Diesen Film kannst du dir noch einmal in der Mediathek anschauen.
4. **Interrogativpronomen** (Fragepronomen) stehen in einem Fragesatz: Wer von euch hat den Film gesehen?
5. **Anredepronomen** (du, ihr; Sie, Ihnen) werden in Briefen verwendet. In der Höflichkeitsform werden sie immer großgeschrieben: Herzlichen Glückwunsch zum Geburtstag! Wir laden Sie zu einem Filmbesuch ein.

6. **Indefinitpronomen** verwendet man, wenn man Personen oder Sachen nicht genau kennt, z. B. man, jemand, irgendein, niemand, einige:
Diesen Film sollte man sich unbedingt anschauen.
7. Das **Reflexivpronomen** sich steht immer bei bestimmten Verben, z. B. sich anschauen:
Diesen Film sollte man sich unbedingt anschauen.
8. **Relativpronomen** leiten einen Relativsatz ein:
Der Film, den wir uns angeschaut haben, heißt „Gör".

Redebegleitsatz
Der Redebegleitsatz ist ein Hauptsatz, der die **wörtliche** oder **indirekte Rede** begleitet: Medienexperten kritisieren:
„Jugendliche sollten nicht ständig am Computer hocken!"
Der Redebegleitsatz kann vor, nach oder zwischen der Rede stehen.

Redensart
Redensarten bestehen aus mehreren Wörtern (z. B. jemandem einen Bären aufbinden). Die Bedeutung einer Redensart ergibt sich nicht aus der Bedeutung der einzelnen Wörter. Redensarten sind nicht wörtlich gemeint. Jemandem einen Bären aufbinden bedeutet z. B. „jemandem etwas erzählen, das nicht stimmt".
Du musst die Bedeutung der Redensart aus dem Textzusammenhang erschließen. Der Gebrauch der Redensarten macht Texte und Aussagen anschaulich.

Relativsatz → Attributsatz

Satzarten
Diese Satzarten können unterschieden werden:
– **Aussagesatz**: Wir gehen in den Film.
– **Fragesatz**: Geht ihr in den Film?
– **Aufforderungssatz**: Den Film müsst ihr euch ansehen!
– **Ausrufesatz**: Was für ein toller Film!

Satzgefüge
Ein Satzgefüge besteht mindestens aus einem **Hauptsatz** und einem **Nebensatz**. Der Nebensatz ergänzt dabei den Hauptsatz und kann daher nicht allein stehen: Das Smartphone ist nützlich, weil man mit Freunden in Kontakt bleiben kann.
→ Satzreihe

Satzglied
Sätze bestehen aus verschiedenen Satzgliedern.
Du kannst sie durch die **Umstellprobe** ermitteln:
Prädikat, Subjekt, Objekte, adverbiale Bestimmungen.
Mit der Umstellprobe kannst du Satzglieder, die du betonen möchtest, an den Satzanfang stellen.

Satzreihe

Eine Satzreihe besteht aus einer Aneinanderreihung von Hauptsätzen. Diese werden – außer bei und oder oder mit Komma voneinander getrennt: Einige Schüler und Schülerinnen gingen ins Kino, andere wollten ins Theater.
→ Satzgefüge

Satzzeichen

Satzzeichen helfen den Leserinnen und Lesern, Sinneinheiten zu erfassen und Texte leichter zu verstehen.

– Einen **Punkt** (.) setzt man am Ende einer Sinneinheit:
 Fake News sind erfundene oder verfälschte Nachrichten.
– **Fragen** erkennst du am Fragezeichen (?):
 Warum sind Fake News gefährlich?
– Bei Aufforderungen oder Ausrufen steht ein **Ausrufezeichen** (!):
 Stoppt Kettenbriefe!
– Ein **Doppelpunkt** (:) kündigt die **wörtliche Rede** an. Sie steht in Anführungszeichen („…"):
 Medienexperten warnen: „Auf Kettenbriefe nicht reagieren! Am besten sofort löschen!"
– Ein **Komma** (,) trennt den Hauptsatz vom Nebensatz. Kommas stehen auch bei der **Aufzählung** von Wörtern oder Sätzen:
 Mit dem Smartphone kannst du telefonieren, chatten, fotografieren und filmen.
 → Kommasetzung

Standardsprache → Wortschatzbereiche

Subjekt

Das Subjekt erfragt man mit Wer? oder Was? zusammen mit dem Prädikat: Das Smartphone sollte man nicht immer und überall dabeihaben. Was sollte man nicht immer und überall dabeihaben? → das Smartphone (Subjekt)

Suffix (das Suffix, die Suffixe) → Wortbildung

Synonym → Wortfeld

Umgangssprache → Wortschatzbereiche

Umstellprobe

Alle Wörter oder Wortgruppen, die du umstellen oder verschieben kannst, sind **Satzglieder**.
Aus wie vielen Satzgliedern besteht dieser Satz?
Wegen der langen Wartezeiten verschiebt die Klasse den Besuch des Kinos in der nächsten Woche.

Verb (das Verb, die Verben)

Verben stehen im Wörterbuch in der Grundform (**Infinitiv**), im Satz werden sie **konjugiert** (gebeugt). Das konjugierte Verb im Satz nennt man **Prädikat**.
Man unterscheidet verschiedene Verbgruppen: **Vollverben** (fotografieren), **Hilfsverben** (haben, sein), **Modalverben** (können, dürfen, müssen, sollen, wollen, mögen) und Gruppen, die aus einem Verb und weiteren Wörtern bestehen (z. B. Er hat bei spannenden Filmen manchmal Angst.).

wörtliche Rede

In einem Text wird das wörtliche Gesprochene (**direkte Rede**) in Anführungszeichen gesetzt und vom Redebegleitsatz begleitet: Medienexperten warnen: „Zu langes Computerspielen macht nervös!"

Wortart

Wörter lassen sich nach bestimmten Merkmalen unterschiedlichen Wortarten zuordnen:
→ Nomen, → Artikel, → Adjektiv, →Verb, → Pronomen, → Präposition, → Adverb, → Konjunktion → Interjektion.

Wortbedeutung

Oft versteht man Texte nicht genau, weil einzelne Wörter schwer verständlich oder unbekannt sind. Es ist daher nützlich, wenn du weißt, wie man die Wortbedeutung entschlüsseln kann:

– Achte auf den Textzusammenhang.
– Achte auf die Worterklärungen im Text.
– Zerlege das Wort in seine Bestandteile. → Wortbildung
– Ersetze das Wort durch ein Synonym oder erläutere es durch ein Antonym. → Wortfeld

Wortbildung

Ständig entstehen neue Wörter. Es ist daher wichtig, dass du die Regeln kennst, wie man neu gebildete Wörter verstehen oder selbst neue Wörter bilden kann. Es gibt zwei Hauptarten der Wortbildung:

1. **Wortzusammensetzungen (Komposita)** sind aus mehreren selbstständigen Wörtern zusammengesetzt. Zusammengesetze Nomen bestehen aus einem Grundwort und einem Bestimmungswort; das Grundwort steht am Ende: Handy + Verbot = Handyverbot.
2. **Wortableitungen (Derivation)** bestehen aus mehreren Wortbausteinen: Vorsilben (**Präfixe**), **Wortstamm** und Nachsilben (**Suffixe**):
– Verb mit Präfix, z. B. aus-: ausschalten, ver-: verschicken;
– Verb mit Suffix, z. B. -ieren: kopieren, -(e)n: mailen;
– Nomen mit Präfix, z. B. Miss-: Missverständnis, Un-: Unglück;
– Nomen mit Suffix, z. B. -heit: Allgemeinheit, -ung: Sendung;
– Adjektiv mit Präfix, z. B. un-: unhandlich, ur-: uralt;
– Adjektiv mit Suffix, z. B. -ant: interessant, -lich: sachlich.

Wörterbücher

Die Wörter und Redensarten einer Sprache werden in einem Wörterbuch zusammengestellt und erklärt. Wörterbücher sind nach dem Abc geordnet, sodass du die Wörter und ihre Erklärungen schnell finden kannst. Im Wörterbuch findest du vor allem Bedeutungserklärungen und Beispielsätze. Es gibt Online- und Print-Wörterbücher. Achte auf die verschiedenen Arten von Wörterbüchern: **Rechtschreibwörterbuch, Synonymenwörterbuch, Fremdwörterbuch, Redensartenwörterbuch, Herkunftswörterbuch/etymologisches Wörterbuch.**

Wortfamilie

Alle Wörter mit demselben **Wortstamm** bilden eine Wortfamilie: Kritik, kritisch, kritisieren, Kritiker, Kritikerin, kritiklos.

Wortfeld

Die Wörter einer Sprache sind im Hinblick auf ihre Bedeutungen miteinander verwandt. Es gibt dabei unterschiedliche **Wortverwandtschaften:**
- Wörter sind bedeutungsähnlich oder bedeutungsgleich (**synonym**), wenn sie eine ähnliche oder gleiche Bedeutung haben (z. B. der Computer – der Rechner). Synonyme helfen beim Schreiben, Wiederholungen zu vermeiden.
- Wörter mit entgegengesetzten Bedeutungen, sind **Antonyme** (z. B. aktuell – veraltet),
- Wörter sind über- und untergeordnet. Man unterscheidet dabei den **Oberbegriff** (z. B. Printmedien) vom **Unterbegriff** (z. B. Zeitung, Zeitschrift).

Wortschatzbereiche

Es gibt unterschiedliche Wortschatzbereiche (Wortschatz-Varietäten):
- Unter **Standardsprache** versteht man eine allgemein verbindliche Sprachform, die in der Öffentlichkeit gesprochen und geschrieben wird. Standardsprache wird auch **Hochsprache** oder **Hochdeutsch** genannt. Sie sollte in der Schule, bei der Arbeit und bei der schriftlichen Kommunikation verwendet werden.
- Unter **Alltagssprache** versteht man dagegen eine Sprachform, die vor allem mündlich und **im privaten Umfeld**, also beispielsweise bei Freunden oder in der Familie, verwendet wird. In diesen Situationen will man keine Vorträge halten oder offizielle Briefe schreiben, sondern miteinander sprechen. Die Alltagssprache kommt aber manchmal auch in schriftlicher Form vor, z. B. bei der Kommunikation über die neuen Medien (Internet, Smartphone), aber auch in der Literatur, z. B. in Jugendbüchern. Die Alltagssprache wird auch **Umgangssprache** genannt.
- Eine Sprache, die **nur in einer bestimmten Region** gesprochen wird und sich recht stark von der Standardsprache unterscheidet, nennt man **Dialekt**, z. B. Bayrisch, Sächsisch, Kölsch.

- **Fachsprachen** werden in bestimmten Fachgebieten, z. B. in der Chemie, der Biologie aber auch in bestimmten Berufen (z. B. Mechatroniker oder Schreiner) verwendet. Die Bedeutung der fachsprachlichen Wörter ist genau festgelegt. Fachwörter unterscheiden sich daher von standard- und alltagssprachlichen Wörtern, z. B.: die Wurzel: alltagssprachlich Pflanzenwurzel, fachsprachlich (Medizin) Zahnwurzel).

Wortverbindung

Wörter werden in typischen Wortverbindungen (**Kollokationen**) gebraucht. Dies ist für das Schreiben wichtig:
- Nomen und Verben: im Netz surfen,
- Adjektive und Nomen: das weltweite Netz.

Zeitformen

Verben stehen in verschiedenen Zeitformen:
1. **Präsens:** ich gehe, du gehst, …
2. **Präteritum:** ich ging, du gingst, …
3. **Perfekt:** gebildet mit den Hilfsverben sein oder haben und dem Partizip II: ich habe gespielt; du hast gespielt, …; ich bin gegangen, du bist gegangen, …
4. **Plusquamperfekt:** gebildet mit den Hilfsverben sein oder haben im Präteritum und dem Partizip II: ich hatte gespielt, du hattest gespielt; ich war gegangen, du warst gegangen, …
5. **Futur I:** gebildet mit dem Hilfsverb werden und dem Infinitiv des Verbs: ich werde gehen, du wirst gehen, …
6. **Futur II:** gebildet mit dem Hilfsverb werden und dem Partizip II des Verbs + Infinitiv von sein oder haben: ich werde gespielt haben, du wirst gespielt haben …; ich werde gegangen sein, du wirst gegangen sein, …

Der Gebrauch der Zeiten hängt auch von der Textsorte ab: Witze in Zeitungen stehen im Präsens, Märchen oder Zeitungsberichte stehen meist im Präteritum und wenn du von eigenen Erlebnissen erzählst, erzählst du meist im Perfekt. Allerdings können die Zeitformen in einem Text auch wechseln: Die Schlagzeile einer Zeitungsmeldung steht meist im Präsens, der erste, zusammenfassende Satz der Meldung häufig im Perfekt und die Meldung selbst im Präteritum.

Richtig schreiben

Rechtschreibstrategien

Die Silbenprobe durchführen

Mit der **Silbenprobe** (‿‿‿) gliederst du ein geschriebenes zweisilbiges Wort (Schlüsselwort) in eine betonte und unbetonte Silbe: die Blume, die Pflanze.
An der Silbengrenze erkennst du:

- Endet die erste Silbe (betonte Silbe) mit einem Vokalbuchstaben, ist sie **offen**. Du sprichst den Vokal lang: die Blume.
- Endet die erste Silbe mit einem Konsonantbuchstaben, ist sie **geschlossen**. Du sprichst den Vokal kurz: die Pflanze.

Wörter verlängern

Mit der Strategie **Wörter verlängern** (‿→) verlängerst du ein einsilbiges Wort zu einem zweisilbigen Schlüsselwort:
der Berg – die Berge, er fing – wir fingen, eng – enger.
Du hörst dann z. B.,

- ob b oder p, d oder t, g oder k geschrieben wird:
  er raubt – wir rauben,
- ob der stimmlose s-Laut im einsilbigen Wort mit s geschrieben wird: das Los – die Lose,
- ob der Konsonantbuchstabe verdoppelt werden muss:
  der Pfiff – die Pfiffe.

Wörter ableiten

Mit der Strategie **Wörter ableiten** (↓) suchst du in einer Wortfamilie nach dem gemeinsamen Wortstamm, denn er wird immer gleich geschrieben. Z. B. zeigt dir der Wortstamm fahr an, dass in allen Wörtern der Wortfamilie ein h geschrieben wird: der Fahrer, sie fahren, er fuhr, erfahren …

Wörter in Wortbausteine zerlegen

Mit der Strategie **Wörter zerlegen** (|) suchst du die einzelnen Bausteine in Wörtern, die aus mehreren Teilen bestehen:
die Schiff|fahrt, höf|lich, eil|ig, der Ver|rat, der Vor|rat.
Oft gibt es z. B. eine Schreibschwierigkeit in einem der Wortbausteine. Dann trennst du diesen Wortbestandteil zunächst ab und kannst dann die Verlängerungs- und Silbenprobe durchführen: sorg|los, sorg mit g, weil: wir sorgen.

Einen Auswertungsbogen führen

In einem Auswertungsbogen sammelst du z. B. nach schriftlichen Arbeiten eine Zeitlang die berichtigten Fehlerwörter. Er hilft dir dabei herauszufinden, was du noch besonders üben solltest.

- Notiere in der 1. Spalte mögliche Problembereiche der Rechtschreibung wie Silbengelenk nicht erkannt, s/ss/ß verwechselt, b/p, d/t, g/k verwechselt …
- Schreibe in der 2. Spalte deine Fehlerwörter und markiere die berichtigte Fehlerstelle.

- Schätze dich selbst ein und notiere in der 3. Spalte, was du besonders üben solltest:
  (+) Das kann ich schon ganz gut.
  (-) Das sollte ich noch besonders üben.

Silbengelenk (ll, mm … tz, ck) nicht erkannt	…	
s, ss, ß verwechselt	…	
…		

Wörterbücher nutzen

Mit **gedruckten** Wörterbüchern und **Online-Wörterbüchern** kannst du Fehler vermeiden und korrigieren. Du kannst dazu auch die Kontrollfunktion eines Schreibprogramms einschalten. Ein Schreibprogramm hilft dir, indem es Zweifel kennzeichnet und Schreibvorschläge macht. Du musst es aber auch selbst kontrollieren, am besten, indem du im Wörterbuch nachschlägst oder im Internet recherchierst. Du bekommst dort z. B. auch Informationen über die Bedeutung und Aussprache und Vorschläge zur Trennung eines Wortes.

Rechtschreibregeln – wortbezogen

Wann ll, mm, nn …?

Wörter mit doppeltem Konsonantbuchstaben sind Wörter mit einem **Silbengelenk**. Manchmal endet bei Wörtern mit geschlossener Silbe die erste Silbe (betonte Silbe) so, wie die zweite beginnt: offen. Du sprichst und hörst nur einen Konsonanten. Er gehört aber zu beiden Silben und bildet ein Silbengelenk, denn er verbindet beide Silben miteinander. Beim Schreiben verdoppelst du diesen Konsonantbuchstaben: die Pfiffe, wir rennen, offen.

Wann tz, wann ck?

Wörter mit tz und ck sind Wörter mit einem **besonderen Silbengelenk**. In Wörtern wie die Witze, die Jacke sprichst und hörst du nur ein z oder k. Das z und das k werden aber nicht verdoppelt, man schreibt dann tz und ck: Witze, Jacke. Tatsächlich gibt es aber Fremdwörter, in denen als Besonderheit zz und kk geschrieben werden: die Skizze, das Akkordeon.

Wann s, ss oder ß?

Das **stimmhafte s** wird immer mit dem Buchstaben s geschrieben: der Besen, böse, wir lesen.
Das **stimmlose s** kann mit den Buchstaben s, ss oder ß geschrieben werden: die Gans, der Fluss, der Fuß.
Wenn du unsicher bist, führe die Silbenprobe durch. Dazu

musst du einsilbige Wörter verlängern: er liest – wir lesen, blass – ein blasses Gesicht, er grüßt – wir grüßen.

In Wörtern mit mehreren Bausteinen musst du den Wortteil mit dem s-Laut zunächst abtrennen und dann verlängern: das Schließfach – Schließ|fach (→) wir schließen.

Die **Silbenprobe** zeigt dir:

- Hörst du in der zweisilbigen Wortform ein stimmhaftes s, dann schreibe auch in der einsilbigen Wortform ein s: das Los mit s, weil: die Lose.
- Ist die betonte Silbe geschlossen und du hörst nur einen s-Laut (Silbengelenk), schreibe ss: der Fluss, weil: viele Flüsse.
- Ist die betonte Silbe offen und du hörst in der zweisilbigen Wortform weiter ein stimmloses s, schreibe ß: der Fuß, weil: viele Füße.

Wann b, d, g am Wort- oder Silbenende?

In Wörtern wie leblos, freundlich oder sorglos hörst du eher ein p, ein t oder ein k. Trotzdem muss man sie mit b, d oder g schreiben.

Du kannst die richtige Schreibung herausfinden, wenn du diese Wörter zu einer zweisilbigen Form verlängerst: leblos – wir leben, freundlich – viele Freunde, sorglos – wir sorgen uns.

Bei einigen Wörtern wie ab, irgend(wo), nirgends, ob, ihr seid oder er ist weg ist eine Verlängerung nicht möglich. Deswegen muss man sich diese Wörter besonders merken.

Mit -ig oder -lich?

Die Bausteine (Suffixe) -ig und -lich klingen manchmal gleich: höflich, artig. Ob man -ig oder -lich schreiben musst, kannst du oft dadurch unterscheiden, ob vor dem i ein l steht.

Es gibt aber Wörter, da gehört das l zum Wortstamm. Deshalb schreibt man sie dann mit -ig: hügelig, mehlig.

Wann ä, wann äu?

Die meisten Wörter mit ä oder äu haben in ihrer Kurzform in ihrem Wortstamm ein a oder au: die Bänke – die Bank, bläulich - blau.

Wenn man nicht sicher ist, ob ein Wort mit ä oder äu geschrieben wird, sucht man also in der Wortfamilie nach einem Wort mit a oder au.

Wörter mit Schreibbesonderheiten

In manchen Wörtern gibt es Schreibbesonderheiten, die von der normalen Schreibung abweichen. Diese Wörter sind **Merkwörter**. Ihre Schreibweise musst du dir einprägen und mit ihnen besonders üben.

- In Wörtern mit **aa**, **oo**, **ee** ist der Vokalbuchstabe am Ende der offenen Silbe zur besonderen Kennzeichnung der offenen Silbe verdoppelt: das Haar, das Boot, die Beere.
- In Wörtern mit **Dehnungs-h** wird das h zur besonderen Kennzeichnung der offenen Silbe verwendet: fahren.

Dieses h kann aber nur vor den Buchstaben l, m, n und r stehen: die Höhle, der Rahmen, die Mähne, die Uhren.

- Der **ks**-Laut wird in einigen Wörter mit x oder chs geschrieben: die Achse, wir boxen.
- Der **f**-Laut wird in einigen Wörtern mit pf/Pf oder v/V geschrieben: die Pflanze, der Vater.

Mit End-/end- oder Ent-/ent-

End-/end- gehört im Wort zum Wortstamm und wird dort immer betont: endlich. Wörter mit End/end haben immer etwas mit Ende zu tun.

Ent-/ent- hat als Wortbaustein am Wortanfang (Präfix) nichts mit der Bedeutung „Ende" zu tun und bleibt im Wort unbetont: enttäuschen.

Auf die Wortbedeutung achten

Es gibt eine Reihe von gleichlautenden, aber unterschiedlich geschriebenen Wörtern, z. B. wieder und wider. Hier hilft es, wenn du dir die Verwendung klarmachst und einprägst.

Dabei helfen dir auch Nachschlagehilfen: wieder wird im Sinne von nochmals, erneut verwendet, wider bedeutet gegen oder entgegen.

Fremdwörter

Fremdwörter haben Buchstaben, Buchstabenverbindungen oder Laute, die es in deutschen Wörtern so nicht gibt: Rhythmus, Show.

Wenn du unsicher bist, wie ein Fremdwort ausgesprochen oder geschrieben wird, nutze Nachschlagehilfen.

Ihre besonderen Schreibweisen musst du dir einprägen und besonders üben.

Abkürzungen richtig schreiben

Werden Abkürzungen **als Abkürzung gesprochen**, steht meistens kein Punkt: Ufo, Lkw, USA, ARD, ZDF.

Abkürzungen, die in **vollem Wortlaut gesprochen** werden, werden dagegen mit einem Punkt geschrieben: Abk. (Abkürzung), usw. (und so weiter), z. B. (zum Beispiel).

Sie werden zur Unterscheidung **Kurzwörter** genannt.

Bei Abkürzungen für **Maßeinheiten** in Naturwissenschaften und Technik, für **Himmelsrichtungen** und für bestimmte **Währungseinheiten** setzt man meistens keinen Punkt, obwohl man sie in vollem Wortlaut spricht: km (für: Kilometer), g (für: Gramm), W (für: Watt), NO (für: Nordosten), CAD (für: Kanadischer Dollar).

Rechtschreibregeln – satzbezogen

Groß oder klein?

Lassen sich Wörter im Satz mit einem Adjektiv erweitern (Erweiterungsprobe), dann sind es **nominale Kerne**, die großgeschrieben werden. Das Adjektiv erhält beim Einsetzen ein -e, -er, -es, -em oder -en als Endung: das (tolle) Schwimmen, im (kühlen) Meer. Beim Umstellen bleiben die Wörter als Wortgruppe zusammen.

Nicht immer zeigt ein Adjektiv eine Großschreibung an. Das Adjektiv ist dann ein eigenständiges Satzglied und allein umstellbar: (Das) sollten (wir) (lieber) lassen. (Lieber) sollten (wir) (das) lassen.

Manchmal wird im Satz der nominale Kern nach einem Adjektiv eingespart, um unnötige Wiederholungen zu vermeiden. Das Wort ist dann schon vorher geschrieben. Das eingesparte Wort kannst du dir dann hinzudenken:

Die unangenehmen Aufgaben erledige ich zuerst, die angenehmen (Aufgaben) mache ich später.

Unbestimmte Zahlwörter als Signale für die Großschreibung

Unbestimmte Zahlwörter (Indefinitpronomen) wie etwas, manches, viel, wenig, nichts, alles können darauf hinweisen, dass das folgende Wort großgeschrieben wird. Es hat dann eine Endung. Beim Umstellen bleiben beide als Wortgruppe zusammen:

Ich habe (etwas Neues) gekauft. (Etwas Neues) habe ich gekauft.

Anredepronomen in der Höflichkeitsform

Die Pronomen sie, ihr, ihnen ... werden als Anredepronomen in der Höflichkeitsform immer großgeschrieben: Sie, Ihr, Ihnen. Dadurch vermeidet man Missverständnisse:

Deshalb sollten sie daran denken, dass sie sich bei Ihnen danken. – Deshalb sollen Sie daran denken, dass Sie sich bei ihnen bedanken.

Zeitangaben richtig schreiben

Wochennamen wie Sonntag und Montag, zusammengesetzte Zeitangaben wie Sonntagmorgen, Donnerstagmittag schreibt man groß. Sie lassen sich mit einem Adjektiv erweitern und bilden im Satz einen nominalen Kern: am (frühen) Sonntag, am (frühen) Sonntagmorgen.

Zeitangaben wie morgen, gestern, übermorgen und solche mit s am Ende wie morgens, mittags, sonntags schreibt man klein. Sie bilden ein eigenständiges Satzglied und sind als solche umstellbar. Auch Uhrzeitangaben schreibt man deshalb klein: um zwölf, halbzwölf.

Herkunftsbezeichnungen und Namen richtig schreiben

Herkunftsbezeichnungen, die auf -er enden, werden großgeschrieben: der Kölner Dom.

Herkunftsbezeichnungen auf -isch werden kleingeschrieben: ein atlantisches Tiefdruckgebiet, die chinesischen Autos. Ist das Adjektiv aber fester Bestandteil eines Namens, dann muss man es großschreiben: der Atlantische Ozean, die Chinesische Mauer.

Im Zweifelsfall nutze eine Nachschlaghilfe.

Getrennt oder zusammen?

Wo ein Wort endet und ein neues anfängt, gibt es einen Zwischenraum. Beim Lesen macht man dort eine kleine Pause, beim Schreiben lässt man einen Zwischenraum zwischen den Wörtern.

Wortgruppen werden **getrennt** geschrieben. Du erkennst sie auch daran, dass du ein oder mehrere Wörter dazwischen einschieben kannst:

Auf dem Plakat darfst du nicht so klein (wie im Heft) schreiben.

Zusammensetzungen schreibt man **zusammen**. Es entsteht ein Ausdruck mit einer neuen Bedeutung. Beim Sprechen liegt die Betonung nur auf einer Stelle im Wort:

Adjektive musst du kleinschreiben (mit kleinen Anfangsbuchstaben).

Das Wörtchen „dass"

Mit dass-Sätzen ergänzt man und führt zu Ende,
– was jemand sagt, mitteilt oder erzählt,
– was jemand denkt, meint, hofft, verlangt oder befürchtet,
– was richtig, wahr, schön, blöd oder richtig ist,
– worauf man sich freut, wovor man Angst hat oder worüber man sich ärgert.

Die Ergänzungen beginnen mit der Konjunktion dass. Der dass-Satz wird durch Komma abgetrennt. Am Ende des dass-Satzes steht – wie bei allen Nebensätzen – das konjugierte Verb:

Ich behaupte, dass ich gut lesen kann. Dass ich gut lesen kann, behaupte ich.

Gemeinsam lernen

Galeriegang

1. Legt eure Arbeitsergebnisse nach der Gruppenarbeit auf den Gruppentischen aus oder hängt sie im Lernraum auf.

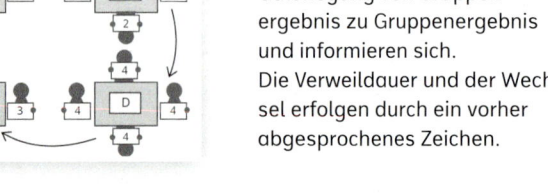

Bildet für den Galeriegang neue Gruppen:
   - Jedes Mitglied der Stammgruppe erhält eine Nummer.
   - Alle Mitglieder der Stammgruppen mit der Nummer 1 bilden eine neue Gruppe, alle mit der Nummer 2 eine andere usw.

2. Die neugebildeten Gruppen begeben sich auf einen Galeriegang von Gruppenergebnis zu Gruppenergebnis und informieren sich. Die Verweildauer und der Wechsel erfolgen durch ein vorher abgesprochenes Zeichen.

3. Nach einer Lesephase erläutert das Gruppenmitglied aus der Stammgruppe den anderen die Arbeitsergebnisse seiner Stammgruppe:

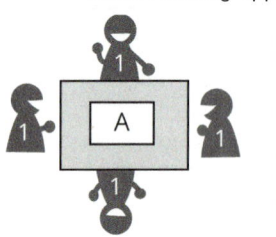

Zu unserer Gruppe gehören …
Wir haben zunächst …
Unsere Arbeitsschritte waren …
Wir haben die Arbeiten so verteilt …
Unsere Ergebnisse sind …
Besonders wichtig ist uns …
Die anderen hören zu, stellen Fragen und geben zu jedem Ergebnis eine Rückmeldung (Feedback).

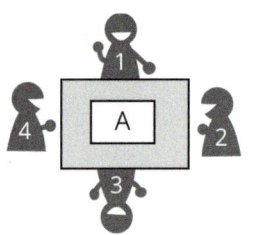

4. Nach dem Galeriegang gehen alle Gruppenmitglieder in ihre Stammgruppe zurück. Sie informieren sich dort gegenseitig über die Rückmeldungen zu ihrer Gruppenarbeit und diskutieren sie.

Gruppenpuzzle

1. Bildet Vierergruppen. Jedes Gruppenmitglied liest den gesamten Text zunächst allein.

2. Teilt den Gesamttext jetzt in vier etwa gleich lange Abschnitte ein. Einigt euch darauf, wer welchen Textabschnitt genauer bearbeitet.
   - Jeder bereitet für seine Notizen ein DIN-A4-Blatt mit vier gleich großen Feldern vor. Nummeriert die Felder im Uhrzeigersinn.
   - Bearbeitet nun euren Abschnitt, denkt über den Inhalt des Textes nach und macht euch Notizen. Diese Notizen schreibt ihr in euer Feld.

3. Das Ergebnis der Einzelarbeit vergleicht jeder mit einem Mitschüler/einer Mitschülerin aus einer anderen Gruppe, der/die an demselben Textabschnitt gearbeitet hat. Überarbeitet gegebenenfalls während dieser Phase eure Stichpunkte.

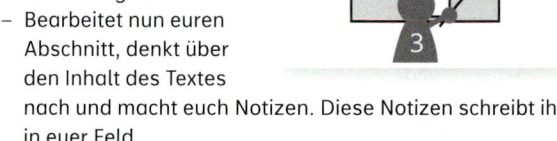

4. Informiert die Mitglieder eurer Stammgruppe über die wichtigsten Inhalte eures Abschnitts. Nach jedem Vortrag notieren die anderen Gruppenmitglieder Stichpunkte dazu in den freien Feldern des Stichwortzettels. So lernen alle Gruppenmitglieder voneinander: Jeder ist dabei einmal Experte und dreimal Zuhörer.

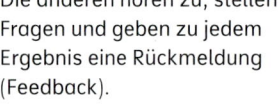

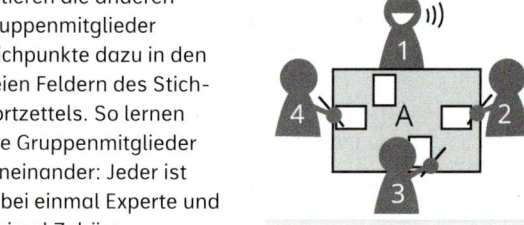

Karussellgespräch (Doppelkreis)

Wenn ihr ein Thema bearbeitet habt und euch dazu untereinander austauschen wollt, dann könnt ihr ein Karussell-
gespräch führen:

1. Bildet einen Innen- und Außenkreis. Jeweils eine Person
   aus dem Innenkreis und ihr
   Gegenüber im Außenkreis sind
   Gesprächspartner.
2. Die Personen im Außenkreis
   berichten ihren Partnern im
   Innenkreis, was ihnen zum
   Thema einfällt und wichtig ist. Die Partner im Innenkreis
   hören zu und fragen nach, wenn sie etwas nicht verstanden
   haben oder etwas genauer wissen möchten.
3. Die Gesprächspartner wechseln, indem die Partner im
   Innenkreis auf ein Zeichen einen oder mehrere Plätze
   weiterrücken. Jetzt äußern sich die Personen im Innenkreis
   zum Thema, die Partner im Außenkreis hören zu und stellen
   Fragen. Der Platz- und Rollenwechsel kann mehrere Male
   wiederholt werden.

Nachdenken – austauschen – vorstellen
(Think – Pair – Share)

Du hast eine Aufgabe gelöst? Dann kannst du dazu einen
Austausch mit anderen suchen. Das machst du so:

1. **Nachdenken:** Du arbeitest zunächst allein an einer
   Aufgabe: Du denkst nach und notierst deine Gedanken
   oder bearbeitest die Aufgaben zu einem Text.
2. **Austauschen:** Jetzt vergleichst du deine Ergebnisse
   mit einem Partner. Du kannst Fragen stellen,
   deine Ergebnisse ergänzen oder auch verbessern.
3. **Vorstellen:** Schließlich stellst du mit deinem Partner
   die Ergebnisse aus eurer Austauschphase einer größeren
   Gruppe oder der gesamten Klasse vor. Dabei lernt ihr die
   Ergebnisse der anderen kennen. Falsche Ergebnisse werden
   berichtigt, unvollständige ergänzt.

Placemat

Ihr sucht Informationen und Antworten auf bestimmte Fragen?
Dann ist es gut, wenn ihr auch gemeinsam über eine Frage
nachdenkt und eure Antworten aufschreibt. Dabei hilft ein
Placemat:

1. **Das Placemat vorbereiten:** Übertragt das Placemat auf
   einen großen Bogen Papier:

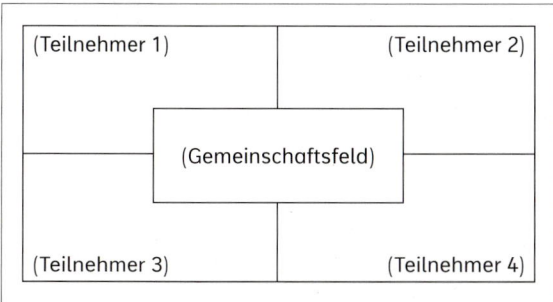

2. **Nachdenken:** Jeder in der Gruppe denkt zunächst in Stillar-
   beit über die gestellte Frage zum Placemat nach und macht
   sich Notizen. Diese Notizen schreibt er in das Feld, das ihm
   zur Verfügung steht.
3. **Austausch in der Gruppe:** Alle stellen der Reihe nach ihre
   Antworten vor. Dabei nutzt jeder seine Notizen.
   Das Placemat könnt ihr dabei drehen, sodass alle die
   anderen Ergebnisse gesehen haben. Sprecht nach der
   Vorstellungsrunde über eure Notizen und entwickelt ein
   gemeinsames Ergebnis. Füllt mit dem Gesprächsergebnis
   das Gemeinschaftsfeld aus.
4. **Gruppenergebnis vorstellen:** Stellt euer Gruppenergebnis
   den anderen Gruppen vor. Nutzt dafür eure Notizen aus
   dem Gemeinschaftsfeld.

Textlupe

Du möchtest eine schriftliche Rückmeldung zu deinem Text?
Dann arbeite mit der Textlupe:

1. **Die Textlupe vorbereiten:** Übertrage die Textlupe auf einen
   Zettel.

Textlupe für:	_____		
Mein Wunsch:	_____		
Tipps von:	Das gefällt mir an dei- nem Text:	Hier stört mich etwas:	Meine Tipps:

2. **Eine Rückmeldung geben:** Lies den Text, zu dem du dich
   äußern sollst, mehrere Male. Schau nach, was gelungen
   ist, ob es Fehlerhaftes oder Störendes gibt. Trage deine
   Kommentare und Tipps in die Spalten der Textlupe ein.
3. **Die Textlupe nutzen:** Lies die Kommentare zu deinem Text.
   Frage nach, wenn du etwas nicht verstehst. Entscheide,
   welche Tipps und Anregungen du bei einer Überarbeitung
   nutzen möchtest.

Zwischendurch-Gespräche

Du möchtest wissen, ob du so weiterarbeiten kannst,
wie du begonnen hast? Du suchst Anregungen für deinen
Schreibplan oder einen ersten Textentwurf? Dann hilft dir
ein Zwischendurch-Gespräch. Das machst du so:

1. **Gespräche verabreden:**
   Wenn du eine Anregung oder Hilfe brauchst, unterbrich
   deine Arbeit. Verabrede dich in kleiner Runde.
2. **Fragen stellen – Anregungen bekommen:**
   Nenne den Grund für deinen Gesprächswunsch. Die Teilnehmer geben dir reihum Tipps und Anregungen.
3. **Anregungen auswählen und weiterarbeiten:**
   Du wählst aus den Anregungen der Teilnehmer aus und
   arbeitest damit weiter.

Autoren- und Quellenverzeichnis

Borchert, Wolfgang
Nachts schlafen die Ratten doch   S. 122
Das Gesamtwerk. Reinbek bei Hamburg:
Rowohlt Verlag 1970. S. 76ff.

Dominguez, Stefanie
Partnerarbeit   S. 135
P.A.U.L. D Oberstufe. Braunschweig:
Bildungshaus Schulbuchverlage 2013. S. 52

Dürrenmatt, Friedrich
Sie geht auf Ill zu ...   S. 176
DER BÜRGERMEISTER Gnädige Frau ...   S. 179
Der Besuch der alten Dame. Eine tragische Komödie.
Neufassung 1980. Copyright © 1998 Diogenes Verlag AG Zürich.
S. 25-29 (gekürzt), 42-50 (gekürzt)

Engelke, Gerrit
Auf der Straßenbahn   S. 160
Im Meer der Großstadt. Großstadtgedichte. Text & Kommentar.
Hrsg. v. Karl Hotz. Bamberg: C.C. Buchners Verlag 2010. S. 33

Franck, Julia
Streuselschnecke   S. 129
Bauchlandung. Geschichten zum Anfassen.
Köln: DuMont Verlag 2000

Hohler, Franz
Die Taube   S. 121
Das Ende eines ganz normalen Tages.
München: btb 2010. S. 109

Iken, Matthias
Wie wir unsere Sprache zerstören:
Dummdeutsch und Denglisch   S. 197
FUNKE Medien Hamburg GmbH.
Hamburger Abendblatt. 12.09.2009 (verändert)

Jerosch, Rainer
Lächeln im Regen   S. 132
Wie wir es sehen. Hrsg. v. Hans-Georg Noack.
Baden-Baden: Signal-Verlag Frevert 1964. S.143f.

Kaléko, Mascha
Spät nachts   S. 169
Das lyrische Stenogrammheft. Reinbek bei Hamburg:
Rowohlt Verlag 2010. Copyright © 1933 Mascha Kaléko
© 1975 Gisela Zoch-Westphal

Kammann, Jan
„Dieses Reisejahr hat mich verändert ..."   S. 115
Koda Hafez – Tschüss, Iran   S. 116
Ein deutsches Klassenzimmer. München: Piper Verlag 2018.
S. 301, 45f. (gekürzt)

Kästner, Erich
Besuch vom Lande   S. 155
Vorstadtstraßen   S. 158
Werke in 9 Bd. Hrsg. V. Franz Josef Görtz. Bd. 1: Gedichte.
München: Hanser Verlag 1998
Die Wälder schweigen   S. 162
Doktor Erich Kästners lyrische Hausapotheke
© Atrium Verlag Zürich, 1936 und Thomas Kästner

Kaufmann, Sabine/Kerstin Hilt
Geschichte des Reisens   S. 106
Westdeutscher Rundfunk Köln (gekürzt)

Klaiber, Susanne
Image gut, alles gut   S. 56
Süddeutsche Zeitung GmbH. München, 02.03.2010
(verändert)

Krauß, Bärbel
Streit um Deutschpflicht auf dem Schulhof verschärft sich   S. 192
Stuttgarter Zeitung Verlagsgesellschaft mbH.
Stuttgart, 07.08.2020 (verändert)

Mankell, Henning
Eine neue Zeit beginnt   S. 139
Der Brief   S. 142
Erste Begegnung mit Jenny   S. 144
Jennys Erklärungen   S. 146
Samuel und Jenny   S. 148
Die Entscheidung   S. 151
Die Reise ans Ende der Welt. München: dtv Verlagsgesellschaft
mbH & Co. KG., Übersetzer: Angelika Kutsch. S. 9-12 (gekürzt),
14-17 (gekürzt), 122-124, 129-130, 144-147 (gekürzt),
155-159 (gekürzt)

Mommsen, Eva
Umweltprobleme im Himalaja   S. 109
Westdeutscher Rundfunk Köln (gekürzt)

Özdoğan, Selim
Sonntag   S. 127
Ein gutes Leben ist die beste Rache. Stories.
Berlin: Rütten & Loening Verlag 1998. S. 79f.

Pittner, Karin
„Anglizismen sind eine Bereicherung unseres Wortschatzes"   S. 198
Interview vom Newsportal der Ruhr-Universität Bochum.
Ruhr Universität Bochum, 13.09.2019 (verändert)

Prüfer, Tillmann
MEINE 14-JÄHRIGE: „Ich hab doch einfach nur mein Handy an ..."   S. 87
ZEIT-MAGAZIN Nr. 14, 31.03.2022. Zeitverlag Gerd Bucerius
GmbH & Co. KG, Hamburg (verändert)

Roller, Anna
„Ja, mich interessieren einfach ..."   S. 225
Transkription aus einem Interview mit der Regisseurin
Anna Roller zu ihrem Film „Gör". SR Talk: Gör. Südwestrundfunk,
Stuttgart, 24.01.2022 (verändert)

Scharfenberg, Jonas
Mehrsprachigkeit ist ein kostbares Gut!   S. 193
Originalbeitrag.

Schwanke, Olaf N.
Fußgängerzone   S. 164
Großstadtlyrik. Hrsg. v. Waltraud Wende.
Stuttgart: Reclam Verlag 1999. S. 347

Storm, Theodor
Die Stadt   S. 167
Deutsche Dichtung der Neuzeit. Ausgew. v. Ernst Bender.
Hannover: Schroedel Schulbuchverlag GmbH 1972. S. 265

Walther, Diana
Haben Jugendliche eine eigene Sprache?   S. 187
Interview der wortstark-Redaktion
mit der Sprachwissenschaftlerin Dr. Diana Walther

Texte ohne Verfasserangabe und Texte
unbekannter Verfasser

Auf gefährlicher Mission: Honigjäger in Nepal   S. 112
Schwartauer Werke, Bad Schwartau

A: „Was machste we?" ...   S. 229
Bäm! Nom Nom! - Verhunzt das Internet unser Deutsch?
dpa/WirtschaftsWoche, 20.11.2014 (verändert)

Bei einem Begrüßungsfest verspricht Claire ...   S. 182
BookRags, Inc., Washington

Beim Roboterfußball ...   S. 200
Roboterfußball - Die intelligente Zukunft des Sports.
Nils Römeling, Augsburg (verändert)

„Cringe" ist Jugendwort des Jahres 2021   S. 186
Westdeutscher Rundfunk Köln (verändert)

Die UN-Konvention über Behinderung   S. 49
Marianne Hirschberg: Behinderung: Was ist das?
Deutsches Institut für Menschenrechte.
Monitoring-Stelle zur UN-Behindertenrechtskonvention.
Positionen Nr. 4 (in leichter Sprache). S. 1/2 (verändert)

Fingerübung: Die Erfindung des Daumenkinos   S. 247
Nicole Röndigs. Geolino Extra Nr. 49: Film. S. 60f. (gekürzt)

Hoffentlich sagt sie „Ja"!   S. 212
lra: Hoffentlich sagt sie ja! Australier verliebt sich
in Roboter-Frau und will sie heiraten.
RTL interactive GmbH. Köln, 12.01.2022 (verändert)

Johanna schraubt sich glücklich   S. 57
Verena Wolff/dpa/lov/cht: „Hol' mal den Meister" -
Wie weibliche Azubis in Männerjobs bestehen.
DER SPIEGEL GmbH & Co. KG, Hamburg, 12.05.2013
(verändert)

Kfz-Berufe halten die Welt in Bewegung   S. 44
djd. Aus: Anzeigen-Sonderveröffentlichung der Borkener
Zeitung Nr. 223 vom 24.09.2022 (verändert)

Nachts zu lange am Handy gespielt:
Polizisten holen Schüler aus dem Bett   S. 82
dpa: Nachts am Handy gespielt: Polizei lässt Jungen
in Schule bringen. Allgäuer Zeitung, 05.10.2021 (gekürzt)

Panne bei erstem Einsatz:
Polizei-Roboterhund jagt Katze auf Baum   S. 210
Steckenpferd Enterprises. Fürth. 23.02.2022

Roboter als Helfer im Unterricht   S. 264
Christoph Kersting: Roboter im Klassenzimmer.
Deutschlandradio. Köln, 09.07.2019 (verändert)

Roboter „Herbie" soll Brandursache erkunden   S. 208
Nach Großbrand in Essen: Feuerwehr hat ihre Arbeit beendet.
Westdeutscher Rundfunk Köln, 24.02.2022 (verändert)

Was Experten über Roboter wissen wollen   S. 212
Astrid Herbold: Roboter als Freunde: Metallische Gefühle.
Verlag Der Tagesspiegel GmbH. Berlin, 15.11.2016 (verändert)

Was macht ein Chemikant (m/w/d)?   S. 251
Berufsbild Chemikant/Chemikantin.
FUNKE Works GmbH, München (verändert)

Was Roboter alles können   S. 215
Roboter im Zukunftsmuseum Nürnberg:
Was können Roboter - heute und in Zukunft?
Deutsches Museum, München (verändert)

Wofür steht Kalifornien? ...   S. 230
Die wahren Namen unserer Welt.
Geolino 01/2009. S. 40ff. (gekürzt)

Bildquellenverzeichnis

|Agentur Focus - Die Fotograf*innen, Hamburg: Susan Meiselas/Magnum Photos 120.2. |akg-images GmbH, Berlin: 106.2, 106.3, 126.2, 161.1; Fototeca Gilardi 107.3. |Alamy Stock Photo, Abingdon/Oxfordshire: Mark Andrews 120.3. |allergikerfilm UG (haftungsbeschränkt), München: (c) Felix Pflieger 216.2, 225.3; (c) wLaurels 6.3, 216.1; Szenenbild aus dem Kurzfilm „GÖR" 218.1, 218.2, 218.3, 219.1, 219.2, 219.3, 219.4, 220.1, 220.2, 220.3, 220.4, 221.1, 221.2, 221.3, 221.4, 223.1, 223.2, 224.1, 224.2, 226.1. |Art Licensing Int. GmbH, Tübingen: James Rizzi: MY KIND OF TOWN 154.2. |Baumann, Julian, München: 171.1. |Bicker, Kathrin, Hannover: 1.1. |bpk-Bildagentur, Berlin: Nationalgalerie, SMB / Jörg P. Anders 154.1. |Der Postillon (der-postillon.com), Fürth: 210.4. |Diaz, Danae, Stuttgart: 6.1, 40.2, 49.2, 58.1, 173.1, 173.2, 173.3, 173.4, 173.5, 193.3, 228.1, 262.1. |dreamstime.com, Brentwood: Sesergio 104.4. |Finkenzeller, Bernhard, München: 3.6, 41.1. |fotolia.com, New York: 44.1; CandyBox Images 68.1; Dan Race 85.2; Drobot Dean 233.2; K. Eppele 35.2; Kneschke, R. 62.2; lassedesignen 4.3, 90.2; micmacpics 88.5; Pheby, Barbara 35.1; Picture-Factory 82.2, 236.1; Rtimages 40.1; Schwier, Christian 3.4, 35.4. |Funke Mediengruppe, Essen: Andreas Laible/Hamburger Abendblatt 197.2; André Hirtz/FUNKE Foto Services 208.2. |Getty Images, München: AFP 212.2; AFP/NAMGYAL SHERPA 109.2. |Imago, Berlin: Ikon Images 201.1. |iStockphoto.com, Calgary: alvarez 203.4; asiseeit 69.1; Digital Vision Vectors 4.5, 107.2; humonia 32.7; kirstypargeter 207.3; Laws, Stefan 159.3; Ljupco (Jugendliche auf Skateboard) Titel, Xurzon (Hintergrund) Titel; miriam-doerr 200.3; PonyWang 3.3, 17.1; SolStock 104.3; Three Spots 32.1; © PeopleImages 44.2. |Kmetitsch, Werner: 5.3, 170.1. |Kulturbrücke Hamburg, Hamburg: 118.1, 119.3. |PantherMedia GmbH (panthermedia.net), München: Kharchenko, Alexander 17.3; phonlamai 202.4; runzelkorn 238.1. |Picture-Alliance GmbH, Frankfurt a.M.: Arno Burgi 129.1; Attila Cser/Reuters 264.1; Daniel Karmann / dpa 215.3; dpa / elie Sachs 51.1; dpa-infografik 56.3; dpa-infografik GmbH 56.2; dpa/Weihrauch, Roland 159.2; epa Farooq Khan 109.3; Henning Kaiser/dpa 203.2; Koji Sasahara/AP 268.1; May, Frank 121.1; Niranjan Shrestha/AP 112.2, 113.2; picturedesk.com/Lipus, Marko 127.1; Roland Weihrauch/dpa/dpaweb 247.2; Rolf Vennenbernd/dpa 210.2; Shizuo Kambayashi/AP 200.2; Ute Grabowsky/photothek.net 50.3; Wiebke Langefeld 276.1; Wiedl 159.4; ZB / Waltraud Grubitzsch 50.2; ZB/Pleul, Patrick 159.1. |Piper Verlag GmbH, München: Jan Kammann: Ein deutsches Klassenzimmer 115.1. |Ruhr-Universität Bochum (RUB), Bochum: RUB, Marquard 198.2. |Scharfenberg, Jonas, München: 193.2. |Schauspielhaus Zürich, Zürich: Szene aus der Theaterinszenierung „Der Besuch der alten Dame" nach Friedrich Dürrenmatt 174.1, 175.1, 175.2, 175.3, 176.1, 182.1, 182.2, 182.3. |Schmidt, Kai, Uelsen: 23.1. |Schwarz, Thies, Hannover: 73.1, 76.2, 89.1, 89.2, 244.1, 248.1, 248.2, 248.3, 248.4, 252.1, 258.1, 259.1, 298.1, 298.2, 298.3, 298.4, 298.5, 298.6, 298.7, 298.8, 299.1. |Schwarzstein, Yaroslav, Hannover: 3.2, 4.2, 5.1, 5.2, 8.3, 10.1, 12.1, 13.1, 13.2, 14.1, 16.1, 16.2, 16.3, 16.4, 18.1, 18.2, 19.1, 19.2, 19.3, 22.2, 24.1, 26.1, 27.1, 34.1, 39.1, 72.1, 72.2, 72.3, 79.2, 80.2, 80.4, 80.6, 102.1, 123.1, 128.1, 129.2, 130.1, 135.1, 140.1, 144.1, 146.1, 148.1, 151.1, 230.2, 279.1, 281.2. |Shutterstock.com, New York: fizkes 45.1; GooDween123 234.4; Kochelaevskiy, Vlad 206.1; l. akhundova 210.3; oneinchpunch 84.2; Seisenberger, Helmut 164.1; Shcherban Oleksandr 210.5; Stefano Mazzola 202.2; StoryTime Studio 241.1; Thai Soriano 255.2; tommaso79 74.2; Valmedia 93.1; YAKOBCHUK VIACHESLAV 88.3. |stock.adobe.com, Dublin: A_Bruno 66.1; Aha-Soft 17.2; Alexander Limbach 7.3, 270.1; andrea 104.1; Andrey Armyagov 104.5; Becke, Jan Christopher 104.2; Bormann, Markus 65.2; Comugnero Silvana 100.1; ehrenberg-bilder 63.1; elena3567 74.3; Ernst, Daniel 4.1, 67.1; exclusive-design 35.3; Fälchle, Jürgen 241.2; Fominayaphoto 111.1; HSB-Cartoon 190.1; jokatoons 71.1; Kirsty Pargeter 6.2, 207.1, 207.2; klange76 117.1; Kneschke, Robert 50.4, 53.4; littlewolf1989 251.2; mark_gusev 32.4; Pheby, Barbara 234.3; Pictures news 234.2; pixelliebe 237.1, 237.2, 237.3, 237.4; Racle Fotodesign 64.1, 254.1; Raths, Alexander 99.1; Reinhard7 99.1; Sanders, Gina 3.7, 41.2; schankz 32.2, 32.5; Schlenger, Olaf 276.2; Simon Kadula 32.3; Susan 32.6; tbralnina 35.5; tribalium81 17.4; tunedin 90.3; vegefox.com 98.1; Wawrzyniuk, Piotr 107.4; Wellnhofer Designs 57.2; womue 234.1. |Theodor-Storm-Gesellschaft, Husum: 167.1. |toonpool.com, Berlin, Castrop-Rauxel: Feicke 186.2; Jan Tomaschoff 184.1. |ullstein bild, Berlin: Clausen, Rosemarie 126.1; Fotografisches Atelier Ullstein 168.1; UMBO 155.1. |Weber, Susan, Leipzig: 187.2. |Wenzel, Markus, Wels: 200.1. |Zweygarth, Achim, Stuttgart: 192.2. |© dtv Verlagsgesellschaft mbH & Co. KG, München: Henning Mankell: Cover „Die Reise ans Ende der Welt" 138.1.

Textsortenverzeichnis

Stichwortverzeichnis

Auf einen Blick: Operatoren in Aufgabenstellungen

Operatoren sind Aufforderungsverben in Aufgaben. Sie zeigen dir, was in den Aufgaben genau von dir verlangt wird. Bevor du eine Aufgabe löst, solltest du daher die Arbeitsanweisungen genau lesen.

Operator	Beispiel	Erläuterung	Beispielaufg. in *wortstark* 9
anschauen	Schau dir zunächst das Buchcover an.	Sich ein Foto, ein Bild oder ein Buchcover anschauen und dabei überlegen, was daran auffällig, interessant oder ungewöhnlich ist	S. 23, Aufg. 1, 2 S. 104, Aufg. 1 S. 112, Aufg. 2
begründen	Formuliere deine Meinung und begründe sie.	Aussagen, Meinungen, Bewertungen durch Argumente stützen, die sich auf Fakten, Beispiele, Belege oder Experten beziehen	S. 23, Aufg. 4 S. 73, Aufg. 2C S. 181, Aufg. 3
belegen	Belege deine Meinung mit Beispielen aus der Geschichte.	Eine Meinung oder Deutung durch Fakten oder Beispiele im Text absichern und darauf verweisen	S. 141, Aufg. 2 S. 161, Aufg. 3 S. 166, Aufg. 1
beschreiben	Was ist vorgefallen? Beschreibe die Situation.	Situationen, Vorgänge, Personen oder Figuren genau und sachlich darstellen und wiedergeben	S. 24, Aufg. 1 S. 124, Aufg. 5 S. 141, Aufg. 2c), 3
bestimmen	Bestimme die Satzglieder genauer.	Herausfinden, worum es sich genau handelt, z.B. um welche Textsorten, um welche Zeitformen oder Reimformen	S. 10, Aufg. 2 S. 156, Aufg. 2b) S. 267, Aufg. 2
bewerten	Wie bewertest du das Verhalten der Figuren?	Ein Urteil abgeben und ausdrücken, wie man etwas findet	S. 110, Aufg. 4 S. 114, Aufg. 5 S. 248, Aufg. 1c)
charakterisieren	Charakterisiere die Hauptfigur: Was erzählt sie über sich?	Merkmale, Eigenschaften, Gedanken und Gefühle einer Person oder Figur beschreiben	S. 131, Aufg. 4 S. 145, Aufg. 2 S. 152, Aufg. 2A a)
darstellen	Stelle in einem Fazit dar, wie du die Figuren findest. Stellt die Entwicklung der Figuren in Standbildern dar.	Inhalte, Probleme, Zusammenhänge mit eigenen Worten, in Form einer Skizze oder eines Standbildes wiedergeben	S. 110, Aufg. 5b) S. 181, Aufg. 5 S. 214, Aufg. 4
deuten	Eine Kurzgeschichte untersuchen und deuten	Einen literarischen Text untersuchen (Inhalt, Form und Sprache) und darstellen, wie du ihn verstehst	S. 131, Aufg. 6 S. 160, Aufg. 1 S. 164, Aufg. 1A
erklären	Erkläre die Skizze.	Wörter oder Textaussagen verständlich machen, z. B. Merkmale, Ursachen, Folgen nennen	S. 64, Aufg. 1b) S. 115, Aufg. 2b) S. 117, Aufg. 7c)
erläutern	Erläutere, was in den Figuren vorgeht.	Textaussagen mit Hilfe zusätzlicher Informationen (Beispiele, Belege) veranschaulichen und verständlich machen	S. 114, Aufg. 6 S. 117, Aufg. 5e) S. 163, Aufg. 3b)
formulieren/ verfassen	Formuliere/Verfasse mit Hilfe von Schreibhinweisen eine begründete Stellungnahme.	Einen Text aufschreiben und dabei auf die Textsorte, die Adressaten und Ziele achten. Oft helfen dir Schreibpläne beim Formulieren des Textes.	S. 10, Aufg. 4 S. 12, Aufg. 2 S. 118, Aufg. 2B
gestalten	Gestalte ein Video zum Gedicht.	Ein Bild oder einen Text selbst entwerfen und dabei eigene Ideen umsetzen	S. 159, Aufg. 4C S. 207, Aufg. 4 S. 217, Aufg. 3
gliedern	Gliedere deinen Text in Einleitung, Hauptteil und Schluss.	Einen Text in Abschnitte aufteilen	S. 63, Aufg. 2 S. 108, Aufg. 2 S. 118, Aufg. 3
hören	Höre dir weitere Gesprächsbeiträge an.	Zuhören und Informationen durch das Ohr aufnehmen und verstehen. Manchmal müssen wir beim Hörverstehen nur das Wichtigste erfassen (global hören). Oft hören wir auch nur bestimmte Informationen heraus (selektiv hören).	S. 18, Aufg. 2 S. 20 S. 72, Aufg. 1
klären	Kläre Fachwörter: Was sind „Anglizismen"?	Die Bedeutung unbekannter oder schwieriger Wörter oder Textstellen herausfinden und formulieren	S. 42, Aufg. 1c) S. 108, Aufg. 3 S. 197, Aufg. 1b)
lesen	Lies den Text noch einmal gründlich Abschnitt für Abschnitt. Lest den Ausschnitt mit verteilten Rollen.	Beim überfliegenden Lesen verschaffst du dir einen Überblick, beim globalen Lesen willst du das Wichtigste verstehen, beim suchenden Lesen suchst du wichtige Einzelinformationen aus dem Text heraus.	S. 105, Aufg. 1-3 S. 178, Aufg. 5 S. 263, Aufg. 1